JN063362

トピックからわかる

国際政治の基礎知識

理論・歴史・地域

渡邊啓貴 編

芦書房

トピックからわかる国際政治の基礎知識

——理論・歴史・地域

はじめに

二一世紀に入って広範な領域でグローバル化が急速に進む一方で、国際社会は多様化と多層化の状況を推し進めている。そうした時代にあって本書は初学者にも国際政治のさまざまなトピックを多角的な視点から関心を持ってもらうと同時に、理論や歴史、そして地域についての基本的な知識も学んでもらいたいという欲張りな目的を持った入門書である。

実は本書は四半世紀前（初版一九九七年）に芦書房から出版され、その後増補版（二〇〇二年）も含め、累計一五〇〇〇部以上発行され、ロングセラーとなった『国際政治の基礎知識』（加藤秀治郎共編）の謂わば続編にあたる。

『国際政治の基礎知識』は大学・短大の一年生の学生に国際政治について関心を持ってもらうことを第一義としたテキストとして編集された。一人の著者が自分の論を数十頁もかけて展開し、一つのテーマを学ぶのにかなりの時間を要するそれまでのテキストとは異なった試みをとったのであるが、それは存外に好評を博した。その後似たようなテキストが出始める切っかけとなったと思っている。

芦書房からは前々から新しい版のテキストを出版してみないかと誘われていたが、編者の怠惰から編者の胸の中にとどめられたままであった。今回新しい本書出版のきっかけとなったのは、昨年たまたま編者の親しい同僚に話してみると、予想外に多くの賛同を得ることができ、それに背中を押されて昨年の夏ころから編集作業に取りかかり始めた。そして期待を優に上回る共著者の方々のご協力をいただき、この度の出版に至ったことは正直なところ感激している。本書の多くの項目にご執筆いただいた筆者の先生方にはこの場をお借りして心より御礼申し上げたい。

本書は第Ⅰ部でトピックを紹介し、初学者にもいろんな国際政治の問題に関心を持ってもらえるように企画した。それと同時に、第Ⅱ部では現在起こっている事象の背景となった歴史的要因やその客観的理解に不可欠な分析枠組みや理論・歴史的背景についても解説した。第Ⅲ部では世界の各地域の歴史や地域的特徴・国際社会における位置づけなどについてその基本的な知識を理解してもらえるようにした。手短な現代のトピックから始めて初学者でも国際政治の全般を段階的に学べるようにと配慮したつもりである。

最後になるが、芦書房の佐藤隆光部長には心から御礼を申し上げたい。私の最初の著作『ミッテラン時代のフランス』は今から三二年前に芦書房から出版していただいた。佐藤部長とはそれ以来の交流である。記して感謝の意を表すると同時に、まだまだ現役で頑張られて、良書を世に問うていただきたいと思っている。

二〇〇二三年四月吉日

編者　渡邊啓貴

●目　次

● 目　次

● 目　次

● 目　次

第Ⅲ部　地域・各国編　215

● 目　次

目　次

第Ⅰ部　トピック編

1　現代の国際秩序をどう理解するか——重層的多極化に向かう世界

◆複雑化する国際社会

二〇二二年二月にロシア軍の侵攻で始まったウクライナ戦争は世界に大きな衝撃を与えた。戦争は圧倒的優位を誇るロシア軍の短期決戦とみられていたが、戦局はウクライナの存外の抵抗で長期化した。それは専門家を含む多くの人々の事前の予想を裏切るものであった。戦局は表向きウクライナと大国ロシアの非対称の戦争という外観を呈していたが、その真相は冷戦期さながらの米ロ両国の対立を内包したものだった。

しかし現代の国際社会は、米ロ二大国の暗黙の了解によって国際秩序が保たれていた冷戦の時代ではない。今日の国際秩序は「多極世界」といった方が良い。この場合の多極というのは、米国・欧州（EU）・中国・ロシア・インドなどである。かつて経済大国として影響力を持った日本や地域経済統合体としての東南アジア諸国連合（ASEAN）などを加えることも可能かもしれないが、外交的影響力は小さい。ここで「極」というのは影響力と求心力のある大国ないし国家群という意味である。「極」とは軍事・経済大国（国家群）、そしてそうした国々は多々科学技術・文化大国でもある。

実は「多極時代」という言葉が使われ始めたのは一九七〇年代であった。冷戦初期の米ソ双極対立の構造が「核の手詰まり」によって緩み始め、他方で経済的な影響力が強まってきたことによって西欧（EC）や日本の影響力に注目が集まった。加えて石油産油国の影響力が強くなってきたことによって国際秩序の在り方が変容してきたことがその理由だった。冷戦体制は緊張緩和の傾向を強め、政治・軍事大国である米ソ+中国の三大国に、経済大国としての米+欧日を加えた米国を頂点とする軍事・経済的な五極、それに「南」の中の資源輸出国による多極的な国際秩序を形成したかにみられた。
しかし今日の多極世界はそれよりももっと多くのアクターが多元的重層的に絡む複雑な国際秩序を形成している。ウクライナ戦争の際の米欧の対ロ経済制裁は、ロシアの石油・ガスが中国・インドなどへ廉価で輸出されることによってその制裁効果は薄れたし、ウクライナへの米欧の軍事援助に対抗して北朝鮮やイランなどはロシアへの軍事支援を行い、ロシア支援のための新たな結束を生んだ。中国が新たにキャスティングボードを握るような様相まで呈している。二〇世紀終盤からの急速な情報化時代の発展の中での相互依存とグローバリゼーションの進化は世界秩序をこれまで以上に流動性の高いものにしている。

◆勢力均衡論から冷戦後の国際秩序観の揺れ

国際政治秩序を考える出発点の議論は、一六四八年の三十年戦争終了後の欧州主権国家体制（ウェストファリア体制）である。それは英仏露墺普伊西などの当時の欧州大国間の外交を意味し、そうした諸大国間の外交は勢力均衡（バランス・オブ・パワー）の論理を基礎とした。パワーポリティックスの観点からみた冷戦時代には米ソ核大国による双極体系を不安定要因とされることが多く、欧州の歴史的勢力均衡の論理を国際秩序の安定化の議論とみる向きが強かった。勢力均衡とは対立の構造を作りやすい（冷戦時代の東西対立のような）二大国/軍事同盟の対抗関係ではない。また一つの強国による支配体系（覇権国家論）でもなく、三つ以上の同等のパワー（列強）による相対的な均衡を維持する秩序である。その方が抑制と均衡のメカニズムが機能しやすいと考えられたのである。

しかし冷戦中期以後、西側で米国を中心とする安定論が勢いを増し、覇権安定論やそれまでは対立を誘発しやすい体制とみられていた二極体系を安定体系とみる議論などが主張されるようになった。冷戦終結時のルイス・ギャディスの『長い平和』という冷戦史観は二極体制を肯定的に見たものである。冷戦終結後は規範や共同体意識にみられる調和的な国際秩序観が、英国学派や構成主義（コンストラクティヴィズム）によって主張された。そして冷戦終結後の米国一極時代とみられた一時期を経て、中国の台頭やロシアの再生、さらにEUの隆盛やインドの大国化などによって多極的世界が現出している。

◆非西欧主義と重層的かつ多極的国際秩序

しかし欧米に特殊な事情による優越的な世界観に対する批判は、国際歴史学研究では、二〇世紀前半以来の大きな課題であり続けている。脱植民地主義の研究は第二次世界大戦以後とりわけ大きな潮流となったが、二〇世紀終盤以後のグローバリゼーションの波が拡大する中で、それを米欧的経済リベラリズムの拡大と読み替えて、それに反発する反グローバリズムの主張は国際政治秩序の多極化の動きを促してもいる。

それは文化的アイデンティティの多様化傾向の中で、パワーポリティックスで括りえない国際秩序の複雑さを示している。米国で非白人系ではじめて国際関係学会会長になったインド出身のアミタフ・アチャリアは「米国主導のリベラル覇権秩序」の終焉という見方をとる（アチャリア、二〇二二年）。

国際社会にはかつての英国のような覇権国が存在せず、その一方で、国際・地域的な民間・社会団体や市民社会・非国家主体（ＮＧＯ）など国際社会に関わる要素が多様化している。投資フローやサプライチェーンなどの仕組みは大国関係の軸だけでは解明できない。他方でグローバル・地域のネット枠は拡大し、国際的相互依存関係も発展している。リベラリズム以外のイデオロギー・文化・価値観の多角化も明らかだ。そうした中で国際秩序の多様化と重層化が進んでいることは明らかだ。こうした今日の国際社会を広い場所に多くの大小の上映室を持つ映画館に例えた「マルチプレックス（複合型の）世界秩序」とアチャリアは呼んでいる。

二〇世紀は、「アメリカの時代」であった。そして二一世紀にあっても「アメリカ優位の時代」であることは今のところ現実だ。アメリカ的国際秩序とは、米国流デモクラシーの一元的普遍化であるが、実際には中露や中東諸国はそれにチャレンジする立場をとっている。それは「リベラルデモクラシーと権威主義（独裁）の対立」という単純化された図式でしばしば説明されるが、はたしてそれでよいのであろうか。それがあらためて問われている。

（渡邊啓貴）

2　ウクライナ危機とプーチン

◆ロシアによるクリミア併合とウクライナ侵攻

二〇二二年二月二十四日、ロシアのウラジーミル・プーチン大統領は、ウクライナ東部の住民がウクライナの「ネオナチ」に蹂躙(じゅうりん)されているとして、ウクライナへの「特別軍事作戦」という名の軍事侵攻開始を決定し、ロシア上院もそれを決議した。そして、ウクライナへの侵攻は三方向からなされ、あっという間に首都・キーウに迫った。しかし、ウクライナは二〇一四年のクリミア併合とウクライナ東部の危機をロシアに引き起こされた反省を活かし、米国や英国の支援も受けて軍事体制をかなり改善していただけでなく、戦闘開始以降も国際的な支援を得て善戦してきた。二〇二二年八月末にはロシアがウクライナ領の約二二%に相当する東部・南部地域を掌握していたが、九月半ばからはウクライナが欧米から供与された最新鋭の兵器を使って反転攻勢に出て、かなりの領土を奪還したが、ロシアも九月に部分的動員令を出して人海戦術で対抗し、厳しい攻防が続いている。

今回の侵攻は、政治的合理性を欠いており、ロシアの国益に見合うものであるとは思えず、論理的に説明がつかないが、プーチン大統領の感情が侵攻を決定づけたことは間違いない。つまり、欧米諸国に虐げられてきたという被害者意識と妄執、そしてプライドが、今、ウクライナを取り戻さなければ、ロシア世界（ルスキー・ミール）は崩壊の一途を辿り、北大西洋条約機構（ＮＡＴＯ）によるロシアの影響圏のさらなる侵食を阻止できないと考え、侵攻を決断したと考えられる。

何故二〇二二年という時期に侵攻が決断されたのかということについては、いくつかの説明が可能であると思われる。まず、侵攻前年の二〇二一年十二月にソ連解体三〇周年を迎え、プーチン大統領はソ連解体後のポスト・冷戦時代にロシアが欧米により数多くの屈辱を味合わされていたかということを振り返りつつ、米国が中国を最大の敵と位置付けるような世界構造のなかでロシアが世界の中心に据えられていないことへの焦燥感があったはずだ。また米国の大統領がジョー・バイデンに変わり、米国の出方がある程度読めるようになったことに加え、そのバイデン政権がアフガニスタン撤退で大失態を犯し、世界のリーダーとしての品格を失っていたこと、さらに、二〇二一年十二月にバイデン大統領がウクライナへの派兵を否定したことも大きかったと思われる。加えて、プーチン大統領は自分がもはや高齢であり秩序を変えるには今しかないと思ったことも背景にありそうだ。

また、コロナ禍で孤独な日々を送っていた間、プーチン大統領は歴史書を読み漁り、独自の歴史観を構築していたという。その歴史観が表象化されたのが二〇二一年七月に発表されたウクライナに関する論文であり、二〇二二年二月二十一日のウクライナ東部二州の一部である「ドネツク人民共和国」と「ルハンシク人民共和国」の独立承認や二十四日の「特別軍事行動」開始を宣言する演説などである。それらから読み取れるプーチン大統領のビジョンは、ウクライナは本来、主権国家であるべきではなくロシアの一部であるべきであり、また二〇一四年以来、ウクライナは西側世界の手に落ちてしまったのでロシアが救済しなければいけないというものだ。さらに、二〇二二年がソ連誕生一〇〇周年にあたることも、ルスキー・ミール復活への意欲を高めたかもしれない。

◆歴史的対立とウクライナの民族的意識の高まり

だが、ウクライナとすればロシアと共に「ルスキー・ミール」を形成する気はさらさらなかった。ウクライナ人は、ロシア人、ベラルーシ人と並んで「スラブ系」民族であり、ソ連政治の中枢にいたという見方もできる一方、ウクライナ人はソ連から虐げられてきたという認識を持っている。その象徴的な事件が、一九三二年から翌年にかけて起きた「ホロドモール」である。「ホロドモール」は、ウクライナ語で「飢餓による殺害」を意味するが、ソ連時代、スターリン共産党書記長の政権下で、ウクライナなどで穀物の強制徴発が命じられ、拒否した農民の処刑と飢餓により数百万人の犠牲者が出た。それをウクライナ人は、人為的に引き起こされた大飢饉だと認識し、「大量虐殺としての認定を国際社会にも呼びかけてきた。この事件に象徴されるように、ウクライナ人はソ連時代にも民族的意識を高めてきたし、ロシアと歴史的対立を積み上げてきたのである。さらに、二〇一四年のユーロマイダン革命はウクライナ人が多くの血を流す結果となったが、それによりウクライナの親欧米路線を決定的なものとし、ロシアとウクライナを決定的に分つものとなったといえる。ロシアはユーロマイダン革命が米国によって引き起こされたものと考えており、だからこそ、前述の通り、同革命を経て、ウクライナ人は西側の影響下に入り、悪質な民族になってしまったと考えるようになった。しかし、ウクライナは「我々は、自分達の血を持ってして民主化の道を選んだが、ロシア人には血を流す勇気はなく、永遠にプーチン体制のような専制国家の中に埋没するのだ。我々はロシア人とは違う」という意識を持つようになり、ロシア人を軽蔑するような感情を持つようになったという。ここにきて、ソ連時代から拡大していたロシアとウクライナの溝は決定的になり、埋められないものとなったのである。

他方、本侵攻に際し、プーチン大統領は、二〜三日で首都・キーウを陥落させ、ヴォロディミル・ゼレンスキー大統領は逃げ出す、ないし、ロシアのエージェント（民間軍事会社「ワグネル」の精鋭メンバーが任命されていたとも言われる）が殺害することによって、新ロシア的な大統領にすげ替えられ、ウクライナ国民はロシアを歓迎すると思っていたと言われる。そのような安易な考えの背景には、二〇一四年のクリミア併合の成功体験があったと考えられる。クリミア併合は、事前に送り込んでいた「政治技術者」が新ロシア的な政治家が選ばれるような選挙工作や、ロシアに併合されれば生活がずっと良くなるというような心理操作を展開し、それがかなり上手くいっていた上で、サイバー攻撃や情報戦も展開し、またリトル・グリーンメンと呼ばれるロシアの精鋭部隊がクリミアの要衝を抑えた。そして、ウクライナ兵がほとんど抵抗をせず、ウクライナ政府も何もでいない状況下で、ロシアは住民投票を断行し、クリミア住民が独立を決議し、ロシアへの併合を求めたという体を装いロシアはクリミアを独立国として承認後、併合する決議をし、法的偽装をしつつ、クリミアをほぼ無血であっと

いう間に併合したのだった。

◆欧米による兵器供与とウクライナの反転攻勢

しかし、ウクライナ侵攻は、クリミア併合のようにはいかず、プーチン大統領にとっては誤算ばかりが続いた。キーウを短期間で陥落できず、ウォロディミル・ゼレンスキー大統領は逃げるどころかキーウで国内外に強いメッセージを出しながら強い指導者としてウクライナを牽引し続けた。ロシア軍が長期にわたる戦闘の準備をしていなかっただけでなく、兵士の士気は極めて低かった。ロシア兵の多くは元々、軍事訓練である、ウクライナに行けば歓迎されるなどと言われ、まさか熾烈な戦闘を強いられると思っていなかっただけでなく、大儀もないのに同胞とも言えるウクライナ人と戦うことに納得がいかず、さらに補給や指揮系統もうまく機能していなかったため、士気が上がらないのは当然であった。また、ロシアの暴挙を受け、国際社会は「力による現状変更は認めない」としてロシアに反発し、様々な支援を表明し、北大西洋条約機構（ＮＡＴＯ）を中心とした欧米諸国の多くがウクライナに新型兵器やその運用に必要な訓練を提供した。ヨーロッパのロシアへのエネルギー依存の高さもあり、ロシアはウクライナ侵攻を実行しても、ヨーロッパ諸国はロシアに強い反発を示さないと考えていた可能性が高い。しかし、今回の欧米の対ロ制裁はエネルギー部門にまで及び、さらにＳＷＩＦＴ（国際銀行間通信協会）からの排除など最高レベルに及んだ。これはロシアにとって想定外のことだったとはいえ、特にドイツの方向転換（ロシアからすると裏切り）が一番衝撃だったといえるだろう。

ロシアはキーウ陥落を諦め、そもそも「特別軍事作戦」開始の理由となっている「蹂躙（じゅうりん）されている」東部二州を解放することに目的を切り替え、また、軍事作戦を軍に主導させることにより、着実に制圧地を積み上げてゆく方式を取るようになった。だが、そのプロセスでキーウ近郊のブチャなどで虐殺行為を行い、また民間人への大規模攻撃も躊躇（ちゅうちょ）せず行い、ウクライナのみならず国際社会から大きな批判を浴びるようになった。

それでもロシアはウクライナ東部二州すら完全に掌握することができなかったが（ルハンシク州については二〇二二年七月初旬、同州最後の拠点リシチャンシクが制圧され、全州がロシアの手に落ちた）、九月以降のウクライナによる反転攻勢で掌握していた領域が次々と奪還されて行く中で、九月末にウクライナ東部二州と南部のヘルソン州、ザポリージャ州で「住民投票」を強行した。そもそも住民の多くが退避して不在な中、残っている住民の家庭訪問をして投票をさせたり、結果として出された投票率、結果、共に非現実的なものだったが、それを持ってして、ロシアはウクライナの東部・南部の四州を一方的に「併合」した。ロシアは「住民投票」の前から、必死に掌握した地域の「ロシア化」を進めていたが、ウクライナの反転攻勢やウクライナ人の強い意志によって、ロシア化もうまく進んでいない状態だ。

　また、このプロセスでプーチン大統領の「領土的野心」も生まれたように思われる。プーチン大統領の領土獲得欲については様々な議論があるが、そもそもドネツク・ルハンシク両「人民共和国」の独立承認をした時点で、領土的野心は生まれていると考えた方が自然ではないだろうか。特に、プーチン大統領は二〇二二年六月九日、ピョートル大帝が一八世紀にスウェーデンに戦勝したことによって領土を拡大した歴史に触れ、それに関し、領土を奪ったのではなく、領土を「取り戻した」と説明した上で「（領土を）取り戻し強化することは、我々の責務だ」と強調することによって、ウクライナ侵攻を正当化した。つまり、ウクライナの土地は本来、ロシアに属するべきものであり、その正しい姿を実現するために侵攻を行っているという論理だ。この発言からもプーチン大統領が領土的野心を持っているのは間違いないだろう。

　そして、ロシアはウクライナ人のジェノサイドも進めている。ブチャに代表されるような虐殺やレイプなどの非道な行為のみならず、ウクライナ人の子供を連れ去り、ロシア人と養子縁組させられたり、ロシア語やロシアの愛国教育を徹底化しているのだ。親子が引き裂かれるという残酷な仕打ちだけではなく、ロシア人になるよう上書きしている。軍事訓練が行われるケースもあり、将来、ウクライナの子供がウクライナ軍と戦わされるかもしれない。国際刑事裁判所（ＩＣＣ）はプーチン大統領らに子供の連れ去り問題で逮捕状を発行したがロシアの戦争犯罪は枚挙に暇がない。ウクライナ危機はまだ現在進行中だ。プーチン大統領の意向が大きく関わるこの危機、早期の解決が望まれる。

（廣瀬陽子）

3　アメリカ・ファースト

◆二〇一六年大統領選挙とトランプ

二〇一六年大統領選挙でドナルド・トランプは、「アメリカ・ファースト」を掲げたが、それは主に三つの柱から成り立っていた。第一に、反不法移民である。不法移民の強制送還や、不法移民の流入を阻止するためにメキシコ国境沿いに巨大な壁を建設することを訴えた。第二に、保護主義・反自由貿易である。自由貿易によって労働者の職が奪われたと批判し、オバマ政権が推進した環太平洋パートナーシップ協定（ＴＰＰ）からの離脱や、一九九〇年代前半に発効した北米自由貿易協定（ＮＡＦＴＡ）の見直しを訴えた。第三に、孤立主義である。同盟関係を批判し、北大西洋条約機構（ＮＡＴＯ）を「時代遅れ」と決めつけ、同盟国に負担増を要求し、応じなければ日本や韓国など同盟国を防衛することはできないと言い切った。

これらの主張は、従来の米国政治のエリートが唱えてきた立場とは真逆のものであり、トランプの主張に対しては所属する共和党内からも激しい反発の声が生じた。共和党政治家のほとんどがトランプ批判を展開しただけでなく、政策研究機関のシンクタンクなどに在籍する共和党系専門家らに至っては、「トランプが大統領に当選すれば、アメリカや世界を危険に晒す」との強い懸念を表明し、複数回にわたって「トランプ反対書簡」を公表するなど選挙戦を通じて抵抗したが、その中には過去の共和党政権において政府高官を務めた者も多数含まれていた。無論、最有力候補に対して身内からこれほど反発が生じるのは前代未聞のことである。米国政治のエリートからは批判されたものの、トランプのポピュリズム的主張は白人労働者層を中心に熱狂的に支持された。特に、工場の海外移転などによって製造業が衰退してしまった、北東部から中西部にかけての五大湖周辺のラストベルト（錆びた工業地帯）と呼ばれる一帯では、「世界のことではなく、国内の問題を最優先に考えるべきだ」とする訴えは、歓迎されたのであった。

なお、「アメリカ・ファースト」という言葉自体はトランプが初めて提唱したものではない。その起源はローズヴェルト政権の親英路線への反対と孤立主義を掲げ、一九四〇年夏に結成された「アメリカ・ファースト委員会」まで遡り、最近では冷戦終結直後にパット・ブキャナンが唱えた主張としても知られている。ブキャナンは、保護主義、移民排斥、日独の核武装容認、NATO不要論、日米同盟破棄などを訴え、一九九二年大統領選に立候補して敗北したものの、共和党予備選の序盤では、トランプはブキャナンの訴えをほぼ繰り返したに過ぎないと言えるが、この三〇年ほどで米国を取り巻く国内外の状況が大きく変わったことで、ブキャナンの「アメリカ・ファースト」よりもはるかに多くの支持を獲得し、最終的に当選を果たしたのである。

◆トランプ政権の性格

二〇一七年一月に発足したトランプ政権は、就任直後のTPP離脱を皮切りに「アメリカ・ファースト」に基づく政策を相次いで打ち出していった。しかし、トランプ政権の政策をより詳しく見ると、「アメリカ・ファースト」だけでなく、共和党主流の政策が踏襲された例も少なくない。経済制裁と軍事的威嚇を通じた「最大限の圧力」を掛け続けた一年目の対北朝鮮政策はその典型であり、時に軍事力を背景としながら対外介入を積極的に行うべきとする共和党の伝統的なタカ派路線に立脚するものであった。

このように、トランプ政権で共和党主流の政策も採用された理由の一つに、「アメリカ・ファースト」を政策面で具体化できる人材が豊富ではなかった事情が挙げられる。米国の官僚制では政治任用制が幅広く採用されており、新大統領は高級官僚の多くを自ら任命する。その数は実に四〇〇〇とも言われる。トランプ自身もこの膨大な数の人事を行う必要があったが、ワシントンの政策コミュニティでは元々「アメリカ・ファースト」を体現する人材は乏しく、シンクタンクなどの政治インフラも極めて脆弱であった。このような事情から、トランプとしては共和党主流派を完全に排除することは不可能であり、「反トランプ派」として熱心に活動した者を除き、軍出身者や財界関係者を中心に共和党主流に属する要職に起用せざるを得なかった。トランプ政権初期の外交を支えた、ジェームズ・マティス国防長官、レックス・ティラーソン国務長官、ジョン・ケリー大統領首席補佐官、H・R・マクマスター国家安全保障問題担当大統領補佐官らは、その代表格であった。彼らは「トランプ政権の大人たち」とも呼ばれ、時にトランプの孤立主義的衝動を抑え込むことに大きな力を発揮したと言われている。確かに、マティスらは意見対立からトランプの逆鱗に触れ早い段階で政府を離れていったが、その後もジョン・ボルトン国家安全保障問題担当大統領補佐官ら共和党主流派の人材が一定の影響を及ぼし続けたのであった。

◆共和党の変容とトランプ派の拡大

ただし、トランプ外交の中に共和党の伝統的路線が観察できたとはいえ、「アメリカ・ファースト」の影響力自体が米国政治において大幅に低下したわけではなかった。トランプに対する一般共和党員の支持は衰えを見せず、また、二〇一六年大統領選でトランプ批判を展開していた共和党政治家の間でも、トランプへの態度を劇的に変えてトランプに接近する者が続々と現れるようになった。二〇二三年一月より下院議長を務めるケビン・マッカーシー議員は、その筆頭である。さらに、マージョリー・テイラー・グリーン下院議員をはじめ「ミニ・トランプ」と称される政治家も台頭し、トランプ派が共和党内で一定の勢力を誇るようになった。このように、二〇一六年以降、共和党内におけるトランプの影響力がさらに高まる中で、トランプが掲げる「アメリカ・ファースト」は同党内により深く浸透したのである。二〇二二年二月に勃発したロシア・ウクライナ戦争への姿勢は、そうした共和党内における変容を端的に物語る事例の一つである。伝統的に共和党はタカ派の傾向が強く、従って同党主流の政治家は対ロ制裁とウクライナへの支援を強く支持しているものの、その一方で「ヨーロッパに任せるべき問題であり、我々は国内のことに専念すべきである」とのトランプの主張に同調する政治家が少なからず存在しており、一般の共和党員の間でもウクライナ支援に否定的な声が増えてきている。このロシア・ウクライナ戦争への反応が象徴するように、「アメリカ・ファースト」はもはや共和党内の傍流とは言えなくなりつつある。

こうした共和党の変容とともに、トランプ政権の元高官らが中心となりトランプ派の政治インフラが拡充しつつある実態も重要であり「アメリカ・ファースト」を標榜するシンクタンクまで誕生している。事実、現バイデン政権発足直後の二〇二一年春には、トランプの側近らによってアメリカ・ファースト・ポリシー・インスティテュートをはじめいくつかのシンクタンクが設立されている。このような動向を見ると、「アメリカ・ファースト」を体現できる人材が乏しかった第一次トランプ政権の発足時とは明らかに異なる状況が生まれつつあり、仮に二〇二四年大統領選挙を受けて第二次トランプ政権が発足すれば、拡大するトランプ派の政治インフラから多くの人材が供給されるはずである。また、仮にトランプが近い将来政界から引退したとしても、トランプ派の政治インフラの支えを受けながら、他の共和党政治家によって「アメリカ・ファースト」が引き継がれていく可能性も否定できない。なお、二〇二四年大統領選挙の共和党候補指名争いでは、トランプ以外にもトランプに近い主張を展開する者が既に現れている。長年にわたり共和党は自由貿易を推進し、外交安全保障では国際主義的な政策を支持してきた。このような主流派が衰退したわけではないものの、トランプ的な主張が目立つ共和党内の現状はやはり軽視することはできない。

本コラムでは、共和党内の現状について述べたが、米国外交を考える上でもう一つの政党である民主党内の事情も、当然重要である。民主党内部では、元々対外的介入主義に批判的な左派が大きな存在感を有している。また、通商政策では伝統的に支持母体の労働組合などの影響から保護主義を支持する声が少なくない。要するに、内向きの声は民主党内にも見られ、これからの米国外交を考える上でこうした二大政党内部の動向にもより一層注意を払っていく必要がある。

（宮田智之）

4 「自由で開かれたインド太平洋」
——問われる日本の能動的外交

◆「インド太平洋」という新たな力学

二一世紀の幕開けとともに、日本外交の地理的要素の比重は「アジア太平洋」から「インド太平洋」へとシフトしつつある。まさに中国の台頭は、二一世紀の出来事においてもっとも重要なものとなり、今後、同地域が世界の政治、経済および軍事などの「競合の場」になることは疑いない。

また、今や同地域は、世界の人口の半分、国内総生産（GDP）の約六割を占める大市場へと変貌を遂げている。

さらに、ロシアのウクライナ侵攻などにより、世界の分断と対立が鮮明になる中で、今後、日本が同地域において、これまで以上に主導的かつ建設的な役割を果たしていくことが重要になる。

こうした流れを受けて、今日、日本の外交戦略を語る上で、重要な戦略概念の一つとして「インド太平洋」に衆目が集まる。この戦略概念が初めて提唱されたのは、二〇〇七年八月、安倍晋三首相（肩書当時）が第一次政権期に「二つの海の交わり」（Confluence of the Two Seas）と題して、インド国会で行った演説であった。安倍はこの演説で「太平洋とインド洋は、今や自由の海、繁栄の海として、一つのダイナミックな結合をもたらしています。（中略）これを広々と開き、どこまでも透明な海として豊かに育てていく力と、そして責任が、私たち両国にはある」と説き、安倍は早い段階から、「インド太平洋」の戦略的重要性に着目していた。

それから五年四カ月後、「二つの海の交わり」の発展型としてまとめられたのが、第二次安倍政権発足直後の二〇一二年十二月二十七日に発表された「アジアの民主的な安全保障ダイヤモンド」（*Asia's Democratic Security Diamond*）の英語論文であった。

もともとこの論文は安倍が首相就任前に書かれたもので、その内容は、「太平洋における平和と安定と航行の自由は、インド洋における平和と安定と航行の自由と切り離すことができない」とした上で、インド太平洋の平和と安定に向けて、日本、米国（ハワイ）、豪州、インドという四つの海洋民主主義国家がダイヤモンド状に連携・協力するべき、という内容であった。

安倍は「インド太平洋」の着想の経緯について、後の取材で次のとおり語った。

「小泉政権のときですね。私は官房副長官（二〇〇一年四月―二〇〇三年九月）、官房長官（二〇〇五年十月―二〇〇六年九月）として小泉内閣の一員を務めましたが、そこで総理が中国・韓国との関係にたいへん苦労される姿を見てきました。（中略）中韓とのつきあいは、二国間関係に囚われるのではなく、地球儀を俯瞰（ふかん）しながら、より広い視野を持って向き合った方がよい、と考えるようになりました。そしてその過程で、インドについて深く関心を持つようになりました」（『外交』二〇二一年）。

◆「自由で開かれたインド太平洋」誕生の瞬間

二〇一六年八月、第六回アフリカ開発会議（ＴＩＣＡＤ-Ⅵ）にて、安倍はその基調演説において、「太平洋とインド洋、アジアとアフリカの交わりを、力や威圧と無縁で、自由と、法の支配、市場経済を重んじる場として育て、豊かにする責任を担っている」とし、「両大陸をつなぐ海を、平和な、ルールの支配する海とする」べく、アフリカとの協力関係を呼びかけた。「自由で開かれたインド太平洋」（Free and Open Indo-Pacific：FOIP）構想誕生の瞬間であった。

安倍が「力や威圧と無縁」と発言していることから、中国を含む一部の国による現状変更は許さない、という日本の立場が世界に示されたともいえる。

外務省によると、ＦＯＩＰの定義は、「地球儀を俯瞰する外交」と「積極的平和主義」の外交コンセプトをさらに発展させるべく、アジアとアフリカという「二つの大陸」と、太平洋とインド洋という「二つの大洋」の交わりにより生まれるダイナミズムを一体として捉え、日本外交の新地平を切り拓くもの、としている。

そして、ＦＯＩＰ実現のため、次の三本柱が掲げられている。

①法の支配、航行の自由、自由貿易等の普及・定着

②経済的繁栄の追求（連結性、ＥＰＡ／ＦＴＡや投資協定を含む経済連携の強化）

③平和と安定の確保（海上法執行能力の構築、人道支援・災害救援など）

ただし、この「インド太平洋」の戦略概念については、日本のみならず、米国、豪州、欧州なども掲げている。例えば、二〇一九年六月に東南アジア諸国連合（ＡＳＥＡＮ）が、「インド太平洋構想」（ASEAN Outlook on the Indo-Pacific：AOIP）を打ち出したほか（The ASEAN Secretat, 2019）、二〇二二年十二月二十八日には、尹錫悦政権において、韓国初の包括的な外交指針「自由・平和・繁栄のインド太平洋戦略」が発表された。

また、ＦＯＩＰを一つの軸としつつ、「日米豪印戦略対話」（Quadrilateral Security Dialogue：QUAD）や「インド太平洋経済枠組み」（Indo-Pacific Economic Framework：IPEF）といった枠組みが重層的に構築されつつある点も見逃せない。とりわけ、ＱＵＡＤについては、立ち上げ当初こそ事務レベルの会合であったが、その後、ニューヨークや東京での外相会合、そして、昨年には首脳会合の実現など、着実にその歩みを進めている。

◆「競争」と「協調」の両面に配慮

実は、ＦＯＩＰにはもう一つ特筆すべき点がある。それは、太平洋とインド洋という「二つの大洋」の化学反応による新たな価値創造について、対中関係という視点から、「競争」と「協調」の両面に配慮がなされている点にある。すなわち、ＦＯＩＰでは、現在、インド太平洋において各種の脅威に直面する中、日本は、先ずもって法の支配を含むルールに基づく国際秩序の確保、航行の自由、紛争の平和的解決、自由貿易の推進を通じて、同地域を「自由で開かれたもの」にすることを目指している。これは中国との「競争」を意識している。

他方、「協調」については、安倍自身が日中平和友好条約締結四〇周年の節目の年（二〇一八年十月）の日中共同記者発表において、次のとおり表明した。

「競争から協調へ。日中両国の関係は、今まさに『新たな段階』へと移りつつあります。李克強総理と共に、両

国関係を大きく前進させていきたいと思います。（中略）我々は、隣国同士です。互いに協力のパートナーであり、互いに脅威とならない。この明確な原則を、先ほどの首脳会談において、李総理と確認しました」。

これは明らかに中国との「協調」を意識した発言である。


このように、ＦＯＩＰにおいて「競争」と「協調」の両面が内包されているわけだが、安倍の発言から、ＦＯＩＰでは、中国を「競争」相手として捉えるよりももっぱら「協調」相手として捉えたいのではないかと考えられる。日本としては、ＦＯＩＰに可能な限り中国にも加わってもらい、同地域の平和と繁栄を共に目指そうとする姿勢であることは疑いない。

その意味では、今後、日本がＦＯＩＰにおける中国の位置づけを「競争」とするか、あるいは「協調」に舵を切るかで、同構想の価値は変わってくる。

◆今後の岸田外交――新たなＦＯＩＰプラン

今日、岸田文雄首相は「新しい資本主義」、「新時代リアリズム外交」「平和のための岸田ビジョン」など、新たなスローガンや方針を掲げ、日本の針路を定めつつある。こうしたなか、二〇二三年三月には、岸田首相は、訪問先のインドで行った講演で「インド太平洋の未来――『自由で開かれたインド太平洋』のための日本の新たなプラン――〝必要不可欠なパートナーであるインドと共に〟」と題する政策スピーチを行い、ＦＯＩＰのため新たなプランを発表した。その主な内容としては、今後一〇年間に日本のＯＤＡ（政府開発援助）の拠出を増大させるとともに、二〇三〇年までに官民合わせて七五〇億ドル以上の資金をインド太平洋地域に投入するものであった。その成果などについては、今後少しずつ明らかになるものと思われる。

混迷を深める世界情勢のなかで、今後、日本外交はどこに向かうのか。今後の「岸田流外交術」をしっかり注視しなければならない。


（高畑洋平）

5　中国の「一帯一路」構想

◆「一帯一路」とは？

「一帯一路（The Belt and Road Initiative）」（ＢＲＩ）は、中国主導の国際秩序を具現するための〝手段〟として習近平によって位置づけられている。単なる広域経済圏構想ではない。「一帯一路」は、既存のプラットフォームも利用しながら、グローバル・コネクティビティ・パートナーシップの構築を通じて朋友圏（＝ネットワーク）を拡大させる構想であり、中国を中核とする政治と経済の勢力圏を構築する構想である。

「一帯一路」は「シルクロード経済ベルト」と「二一世紀海上シルクロード」として始動した。シルクロード経済ベルトは二〇一三年九月にカザフスタンで、また、中国とＡＳＥＡＮの運命共同体構築やアジアインフラ投資銀行（ＡＩＩＢ）設立等を提唱した二一世紀海上シルクロードは翌月インドネシアで打ち出された。二〇一五年三月に正式な国家戦略構想として行動方針が発表され、その後「一帯一路」は地球規模で拡大され、情報通信（デジタルシルクロード）、宇宙（一帯一路宇宙情報回廊）、環境（グリーン・シルクロード）、医療支援（健康シルクロード）、北極圏（氷上のシルクロード）等も含み、地理的範囲はもはやない。

当初の「シルクロード経済ベルト」の名称から「一帯一路」の経済面ばかりが注目されがちである。しかし、習近平は二つのシルクロード構築を呼びかけるのにあたり、独立自主の平和外交、各国人民が自主的に選んだ「発展の道」（＝政治や経済の体制）を互いに尊重するという内政不干渉、領土問題等の重要な核心的利益にかかわる問題での相互支持、「三つの勢力（テロリスト、分裂主義勢力、宗教過激派）」や国際的組織犯罪の取り締まり、海洋安全保障や中国・ＡＳＥＡＮ国防相会議の枠組みの強化から国家体制の相互支持等を含む安全保障協力の推進等を強調しており、シルクロード構想は政治や信頼醸成や実務協力までを含む包括的な安全保障構想として提唱されている。

◆五つの接続性（コネクティビティ）の地政学

「一帯一路」は、上海協力機構（ＳＣＯ）、アジア相互協力信頼醸成措置会議（ＣＩＣＡ）、中国ＡＳＥＡＮ自由貿易協定（ＡＣＦＴＡ）、大メコン圏（ＧＭＳ）等の既存のプラットフォームを利用しながら発展してきた構想である。二〇一三年の提唱から時を経て、枠組み内容も変わってきた。しかし、「一帯一路」は以下の基軸＝五つの接続性（コネクティビティ）を拡大していく勢力圏構想として整理できる。

（1）**政策面における意思疎通の強化**：「一帯一路」推進のための政策や法律の摺り合わせにより、対抗ではなく対話、同盟ではなくパートナーシップを築き、主権と領土保全、政治・社会の制度や核心的利益と重大関心事の相互尊重をねらいとしている。

（2）**輸送ネットワーク形成とエネルギー・インフラ接続の強化**：インフラ接続、国境を跨ぐ送電ルートや光ケーブル網の構築、国際通信の接続性向上、大陸間海底ケーブル・プロジェクトの計画策定、衛星情報ルートの構築推進。その範囲は深海・極地・宇宙にも広げられている。

（3）**貿易円滑化の推進**：「一帯一路」を通じ二国間・多国間協力を強化、「アジア太平洋自由貿易圏（ＦＴＡＡＰ）」へ向かう中途のメガ自由貿易協定（ＦＴＡ）／経済連携協定（ＥＰＡ）の推進、世界貿易機関（ＷＴＯ）の「貿易円滑化協定」の推進、エネルギーや鉱物資源の確保。

（4）**資金の融通と通貨流通の強化**：人民元の国際化はもとより、デジタル経済、人工知能（ＡＩ）、量子コンピューター、ビッグデータ、クラウドコンピューティング、スマートシティ建設を推進し、「デジタルシルクロードによる連結」が提唱されている。

（5）**相互理解の深化**：「一帯一路」の朋友圏＝ネットワーク形成により、米国による「中国封じこめ」を回避しようというねらいがある。また、文字通りの友好や協力や信頼醸成のみならず、技術や知識の移転も含んでいる。例えば、二〇一六年に始まった技術訓練施設「魯班工坊」は、ＩｏＴを基礎に「一帯一路」の新たなプラットフォームを築き、中国の技術や標準規格の現地化を推進している。

◆人類運命共同体構想の〝手段〟としての「一帯一路」

「人類運命共同体の構築」を銘打った「中国共産党・世界政党ハイレベル対話会」が二〇一七年十二月一日に北京で開催された。その基調講演で習近平は、「『一帯一路』構想を提唱したのは、『人類運命共同体』の理念を実践するため」と語った。習近平は中国外交の目的が「人類運命共同体」構想を実現することであり、その手段が「一帯一路」であると表明したのである。

中国共産党と中国が構築を目指す「人類運命共同体」は、中国の二つの規約と憲法（constitution）、すなわち二〇一七年の第一九回党大会で改正された中国共産党規約と、二〇一八年の全国人民代表大会で改正された中国憲法に「人類運命共同体構築を推進する」と明記されたことによって、中国における対外戦略の指針となったことばである。「運命共同体」構想は、「共同発展」を重点に据え、米国主導の既存の国際秩序を変革し、グローバルガバナンスに参与して、中国がそれを主導していくという構想である。

中国は「一帯一路」の目的について、持続可能な発展を強調してきており、国連開発計画が「一帯一路」の共同推進に関する覚書に二〇一六年に署名したり、国連産業開発機構が都市グリーン経済発展会議等を立ち上げたりしてきている。

その一方で、「一帯一路」沿線国では、汚職、労働法違反、環境汚染、抗議活動等の問題が指摘されたり、海上要所にある国に対して、債務の返済能力に乏しいことを分かっていながら意図的に貸し付け、債務返済に行き詰まった被援助国に権益譲渡や軍事協力を求めることで、「債務の罠」「新植民地主義」と指摘されたりしている。「人類運命共同体」構想をパクス・シニカの覇権構想と警戒する国も少なくない。そのため、二〇一九年には国連安全保障理事会の決議案に「一帯一路」を盛り込むことへ米国をはじめとする西側諸国が反対し、中国側が譲歩することもあった。

図5－1　中国の「一帯一路」構想

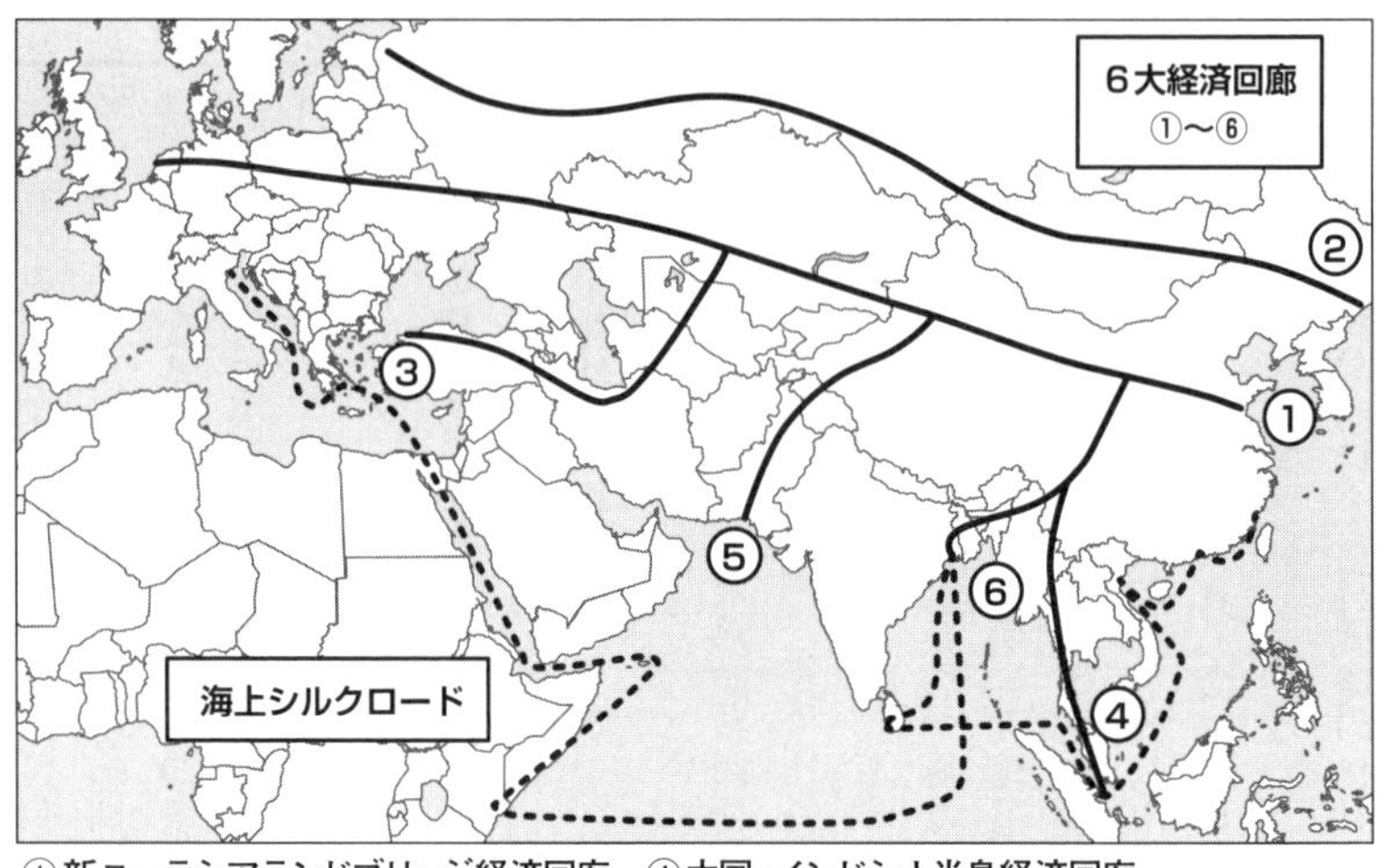

①新ユーラシアランドブリッジ経済回廊　④中国・インドシナ半島経済回廊
②中国・モンゴル・ロシア経済回廊　⑤中国・パキスタン経済回廊
③中国・中央アジア・西アジア経済回廊　⑥中国・バングラデシュ・ミャンマー経済回廊

（出典）『通商白書』、OECD Business and Financial Outlook 2018などから作成。

◆広がる「一帯一路」

「一帯」は、①新ユーラシアランドブリッジ経済回廊、②中国・モンゴル・ロシア経済回廊、③中国・中央アジア経済回廊、④中国・インドシナ半島経済回廊、⑤中国パキスタン経済回廊（いわゆるCPEC）、⑥バングラデシュ・中国・インド・ミャンマー経済回廊の六つの経済回廊を含む。「一路」については、二〇一五年三月、中国政府が「二一世紀海上シルクロード」構想に「中国―オセアニア―南太平洋」と「中国―北極圏―欧州」のブルーエコノミーの追加を表明。二〇一八年に中南米カリブ海諸国共同体（CELAC）と中国の閣僚級会合で中南米諸国も加わるよう中国が呼び掛け、一帯一路に関する特別声明が公表された。同月中国政府が公表した『北極政策白書』では「氷上シルクロード」の建設が謳われた。また「一帯一路」はユーラシアの陸と海のシルクロード構想にとどまらない。中国は、二〇一六年十二月に公表した「宇宙白書」で「一帯一路」の沿線国に測位衛星「北斗」の情報提供等のネットワーク構築を公表し、二〇一七年五月に「一帯一路宇宙情報回廊」の建設を表明した。二〇一八年九月には、一帯一路沿線国の

「空中シルクロード連盟」の結成が提唱されている。

◆「一帯一路」のデジタルシルクロードと宇宙情報回廊

「一帯一路」の「デジタルシルクロード」構想には、光ファイバーケーブル、5Gネットワーク、人工衛星等の情報インフラ整備、インターネット業務、国際通信業務、衛星ナビゲーションにおける連携と接続を拡大し、交通、経済・金融、安全保障、人工知能（ＡＩ）・ナノテクノロジー・量子コンピューター等の先端技術、医療衛生におけるデジタル化された情報共有を進め、中国標準を国際標準化し、中国の覇権構築に貢献させるねらいもある。

デジタルシルクロード構想は、二〇一五年三月には、沿線国での通信ネットワーク拡大を目指す「情報シルクロード」構想として提起されていた。しかし、同年十二月の第二回世界インターネット大会で習近平が世界のネットインフラ建設を加速し、コネクティビティの促進を進める「サイバー空間運命共同体の構築」を提唱し、二〇一七年に「デジタルシルクロード」へ改称された。

中国政府は二〇一五年に「国家民間宇宙インフラ中長期発展計画」を発表し、「一帯一路」沿線国でリモートセンシング衛星、通信・放送衛星、地上施設を作ることを明らかにした。その後二〇一七年十月、中国政府は「一帯一路宇宙情報回廊の建設及び応用の推進加速に関する指導意見」を発表し、中国の宇宙技術とサービスを「一帯一路」沿線国との共有を目指すと打ち出した。二〇一八年十二月二十七日には、中国政府は全地球測位システム「北斗」の完成と全世界を対象にする運用開始によって軍民共用のインフラとして幅広く活用していく方針を発表した。「一帯一路」による「北斗」衛星の広域化で、人民解放軍は独自の衛星航法システムによる行動能力を高めている。また、中国は極軌道付近におけるプレゼンスを拡大させている。二〇一五年に「北斗」衛星の南極基地局を正式に稼働させた中国は、二〇一七年に「一帯一路」の重点ルートの一つとして北極海ルートを挙げ、二〇一八年の「北極政策白書」において、「氷上のシルクロード」建設によって北極圏ガバナンスへの参加を求めていくと明らかにしている。

「デジタルシルクロード」と「一帯一路宇宙情報回廊」そして「氷上のシルクロード」は「一帯一路」の軍事的側面も内包していると言えよう。

（三船恵美）

6 日本の領土問題
——北方領土・竹島・尖閣諸島

日本と近隣諸国・地域との間の領土問題として、ロシアとの北方領土問題、韓国との竹島問題、中国・台湾との尖閣諸島問題がある。

◆ロシアとの北方領土問題

北方領土（北方四島とも）とは、第二次世界大戦後に旧ソ連／ロシアが占領し、併合を主張している、千島列島（ロシア名、クリル列島）南部の国後島および択捉島、ならびに、歯舞諸島および色丹島を指す。千島列島と樺太（サハリン）の帰属については、一八五五年の日露和親条約で、択捉島とウルップ島との間に国境線が引かれ、樺太は日露の共有とされた。明治維新後、一八七八年の千島樺太交換条約によって、全千島列島は日本領、樺太はロシア領となった。さらに、一九〇五年に日露戦争の講和条約であるポーツマス条約によって、北緯五〇度以南の南樺太も日本領となった。

第二次世界大戦中、一九四三年十一月に米英中が発表したカイロ宣言では、連合国には領土拡大の意図はなく、日本は暴力および強欲によって略取したすべての地域から駆逐されると宣言されていた。一方、一九四五年二月に米英ソが結んだヤルタ協定では、ソ連に千島列島、南樺太などを引き渡すことを条件に、ソ連の対日参戦が密約されていた（第2項、第3項）。同年七月二十六日、米英中は、ポツダム宣言を発して日本軍の無条件降伏を求め、その第8項では、カイロ宣言が履行されるべきこと、日本の主権は本州、北海道、九州、四国ならびに連合国が決定する諸小島に限定されることが規定されていた。八月九日、ソ連は日ソ中立条約を破棄して、千島列島、南樺太、満州（中国東北部）、朝鮮北部に侵攻する。八月十四日、日本はポツダム宣言（ソ連も参戦後加わった）を受諾し、九月二日に降伏文書に署名した。ソ連は、九月五日までに、国後島・択捉島を含む千島列島、歯舞諸島、色丹島を占領して、翌一九四六年に併合を宣言し、一九四七年には日本人住民を島外に退去させて、今日に至っている。

一九五一年九月八日、サンフランシスコ講和会議で署名された対日平和条約では、第二条（c）項で、日本が千島列島と南樺太に対するすべての権利、権原及び請求権を放棄することが規定された。日本政府は、同条約の「千島列島」の範囲について、国後・択捉両島は含まれない、との解釈を主張している。放棄した領土の帰属については規定されなかったため、ソ連はこれを不満として同条約への署名を拒否した。一九五六年十月の日ソ共同宣言では、歯舞諸島・色丹島は、日ソ間に平和条約が締結された後に日本に引き渡されるものとされたが、国後・択捉両島については、日本が放棄した千島列島に含まれる、と主張するソ連と日本が対立したため、「平和条約の締結に関する交渉を継続する」と規定されるにとどまった（第9項）。

その後、一九六〇年に日米相互協力安全保障条約が締結されると、ソ連は「領土問題は解決済み」と主張するようになり、東西冷戦時代には、平和条約締結交渉は進展しなかった。ソ連崩壊後、ロシア側に変化が生じ、東京宣言（一九九三年）、クラスノヤルスク合意（一九九七年）、川奈合意（一九九八年）、イルクーツク声明（二〇〇一年）でくり返し、平和条約の早期締結が確認されたが、その後は進展を見ていない。一九九一年以来、日ロの合意により、北方領土在住のロシア人と日本人の相互理解のために、ビザなし交流事業が実施されてきたが、二〇二二年九月にロシアが一方的に合意の廃棄を通告している。

◆韓国との竹島問題

竹島（韓国名、独島）は、島根県隠岐島の北西約一六〇キロメートル、韓国の鬱陵島の南東約九〇キロメートルに位置し、二つの小島と数十の岩礁からなる。日本は、一九〇五年一月、どこの国にも帰属しない無主地と確認した上で、領土に編入した（同年十一月、第二次日韓協約によって日本は韓国を被保護国にしたため、韓国では、竹島編入は「韓国併合の第一歩」という象徴的な意味を持っており、問題を解決困難なものにしている)。戦前は、アシカ猟の許可、国有地使用料の徴収など、国家の主権が行使され、日本の実効的占有が確立されていた。

戦後、対日平和条約発効直前の一九五二年一月十八日、韓国の李承晩大統領は、韓国隣接の海洋に関する主権を宣言し、いわゆる李承晩ラインを設定して、竹島をその内側の水域に取り込んだ。日本はこれに抗議したが、韓国側は応じず、警備隊を派遣し、施設を建設するなど、実効的占有を強化して今日に至っている。

韓国側は、領有権の根拠として古文書を引用するが、明確に実効的占有の確立を立証するものは示されていない。一方、日本側の古文書では、すでに一六一八年に、幕府の許可を得た町人が竹島に渡り、経済活動を営んでいたことが記されている。また、対日平和条約の草案作成の際には、韓国政府が米国に対し、日本が放棄する領域に独島を含めるよう要求したが拒否された、という経緯もある。

日本は、一九五四年、一九六二年、二〇一二年と三回にわたって、国際司法裁判所(ICJ)での解決を提案しているが、韓国は拒否している。なお、仮に国際裁判となった場合には、紛争が顕在化した時点で、どちらが実効的占有を確立していたかを判断することになるので、それ以後の韓国の一連の行為は一切考慮されない。

◆中国・台湾との尖閣諸島問題

尖閣諸島(中国名、釣魚台列嶼)は、沖縄本島から西に約四一〇キロメートル、台湾から北東約一七〇キロメートル、中国大陸から南東に約三三〇キロメートルというきわめて戦略的に重要な位置にあり、魚釣島、北小島、南小島、久場島、大正島および三つの岩礁からなる。日本は、一八九五年一月、無主地と確認した上で、領土に編入した。戦前は、政府から土地の貸与または払い下げを受けた民間の事業者が居住して経済活動を営んでおり、国家が権限を付与した私人の活動を通じて、実効的占有が確立されていた。戦後は、対日平和条約第3条に基づき、米国の施政権下に置かれ、演習地として利用された。一九七二年に返還された後は、再び日本の管理のもとで実効的占有が維持されている。

これに対して、中国・台湾が異議を申し立て、尖閣諸島の領有権を主張するようになるのは、同諸島周辺の海底に石油や天然ガスが埋蔵されている可能性が指摘されて以降の、一九七一年からのことである。中国・台湾側は、領有権の根拠として古文書を引用するが、明確に実効的占有の確立を立証するものは示されていない。逆に、日本の領有を認めた中国・台湾の公文書がいくつか存在している。一八九五年の日清戦争の講和条約である下関条約でも、清国が日本に割譲する領域の中に、尖閣諸島は含まれていない。

日本政府は「尖閣諸島について領土問題は存在していない」としているが、二〇〇八年十二月から同諸島周辺の海域を中国の公船が航行するようになり、二〇一〇年九月には、中国漁船が日本の巡視船に体当たりし、中国船の船長が逮捕される事件が発生した。さらに、二〇一二年九月に日本政府が魚釣島、北小島、南小島を国有化すると対立はエスカレートし、連日、中国海警局の公船が日本の領海内を航行する事態となっている。尖閣諸島問題は、中国の戦略上の利益に関わる問題へと発展しているため、解決は容易ではない。

（則武輝幸）

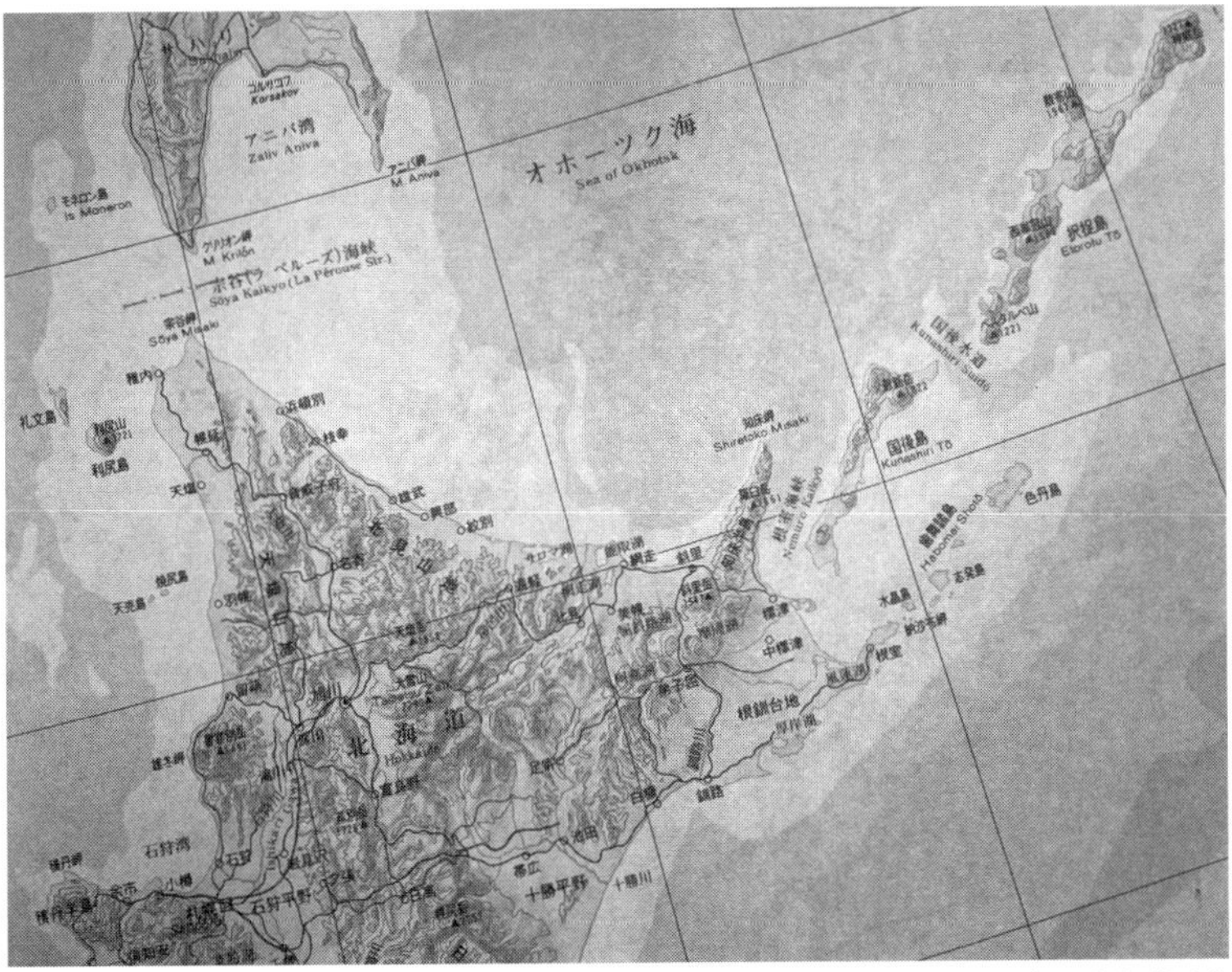

ロシアに占領されている北方領土（右上から択捉島、国後島、色丹島、歯舞諸島）

7 台湾をめぐる国際関係

◆「台湾問題」の歴史的起源

　第二次世界大戦後、中国大陸では旧日本軍が去った後「力の真空」が生まれ、蔣介石率いる中国国民党政府（国府）と毛沢東率いる中国共産党政府との対立が激化し、国共内戦が再燃した。当初、国府が優勢を保っていたものの、その後の戦況の変化によって共産党の勝利が確実な情勢となるなかで、一九四九年末に蔣介石政権が中華民国の台北への遷都を開始し、かろうじてその命脈を保った。その時より、蔣介石は「大陸反攻」によって中国大陸での復権を目指すことになった。

　毛沢東は中国全土の解放を宣言し、一九四九年十月に中華人民共和国（中国）の建国を宣言した。その頃、米国のトルーマン政権は、アジアの防衛線から台湾を除外する措置を取った。だが、一九五〇年六月の朝鮮戦争の勃発を契機に、米国はこれを転換し、台湾海峡の中立化のために米海軍第七艦隊を派遣し、再び国府への軍事支援を供与することになった。これによって中国と台湾は米ソ冷戦の対立構造へと組み込まれた。

　一九五四年、中国が「台湾解放」を掲げて起こった第一次台湾海峡危機のさなか、同年十二月に米国と台湾の間に米華相互防衛条約が結ばれ、中国と台湾の相互の武力行使を阻止する措置が取られた。こうして、中国と台湾が互いに軍事侵攻しないという「二重の抑止」によって、一九五八年八月の第二次台湾海峡危機でも全面的な軍事衝突は避けられることになった。その後、中華人民共和国を国家承認する国が増加する一方で、中華民国の国際的孤立が進み、一九七一年には国連からの脱退を余儀なくされた。一九七二年には日本が、一九七九年には米国が中華民国と断交し、中華人民共和国と国交を樹立した。その際、米国では台湾関係法が制定されるとともに、台湾の防衛能力を維持するために防御的武器を売却する方針が決定された。さらに、一九八二年に示された米国の台湾に対する「六つの保証」によって、米台断交後も米国が台湾を支え、武器売却を通じて安全保障上のコミットメントを続ける方針が確認された。さらに、中台間の紛争に米国が介入するかは、「戦略的曖昧さ」によって明示されなかった。このような状況が、今日の台湾海峡の「現状維持」の源泉で、現状を変更しようとする動きが中台双方から出てくるのを防いできたと言えよう。

◆台湾の民主化のプロセスと中台関係

米中国交正常化が行われた一九七九年、鄧小平政権下の中国は、「台湾同胞に告げる書」を発表して、平和統一に向けて、台湾との「三通」(通航、通商、通信)を呼び掛けた。これに対して、蔣経国は「三不政策」(交渉せず、接触せず、妥協せず)を掲げ、これを拒んだ。

一九八六年には台湾での国民党一党独裁への抵抗を続けてきた民主化勢力が民主進歩党(民進党)の結成に踏み切った。その翌年には、国民党政権下で三八年間に及んだ戒厳令が解除され、台湾の民主化が本格的に幕開けした。一九八八年、蔣経国の死去を受け、副総統の李登輝が総統に昇格すると、中華民国憲法の修正による民主体制の形成や、国家体制の見直しを目指すといった憲政改革に次々と着手した。それらの憲政改革が、後の「中華民国台湾化」へと繋がっていったのである。また、その間、中台間の経済を中心とした両岸交流が急速に拡大し、中台交流の窓口機関である海峡両岸関係協会と海峡交流基金会が設置され、一九九三年にシンガポールで、分断後初となる中台の窓口機関のトップ会談が実現した。

李登輝が、台湾の国際的生存空間の拡大を積極的に進めるなかで、一九九五年六月に母校コーネル大学訪問を名目として訪米が実現すると、江沢民政権下の中国は反発を強め、第三次台湾海峡危機が起こった。その年の夏以降、中国は台湾海峡で弾道ミサイル発射実験や複数の軍事演習を行ったため、その牽制のために米国の空母が派遣され、軍事的緊張が高まった。だが、中国の軍事的圧力は逆効果となって、一九九六年三月には台湾史上初の直接民選選挙で李登輝が圧倒的な支持を得て当選した。その後、一九九九年、李登輝が中国と台湾の関係を「特殊な国と国の関係」とする「二国論」発言を行うと、両岸交流は途絶した。

二〇〇〇年の総統選挙では、独立志向の強い民進党の陳水扁が当選し、初の政権交代が実現した。その二年後、陳水扁は「中国と台湾はそれぞれ異なる国家である」として、「一辺一国」論を提起し、台湾独立路線を打ち出した。中国の胡錦濤政権は、「一国二制度」による平和統一を掲げつつも、二〇〇五年に「反国家分裂法」を制定し、台湾独立の動きに対して非平和的手段を含む断固たる措置を取る可能性を示した。

中台関係が断絶するなかで、在野にあった国民党主席の連戦は、二〇〇五年に「平和の旅」と称して訪中し、胡錦濤共産党総書記との会談によって「国共和解」を宣言した。それを機に、「国共プラットフォーム」を通じた国共両党の交流が開始された。二〇〇八年の総統選挙では国民党の馬英九が当選し、再び政権交代が起こった。馬英九は「新三不政策」（統一せず、独立せず、武力行使せず）を掲げつつ、中国との経済関係を最大限重視し、中台間の人的往来を活発化させ、中国人の旅行や留学を解禁した。同年、中台の窓口機関のトップ会談が再開され、二〇一〇年には中台間の自由貿易協定に相当する「両岸経済協力枠組協定」（ＥＣＦＡ）が締結され、経済交流が加速した。しかし、「海峡両岸サービス貿易協定」を強行採決しようとした与党国民党に対する反発によって、二〇一四年に「ひまわり学生運動」が起こり、学生が立法院を占拠する事態へと発展し、「国共蜜月」の見直しが迫られた。

◆民進党蔡英文政権下の台湾

二〇一六年に総統に就任した民進党の蔡英文は、台湾海峡の「現状維持」を掲げるとともに、「中国に隷属しない」という方針を示すことによって中国と距離を置いてきた。だが、蔡英文政権は中国側が主張する「一つの中国」原則を意味する「九二年コンセンサス」を受け入れていないため、中国とは没交渉の状態となってきた。

習近平政権は、蔡英文政権の頭越しで、中国大陸へ進出する台湾企業や専門職人材や若者に対する経済的な優遇政策を通じて、台湾人の取り込みをはかってきた。その一方で、台湾の国際的生存空間を狭めるため、台湾との友好国との関係を次々と断交へ追い込んできた。

また、香港における「一国二制度」の形骸化が進むなかで、「香港の次は台湾か」といった懸念が高まってきた。かつて「一国二制度」による中国統一は不可能ではないといった、中国に期待を寄せる声が国民党の政治家や支持者などの一部にあったが、香港情勢の悪化によって難しいことが印象づけられた。その結果、二〇一八年の台湾地方選挙で民進党が大敗した後、当時、二年後の台湾総統選挙で蔡英文の再選が一時は絶望視されていたものの、二〇一九年六月の「逃亡犯条例改正案」に反対する香港における大規模デモの発生を契機として台湾人の危機意識が高まり、中国と一線を画す民進党の蔡英文が再選され、二〇二〇年、台湾総統の続投が決まった。

二〇二〇年春以降、新型コロナウイルスの世界的蔓延をきっかけとして、米中対立がより激しくなるなかで、米国は武器売却などを通じて、台湾への安全保障上のコミットメントを強化してきた。二〇二〇年六月の香港国家安全維持法の施行によって、香港返還以降、高度な自治を五〇年間保障するという約束は事実上無効となった。

二〇二二年二月のロシアのウクライナ侵攻後、中国の台湾への武力行使の危険性が取り沙汰されてきた。台湾は、半導体禁輸を通じて対ロ制裁に参加するとともに、中国の武力行使を抑止するための「非対称戦力」の強化を掲げ、国防費の大幅増額や軍事演習や訓練の強化などをはかってきた。そのようななかで、権威主義の中国と対峙してきた台湾の民主主義を重視する世界各国の政治家や政府高官などによる台湾訪問が加速してきた。

二〇二二年八月二～三日、ナンシー・ペロシ米議会下院が台湾を訪問すると、中国は食品の輸出入停止などによって台湾経済へ強い揺さぶりを掛けた。また、台湾の政府機関や公共交通機関が海外からサイバー攻撃を受けた。さらに、ペロシ離台後、中国は台湾近海で弾道ミサイル発射や海上封鎖を想定した軍事演習を一週間にわたって実施したため、台湾海峡危機の再来が危ぶまれた。台湾国防部によれば、八月四日、中国大陸から弾道ミサイル十一発が発射され、うち四発が台湾本島の上空を飛翔した。また、五発が南西諸島付近の日本の排他的経済水域（ＥＥＺ）へ着弾し、中国の台湾への軍事的圧力は、日本の脅威でもあることが明らかになった。台湾海峡での中国の軍事活動の継続によって緊張が高まるなか、中台関係の今後の行方が注目されている。

（松本はる香）

8　ブレグジット後の英国とEU

◆**国民投票で離脱派勝利**

英国は二〇二〇年一月三十一日、欧州連合（EU）から離脱した。「英国」（Britain）と「離脱」（exit）を組み合わせた造語から、ブレグジット（BREXIT）と呼ばれる。英国がEUの前身、欧州共同体（EC）に加盟してからほぼ半世紀がたった。この間、迷走を続けた欧州での立ち位置は、独仏首脳との対立、政党間の駆け引き、国民投票を経て、ようやく決着がついた。

ブレグジットの直接的な要因は、英国がEUに残留するか否かを問う二〇一六年六月の国民投票である。EU残留派のデイビッド・キャメロン首相（保守党）が、党内のEU離脱派の発言力を抑えるため、EU残留の民意を示そうとして実施されたとみられている。結果は、五二%対四八%（得票率）の僅差で離脱派が残留派に勝利した。背景には、移民と規制の問題がある。EUは二〇〇四年に東欧諸国に拡大した。域内就労の自由を享受し、東欧八カ国から英国にやってくる労働者は年間五万人を超え、英国人の間で雇用が奪われているとの考えが広がった。また、離脱派は、EU加盟国の経済関連法の四〇%がEU指針を基に施行され、英国の経済政策がEUの制約を受けていると主張した。キャメロンのオックスフォード大学時代の旧友で、ロンドン市長だったボリス・ジョンソンが「主権を取り戻せ（Take back control）」を掲げ、離脱運動の先頭に立ち、勝利を得た。

離脱後の英国とEUの関係を決める交渉は難航を極めた。EUに縛られずに自由貿易の果実を得たい英国と、加盟国の利益を非加盟国と差別化したいEUの思惑が衝突した。離脱協定案の度重なる廃案や修正を経て、最終的には、貿易・協力協定（Trade and cooperation agreement）が二〇二〇年十二月に締結された。協定の主な内容をみると、双方の貿易は関税ゼロが維持され、焦点の一つだったEU漁業者の英国海域での漁獲量は「五年半で二五％削減」で一致した。しかし、人やモノの移動に通関手続きが発生した。こうして、英国は正式にEUから離脱し、ブレグジットが完了した。

◆三つのサークル論

一方で、ブレグジットの遠因には、かつて大英帝国を築いた大国が、欧州の一員に甘んじるのか否かという長い論争がある。英国は一八～一九世紀の産業革命を主導し、世界各地に植民地を作ったが、第二次世界大戦後は民族自決の流れの中で植民地を手放し、植民地の安価な一次産品に頼っていた経済は打撃を受けた。この現実を直視した保守党党首のウィンストン・チャーチルは一九四八年十月の演説で、「自由な国家と民主主義の中に存在する三つの偉大なサークル（Three majestic circles）」として、英連邦・英帝国、英語圏、統合欧州を挙げ、「このいずれにおいて大きな存在感を示しているのはわが国だけだ」と強調した。大英帝国が解体しても、英語圏や欧州で活路を開けるという意図があり、この「三つのサークル」は英国の外交政策の根幹となった。

当初は、前者二サークル、すなわち英連邦と対米外交が重視されたが、欧州諸国との貿易額が増加するにつれ、三番目のサークルの対欧外交の重要性が高まった。一九六〇年、スウェーデンやオーストリアなど七カ国で欧州自由貿易連合（ＥＦＴＡ）を結成した。この連合は自由貿易により経済成長を目指すものであり、政治的・社会的な統合は想定していなかった。

英国は一九六一年、ＥＦＴＡより大きな欧州市場に参入する狙いから、ＥＣの前身、欧州経済共同体（ＥＥＣ）に加盟申請した。ところが、フランスのシャルル・ド・ゴール大統領の反対で加盟交渉はその後、再三にわたり中断した。ド・ゴールが、英国の加盟で米国の間接的な影響力の拡大を恐れたと言われている。英国内でも、与野党を問わず、加盟に反対する議員は存在し、国内議論は紛糾した。一九七三年一月に加盟が実現した時は、ド・ゴールは既に死去し、労働者によるストが相次ぎ、経済活動が停滞し、経済再生の起爆剤が必要だった。一九七五年六月の国民投票で、六七％が加盟を支持した。

しかし、ＥＣがその後、統合を深化させる中で、反欧派の反発が強まる。有名な事例は、「鉄の女」と言われたマーガレット・サッチャー首相（保守党）が一九九〇年十月、下院で、統合を進めるためのECの組織改革について、「ノー、ノー、ノー」と連呼したことだ。サッチャーが統合と距離を置いた背景には、フランスのフランソワ・ミッテラン大統領と西ドイツのヘルムート・コール首相が統合の中心になったことへの反発もあったようだ。保守党内の親欧派の閣僚が、サッチャーに反旗を翻し、サッチャー辞任の引き金となった。

一九九三年にECがEUに発展した後も、英国内で欧州との距離を巡る議論は続いた。EUが、政治・軍事・経済・社会の広範な統合を目指し、英国の主権が制約される可能性が出てきたためである。サッチャーの後継、ジョン・メージャー首相が、統合に前向きな姿勢を見せると、保守党内の反欧派が反主流派を形成した。「新しい労働党（New Labour）」を掲げ、一九九七年に政権を奪還したトニー・ブレア首相（労働党）は、共通通貨ユーロの採用に前向きな姿勢を見せたが、世論調査でユーロ採用賛成は三割程度に過ぎなかった。

EC加盟以来、政界や民衆の間で反欧のマグマが、絶えることなく噴出し続けた形だ。その背景には、大英帝国時代のノスタルジーがあるのだろう。中道の自由民主党党首を務めたバンス・ケーブルは「離脱派は大英帝国を再興したいのだ」と語った。

◆グローバル・ブリテンの中の欧州

キャメロンの後継、テリーザ・メイ首相（保守党）は、EU離脱後の外交方針として、「グローバル・ブリテン（Global Britain）」構想を掲げ、その中で、インド・太平洋地域との連携強化を打ち出した。英外務省が二〇一八年に議会に提出した覚書によると、この地域は「世界の成長の中核（The centre of the world's growth）」と位置付けられており、EU離脱に伴い想定される対欧貿易の減少をインド・太平洋地域との通商拡大で補おうとする狙いがうかがえる。日本やベトナムなど一〇カ国以上が参加する環太平洋パートナーシップ協定（TPP）への加盟を申請したのは、その表れだ。かつてEFTAを結成した時のように、英国にとっては自由貿易が地域統合のメリットである。インド・太平洋地域の重視を掲げ、「三つのサークル」から「グローバル・ブリテン」

表8－1　英国と欧州連合(EU)との関係

年月	出来事
1952年7月	フランス、西ドイツ、イタリアなど6カ国が欧州石炭鉄鋼共同体（ECSC）設立
1958年1月	6カ国が、欧州経済共同体（EEC）、欧州原子力共同体（EURATOM）設立
1960年3月	英国、スウェーデン、ポルトガルなど7カ国が欧州自由貿易連合（EFTA）設立
1961年8月	英国がEECに加盟申請
1963年1月	フランスのド・ゴール大統領が英国の加盟申請拒否を表明
1967年5月	英国がEECに再度の加盟申請
1967年7月	3共同体が統合され、欧州共同体（EC）発足
1967年11月	ド・ゴールが英国の加盟申請を再度拒否
1971年10月	英与党・保守党がEC加盟求める動議可決
1973年1月	英国がECに加盟申請
1975年6月	英国がEC残留の是非問う国民投票実施、残留派多数
1993年11月	ECが発展し、欧州連合（EU）発足
1998年6月	欧州中央銀行（ECB）設立。英国は独自の金融政策継続
1999年1月	フランスやドイツなど11カ国が共通通貨ユーロ採用。英国は不参加
2004年5月	東欧など10カ国がEUに加盟
2016年6月	英国がEU残留の是非を問う国民投票実施、離脱派多数
2017年6月	英国とEUが離脱交渉開始
2020年1月	英国がEUから離脱

に変化する外交方針は、その後保守党政権に引き継がれた。

　とはいえ、欧州関係は引き続き重要となるだろう。前述した覚書は、対欧関係を「優先すべき重要事項（major priority）」と記述した。二〇二〇年の下院報告書によると、英国の輸出（財とサービス）の四二％がＥＵ向けで、最大の貿易相手となっている。一方のＥＵにとっても、域外諸国との貿易量において、英国は米国、中国に次ぐ貿易相手国である。双方には、英国海域での漁獲量といった課題は多いが、「英国とＥＵの相互依存が問題を乗り越える」（ヒル、二〇一九年）という見方が根強い。

　一九世紀に首相や外相を務めたパーマーストン子爵は「我々には永遠の同盟国もなければ、永遠の敵国もない。我々の利益が永遠であり、それに従う責務がある」と語った。この視点は今日の英欧関係にもあてはまる。

　英国では離脱後、煩雑な通関手続きで貿易量が減少したり、新たな移民規制で人手不足が深刻化したりして、その多くはＥＵとの調整が必要となる。経済だけでなく、安全保障やエネルギー政策といった国益の観点から、英国は対欧関係を重視していくに違いない。

（本間圭一）

9　ドイツ（独仏枢軸）と欧州統合

第二次世界大戦後、ドイツとフランスは一貫して欧州統合の推進役として中核的な役割を果たしてきた。欧州連合（EU）加盟国の総人口約四億四七〇〇万人のうち、なかでも統一ドイツは約一九％に相当する最大の人口約八三〇〇万人を占め、欧州一の経済力を誇り、政治的にもフランスとともに指導的役割を担う。ナチス・ドイツの敗戦と連合国による占領、そして半世紀近くにわたる東西両ドイツという分断を経て、欧州の中心的存在へと発展してきたドイツを中心に欧州統合を概観する。

◆「ドイツ問題」の解としての欧州統合

欧州統合の取り組みはドイツにとり多義的で、矛盾に満ちていた。欧州が再び惨禍に巻き込まれないため、ナチスの再興を許さず、ドイツをどう封じ込めておくか。東西冷戦の最前線に位置し、西側全体の安全保障に関わる西ドイツの再軍備をどうするか。潜在力のあるドイツの経済力は西欧諸国の復興にどう活用するか。ドイツに関わるこうした課題の解決策として、欧州統合が考えられたからである。北大西洋条約機構（NATO）の初代事務総長へイスティングス・イズメイ（英国）がその目的を「ロシアを締め出し、米国を取り込み、ドイツを抑え込む」と述べたのは、欧州統合の本質を表していた。

ドイツの立場からは、欧州統合は「抑え込まれる」側面がある一方、戦後復興と安全保障を意味した。ドイツ連邦共和国（西ドイツ）のコンラート・アデナウアー初代首相はフランスのシャルル・ドゴール大統領と協力し、ドイツ民主共和国（東ドイツ）とのドイツ統一ではなく、西欧諸国との統合を優先、欧州統合への参画を選択した。冷戦構造が深まる中、戦後ドイツの外交・安全保障政策は、東側陣営に対抗し、自由と民主主義に価値を置く西側の多国間主義を柱に据えた（中村、二〇二一年、一一四頁）。欧州石炭鉄鋼共同体（ECSC）、欧州経済共同体（EEC）、EUに続く欧州統合の潮流を作り出し、統合欧州の中核に発展する基盤を整えたのである。他方、共産圏のソ連や東欧諸国とは一九六〇年代後半から七〇年代初めにかけて、ウィリー・ブラント首相が関係正常化を進める「東方政策」を展開した。相互依存を高めて戦争の機運を減らし、地域安定を実現する考えで、背景には「接近による変化」を促す理念があり、米ソの緊張緩和の潮流に乗って西ドイツの経済発展を後押しした。

冷戦終結後の一九九〇年、西ドイツが東ドイツを吸収する形で統一が実現した時も、国際的には欧州統合の拡大という文脈で理解された。ドイツは同年、米英仏ソの連合国四カ国とドイツ最終規定条約に調印、完全な主権を回復した。しかし、統一に先立つ同年一月、英仏首脳が会談で統一への反対を確認（Volkery, 2009）、マーガレット・サッチャー英首相は、統一ドイツが欧州で圧倒的存在になるため勢力均衡が崩れ、再び「ドイツ問題」に直面し、統一ドイツによる欧州の不安定化への懸念があったことを回顧録で明らかにしている（サッチャー、一九九三年、三八四頁）。

◆欧州化するドイツとドイツ化する欧州

統一ドイツはその後もフランスの政治力をその経済力で支える独仏枢軸の形で、欧州統合を進めた。両国はドイツ統一の際、欧州統合の深化を進めるため、欧州共通通貨ユーロの導入で合意していた。統一前の西ドイツにはマルクという強い通貨があったが、ドイツの西欧離れを懸念するフランソワ・ミッテラン仏大統領が統一を容認する条件として共通通貨の導入を提案、ヘルムート・コール首相も受け入れたからである。コール首相は旧東ドイツ市民に西ドイツと同様の生活水準を実現すると公約したが、地域再建と復興に膨大な資金を必要とし、生産性の低い旧国営企業の整理等による景気低迷や失業率上昇で深刻な状況に陥り、一九九〇年代前半には経済が著しく低迷、「欧州の病人」と言われた。

ところが、コール政権の後を襲ったシュレーダー、メルケル両政権はロシア、中国との通商関係の拡大で経済低迷からの脱出を図った。その結果、ロシアからの原油・天然ガス輸入、ドイツ企業の中国進出や中国投資の受け入れを進め、欧州一の経済大国の地位を手にした。中ロ両国とも権威主義国家だが、ロシアとは、ドイツ連邦議会での演説で「民主化を志向する」と明言したプーチン大統領の言葉を信じ、中国とは貿易関係を通して民主化や基本的人権の尊重を促すとして政策を正当化した。特にメルケル首相は在任中、財界関係者を同行して計一二回訪中し、二〇一六年から二〇二一年にかけ六年連続で、中国が最大貿易相手国（連邦統計局）になった。

ドイツの多国間主義に疑問符がついたのはギリシャ危機の時である。二〇〇九年秋になると、ギリシャの政権交代により巨額の財政赤字の隠蔽が暴露され、翌年デフォルト危機に陥ったことをきっかけに、ユーロ危機が発生した。フランスなどが財政支援の必要性を主張する中、ドイツは財政移転禁止の条項を盾にギリシャのユーロ離脱を主張、他の国々と対立し、多国間主義のコストに非寛容な姿勢を示した。結局、欧州中央銀行（ECB）のドラギ総裁が「ユーロを守るためECBは何でもする」と危機国国債の無制限購入の意向を表明し、事態の沈静化に成功した。ドイツはギリシャのユーロ離脱という主張を軌道修正したが、その姿勢に南欧諸国から批判が浴びせられた。他方、ユーロ危機は南欧諸国の財政赤字隠蔽が発端だったため、財政移転や財政のモラル・ハザードを懸念するEUへの不信が広がり、二〇一三年結党の右派ポピュリスト政党「ドイツのための選択肢」のほか、フランスやオランダなどで欧州懐疑主義のポピュリスト政党の伸長を招く一因となった。

ユーロ危機以降、ドイツは自国経済における輸出依存度を徐々に高める形で、経済再建を進めた。その過程で、地政学的な利益を経済的手段で実現しようとする政治・外交手法である地経学的な大国に変貌したとする見方がある（クンドナニ、二〇一九年、二二三―二二四頁）。ドイツ統一により、欧州一の人口、経済力等で名実ともに欧州の大国となり、一八七一年から一九四五年にかけて持っていた「準覇権国（semi-hegemony）」的地位を手にしたというのである。欧州における覇権国というほどの力はないため、覇権国ではなく「準覇権国」であり、それは権力政治的な地政学的意味ではなく、経済的手段で国益を追求する地経学的意味においてだとの見方である。欧州ではこのほか、ドイツが「不本意の覇権国」とする見方など、いずれも欧州における突出した影響力に着目する見方が強まった（Bulmer, 2119）。フランスを差し置いて主導することには消極的で、自ら主導する立場を望んだのではなく、意図せざる結果という。英仏独三国がリードしてきた欧州政治は、二〇一六年の国民投票の結果、英国がＥＵを離脱し、独仏両国の協調が一層際立つ形になった。さらに、ＥＵ内部の力関係は、在任一六年間に及んだメルケル首相の政治力に象徴されるように、ドイツは経済力だけでなく政治力でもフランスに匹敵するようになった。ドナルド・トランプ米大統領が「ＥＵはドイツの乗り物」と揶揄した言葉は、ドイツの突出した影響力を指摘したとみられた。

◆ウクライナ侵略を超えて

西側統合による戦後復興からドイツ統一、欧州における「準覇権国」的地位の確立と、ドイツは順調に発展の道のりを歩んだかにみえたが、二〇二二年のロシアによるウクライナ侵攻は試練を突き付けた。オラフ・ショルツ首相は侵攻直後の同年二月に連邦議会で演説し、侵攻をかつてのロシア帝国を再建するための行動の一環と位置づけ、安全保障上の直接的脅威との認識を示し、政策の転換を表明した。主な政策として、①連邦軍近代化のための一千億ユーロの基金創設、②紛争当事国へ兵器を移転しないという従来の原則を覆し、ウクライナに携帯型地対空ミサイル等の武器供与、③対ＧＤＰ比一・四％程度だった軍事費を二％超に増額、④連邦軍をＮＡＴＯの対ロシア最前線に増派―である。同時に、対ロシア経済制裁の一環として、既に完成していたロシアとドイツを結ぶガスパイプライン「ノルド・ストリーム２」稼働手続きの停止、対ロ関係の全面的見直しを発表した。

先述のように、ドイツはロシアとの経済関係を強化することで、民主化を促す考え方をとってきた。背景には、先述のブラント政権による東方政策の理念があり、相互依存を高めることで地域の平和と安定を実現するという考え方があった。ところが、ロシアによるウクライナ侵攻は、その政策が破綻したことを示した。ロシアが再び西側諸国の脅威となった現実を直視するほかなく、ショルツ首相は「時代の転換点」と呼び、外交・安全保障政策の全面的見直しに着手した。冷戦再来を思わせる厳しい現実を前に、どんな安全保障体制を築くのか。ドイツと統合欧州は重い課題に直面している。

（中村登志哉）

10　「東アジア共同体」と東アジア

「東アジア共同体」は二〇世紀末より東アジア（本稿では北東アジアと南東アジアを包摂する地域とする）で萌芽し、模索されている地域統合構想である。

◆デファクトとしての地域統合

東アジアは、政治体制、文化、宗教、民族、経済発展段階が極めて多様な地域である。

冷戦期の東アジアは、米ソの東西分断体制のもと、朝鮮戦争・ベトナム戦争という二度の熱戦、そしてカンボジア紛争や台湾海峡・朝鮮半島の危機を内包していた。さらに米国を中心とするハブアンドスポークス型の二国間同盟の存在が、地域の平和と繁栄の支柱になっていた。それゆえに、東アジアは地域統合とは無縁と見なされていた。

他方、東アジアは一九六〇年代の日本を筆頭に、七〇年代に新興工業経済地域（ＮＩＥＳ）が、八〇年代に東南アジア諸国連合（ＡＳＥＡＮ）諸国が、そして九〇年代に中国が経済成長し、雁行型の経済発展を遂げ、「東アジアの奇跡」とまで評された。

なかでも一九七〇年代の米ソ緊張緩和は、米中和解と日中国交正常化、そして中国の改革開放政策をもたらした。中国は「南巡講話」で市場経済化を加速させ、「世界の工場」たる経済大国へと急成長した。また、一九八五年のプラザ合意以降、東アジアにサプライチェーンが構築され、さらに冷戦終結に伴うグローバル化により地球規模でヒト・モノ・カネ等が流動すると、東アジア経済圏と呼ぶべき経済の相互依存システムが形成され、東アジアは「世界の成長センター」として存在感を高めた。

また、一九八九年の冷戦終結は、東アジア内の東西分断構造をも氷解させた。一九六七年に反共の五カ国で発足したASEANは、一九九五年のベトナム加盟を機に、反共同盟から地域共同体へと変質した。同時に、「主権の尊重、内政不干渉、コンセンサスによる意思決定、非公式主義」を基本原則とするASEAN Way方式でもって、域内かつ域外国とも積極的に対話した。その結果、アジア太平洋経済協力会議（APEC）を端緒に、ASEAN地域フォーラム（ARF）、アジア欧州会議（ASEM）、後述のAPT、EASなど、ASEAN中心の制度枠組みがアジアに重層的に展開され、ASEANは地域統合の推進役として、その中心（ASEAN Centrality）たる地位を着実に積み上げていく。

このように、東アジアでは、欧州連合のような制度や理念ではなく、市場が先行して「地域」が形成され、デファクトとしての統合が進展した。

◆「東アジア」の出現と、「東アジア共同体」の地平

「東アジア」としての地域を我々に認識させ、東アジア共同体構想を追求する契機となったのが、一九九七年のアジア通貨危機である。頼りになるのは我々地域の隣人だと自覚させた。

一九九七年初の「ASEAN+日中韓（APT）」首脳会議が、マレーシアで、設立三〇周年のASEAN首脳会議に日中韓首脳を招き実現した。折しも直前に発生した金融危機への緊急対応が主題となった。議長のマハティール首相は、一九九九年にASEAN+日中韓による東アジア初の経済圏構想「東アジア経済グループ（EAEG）」（翌年、東アジア経済協議体（EAEC）に改称）を提唱したが、欧米排除の経済ブロックとして米国の反対で消失したゆえに、宿願を果たしての主催であった。

APTは以降定例化し、幅広い分野（二〇二二年現在二四分野）の機能的協力が、閣僚級会議等の制度化とともに進展した。チェンマイ・イニシアティブ、ASEAN+3マクロ経済調査事務局の創設は、金融協力の成果である。

そうしたなか、二一世紀初頭、APT内に民間有識者の「東アジア・ビジョン・グループ（EAVG）」と、その成果を評価する政府関係者の「東アジア・スタディ・グループ（EASG）」が組織され、「東アジア共同体（East Asian community）の実現」を提言した。「平

和、繁栄、進歩の東アジア共同体」を長期目標に「開かれた、緩やかで強固な地域統合の追求」を提起し、これを機に同構想の議論が域内で加速した。

また、同提言を受け、二〇〇三年に設立された「東アジア研究所連合（NEAT）」および産官学の「東アジア・フォーラム（EAF）」でも、構想の内実に迫る提言や議論が行われた。*

こうして、東アジア共同体形成の機運が高まるなか、二〇〇五年マレーシアで、初の「東アジア・サミット（EAS）」が、APTと併存する形で開催された。EASは、開放性・透明性・包含性、普遍的価値を運営の基本原則とし、APTに印豪新を加えた一六カ国で発足した（二〇一一年に米ロが加盟）。首脳会議宣言で、APTは東アジア共同体形成の「主要な手段」、EASは「重要な役割」と定義されたが、両者の役割分担は明確でない。

なお、EAS開催に先立ち、APT外相会議で、日本が提起した「論点ペーパー」を土台に、EASと東アジア共同体形成の重要な論点が徹底討論された。皮肉にも、域内国のこれらの相違が原因となり、東アジア共同体形成を旗印に高々と掲げるモメンタムは、徐々に失われていく。

一方、一九九九年APT首脳会議の際に朝食会として発足した日中韓首脳会議は（二〇〇八年より日中韓サミットとして単独開催）、二〇一〇年のサミットで、三国間協力が東アジア共同体の推進に「積極的な役割」を果たす、と確認した。三国は領土や歴史問題等を抱え、関係が冷えこむとサミットが中止されるが、東アジア経済を牽引し、かつ地理的に近接また人的交流の歴史を有する三国間の協力と相互理解は、東アジアの平和と繁栄に不可欠である。近年提起された「日中韓＋X（国・分野）」という新たな三国間協力は、共同体の推進に期待がかかる。

◆開かれた「東アジア共同体」と日本外交

日本外交で東アジア共同体構想が初めて登場したのは、小泉首相が二〇〇二年東南アジアで行った政策演説であった。東アジアに「共に歩み共に進むコミュニティ」の構築を目指すべきと提唱し、オーストラリア（豪）、ニュージーランド（新）の参加や日中韓協力がその推進力となるとし、開かれた東アジアのグランドデザインを描いた。小泉首相は二〇〇三年「日・ASEAN東京宣言」で「東アジア・コミュニティ」、二〇〇四年の国連演説で「東アジア共同体」、と言葉遣いを変えつつ、日本が同構想に積極的役割を果たす決意を表明した。これらの構想は、第一に、開かれた地域主義、第二に、多様性を考慮した機能的協力、第三に民主主義等の普遍的価値の尊重、との基本的立場を基盤にした。

不幸にも、小泉政権のあと二〇一二年まで短期政権が続き、同構想は陰りを見せた。二〇〇九年鳩山首相が民主党の看板政策として、開かれた地域主義に基づく「東アジア共同体構想」を提唱したが、対米軽視の構想と国内外で受け止められたこと等もあり、その後、東アジア共同体という言葉自体が、外交の政策方針から霧消した。「開かれた東アジア」は、のちに長期政権を築いた安倍首相の構想のもとで「自由で開かれたインド太平洋」に塗り替えられていった。

◆米中覇権競争時代の東アジア

二〇二二年「東アジア地域包括的経済連携（RCEP）」が一〇年の交渉を経て発効した。ASEAN＋日中韓豪新の一五カ国による、東アジアで初の、かつ世界最大規模のFTAで、日中、日韓とは初めてのFTAとなる。東アジアを覆う地域統合が実現したという意味で、東アジア共同体の実現に大いに前進したといえる。

他方で、米国は同年に中国排除の「インド太平洋経済枠組み（IPEF）」を提唱した。経済の相互依存が国家安全保障上のリスクとなり、かつ先端技術分野が覇権競争の中核となるなか、米中対立は東アジアを舞台に激化の一途を辿っている。緊迫する台湾海峡や朝鮮半島等の危機、経済デカップリングなど多様な危機が集積する東アジアで、ASEAN中心による従来の地域統合、東アジア共同体形成は難題に差し掛かっている。

＊（注）「知識共同体（epistemic community）」であるNEATの政策提言は、毎年APT首脳会議に提出され留意される。政策シンクタンクである「日本国際フォーラム」は、NEAT、EAFの日本代表窓口を務める。二〇〇三年、東アジア共同体構想に対する日本の戦略的対応をオール・ジャパンで研究する「東アジア共同体評議会」を内部に組織した。

（渡辺　繭）

11 軍縮
――大量破壊兵器・通常兵器の険しい道のり

軍縮とは特定分野の兵器を削減もしくは全廃したり、兵力数を削減したりすることである。第一次世界大戦後にワシントン海軍軍縮条約、ロンドン海軍軍縮条約が締結されたように、この言葉自体は古くから使われている。交渉による軍縮は、国家間関係を安定化させるために行われるが、軍事費を抑えるために軍縮が行われることもあるし、また特定の兵器が不要になれば廃棄される。

◆軍備管理と核軍縮

軍縮に類似した概念に軍備管理（arms control）がある。これは一九六〇年前後に使われ始めた用語である。当時は米ソ冷戦の最中で核軍拡が続いていた。軍拡を放置すればいずれ核戦争になるのではないかと懸念されていた。技術的、人為的ミスから偶発的に核戦争が生じることも考えられた。一九六二年のキューバミサイル危機で米ソ両国は核戦争の瀬戸際を経験したが、当時の政治状況では、まだ核兵器の削減交渉などは不可能であった。

一九七二年にSALT I（第一次戦略兵器制限交渉）暫定協定が締結され、ここで初めて特定の核兵器の保有制限数が設けられた。その一つとして、戦略核兵器の中でICBM（大陸間弾道ミサイル）は米国が一〇五四基、ソ連が一六一八基までと決められた。このように保有の上限数を示しただけなので削減や全廃を意味する核軍縮とは区別され、軍備管理条約と呼ばれることになる。核軍縮は、一九八七年に締結されたINF（中距離核戦力）全廃条約が最初である。冷戦後、米国とロシアは、一九九一年のSTART I（第一次戦略兵器削減条約）条約を皮切りに核兵器の削減条約を維持してきた。また、北朝鮮に対しては米韓が非核化交渉を行ったが頓挫した。

現在、核軍縮に関する条約は、戦略核弾頭の上限を一五五〇発に規定した米ロ間の新ＳＴＡＲＴ条約のみである。これは二〇二六年までが有効期限だが、ウクライナ戦争に伴う米ロ関係の悪化によって先行きが不明になった。

◆化学兵器と生物兵器

さて、核兵器とともに化学兵器、生物兵器は大量破壊兵器（ＷＭＤ）と言われ、これらも軍縮の対象になってきた。化学兵器は、①神経剤（サリン、ＶＸなど）、②窒息剤（塩素、ホスゲンなど）、③糜爛剤（イペリットなど）、④血液剤（青酸など）に区分できる。他方、生物兵器は、病原体となるウイルスや菌を使用する。これら化学剤または生物剤をミサイルや砲弾に搭載したり、航空機・ヘリや車両その他の発散装置から散布したり、飲食物に混入したりと使用方法はさまざまある。

第二次世界大戦後の国連では化学兵器と生物兵器の禁止が目指されていた。まず、一九七二年に生物毒素禁止条約が策定された。生物兵器は、曝露してから発症するまでに時間がかかる。瞬時の戦闘となる現代戦において、生物兵器は使い勝手が悪い。相手が防護措置をとれば効かない。しかし、核兵器に比べると生物兵器の製造は先進国家でなくても可能である。米ソ両国は生物兵器の保有国が増加するのを防ぎたく条約の策定を急いだ。

一方、化学兵器は即効性があるので国家間戦争でも内戦でも使われてきた。イラン・イラク戦争（一九八〇―一九八八年）やイラク国内のクルド人に対して大々的に使用された。化学兵器禁止条約は一九九三年にようやく締結された。しかしその後も化学兵器は二〇一〇年代のシリア内戦のように戦場あるいは都市住民に対して使われてきた。

◆通常兵器

これら大量破壊兵器の保有国は一定数にとどまるが、ほぼすべての国が保有しているのが通常兵器である。国連では、①戦車、②装甲戦闘車両、③大口径火砲システム、④戦闘用航空機、⑤攻撃ヘリコプター、⑥軍用艦艇、⑦ミサイル・発射装置、の七分野を主要通常兵器としている。通常兵器にはこれらに加えて小型武器（small arms and light weapons）も入る。自動小銃に代表される個人で携帯可能な軽量のものや、無反動砲や重機関銃のような複数人で操作するように設計されたものまである。通常兵器の軍縮は難しいが、対人地雷禁止条約（一九九九年発効）、クラスター弾に関する禁止条約（二〇一〇年発効）は、民間人にも犠牲が広がる当該兵器の非人道性をクローズアップさせ、NGO（非政府組織）と有志国が中心となって全廃条約の締結にまで至った例になる。通常兵器は軍縮以前に、武器貿易条約（二〇一四年発効）のように、まずは不正な取引を防止するための輸出入等の規制措置を締約国が整備していくことが求められている。

現在、LAWS（自律型致死兵器システム）という、人間の関与なしに攻撃を可能とするロボットなどの規制の在り方が論点になっている。CCW（特定通常兵器使用禁止制限条約）の枠内においてこの問題が扱われてきた。日進月歩のAI技術の発展は兵器システムにも大きな変化をもたらしている。軍民両用のドローンも実戦に投入され大きな効果を挙げているだけに、通常兵器を広く見渡すと軍縮の問題は一層複雑になっている。

（宮坂直史）

●広島・呉基地に停泊中の海上自衛隊の護衛艦と潜水艦 2021年11月

第I部　トピック編

12 核抑止と核の規制
——核戦争をいかに防ぐか

◆拒否的抑止と懲罰的抑止

一九四五年八月に広島と長崎に原爆が投下されて以降、核兵器は戦場では使用されていないが、核保有国にとって核兵器は安全保障上の切り札として、相手国からの攻撃を抑止するためにその保有が正当化されてきた。

抑止には二種類ある。一つは拒否的抑止であり、相手が攻撃してもそれが効果をもたらさないと思わせる防護もしくは迎撃体制を整備して、攻撃を思いとどまらせることである。例えば、弾道ミサイル防衛、住民の核シェルター、指揮命令系統や重要インフラの地下化や代替システム、そして核兵器の配備や保管場所を隠すことである。これはどの国にとっても未完であり、拒否的抑止への自信や安心感が完全に満たされるまでの道のりは遠い。もう一つは懲罰的抑止と言われるもので、相手が攻撃すればそれ以上の耐え難いまでの反撃（倍返し以上）を必ず行うと思い込ませて、攻撃をさせないことである。相手の先制攻撃で反撃能力が全滅するような弱さでは抑止どころか攻撃を誘発してしまうので、多数の核兵器を保有し、分散あるいは移動可能に配備することになる。そして必ず報復攻撃をする覚悟があることを相手に信じ込ませなければ抑止にならない。

◆核保有国とNPT

現在、核兵器保有国は米国、ロシア、英国、フランス、中国、インド、パキスタン、北朝鮮、そしてイスラエルの九カ国になる。これらの国は核保有後も、多くの武力紛争（自ら攻撃を仕掛けた場合もあるし、攻撃を受けた場合もある）や、核保有国間の国際的な危機に直面した。英国が核保有国であることは、アルゼンチンがフォークランド諸島を占拠する行動のブレーキにはならなかったし（一九八二年）、ソ連と中国はダマンスキー島の領有権をめぐり武力衝突を引き起こした（一九六九年）。キューバミサイル危機（一九六二年）は米ソ間の核戦争に発展しなかった。核戦争がなかったという点で核抑止は効いたのかもしれないが、核を保有していれば、相手から武力攻撃やテロ攻撃を受けないわけでもない。

核兵器の技術は特定の少数国だけで専有することはできない。何も手を打たなければ核保有国が増加し、国際秩序がどう不安定化するかわからない。そこで米ソ英仏中の五カ国が核保有に至った段階で核兵器不拡散条約（NPT）を締約し（一九七〇年発効）、多くの国を加盟させ、先発五カ国以外に核兵器国を増やさない国際秩序を目指した。NPTは核保有国に対して核軍縮に向けた誠実な交渉を義務付けているが、今までそれは米ソ（米ロ）の二国間条約でのみ部分的に実現してきたことである。

NPTでは五年に一度のペースで加盟国による再検討会議が開催されて、そこで条約の履行状況や今後の行動指針などが決められることになっている。核軍縮については保有国が核廃絶を明確に約束する最終文書が二〇〇〇年に採択されたが、それ以上の進展はない。北朝鮮は核開発を進めながら二〇〇三年にNPTから脱退した。

◆核兵器禁止条約と日本の立場

このようなNPTを補完するために、非保有国やNGOが推進して核兵器禁止条約（TPNW）が採択され、五〇カ国の批准に達した二〇二一年に発効した。同条約では、核兵器の使用は非人道的な結果を招き、再びそれが使用されないことを保証するには核兵器の完全な廃棄しかないという考えが示され、核兵器の開発、実験、保有、貯蔵などすべての面を包括的に禁じた。ただし肝心の核保有国のすべて、NATO加盟国、米国と軍事同盟を締結している日本、韓国、豪州などは同条約に加盟していない。

日本政府は核兵器廃絶を外交目標に掲げてはいるが、主要な核兵器国（米ロ英仏中）を含め一九〇カ国以上が加盟しているNPTの中で核軍縮を追究するほうが、核兵器禁止条約よりも現実的だという立場をとっている。もっとも当面の安全保障環境下では米国の核抑止に依存することが必要だとも政府は認識している。

二〇二二年のNPT再検討会議はロシアによるウクラ

イナ侵攻の最中に開催された。同戦争ではロシアが核使用を人々に想像させるような言動を繰り返し、かつ原発への攻撃や占拠という従来の戦争ではなかったことが起きた。同会議でもこのような事態に触れざるを得ないわけだが、最終文書案にロシアは反対し、結局採択には至らなかった。

核廃絶の規範は国際的に強まりつつあるが、同時に核保有国がその地位を放棄するような気配は現時点では全くみられず、核保有国間でも対立と緊張が高まっているのが現実である。

本項の冒頭で二つの抑止があると書いた。中国、ロシア、北朝鮮という三つの核保有国を隣国とする日本は、弾道ミサイル防衛による拒否的抑止を主とした。しかし相手国の多種多様なミサイルや技術進展によってそれだけでは被害を完全に防げない。かといって核保有し懲罰的抑止を追求するわけではない。そこで弾道ミサイル防衛に加えて、新たな抑止力として、従来のような日本領域内だけでの迎撃ではなく、遠距離にある敵戦力を長射程の通常兵器で攻撃できる態勢を構築し始めることを二〇二二年末に政府は決定した。

（宮坂直史）

●中国建国70年軍事パレードの多弾頭型大陸間弾道ミサイル（ICBM）「東風41」2019年10月（写真提供：共同通信社）

13 ハイブリッド戦による作戦領域の変化

ハイブリッド（hybrid）とは本来「交配種、雑種、混血、掛け合わせ」といった意味を持つ言葉である。ハイブリッド戦（hybrid warfare）という時、従来型の火砲などによる戦闘だけではなく、非戦闘員による工作活動や心理戦、経済的な活動など、従来は戦闘行為と見なされていなかった行為を組み合わせることを指す。その際、実際に火砲等による戦闘行為を行う場合もあれば、それらを行わずに所期の目的を達する場合もある。

二〇一四年にロシアが国籍を示す徽章を付けない戦闘員をウクライナのクリミア半島に送り、偽情報を発信したり、通信を遮断したりすることで短期間のうちに一方的にクリミア半島を併合した。この一件で北大西洋条約機構（NATO）がロシアの一連の行為を「ハイブリッド戦」と呼ぶようになったことから注目されるようになった。ロシアでは「ハイブリッド戦」という呼び方は使われておらず、ワレリー・ゲラシモフ参謀総長の論文から「ゲラシモフ・ドクトリン」と呼ぶ場合がある（小泉、二〇二一年：佐々木、二〇二一年：廣瀬、二〇二一年）。

◆ハイブリッド戦の起源

歴史を振り返れば、ハイブリッド戦に通ずる考え方は古くからある。古代中国の孫子は、その兵法の中で「百戦百勝は善の善なるものに非ず。戦わずして人の兵を屈するは善の善なるものなり」と述べている（孫子、二〇〇〇年）。戦火を交えるよりも別の手法によって敵の戦意を挫いたり戦う能力を奪ってしまったりすることによって勝利を得るのが最善だとしている。

プロイセンの戦略家のカール・フォン・クラウゼヴィッツが「戦争が他の手段を以ってする政治の延長」としたのも、本来は戦争と政治との間には明確な線引きがあるものではないという点を指摘したと見ることができる（クラウゼヴィッツ、一九六八年）。

また、孫子の考え方を西洋に紹介した英国の戦略家B・H・リデルハートは、直接的に戦火を交えるよりも間接的アプローチによって目的を達するほうが良いと指摘している（リデルハート、二〇一〇年）。

一九九九年に中国人民解放軍の将校たちが書いた『超限戦』においては、当時圧倒的な能力差を持っていた米国との戦争を想定しながら、あらゆる手段を動員して戦うことが提案された（喬・王、二〇二〇年）。中国国内においても『超限戦』の提案は荒唐無稽と見る声もあったが、その後、中国の軍拡が進み、超限戦は一種のハイブリッド戦の提案として受け取られることになっている。中国は、「三戦」と呼ばれる心理戦、宣伝戦、法律戦にも力を入れている。

◆技術革新とクロスドメイン戦による多次元統合防衛力

中国の超限戦を視野に入れた軍拡や、ロシアのハイブリッド戦が注目されたことから、米国では陸、海、空という従来の作戦領域に第四の宇宙、第五のサイバースペースを加え、それらを横断して戦闘が行われるというクロス・ドメイン戦（cross-domain warfare）ないしマルチ・ドメイン戦（multi-domain battle）という考え方が示されるようになった。宇宙やサイバースペースにおいては技術進歩が急速に進んでおり、人工知能（ＡＩ）や量子技術の軍事への応用も盛んに議論されるようになった。

日本では二〇一八年十二月に閣議決定された防衛計画の大綱においてクロスドメイン戦を想定した多次元統合防衛力の考え方が示された。そこでは五つの作戦領域に電磁波を加え、六つとする考え方が示され、電子戦・電磁戦に備えることとなった。

さらには、二〇一六年の米国大統領選挙においてロシアが介入し、偽情報などが大量に流布されたことから、認知戦への警戒も高まっている。各国の国政選挙に外国政府が民間組織などを通じて干渉することが常態化しつつある。

技術のサプライチェーンにも関心が高まっており、経済のグローバル化が安全保障に大きく影響することから、各国で経済安全保障や地経学と呼ばれる考え方にも注目が高まっている。各国政府は戦略物資の確保や最先端技術の獲得に向けた法制度や政策の施行を進めている。

二〇二二年二月に始まったロシアによるウクライナ侵攻においては、当初予想されていたほどハイブリッド戦は成功を収めなかった。ウクライナが侵攻を想定し事前に準備していたこと、米国をはじめとするNATO諸国がウクライナ側を支援していたことなども大きいが、ハイブリッド戦が簡単ではないことを示したともいえる。

こうした情勢の変化を受けて二〇二二年末に改訂された国家安全保障戦略などの防衛三文書では、陸・海・空の三自衛隊の部隊運用を一元的に担う常設の統合司令部を設置する方針が示された。

また、「宇宙・サイバー・電磁波の領域及び陸・海・空の領域における能力を有機的に融合し、その相乗効果により自衛隊の全体の能力を増幅させる領域横断作戦能力」を持つ方針も示された。

宇宙については安全保障の分野での対応能力を強化するとされ、不測の事態における政府の意思決定に関する体制の構築、宇宙領域の把握のための体制の強化、スペースデブリへの対応の推進、相手方の指揮統制・情報通信等を妨げる能力の整備の拡充、国際的な行動の規範策定を含む同盟国・同志国等との連携の強化が示された。

サイバースペースについては、サイバー空間の安全かつ安定した利用、特に国や重要インフラ等の安全等を確保するために、サイバー安全保障分野での対応能力を欧米主要国と同等以上に向上させるという野心的な方針が示された。その上で、平時からの取り組みを強化し、能動的サイバー防御を追求することも打ち出された。

認知領域については、情報戦への対応能力を強化するとされ、外国による偽情報等に関する情報の集約・分析、対外発信の強化、政府外の機関との連携の強化等のための新たな体制を政府内に整備するとされた。

こうした新しい方針が実際に現場で実施されるまでには紆余曲折があるだろうが、安全保障は従来の陸、海、空を見ているだけでは不十分であり、宇宙、サイバースペース、電磁波、認知などへ広がりつつあり、非戦闘員を通じたさまざまな工作活動によって一般大衆を巻き込んだ作戦活動が行われることが見込まれている。ハイブリッド戦をめぐる議論は今後ますます複雑化する安全保障を見るための一側面である。

（土屋大洋）

14　国境を越える脅威と人間の安全保障

◆国家の安全と人間の安全

安全保障（security）とは、誰が、どのような脅威から、どのような手段で、誰の安全を守ることだろうか。伝統的な現実主義（リアリズム）の考え方では、無政府状態（アナーキー）における国家の最大の目的は生き残りである。「国家安全保障」（national security）とは、軍事力や同盟関係の強化によって、国家が他国の攻撃から自国の安全を確保することを意味する。二〇世紀は凄惨な総力戦となった世界大戦が二度も発生し、およそ一億一〇〇〇万人が戦争の犠牲となった。いうまでもなく、戦争は平和に対する脅威である。しかし、戦争さえなければ平和が実現するわけではない。言い換えれば、国家の安全が保障されたとしても、人間一人ひとりの安全が保障されるとは限らない。それはなぜだろうか。

第二次世界大戦の反省を踏まえて、一九四五年に国際平和と安全の維持を主な目的とする国際連合が設立された。そして、一九四八年に世界人権宣言が採択され、「恐怖と欠乏のない世界の到来」に向けて、人権を世界的に保障しようとする動きが活発になった。しかし、一九四七年に始まった東西冷戦によって米ソの核開発競争が激化すると、核戦争の脅威からの「国際安全保障」（international security）が追求され、内政不干渉原則や国家体制間の友好関係が優先される国際秩序が形成された。その結果、冷戦期には非民主主義体制の政府や統治者によっておよそ八〇〇〇万人の人民が殺戮されたが、国際社会はそのような深刻な人権侵害を看過した（R. J. Rummel, 1998）。また、開発途上国では、戦争がなくても、貧困、飢餓、伝染病などが日常的に蔓延し、平和とはいえない状態が存在してきた。冷戦期は核の脅威の中で国家の安全が追求されたが、人間の安全が軽視される時代であった。

　ところが、冷戦が終結すると、伝統的な安全保障観を覆す革新的な見解が示された。国連開発計画（UNDP）が一九九三年および一九九四年に発行した『人間開発報告書』において、国家ではなく、人間一人ひとりの安全の実現を目指す「人間の安全保障」（human security）という概念を提唱したのである。報告書では、安全保障の概念が国家に関わるものとして狭義に解釈されてきたことを指摘する。そして、安全保障を人間一人ひとりの安全に関わる問題として再提示し、軍事力ではなく開発によってそれを達成する必要性を主張した。これは安全保障概念のパラダイムシフトともいえる革新的な試みであった（UNDP, 1994）。

◆人間の安全保障の発展

　二〇〇〇年代に入ると、人間の安全保障に関する様々な議論が展開し、その重要性が国際社会に広く認識されるようになる。二〇〇〇年に開催された国連ミレニアム・サミットでは、当時のコフィ・アナン国連事務総長が人間の安全保障の重要な柱である「恐怖からの自由」（freedom from fear）と「欠乏からの自由」（freedom from want）の実現を国際社会に要請した。人間の安全保障を外交の柱に据えた日本政府は、この要請に応じて国連難民高等弁務官の緒方貞子とノーベル経済学賞受賞者のアマルティア・センが共同議長を務める「人間の安全保障委員会」を二〇〇一年に設立した。人間の安全保障委員会が二〇〇三年に公表した『安全保障の今日的課題』では、人間の安全保障は四つの観点から国家安全保障を補完することが提示された。第一に、国家よりも個人や社会に焦点を当てる「人間中心」の考え方であること。第二に、軍事力によって国境を守るのではなく、環境汚染、国際テロリズム、大規模な人口の移動、感染症、抑圧や困窮までの多様な「脅威」を視野に入れること。第三に、国家のみならず、国際機関、地域機関、市民社会・非政府組織（NGO）などの多様な「主体（アクター）」が役割を担うこと。第四に、保護（protection）だけでなく、人々が自らを守るための「エンパワーメント」（empowerment：能力強化）が必要であること、以上の四つである（人間の安全保障委員会、二〇〇三年）。

　ところで、人間の安全保障と類似する概念に「保護する責任」（R2P: Responsibility to Protect）がある。Ｒ２Ｐは人間の安全保障のうち「恐怖からの自由」を重視するカナダによって設置されたＩＣＩＳＳ（介入と国家主権に関する国際委員会）が二〇〇一年に提唱した概念である。多様な脅威を想定する人間の安全保障とは異なり、Ｒ２Ｐは一九九四年のルワンダの大虐殺のような「ジェノサイド」や「民族浄化」といった深刻な人権侵害から人々を保護することを目的とする。しかし、人命保護のために強制的な軍事介入を許容するＲ２Ｐは多数の国の反発を招いた。それゆえ、日本は人間の安全保障を普及する上での足かせとならないよう、人間の安全保障とＲ２Ｐは異なる概念であるという見解を主張し、国連加盟国の理解が得られるように説得を行ってきた。その結果、二〇一二年の国連総会では、人間の安全保障の共通理解についての合意がなされ、人間の安全保障は命、生活、尊厳を確保するためのアプローチであり、またＲ２Ｐとは性質が異なり、武力による威嚇、武力の行使または強制手段を必要としないことが明記された（UN Doc., 2012）。

◆グローバルな連帯と協力に向けて

二一世紀の世界には、先進国、途上国を問わず、貧困、紛争、国際テロリズム、感染症、自然災害、環境破壊、経済・金融危機といった人間の安全に対する多種多様な脅威が存在する。グローバル化が進展し、人、モノ、カネ、情報が国境を越えて容易に移動し、相互依存が深まった結果、人間の安全に対する脅威もまた国境を越えて相互に関連し合い、深刻な影響を及ぼしているのである。

人間の安全保障とは、武力行使を伴わない「保護」と「エンパワーメント」によって、国家ではなく人間一人ひとりの「恐怖からの自由」、「欠乏からの自由」、そして「尊厳を持って生きる自由」（freedom to live in dignity）を確保するための概念である。また、人間の安全保障とは、脆弱な立場に置かれている人々の命、生活、尊厳を守るための「実践」でもある。提唱から四半世紀の間に、人間の安全保障の理念は、国際機関、国家、市民社会・非政府組織（ＮＧＯ）といった多様なアクターに受け入れられ、国際協力、開発援助、平和構築、人道支援などの分野で、脆弱な立場に置かれている人々を支えるために実践されてきた。また、「持続可能な開発目標」（ＳＤ

Gs）が掲げる「誰一人取り残されない社会」の実現においても、人間の安全保障のアプローチが必要とされている（NPO法人「人間の安全保障」フォーラム・高須、二〇一九年）。

国連開発計画が二〇二二年に公表した人間の安全保障に関する特別報告書によれば、人間が地球の生物圏を大きく変え、地球規模の変動に大きな影響を与える「人新世の時代」では、暴力的紛争、不平等、デジタル技術の脅威、健康への脅威などが相互に絡み合いながら広がっている。例えば、二〇二〇年の時点で、世界人口の一五％に相当する約一二億人が紛争影響地域に暮らしている。そして、二〇二二年には、迫害や暴力によって強制的な移動を余儀なくされた人の数は一億人を突破した。また、二〇二一年における世界の飢餓人口は八億二八〇〇万人、中程度または重度の食料不安に直面している人の数は約二三億人に上った。新型コロナウイルス感染症（COVID-19）のパンデミック開始以降、飢餓人口は一億五〇〇〇万人、食糧不安人口は三億五〇〇〇万人とそれぞれ増加している。さらに、気候変動に関連して、二一〇〇年までに途上国を中心に累計四〇〇〇万人が死亡し、人の強制移動や飢餓・食料不安をさらに拡大させる恐れがある。加えて、デジタル技術は人新世の課題への対処に大きく寄与するかもしれないが、一方で不平等や暴力的紛争などに関わる既存の問題をさらに悪化させる可能性がある。この他にも、多様性が容認されない不平等な社会、女性に対する差別や暴力、ヘルスケアシステムの普及度の格差など、様々な問題が指摘されている。人新世の新たな脅威に対抗するために、報告書では「保護」と「エンパワーメント」という従来の人間の安全保障戦略に、「連帯」を加えることを提言している（国連開発計画、二〇二二年）。

二一世紀の世界では、米中関係の悪化やロシアのウクライナ侵攻に象徴されるように、リベラルな国際秩序の危機が指摘されている。こうしたなか、多様化する国境を越える脅威に対抗するためには、国家や社会の分断と対立を乗り越えなければならない。そのためには、人間の安全保障の視点に立ち、私たち一人ひとりが当事者意識を持ち、多様なアクターのグローバルな連帯と協力を構築する必要がある。

（宮下大夢）

第Ⅰ部　トピック編

15　ＳＤＧｓ――二〇三〇年に向けた世界の経済・社会・環境の目標

◆ＳＤＧｓとは何か

持続可能な開発目標（Sustainable Development Goals: SDGs）は二〇一五年九月の国連総会で採択された「我々の世界を変革する―持続可能な開発のための２０３０アジェンダ」（以下、２０３０アジェンダ）の中核であり二〇三〇年に向けた達成目標である。世界の経済・社会・環境に関する一七の目標とその下の一六九のターゲット、二三〇のインディケーター（指標）からなる。二〇〇一年から二〇一五年までのミレニアム開発目標（ＭＤＧｓ）が貧困削減、保健、教育といった社会開発分野を中心とし、途上国を念頭とする傾向にあったのに対して、ＳＤＧｓは（普遍性）universalityを原則として、先進諸国も含めてすべての諸国で達成されるべきものである。また２０３０アジェンダには他にもいくつかの理念がある。「誰一人取り残さない」（Leave No One Behind）、「人権を基盤とする」、「ジェンダー平等」があげられる。

◆ＳＤＧｓの一七の目標

ＳＤＧｓの一七の目標は表15－1のように要約できるが、1～6はＭＤＧｓの延長線ともいえる貧困削減・社会開発関連のゴール、7～11は経済に関するゴール、12は経済と環境の両方にまたがるゴール、13～15は環境に関するゴール、16はそれ自体が目的であるとともに1～15の実施手段としての平和と公正なガバナンスに関するゴール、17はＳＤＧｓの実施手段としての諸アクター間のパートナーシップに関するゴールと整理できる。

◆ＳＤＧｓの達成状況

ＳＤＧｓの達成状況は、毎年七月に国連本部で開催される「持続可能な開発に関するハイレベル政府フォーラ

表15－1　SDGsの17のゴール

1．貧困を終わらせる	10. 不平等を減らす
2．飢餓を終わらせる	11. 都市環境
3．健康・保健	12. 持続可能な消費と生産
4．質の高い教育	13. 気候変動
5．ジェンダー平等と女性のエンパワーメント	14. 海の生態系保護
6．水道・衛生	15. 陸の生態系保護
7．エネルギー	16. 平和と公正なガバナンス
8．成長とディーセント・ワーク	17. パートナーシップ
9．インフラ・産業化・イノベーション	

筆者作成。

ム（High-Level Political Forum on Sustainable Development）」（ＨＬＰＦ）で検証される。会議に合わせて国連から世界的な達成状況のレポートが発表されるとともに、各国がＳＤＧｓに関する自発的国家レビュー（Voluntary National Review：VNR）を行ってきた。四年に一回（二〇一九年九月に開催され、次回は二〇二三年九月の予定）グローバルな達成状況検証のサミットも行われる。

世界的にみると、多くのゴール・ターゲットに関して進展がみられるものの、二〇三〇年の目標達成には不十分なものが多かった。飢餓人口の増加（原因は紛争と気候変動による農業生産の不安定）などいくつかのゴール・ターゲットに関してはネガティブな状況も見られた。

二〇二〇年以来の新型コロナウィルス感染症（ＣＯＶＩＤ－19）パンデミックにより状況は一変し、二〇二二年のロシアのウクライナ侵略も状況悪化の要因となる可能性がある。二〇一九年までは全体の達成状況は向上していたのが、二〇二〇年・二〇二一年と下降傾向にある。いくつか例をあげてみよう。

ゴール１（貧困を終わらせる）：世界の極度の貧困（一人一日一・九〇米ドル未満）人口は、二〇一五年には七・四〇億人、二〇一九年には六・四一億人と減少してきたが、二〇二〇年には一九九八年以来の増加となり、七・一四億人となった。二〇二二年にはパンデミック前の五・八一億人の予測に対し、六・五七―六・七七億人となるとみられる。

ゴール４（質の高い教育）：パンデミックによる休校などにより過去二〇年間の教育向上の成果が帳消しになったといってよい。必要な読解力を持たない子どもが九％増えた。パンデミックで学校に通えなくなったさまざまな年代（就学前教育から大学まで）二四〇〇万人がこのまま学校に戻れない可能性がある。

ゴール５（ジェンダー平等と女性のエンパワーメント）：児童婚をさせられる女の子が世界で一〇％（一〇〇〇万人）増える危険性がある。世界の雇用の三九％が女性によるものであったが、パンデミックによる失業の四五％が女性のものであった。パンデミックにより低所得国・中所得国における望まない妊娠が一四〇万件増えた。

ゴール10（不平等を減らす）：パンデミックは国家間の所得格差の拡大を招いた。

ゴール17（パートナーシップ）：二〇二一年のＯＥＣＤ開発援助委員会（ＤＡＣ）諸国の政府開発援助（ＯＤＡ）は四・四％増え、過去最高になった。しかし増加の大部分がワクチン寄付を含むパンデミック対応（保健や経済復興支援）であった。

◆ＳＤＧｓの今後

ＳＤＧｓにはもともと野心的なものも多かったが、パンデミックによる達成状況の停滞や悪化が生じ、今後ウクライナ危機による影響も懸念される。一方で、目標設定と自発的レビューに基づくグローバル・イシューズ（地球的諸課題）への取り組みというグローバル・ガバナンスの一つのあり方としても注目できる。

（高柳彰夫）

16　地球環境問題
──気候危機を中心に

◆公害問題から地球環境問題へ

環境問題は人類誕生以来といわれることすらあるが、産業革命以後の近代化・工業化の中で環境問題はまず公害問題として、特に先進工業国で見られるようになった。日本でいえば、明治期の足尾鉱毒問題は日本で最初の公害問題といわれるが、戦後の一九五〇年代後半から七〇年代にかけて、四大公害病（水俣病、新潟水俣病、四日市ぜんそく、イタイイタイ病）、大都市圏工業地帯での大気汚染、水質汚濁など、公害問題は大きな社会問題となった。

世界的にも先進工業国を中心にした環境問題が次第に注目され、またローマ・クラブのレポート『成長の限界』も大きな反響を呼んだ。一九七二年にストックホルムで国連の環境問題への初めての本格的な取り組みとして国連人間環境会議が開催された。この当時は先進工業国を中心にした工業化に伴う環境問題に注目が集まる一方で、途上国の間では貧困こそが最大の環境問題というとらえ方が強かった。

一九七〇年代半ばと八〇年代初めにアフリカで大規模な飢餓が発生する中で、森林破壊、砂漠化など工業化ではなく貧困問題を原因とした環境問題が注目されるようになった。また専門家の間では一九七〇年代後半くらいから、国際的に社会で広く知られるようになったのは一九八〇年代であるが、地球温暖化（気候変動）とオゾン層破壊といった地球規模の環境問題が認識されるようになった。

◆「持続可能な開発」と地球サミット

一九八三年に国連総会決議に基づいて設立された「環境と開発に関する世界委員会」（委員長は当時のノルウ

ェー首相のブルントラント）は一九八七年に報告書『私たちの共通の未来』（*Our Common Future*）を発表した。そこでのキー概念として提唱されたのが「持続可能な開発」（sustainable development）である。持続可能な開発は「将来の世代がそのニーズを充足する能力を損なうことなく、現在の世代のニーズを充足する開発」と定義され、世代間の公正すなわち将来の世代のために環境・資源を保全することと、世代内の公正すなわち貧困削減と基本的ニーズの充足の二つのことが含まれる。持続可能な開発は、それまでの開発には環境破壊はやむを得ないといった開発と環境のトレードオフ論から、環境と両立した開発の必要性を説くようになった点で世界の考え方を転換するものであった。

持続可能な開発は一九九二年にリオデジャネイロで開催された国連環境開発会議（地球サミット）でもキーワードとなったが、この地球サミットで採択された条約の一つが気候変動枠組み条約であった。

持続可能な開発は、経済・社会・環境の三つの次元からなることが次第に世界的なコンセンサスとなっていった。特に二〇一五年には国連において持続可能な開発目標（ＳＤＧｓ）が採択され、世界各国の国際的・国内的実施が現在話題になるなど、今日の国際社会においてますます重要な概念になっている。

◆気候変動

今日の地球環境問題で最も関心を集めているのは地球温暖化、あるいは気候変動であろう。地球全体の平均気温が上がる一方で、上空の大気の流れの変化で記録的な寒波や豪雪、熱帯性低気圧（台風など）の強大化、極地的な豪雨や竜巻の増加、同時に干ばつも増加、食糧難などさまざまな極端な気候現象の頻発を生んでいることもあって、気候変動がよく使われることばになっている。

気候変動に関する政府間パネル（ＩＰＣＣ）は第六次評価報告書を刊行中であるが、二〇二一年八月に公表された第一作業部会の報告『気候変動—自然科学的根拠』では、二〇一一—二〇二〇年には一八五〇—一九〇〇年に比べて一・〇九度前後上昇していて、即時に大規模な温暖化ガス排出削減が行われなければ、数十年のうちに地球の平均気温は一・五—二・〇度上昇する。また海面は一九二〇年から二〇一八年までの間に〇・二メートル上昇した。

◆京都議定書からパリ協定へ

気候変動枠組み条約の締約国会議（COP）は一九九五年から毎年開かれるようになり（二〇二〇年に英国のグラスゴーで予定されていたCOP26は、新型コロナウイルス・パンデミックにより一年延期され二〇二一年に開催）、一九九七年に京都で開催されたCOP3において温室効果ガス排出削減の最初の国際合意として京都議定書が採択された。

京都議定書では削減義務が課されたのは先進国で、二〇〇八―二〇一二年の第一約束期間に一九九〇年比で日本はマイナス六％、米国はマイナス七％（ただし二〇〇一年に批准しないことを表明）、EUはマイナス八％の削減義務を課された。その後八年間の延長（日本は反対し不参加）が行われる一方で、現実に中国・インドなどの新興国による温室効果ガス排出の増大も踏まえ、新しい枠組みづくりも課題となった。

二〇一五年のCOP21でパリ協定が採択された。工業化以前に比べて世界の平均気温の上昇を十分に二度以下、

表16−1　主要国のNDC

国　名	削減目標	基準年
日　本	2030年度までに26％削減	2013年度比
米　国	2025年までに26−28％（できれば28％）削減	2005年比
E　U	2030年までに40％削減	1990年比
カナダ	2030年までに30％削減	2005年比
ロシア	2030年までに75−70％までに抑制	1990年比
中　国	2030年までにGDP当たりの排出量を60−65％削減 2030年を排出量のピークとする	2005年比
インド	2030年までにGDP当たりの排出量を33−35％削減	2005年比

（出典）国立環境研究所、全国地球温暖化防止活動推進センター資料。

できれば一・五度以下にすることが唱えられた。また二一世紀後半には排出実質ゼロをめざすこと、先進国・途上国ともに各国が「自国が決定する貢献（nationally determined contribution）」（ＮＤＣ）を提出してその実現に努めることとされた。主要国の当初のＮＤＣは、表16－1のとおりである。

各国とも削減目標の年や基準年は異なっているが、先進諸国は削減の絶対量を示しているのに対して、急速な経済成長が見込まれる途上国はＧＤＰ当たりの排出量をもとに削減目標を示している。

◆気候変動の今後

ＣＯＰ26では、世界の平均気温の上昇を一・五度以下にすることが再確認された。

二〇二二年のＣＯＰ27を前に国連環境計画（ＵＮＥＰ）が発表した報告書は、世界各国の現在のＮＤＣが実施された場合にも、二一〇〇年には地球の平均気温は二・五度上昇することを警告した。一方で、ＣＯＰ27では、途上国からこれまでの気候変動により受けた海面上昇や異常気象などに対する「損失と被害」への支援をつよく求める声が出た。それを行うことが大筋で合意されたが、詳細は今後のＣＯＰにゆだねられることとなった。

最近では、気候危機（climate crisis）ということばも世界的によく使われているが、新型コロナウイルス感染症（ＣＯＶＩＤ-19）パンデミックやウクライナ危機とともに、国際社会は気候危機に関する認識といっそうの取り組みが求められる。

（高柳彰夫）

17 エネルギー資源と地政学

◆資源獲得と海洋進出の歴史

グローバルに見て、資源分布、とくに石油、石炭、そして天然ガスといった化石エネルギー資源の分布には偏在性がある。他方、化石エネルギー資源を必要とする現代文明を営む国家や都市は世界中に広がる。この分布の対照性が化石エネルギー資源など戦略資源の「供給」に関する不確実性リスクを高め、そのリスク緩和への渇望が、地政学を発展させる原動力の一つとなってきた。

海洋地政学およびシー・パワーを提唱したアルフレッド・マハン（本書第Ⅰ部21参照）は、米国の外地に海軍艦艇への補給（石炭と水、食料）のための根拠地（すなわち植民地）の獲得を主張したが、これは海上交易路の維持確保に必要な海軍力の展開により自由度を与えることを望んだためである。米国に関していえば、このマハンの主張は、一八九八年の米西戦争勝利によるフィリピンとグアムの領有、そして同年ハワイ併合など一九世紀末米国の太平洋地域への進出と帝国主義化によって結実していった。また第一次世界大戦前夜、英国海軍は、自国の海軍艦艇のエネルギー源を、当時国内で十分産出可能で供給の確実性が高い石炭から、艦艇の著しい性能向上が見込まれるものの、当時まだ国内生産できず供給の確実性が低かった重油への転換を図った。これに伴う供給リスクに対応するために英国は、当時ペルシア（イラン）で石油生産を始めたばかりのアングロ・ペルシアン石油会社（現ＢＰ）に出資し、同社株式の過半数を握り、石油の確保に国家が関与する形をとった。さらに第一次世界大戦中、英国がフランスとロシアとの間でサイクス＝ピコ協定を締結し、中東分割を画策したことは、英国の中東石油権益確保の発露に他ならない。このように資源供給リスクの低減のため、古典地政学では国家は資源空間への介入、そして支配への行動をとる傾向にあった。

◆グローバル・サプライチェーン

だが、二〇世紀前半までに展開された古典地政学の思考およびそれに基づく外交・安全保障戦略では現在の国際関係に対応することが困難になってきている。まず前提として、今日の世界は「接続」によって成り立っている。パラグ・カンナは『「接続」性の地政学』（二〇一七年）において、現在、大規模人口を抱える世界の巨大都市が陸海空の輸送路や通信、パイプラインといった経済社会インフラで相互につながり、人・モノ・カネ・情報の移動の拡大をめぐる競争が行われているとの認識を示した。その上で、彼は、国境に基づく従来の地政学ではこの様態を捉えきれないとし、国境を相対化させた新しい地政学の必要性を論じた。今日、製品の原材料・部品の調達から製造・販売に至るまでのサプライチェーンのグローバル化や、その展開に伴うエネルギー資源需給の多角化は、まさにこの接続性の深化に当たる。さらに厄介なことに、掘削機械、精製施設、貯蔵施設、パイプライン や受入港湾施設といったエネルギー資源供給に関わるインフラ自体の部品および製造もまたグローバル・サプライチェーンによって成り立つ相互関係にある。すなわち、「接続性」が今日、エネルギー地政学のあり方を左右している。

◆地政学

しかし、国際社会のパワー・ポリティクスの側面を考えた場合、国境を相対化させたとしても、接続ないしは接続領域に対してパワーを行使できるアクターが存在すれば、供給リスクは依然として残る。なぜならば、特定の空間領域を支配するアクターが常に接続性をオープンにし続ける保証がないからである。そして地政学において、交易路をはじめとした空間支配の優越性を利用する外交戦略を論じることは珍しくない。例えばバリー・ポーゼンは、グローバル経済活動にとって不可欠な海・空・宇宙というコモンズ領域における米国の優越性を指摘し、その優越性を用いた同国の世界戦略の展開を説いている（Posen, 2003）。このような国家間の経済関係、または経済インフラの支配やその優越性を利用した外交・安全保障の志向、そしてそれに基づく国際関係の研究は、「地経学」（Geoeconomics）と呼ばれる。

ロバート・ブラックウィルとジェニファー・ハリスは、地経学を「国益の増進と安全保障、さらに地政学上の有益な結果をもたらすために経済的手段を用いること」と定義した。そしてその上で、軍事力の行使や対テロ戦争という介入主義に拘泥する今日の米国の外交方針を批判しつつ、同国の経済的金融的手段を用いた戦略的外交への転換および展開を提唱した（Blackwill & Harris, 2016）。現在の地経学への関心の高まりは冷戦後、とくに9・11テロ以降、米国が対テロ戦争を終結させられず、米国内だけでなく世界中に厭戦気分が広がる一方、覇権挑戦国の中国が、国家資本主義による発展のもと、新興国や途上国に対して莫大な投資や援助、時には貿易停止や不買など経済的圧力を加えることで、国際社会におけるプレゼンスを著しく高めたことが影響している。すなわち、経済を通じて圧力をかけ、相手国の政策を自分たちに好ましい形に変えることが、現在の正しい地政学的競争ということなのである。

◆大陸間競争がもたらす輸送路への影響

また、われわれは、覇権国でない地域大国が国際社会にエネルギー資源供給リスクを与えることがありうることにも注意を払う必要がある。中東地域のサウジアラビアとイランの対立が激化するたび、ホルムズ海峡危機が話題に上る。ホルムズ海峡はペルシア湾とオマーン湾をつなぐ狭い海峡であるが、サウジアラビアをはじめとする中東産油国の石油積出港がペルシア湾岸の奥に位置するため、同海峡を通って世界に供給される石油量は世界消費量の四割近くを占める。それゆえに、ホルムズ海峡は世界のエネルギー輸送のチョークポイントであり、国際社会は同海峡に強い軍事力を投射可能なサウジアラビアとイランの国内政治や外交方針に常に敏感にならざるをえない。

そして、エネルギー資源輸送リスクは海上だけにとどまらない。欧州では、冷戦期の一九七〇年代から現在まで、ロシア（旧ソ連）から西側欧州各国に向けた天然ガスパイプラインが建設、運用され、国境を越えたガス供給網が拡充されてきた。このような一見、相互依存体制が拡大している中でも、エネルギー危機は度々発生していた。今世紀に入って激化したロシアとウクライナ間の対立は、ロシアによるパイプラインを通じたウクライナへのガス供給の削減（二〇〇六年）や停止（二〇〇九年）を引き起こした。これら危機の際には、ウクライナを通過するパイプラインによってガス供給を受けているブルガリアやギリシャ、トルコなどが紛争とは無関係にもかかわらずガス供給停止に追い込まれる事態が発生した。そして、二〇二二年二月に勃発したロシアによるウクライナ侵攻に至って、西欧諸国は自国が侵略されたわけではないが国際秩序維持の観点からエネルギー資源の「脱ロシア化」に追い込まれた。また、内陸国で民主主義国のモンゴルは現在、隣国を権威主義国家（ロシア、中国、カザフスタン）によって囲まれている地政学的状況下にある。モンゴルが対外貿易を展開する場合、内陸国がゆえに、輸送手段として鉄道が重要となる。そして、ロシア領内ないしは中国領内の鉄道を利用せざるをえない。それゆえに、モンゴルは鉄道交通を通じて中ロ両国にたびたび圧力をかけられている。

このように海上・陸上問わず、接続する世界は、交易路を支配する地域大国の影響を受ける。とくに、現在の覇権挑戦国である中国が展開する「一帯一路」（本書第Ⅰ部5参照）は、地政学的にまさにユーラシア世界における輸送路の獲得・支配をかけた覇権構想であることに間違いない。対して米国は現在、半導体や新素材、医薬品など重要品目の脱中国を掲げ、サプライチェーンの見直しを図っている。それに伴い、中東、カスピ海など多くのエネルギー供給地を抱えるユーラシア世界の交易路における米国のプレゼンスは次第に低下する可能性がある。今後、われわれは、このことがエネルギー安全保障にどのように影響するか注意深く見守っていく必要があるだろう。

（玉井良尚）

18 感染症とパンデミック

◆感染症に対する国際的な取り組み

人類がこの地球上で生存する限り、感染症は避けることができないものであり、人類と各種感染症との闘いには長い歴史がある。国際政治の観点からこの感染症を考える際には、主権国家によって分かれている国際社会において、国境を簡単に超える感染症に対して、いかに効果的な連携体制をグローバルな規模で築くかという課題がある。世界政府が存在せず、各主権国家に対して強制力を行使できる主体が存在しない中で、人類共通の敵である感染症に対して、適切に連携することには多くの困難がつきまとうのが現状だ。

そのような中でも一九世紀以降、感染症に対するグローバルな枠組みが徐々に組織化されてきた。植民地支配や貿易の拡大に伴い、コレラやペストといった各種感染症の流行に悩まされていた欧州各国は、一八五一年以降、定期的に国際衛生会議を開催するようになり、一九〇三年には国際衛生協定（International Sanitary Convention）が締結された。当該協定の下で、領域内で特定の感染症（コレラとペスト、一九一二年に黄熱病が加わる）が発症した際には互いに通知する義務、感染している船や人に対する共通の対処法等が定められた。

その後も感染症に対するグローバルな枠組みは発展の一途を辿ってきた。第二次世界大戦前に制定された一三の国際衛生規則（International Sanitary Regulations）は、世界保健機関（ＷＨＯ）の下で一九五一年に統合され、一九六九年には現在の「国際保健規則（International Health Regulations）」（ＩＨＲ）へと名称を変更した。その後も国際環境の変化に伴い、改定が施されてきた。一九八一年には天然痘の根絶を反映させて、対象の感染症から天然痘が削除され、二〇〇五年の改定では、バイオテロの可能性を視野に入れ、対象を特定の感染症から「国際的に懸念される公衆衛生上の緊急事態（ＰＨＥＩＣ）」へと変更された。

とりわけ二〇〇五年の改定の背景には、二〇〇三年のＳＡＲＳ流行の経験に加え、感染症が安全保障の一課題として認識されるようになったという変化もある。冷戦後の著しいグローバル化の進展に伴い、感染症はわれわれの健康に限られず、経済や防衛など他分野に影響を及ぼしうるグローバルな危機へと性格を変化させてきた。このような状況の中で感染症は、公衆衛生領域の一課題から、安全保障という広義の文脈の中で位置づけ直されてきた。例えばエイズに関しても、二〇〇〇年一月の国連安全保障理事会（安保理）で、アフリカの平和と安全におけるエイズのインパクトを認め、安全保障の観点からエイズ対策の必要性を指摘した安保理決議１３０８が採択された。二〇一四年の西アフリカでのエボラ出血熱の流行に際しても、国連安保理でエボラの流行が国際社会の平和と安全への脅威になりうると謳った安保理決議２１７７が採択された。このように昨今の感染症対応は政治的リーダーシップに支えられてきたといえる。

◆グローバル時代の国際社会における感染症対策の課題

とりわけ地球環境と動物と人間の健康を包括的に捉えるワンヘルス・アプローチやユニバーサル・ヘルスカバレッジ、公平性やインクルーシブネスの原則など、パンデミック下で再確認された規範を明文化することの意義は大きい。

とりわけグローバル化時代の感染症は、そのインパクトが広範囲に及ぶからこそ、政治との親和性が極めて高くなっているといえる。そのことは、政治的リーダーシップが必要とされるという意味にとどまらず、感染症をめぐる協力が国家間の立派な争点となり得ることをも示している。そのことを顕著に示したのが、今回の新型コロナパンデミックであった。

新型コロナウイルスへの国際対応をめぐっては、米中対立など国際社会における政治的対立や分断が如実に反映された。対応の経験を踏まえ、ＩＨＲ改定など各種改革が進められているが、ウクライナ戦争はじめとする国際社会の深まる分断を反映して、その動きは順調ではない。ＩＨＲ改定と並んで、パンデミックの備えと対応を強化するための新たな装置、いわゆるパンデミック条約の創設に向けた交渉も進められているが、その動きは決して順調ではない。例えば米国はＩＨＲ改定に際して、発生国が情報共有を拒んだ際に、ＷＨＯが当該国の許可を得ずに、他国と情報共有する権限や、ＰＨＥＩＣの基準を満たしていない時に中間的なアラートを出せる権限など、踏み込んだ提案をしている。一方の中露は、パンデミック条約や改定後のＩＨＲが国家の裁量に抵触することを危惧している。実際、二〇二二年五月に開催されたＷＨＯ総会でロシア代表は、「新たな法的措置やＩＨＲ改定が、各国の主権に抵触するものであってはならない」と釘をさした。このほか、パンデミック条約策定に関しては、履行監視メカニズムや医薬品の特許に関する議論が現在も続いている。

脅威が多様化した今日において、感染症をめぐる協力を政治と切り離すのは、もはや不可能であり、地政学的な動向との連動を免れ得ない。新型コロナの発生源をめぐる米中間の激しい応酬は記憶に新しく、ロシアによるウクライナ侵攻も、保健ガバナンスに影を落としつつある。双方をメンバーとするＷＨＯ欧州地域局では、五月半ばにロシアの侵攻を非難する決議と、現在モスクワにある非感染症疾患のためのＷＨＯオフィスをロシア国外に移管するようＷＨＯに求める決議が採択された。今後、ロシアが一層の孤立を深めれば、保健協力においても、それと連動する動きが深まると予想される。

米中対立も、新型コロナ対応に大きな影を落としてきた。二〇二〇年二月七日に習近平国家主席と当時のドナルド・トランプ米国大統領が電話会談を行った際には、全面的な支持を表明していた。この時点では、あたかも貿易や技術覇権をめぐる米中対立を一旦、傍に置いて、米中がこの新興感染症をめぐって協力できるかの様相さえ呈していた。その様相が大きく変わったのが二〇二〇年三月のことであった。米国で劇的に感染者数が増えると、政権への批判を恐れたトランプ政権は、新型コロナの責任は中国にあると言わんばかりに「武漢ウイルス」という呼称を用い始めた。この問題が「中国の問題」であり続ける限り、米中間には協力の可能性が開かれていたが、一旦、米国のヘルスセキュリティをゆるがす問題となった後は、協力の可能性は完全に閉ざされてしまったのだ。

その一方で、Ｍ痘（サル痘）はじめ各種感染症の脅威やバイオテロの脅威は依然大きく、われわれにとって他者と協力する必要性自体は全く衰えていない。ただし、各々にとっての「他者」の意味するところが、不特定の他者ではなく、価値を共有する同志に限定されつつある。実際、コロナ禍では地域ベース、二国間ベース、有志国間ベースでの実質的な保健協力が活発化してきた。米アメリカン大学のアミタフ・アチャリア教授は米欧の覇権を基軸とするリベラル国際秩序が衰退し、代わりに国際機関、有志連合、地域組織、新興国、民間アクターらがそれぞれの影響力を発揮しながら協働する重層的な秩序（マルチプレックス・ワールド）が生まれつつあると説いた。保健ガバナンスについても同様の現象が見られ、それがコロナ禍で進展したと見ることができる。

新型コロナワクチンを巡っても世界貿易機関（WTO）でワクチン特許解放の議論が膠着し、WHOが設置したmRNAワクチンの技術移転ハブが順調に機能しないなか、中国によるアジアや中東へのワクチン技術移転が進んだ側面があった。地域レベルでも、アフリカでは大陸内部のワクチンの調達や供給を行う組織が設立され、アフリカ医薬品庁設立に向けた動きも加速化した。グローバルな枠組みの綻びを補完する役割を、他の枠組みに求める動きが活性化しているのである。

日本に関しても、二〇二二年五月末の日米首脳会談で言及がなされた通り、日米間での保健協力が今後、実質的に深化していくと予想される。またアジアでは、日本のイニシアティブによりASEAN感染症対策センター（ASEAN Center for Public Health Emergencies and Emerging Diseases：ACPHEED）が設立される運びとなり、また国立国際医療研究センターと東南アジアの研究機関による国際共同臨床研究ネットワーク（ARISE）も設立された。国内では国立国際医療研究センターと国立感染症研究所を統合して、日本版CDC（米国疾病予防管理センター）を設置しようという動きがある。

このように感染症への対応が重層化していく中で、グローバルな枠組みが無用かといえば、そうではない。国際社会の中で、中心軸となる規範やルールを整備し、各レベルの整合性をとる役割が今後も期待されるからだ。その一方で、グローバル保健ガバナンスはそのアプローチをめぐって、異なるアプローチが競合してきた歴史的な経緯があり、政治との親和性は極めて高い。ただし、グローバルなレベルでの規範を整えるだけでは、あまりにも心許なく、並行して、サーベイランス体制の強化や医薬品の開発・製造能力の構築、緊急時の情報共有のメカニズムなどについて、実質的な措置が国、地域、有志国間といった重層的なレベルで今後、整えられていくと予想される。

感染症対応の重層化は業務の重複や競合の危険性を孕むが、各レベルの取り組みに整合性や一貫性が保たれるなら、対応を全体として補強することに繋がりうる。各アクターには各レベルの特徴を見極め、積極的に関与しつつ、全体としての整合性をとるというバランス感覚が求められる。その先に、次なるパンデミックに対する備えと対応能力を強化し、同時に、多様化する国際社会の脅威に対して、より強靭な安全保障の体制を築いていくという未来が開けるかもしれない。

（詫摩佳代）

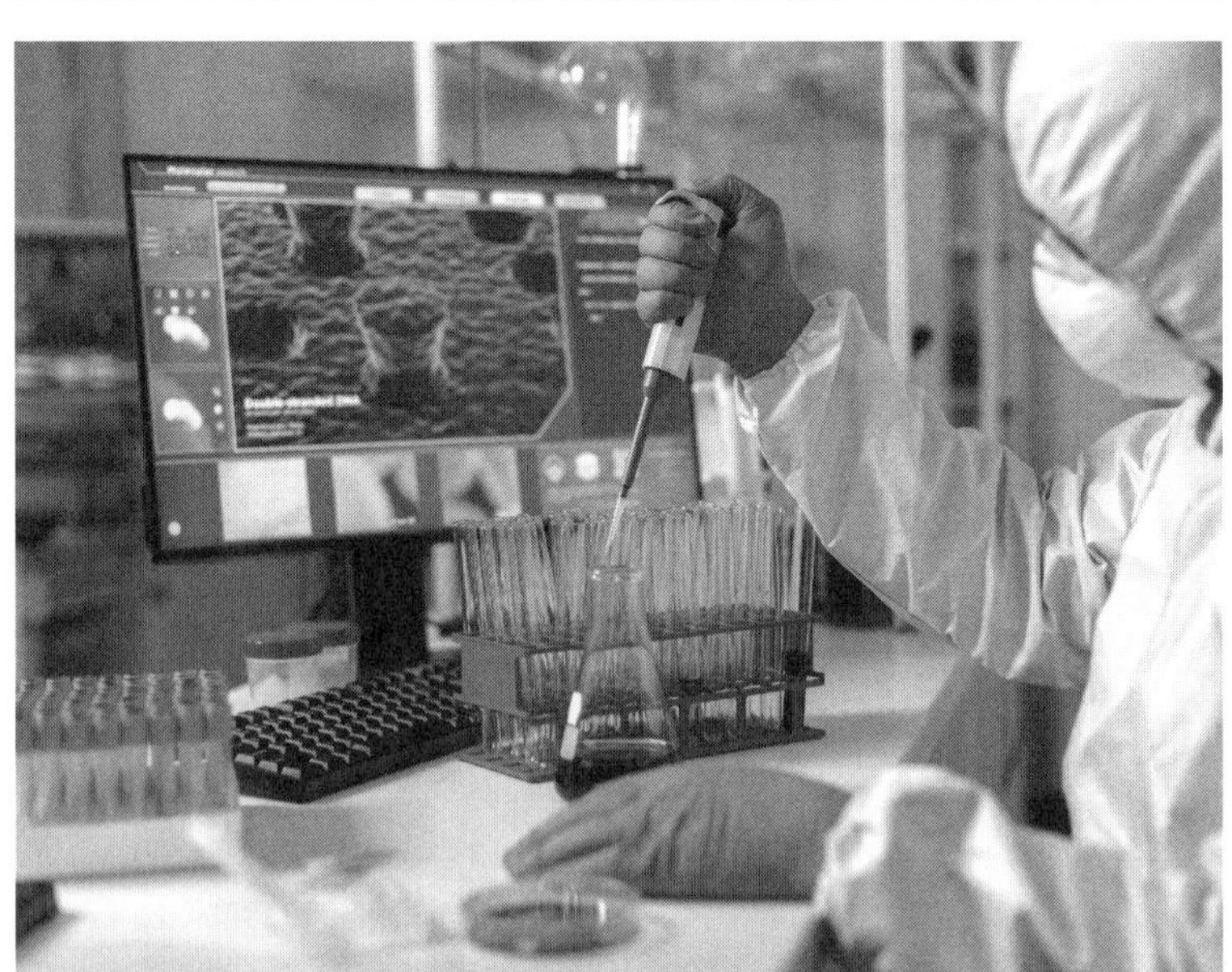

●感染症ワクチンの検査研究（写真提供：Freepik）

第Ⅰ部　トピック編

19　移民・難民に対する国際社会の役割

◆人の国際移動

人類はアフリカに起源を持ち、長い年月をかけて大陸を移動し、世界各地に広がったとされる。交易、戦争、植民地開拓、奴隷貿易に至るまで、人の移動には長い歴史がある。しかし、人の国際移動が急増したのは、多くの人が日常的に航空機を利用し始めた二〇世紀後半からである。そして、二一世紀に生きる私たちは、過去のどの時代よりも、長距離を短時間で移動することが容易になっている。とはいえ、国境を越える人の移動を管理する権限を持つのは主権国家であり、依然として高い国境の壁が存在する。冷戦期に築かれた「ベルリンの壁」に象徴されるように、国家はしばしば入国規制や出国規制を行ってきた。二〇二〇年以降の新型コロナウイルスの世界的流行下においても、多くの国が入国停止などの制限措置を課した。

国際連合経済社会局（ＵＮＤＥＳＡ）によると、二〇二〇年の全世界の移民の数は二億八一〇〇万人であり、一九七〇年比で三倍以上に増加している。移民が増える背景には世界人口の増加がある。過去五〇年間で世界人口は二倍以上となり、二〇二二年には八〇億人を突破した。世界人口に占める移民の割合は、一九七〇年から一九八五年までは二・三％程度、一九九〇年から二〇〇五年までは二・八％程度、その後は緩やかに増加して二〇二〇年は三・六％となっている（IOM, 2021）。移民に関する正式な法的定義は存在しないが、ＵＮＤＥＳＡは移民を「出生地とは異なる国に住んでいる人々」と広く定義しており、後述する難民も含めて統計を出している。また、三カ月から一二カ月間の移動を短期的または一時的移住、一年以上にわたる居住国の変更を長期的または恒久移住と呼んで区別している。

地域別にみると、二〇二〇年時点で移民を最も受け入れているのはヨーロッパ（八六七〇万人）であり、二番目がアジア（八五六〇万人）、三番目が北アメリカ（五八七〇万人）である。国別では、世界最多の移民を抱えるのは米国（五〇六〇万人）、二番目がドイツ（一五七〇万人）、三番目がサウジアラビア（一三四〇万人）である。なお、日本は二七〇万人である。また、移民の出身地は、インド（一七八〇万人）が最も多く、二番目がメキシコ（一一一〇万人）、三番目がロシア（一〇七〇万人）である（UNDESA, 2020）。

人の国際移動の形態は多様だが、自発的移動と強制的移動に大別することができる。自発的移動とは、海外旅行、海外赴任、移住労働、本国帰還、国際結婚、海外留学、技能実習のように、原則として本人の意志に基づいた移動である。移民全体で最も多いのが移住労働者であり、その数は二〇一九年末時点で約一億六九〇〇万人であった。ただし、移住労働者の中には貧困が原因で生き残るために移住する者も存在する。一方で、強制的移動とは、気候変動や災害の被災、人身取引、迫害や暴力からの避難のように、本人の意志に基づかない移動である。

◆難民と国内避難民

紛争、暴力、迫害、人権侵害により故郷を追われた人々を「強制移動者」という。強制移動者は主に、難民、国内避難民、庇護希望者からなる。一九五一年に採択された「難民の地位に関する条約」（以下、難民条約）では、難民を「人種、宗教、国籍、政治的意見または特定の社会集団に属するという理由で、自国にいると迫害を受けるおそれがあるために他国に逃れ、国際的保護を必要とする人々」と定義している。難民の受け入れ国はノン・ルフールマンの原則に基づき、迫害を受ける危険のある国家へ難民や庇護申請者を追放したり送還したりしてはならないという国際的義務を負う。これに対して、国内避難民とは、迫害や暴力によって住み慣れた場所を追われたが、自国内で避難生活を余儀なくされている人々である。そして、庇護希望者とは、自身の故郷から逃れて、他国の避難所にたどり着き、その国で庇護申請を希望する人々である。

二〇二一年末時点の強制移動者の数は約八九三〇万人であった（UNHCR, 2022）。その内訳は、難民が二七一〇万人、国内避難民が五三二〇万人、庇護希望者が四六〇万人であった。難民の八三％は一〇カ国から、六九％はシリア、ベネズエラ、アフガニスタン、南スーダン、ミャンマーの五カ国から発生している。また、難民の七二％がトルコ、コロンビア、ウガンダ、パキスタン、スーダン、バングラデシュなどの近隣諸国に避難している。そして、二〇二二年二月のロシアによるウクライナ侵攻によって、強制移動者の数は同年五月に一億人を突破した。このような強制移動者の数は過去一〇年間で二倍以上に増加している。

国際社会では一九五〇年に国連難民高等弁務官事務所（UNHCR）が設立され、ノン・ルフールマンの原則を中心に据える国際的な難民保護体制が構築されてきた。しかし、一九九〇年代以降の強制移動者の多くは、難民条約が想定していた「政治難民」ではなく、むしろ内戦などの武力紛争を起因とした「紛争難民」である。武力紛争の増加と長期化の結果、大量の紛争難民が難民キャンプでの長期滞在を強いられている。さらに、難民の受け入れ国の八三％は中低所得国であり、不均衡な状態が生じている。

◆移民・難民に関するグローバル・コンパクト

二〇〇一年の9・11米国同時多発テロの発生以降、移民・難民が安全保障上の脅威になるという認識が人々の間で広がってきた。また、二〇一五年には欧州難民危機が発生し、地中海やヨーロッパ南部を経由して一〇〇万人を超える難民がアフリカや中東からヨーロッパに向かった。その結果、東欧諸国を中心に移民・難民に対する排外主義が高揚し、移民・難民の欧州からの締め出しをもたらした。

一方で、二〇二二年のウクライナ危機では、ウクライナ避難民に対する排斥運動がみられることは少なく、欧米諸国は足並みを揃えて支援の手を差し伸べている（同年九月時点）。悲惨な紛争や暴力のニュースに触れると、難民を助けたい気持ちに駆られる人は少なくない。しかし、現実には国家が際限なく難民を受け入れることは容易ではない。また、移民・難民の保護に関する国際的なルールが確立しているわけではない。

二〇一六年九月に開催された「難民と移民に関する国連サミット」では、ニューヨーク宣言が採択され、各国首脳は難民と移民の権利を守り、人命を救うとともに、

図19−1　国際移民および強制労働者の推移（1970年〜2020年）

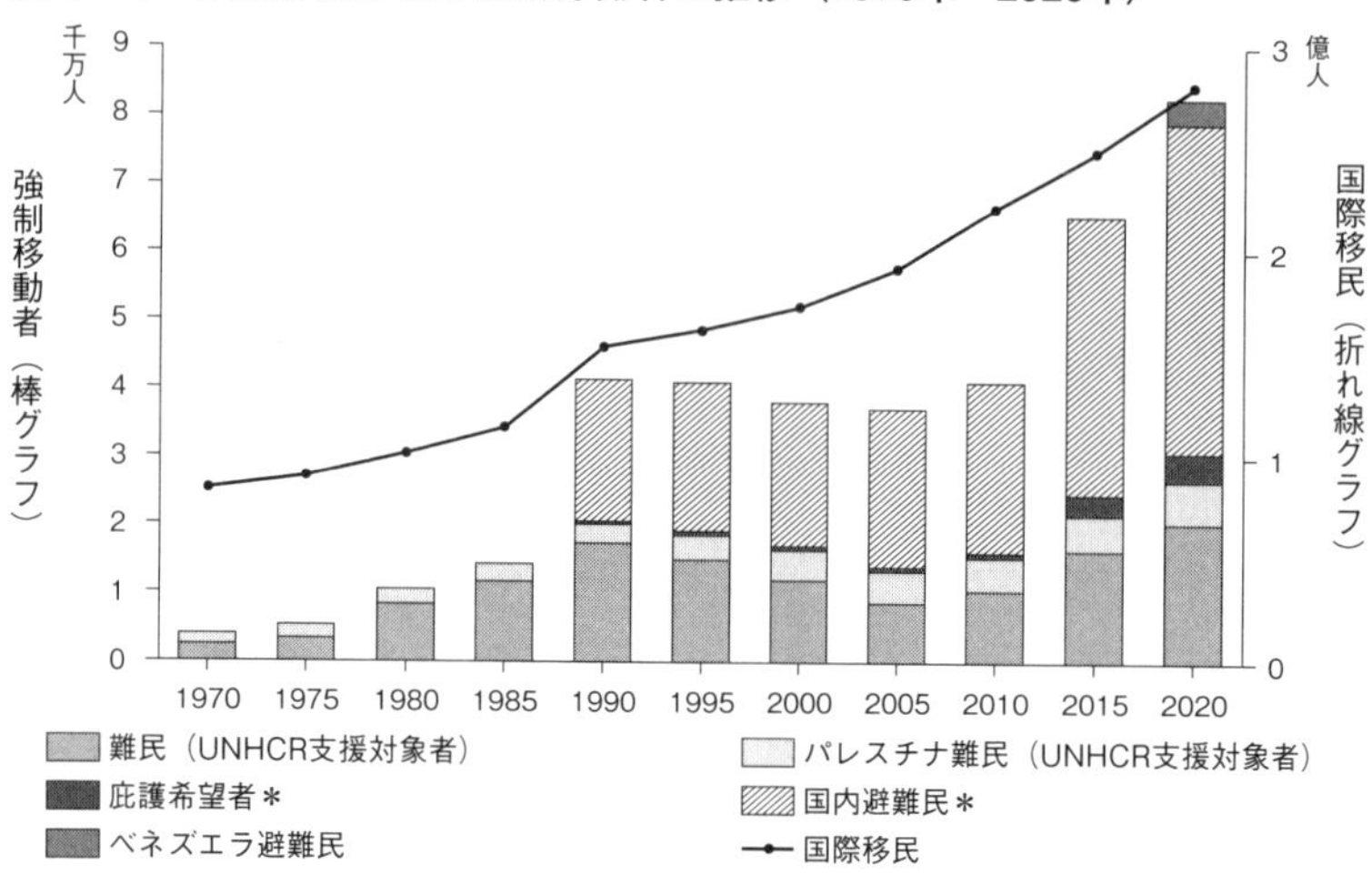

＊国内避難民は入手可能な1990年以降のデータを反映。
＊庇護希望者は入手可能な1995年以降のデータを反映。
（出典）UNHCR, Refugee Data Finder. https://www.unhcr.org/refugee-statistics/ およびIOM, 2021から筆者作成。

人の国際移動に対する責任を共有するという政治的意思を表明した。そして、二〇一八年十二月に二つのグローバル・コンパクトが採択された。一つは「安全で秩序ある正規移住のためのグローバル・コンパクト」であり、移民に対する差別の撤廃や社会保障の提供などを含む二三の目標が設定された。もう一つは「難民に関するグローバル・コンパクト」であり、①難民受け入れ国の負担軽減、②難民の自立促進、③第三国定住の拡大、④安全かつ尊厳ある帰還に向けた環境整備、という四つの目標が掲げられている。

二一世紀の世界では、国境を越える人の移動はますます活性化していくと考えられる。しかし、移民・難民が安全保障上の脅威とみなされたり、基本的人権がないがしろにされたりする可能性がある。移民・難民が受け入れ国の政治、経済、社会に与える影響は大きく、いかに社会的統合を進めるかが課題となる。さらに、難民問題は一つの国や地域で解決できるものではなく、国際社会全体の問題である。それゆえ、移民・難民に関する国際的な枠組みと問題解決に向けた協力体制の構築が求められている。

（宮下大夢）

20 国際テロリズム

――途絶えることなき連鎖

　国際テロリズム（international terrorism）という用語に世界共通の定義はないが、一般的には、テロの実行犯が出身国以外の国で起こす事件、あるいは外国の勢力と関係を持つ者による事件を意味する。そのため事件の対応や対策には国際的な協力が必要になる。この対義語が国内テロリズム（domestic terrorism）であり、外国の勢力と繋がりがない者が自国内でテロを起こすことを指す。

◆国際テロリズムの歴史

　国際テロリズムが世界的な問題となるのは、革命を目的とする左翼の過激派が活動した特に一九六〇年代後半から七〇年代頃である。外国による支配や現体制の圧政からの民族解放という大義を掲げながらも、共産主義のイデオロギーで理論武装した勢力がアジア、中東、アフリカ、南米各地で台頭した。西側の先進民主主義国でもその資本主義体制を打倒するという目的で多数のテロ組織が生まれた。

　そのような組織の一つとして日本赤軍が挙げられる。彼らは「パレスチナ解放人民戦線」（ＰＦＬＰ）と連携するなど海外で活動した。リーダーの重信房子や、イスラエルのロッド空港で大量殺傷事件を引き起こした岡本公三は、国際的にも広く知られた人物であった。

　当時共産主義体制だったソ連・東欧諸国や、イスラエルと対峙するアラブ各国にとって左翼の過激派は都合がよい存在で、テロ事件後に犯人をかくまい、武器の支援などをした。西側諸国は国際テロリズム対策を進めようとするが、東側諸国やアラブ各国、その他の第三世界諸国とは見解が合わずに、全世界的に一致したテロ対策の進展は望めなかった。

また、冷戦時代には分離独立派によるテロも活発であった。少数民族による反乱であり、英国・北アイルランドの「アイルランド共和軍」（ＩＲＡ）、スペインの「バスク祖国と自由」（ＥＴＡ）、スリランカの「タミール・イーラム解放の虎」（ＬＴＴＥ）などはその代表的な組織であった。彼らの活動は自国内に限定されなかった。海外に居住している同胞から支援を受け、海外の諸組織とも関係を持ち活発に動いた。その点で国際テロリズムなのである。

冷戦が終わった一九九〇年代になると、宗教過激派が国際テロリズムの主流となっていく。イスラーム法による統治によって、既存の主権国家や民主主義とは全く異なる体制を目指した。アルカイダは、米国人とユダヤ人を主たる敵とみなし、二〇〇一年九月十一日に米国で同時多発テロ（9・11事件）を引き起こした。この事件では約二八〇〇人というテロ史上最多の死者数が出たが、この事件の前後から市民に対する大量殺傷テロも目だって増えてくるようになった。

◆インターネットにおける国際的な悪の連鎖

この頃、さまざまな分野でグローバルが流行語になり、テロリズムも「グローバルテロリズム」と称されるようになった。もちろん、国際テロリズムも条約や法律の用語として、また調査研究の用語として現在でも普通に使われており、類義語なのでどちらを使っても構わない。ただ現在のテロリズムは、冷戦時代にみられたような一定の国の支援からは自立し、新たな技術を駆使し、各人、各組織が自由自在に国際的に活動する余地が増えた。

新たな技術はインターネットである。二一世紀に入るとＳＮＳ／ＹｏｕＴｕｂｅが普及する。これらの利用によってテロリストは自ら望む形で宣伝を行い、宣伝といえばマスメディアという他力に頼らざるを得なかった長年の縛りから脱却したのである。インターネットは大義の宣伝やリクルート活動のみならず、仲間内のコミュニケーション、テロの計画や準備に無限の可能性を広げた。

さて宗教過激派とはイスラームに限らない。宗教法人であったオウム真理教はテロ事件こそ日本だけで起こしたが、日常の活動は広く国際的であり、特にロシア人の信者数は日本人よりも多かった。諸外国からテロ組織として法令で指定され制裁対象となってきた。

また、二〇一〇年代になると欧米諸国では極右テロの増加も目立つようになった。白人至上主義、ネオナチと反ユダヤ主義、徹底的な反体制思考など、さまざまな思想と流派が併存しながらも、外国人や移民、異教徒の敵対視と排斥という共通項がある。現在の極右勢力は、右翼だから国内限定という固定観念を捨て去らねばならないほど各組織や個々人は国際的に交流、連携し、個々の事件も国境を超えて影響を及ぼし、国際テロリズム、グローバルテロリズムに他ならない。単独犯でも「マニフェスト」（犯行声明文以上に犯人の所見を綴った長文の文書）をネットに残し、それを読んで感化された者が次の事件を起こすという悪の連鎖が確認できるのである。

最後に日本のテロ対策だが、今世紀に入って進展した。二〇〇四年に成立した「テロの未然防止に関する行動計画」は入国管理の強化をはじめ様々な防止措置が含まれ運用されている。また、同年に制定された「国民保護法」に基づいて日本全国でテロ発生時の初動対処の訓練が実施されている。ただし海外では、日本人が巻き込まれる事件が続発して今日に至っている。

（宮坂直史）

ニューヨークの世界貿易センタービルにハイジャックされた航空機が突入爆発炎上 2001年9月11日（写真提供：ロイター／共同通信社）

21 国家間競争と地政学

◆地政学とは

二〇一四年のウクライナにおける親ロ政権の崩壊に始まるロシアによるクリミア併合と、それに続く二〇二二年のウクライナ侵攻、また、中国の海洋進出とそれに伴う東シナ海・南シナ海における領土紛争など、かつて冷戦終結と経済のグローバル化によって「地理の終焉」が叫ばれたにもかかわらず、陸海問わず空間における大国間のパワーの角逐は未だ健在である。この空間における大国間のパワーの角逐を理解することに役立つのが、「地政学」である。

地政学とは、論者によってその定義は異なるものの、それらを集約すれば概ね、地理環境を国家や国際関係に影響を与えうるものと位置づけた上で、その地理環境、すなわち気候や地形、資源分布、さらには諸国家の地理的位置関係などの分析を通じて国家戦略や国家間関係を研究する学問であるといえる。地政学が分析対象とする地理は、陸と海に始まり、空、宇宙、そして今日では、サイバー空間にまで拡大している。これは、大航海時代のスペイン、冷戦期の宇宙開発競争時代における米ソ、そしていち早くＩＴ産業が勃興した米国のように、国家のパワーがある特定空間に及ぶと、その空間が先達というアドバンテージをもって未達国を御する戦略空間へと変貌するからである。

体系化した学問としての地政学は、一九世紀の欧米で誕生した。地政学は、その黎明期、陸と海の対立、さらには「新世界（アメリカ大陸）と旧世界（ユーラシア大陸）」の世界観を軸に展開された。これは、地政学が誕生した一九世紀後半から二〇世紀前半がアングロ・サクソンの時代であったことによる。一九世紀、世界の覇権は、海洋国家かつ植民地獲得競争で先行した英国が握っていた。また同時期、米国は新世界西部へと領土拡大を続け、一九世紀末に「フロンティアの消滅」という形で完了した。そして、旧世界と新世界の膨大な資源を世界市場に供給し、それを国家の繁栄につなげるために、英国と米国は海軍力を整備増強し、交易のための海上航路の支配の拡大に努めた。これこそがまさしく、シー・パワーの展開過程である。

◆シー・パワーの提唱とランド・パワーの隆盛

シー・パワーを提唱したのは、一九世紀の米海軍軍人アルフレッド・マハンであった。『海上権力史論』(一八九〇年)を著したことで有名なマハンは、海戦史や海洋国家英国を分析することで、海洋戦略の精緻化に成功した。彼によれば、シー・パワーとは、海洋を支配する海軍力だけでなく、平時における通商および海運も含んだ。さらにシー・パワーに影響を与える要素として、①地理的位置、②地勢、③領土の大きさ、④人口、⑤国民の気質、⑥国家の性質を挙げている。マハンが平時における通商と海運をシー・パワーに含めるのは、海軍力の展開には艦艇の修理および補給地の確保が必須であり、それら補給地の恒久化には平時からの運用が重要と考えたからである。そして彼は、補給地と航路帯両方の確保があってはじめて制海権の確保が成ると主張した。

このマハンのシー・パワー概念は英国でも受け入れられ、それに影響を受け、シー・パワーに対抗するランド・パワーの隆盛を予測したのが、地政学の祖とされるハルフォード・マッキンダーである。『デモクラシーの理想と現実』(一九一九年)を著した彼は、シー・パワーの影響が届きにくく、かつ、鉄鉱資源と石炭資源が豊富なユーラシア内陸部を「ハートランド」(Heartland)と名付け、「東欧を支配する者はハートランドを支配し、ハートランドを支配する者は世界島(マッキンダーが提唱したユーラシア大陸とアフリカ大陸を合わせた、世界における一つの大きな島と見立てる地政学用語)を支配する。世界島を支配する者は全世界を支配する」と主張した。輸送の接続性が極めて低い大陸内陸部は本来、経済発展に極めて厳しい地理環境であるが、マッキンダーは、新たな輸送のゲーム・チェンジャーとして鉄道と自動車の登場が大陸国家においても経済発展をもたらすと考え、それゆえに、将来的にランド・パワーがシー・パワーを凌駕すると主張したのである。

◆戦争学問としての地政学理論

マハンやマッキンダーによるアングロ・サクソンの地政学に対して、旧世界の大陸側においても地政学が勃興した。それが、ドイツ地政学である。ドイツ地政学の祖となったのは、『人類地理学』（一八九一年）および『政治地理学』（一八九七年）を著し地理と政治の関係性を体系化したフリードリヒ・ラッツェルである。彼は、ヘーゲルの国家有機体説に基づく国家の膨張の必然性を主張し、以降のドイツ地政学の理論的基盤を提供した。ラッツェルに続いたのが、スウェーデンの地政学者ルドルフ・チェーレンやドイツの地政学者カール・ハウスホーファーである。彼らは、国家有機体説による国家の膨張の目的を、国家の自給自足体制（autarchy）の確立に求めた。とくにハウスホーファーは、ドイツ、ソ連、日本、米国がそれぞれ中心をなす、汎ユーラフリカ、汎ロシア、汎アジア、そして汎アメリカという四つの生存権に世界を分割する汎地域論を提唱するに至った。しかし、この汎地域論は、世界市場や植民地獲得競争の先行者（米国と英国）に対する「遅れてきた帝国主義」の理論であり、当時の世界秩序への挑戦でしかなかった。結果的に、ナチスの対外侵略に対する論拠を提供することとなったドイツ地政学は、第二次世界大戦におけるドイツ敗戦によって学問的に失墜することとなった。

しかし、戦争学問とのレッテルを貼られながらも、第二次世界大戦後も地政学の学問的重要性が維持され続けたのは、地政学が覇権国米国の冷戦戦略を縁取ったからである。第二次世界大戦における独ソ戦は、マッキンダーが予見した通り、東欧とハートランドの支配者を決定付けるものとなり、戦後、ソ連が同地域の支配者となり、ソ連による勢力圏のさらなる拡大と世界島の支配が米国で危惧された。

一九四七年、トルーマン・ドクトリンによって発動された対ソ封じ込めは、マッキンダーの「シー・パワー対ランド・パワー」の概念を念頭にしつつ米国の地政学者ニコラス・スパイクマンが展開した「リムランド論」を援用した戦略であった。スパイクマンは、マッキンダーが「内側の三日月地帯」（Inner or marginal crescent）と呼んだハートランドと海洋を接続する地域を「リムランド」(Rimland) と名付け、この地域への米国の介入が重要であると主張した。スパイクマンが米国に旧世界への関与を迫ったのは、航空兵器やミサイルといったエア・パワーの登場によって新世界（米国）の守りが脆弱化したからに他ならない。マハンが活躍した二〇世紀初頭までは、太平洋と大西洋における海軍力が新世界の守りの要であった。しかし、エア・パワーは海洋の防壁としての役割を著しく低下させた。それゆえに、ハートランドと海洋との間に位置するリムランドに新世界を守る「壁」の構築が必要となったのである。このスパイクマンが主張するリムランド地域への米国の関与は、北大西洋条約機構（NATO）や同地域に位置する国々との間の軍事同盟や友好関係の構築という形で実践された。

ここまで地政学、特に古典地政学について概説してきたが、これから地政学を学ぶにあたって気を付けなければならない点もある。第一に、今日の国際関係を「陸」対「海」といった古典地政学の伝統的構図で単純に見ることは避けなければならない。例えば、リムランドに位置する中国はランド・パワーからシー・パワーへと転換を図りつつ、米国の覇権に挑戦しようとしている。これによって、二〇世紀までの構図と異なり、シー・パワー対シー・パワーという新しい対立構図が始まろうとしている。

さらに、クラウス・ドッズら批判的地政学者が主張するように、為政者によって地政学が国内外の政策に対してある一定方向に導く「言説」として扱われていることにも気を付けなければならない。戦前のドイツや日本、そしてドミノ理論に代表されるような共産主義からの防衛と称し、ベトナム戦争に突入した一九六〇年代の米国などを顧みれば、この指摘はある部分で正しい。その上で、われわれは、地政学の知見を利用しつつも、それを絶対視するのではなく、他の国際関係理論も伴わせて国際社会を観察することが重要であるといえるであろう。

（玉井良尚）

22 経済安全保障――「総合安全保障の教訓」を活かせるか

◆脚光を浴びる経済安全保障

安全保障のレンズを通して経済を見る、経済安全保障への関心が近年高まっている。

たとえば、二〇二〇年、自民党政務調査会の新国際秩序創造戦略本部が、『「経済安全保障戦略」の策定に向けて』という提言を発表し、政府レベルでも、国家安全保障局に経済安全保障政策を担う経済班が設置された。さらに、経済産業省が大臣官房に経済安全保障室を立ち上げ、外務省は経済安全保障政策室を設けた。防衛省、警視庁、公安調査庁も、経済安全保障情報官、経済安全保障対策班、経済安全保障関連調査プロジェクト・チームをそれぞれ設置している。

二〇二二年には経済安全保障推進法が成立し、内閣府に経済安全保障推進室が設置されるとともに、内閣府特命担当大臣（経済安全保障担当）のポストが新設された。同年末に改定された『国家安全保障戦略』にも、経済安全保障の内容が盛り込まれた。

こうした動きを受けて、メディアでは、各新聞が経済安全保障の特集記事を掲載した。雑誌も、『*Wedge*』（二〇二一年一月号）、『*Voice*』（同年二月号）、『世界経済評論』（同年五・六月号）、『外交』（同年七・八月号）などが、経済安全保障をテーマとする特集号を相次いで発行した。

◆経済安全保障が注目される主な要因

では、なぜ経済安全保障が注目されているのであろうか。ここには、相互に結びつきが弱い四つの背景がある。これらは、それぞれ異なる観点であるが、すべて経済安全保障の問題として議論されるようになっている。

第一に、米中の技術覇権競争である。現在急速に進歩している、人工知能（ＡＩ）や量子コンピュータ、ロボティクスなどの技術は、経済力の向上だけではなく、軍事力にも転用できる軍民両用（デュアルユース）性を持っている。中国は「軍民融合政策」を国家戦略として打ち出しているため、こうした新興技術で米国が中国に負けると、安全保障に与える影響が甚大であるとの危機感が高まった。

第二に、新型コロナウイルスの感染拡大である。パンデミックの中で、マスクなどの医療物資の不足が顕在化し、ワクチンも日本は海外製に頼らざるを得なくなった。そのため、こうした物資の確保が急務となった。

第三に、半導体の不足である。新型コロナウイルス禍において、リモートワークが普及し、家庭で過ごす時間が長くなったため、半導体を使用する電子機器やゲーム機器の需要が増えた。米中の技術覇権競争も影響して、半導体が不足し、自動車や家電業界が減産せざるを得ない事態となった。したがって、いかにして半導体を確保するかが課題となっている。

第四に、ロシアによるウクライナ侵攻である。日本政府は欧米の対ロ経済制裁に加わり、多くの日本企業がロシアでの経済活動停止に追い込まれた。国際的な安全保障問題が、民間企業の経済活動に直接的に影響を与えうることが明らかになったのである。

こうしたことを背景として整備された経済安全保障推進法は、四本の柱から構成されている。①特定重要物資の安定的な供給確保、②基幹インフラ役務の安定的な提供確保、③先端的な重要技術の開発支援、④特許出願の非公開制度、である。①は新型コロナウイルス禍と半導体問題などを反映し、②はインフラのサイバー・セキュリティに関連している。③は米中技術覇権競争の中で日本の技術力強化を目指し、④は日本が後れを取ってきた技術流出防止を強化しようとしている。

以上からも分かるように、これら四つの柱は相互につながりが薄い。つまり、経済安全保障は、確固とした理論のベースがなく、その時々の国際環境によって変化する性格を持つと言える。

◆経済安全保障の系譜

このような経済安全保障の概念は、近年にわかに出てきたものではない。たとえば、一九七三年に発生した第一次石油危機をきっかけとして、当時も経済安全保障が人口に膾炙した。石油危機によって、軍事的脅威以外の要素も、国民生活を脅かしうることが明らかになり、経済も安全保障問題として捉えられるようになっていったのである。ベトナム戦争の終焉や米中和解を含めたデタントにより、軍事的脅威の感覚が弱まっていたこともこの背景にある。

こうした経済安全保障概念の興隆は、海外における安全保障概念の拡大と同時代的なものであった。例えば、一九七六年には安全保障研究の学術誌『インターナショナル・セキュリティ』が創刊され、その緒言で非伝統的な安全保障概念に言及されている。国際連合においても一九八〇年のブラント委員会報告や一九八二年のパルメ委員会報告などで、伝統的な国家・軍事的安全保障への批判が高まっていった。

さらに、経済安全保障は、七〇年代後半から日本で脚光を浴びた「総合安全保障」の一要素として捉えられるようになっていく。実際に、通産省を中心として、とくに資源エネルギーの確保という文脈から経済安全保障が議論された。

ただし、当時は経済安全保障が新たな政策の創出とはならず、既存の政策の装いを新たにすることで、各省庁が予算を獲得するためのスローガンとなってしまった側面は否めない。その上、経済安全保障や軍事安全保障、食糧安全保障など、総合安全保障の各要素が別々に追求されたため、それらの相乗効果ないし創発は重視されなかった。

今日の経済安全保障の特徴は、政策的な対応が縦割りではなく、国家安全保障局や内閣府が政策作りに関わる形で、省庁横断的な取り組みが始まっているところにある。さらに、総合安全保障とは異なり、法的な基盤が整備されたため、関係省庁が連携して中長期的に政策に取り組める体制は整ったと言える。

そうした体制を駆使し、「総合安全保障の教訓」を活かせるのか。経済安全保障の行方が注目される。

（山口　航）

23 日本の国際協力と平和構築

◆援助大国からの脱却

日本が世界最大の援助大国と呼ばれた時代がかつてあった。一九八〇年代から九〇年代にかけて、日本の政府開発援助（ＯＤＡ）が最大時には単年度予算で一兆円を超え、一援助主体としては世界最大の提供者になっていた時期である。

それは、経済大国となった日本が世界中で経済活動を行って蓄えた貿易黒字を国際社会に還流することと、米ソ対立が深まる中で米国側の経済大国として応分の負担をしていることを示すために、行った日本外交の国際協力重視外交の結果でもある。当時、経済的に一人勝ち状態の日本に対して向けられた「エコノミック・アニマル」という言葉に象徴されるとおり国際的な非難が高まる中で、国際社会の課題解決に積極的に関与していることをアピールする切実な要請に日本は直面していたのである。こうして一九八〇年代に拡大の一途を辿った日本のＯＤＡは、一九八九年にはついに、金額ベースで世界最大となったのである。

◆国際協力における三つの展開

文字どおり世界最大の援助国となった一九九〇年代には、日本の国際協力を巡って三つの大きな展開があった。それは第一に、そもそも何のために援助を行うのかの模索である。一兆円を超える規模に膨れ上がった日本の援助に対し、戦略性がなくその狙いも見えないままに巨大な存在となっている状態に対し、国内外から疑問や懸念が寄せられた。国内でも、日本の援助が不透明で、供与先の独裁政権と結びついた日本企業が利権を貪る枠組みであるかのようなＯＤＡ批判も吹き荒れた。それは、援助の対象にある肝心の現地の人びとの目線を置き忘れたのではないかという批判でもあった。こうした環境下、日本は戦後初めて、国際協力の目標・理念、基本的な考え方を示した政府開発援助大綱（ＯＤＡ大綱）を一九九二年に初めて閣議決定する。

第二の動きが、政治的関与に強く抑制的だった方針の転換である。大きな国際潮流として、冷戦が終焉する過程で東欧などを舞台に進められた旧社会主義諸国に対する民主主義・自由主義の導入に向けた支援（民主化支援）があり、日本にとってより直接のきっかけはカンボジア内戦の和平調停とその後の復興支援への関与だった。従来、日本の国際協力は経済発展を促すことを中心に、政治的な分野、まして戦争・紛争には関わらないことを原則としてきた。他方で一九九〇年代には冷戦の終焉に伴い、国際社会の関心は途上国で繰り広げられた内戦や民族紛争などを解決させる方向へシフトしていった。それは紛争を行う勢力間での停戦を実現させて平和を維持する取り組みであり、さらに紛争の再発を防止するとともに、紛争で疲弊した国を立て直す取り組みとしてある平和構築だった。それは持続可能な統治システムを途上国に導入することを目指すという意味で本質的に政治的な取り組みとなる。具体的に統治システムの構築とは、司法制度整備や場合によっては警察組織や軍隊の育成まで含まれる。どこまでかかわるかは別にしても、それは経済発展を支援して政治的なものや暴力には関わらない日本の援助方針とは異なる援助の新たな現実だった。

第三の動きが、人びとを直接の対象とする草の根援助と、それに関連する非政府組織（ＮＧＯ）との協力の推進である。日本の援助の基本的な考え方は、経済発展をつうじて問題解決を図るものであり、このために巨大な経済インフラを整備し、人々をトレーニングして、のちの産業振興の道筋をつける経済開発が主流である。それは、国が豊かになることによって、貧困問題や環境問題など様々な社会問題に相手国が自ら向き合うことを可能とするアプローチである。

一九九〇年代には、これに加えて人びとの生活の向上を直接の目的に、とくに社会的弱者に対する支援を進める社会開発を日本は進めた。それは例えば、水不足に苦しむ農村での井戸確保や無医村での巡回医療、ストリートチルドレンへの支援など、しばしば国際協力ＮＧＯが手掛ける比較的小規模な事業、いわゆる恵まれない人々を直接の受益者に想定する取り組みが、例としてわかりやすい。日本の国際協力の姿としては、ＯＤＡ予算をＮＧＯが使用する事業などがイメージされよう。それらに加えて、ＮＧＯの活動基盤の強化・整備に向けて日常的に外務省とＮＧＯが会合を持ち、ＯＤＡの方針検討などにもＮＧＯ関係者が関与するようにもなった。

◆新たな国際協力と平和構築

第三の展開の直接の契機の一つに第二の展開で指摘した平和構築への係りがあった。紛争現場にはＯＤＡの実施を担う政府機関の国際協力機構（ＪＩＣＡ）なども存在せず、大使館も不在な状況に加えて日本にとってパートナーとなるべき現地の相手すら存在しない。こうした状況下で紛争中から、或いは紛争後の緊急人道支援といった形で真っ先に現地に入っていたのがＮＧＯであり、そうしたＮＧＯとの協力が模索されるようになったのである。最初のきっかけは、冷戦後にユーゴスラビア連邦が解体する過程で繰り広げられた紛争と、その後の平和構築へ関与する中で日本政府が認識した日本の国際協力ＮＧＯの現地での活躍だった。

こうして一九九〇年代に、冷戦終結という激動のもと、新たな国際課題に向き合うに際して、日本はその国際協力を徐々に転換させたのである。とくに日本自身が、新たな援助の現実を前に復興支援という形で平和構築に向き合ったカンボジアでは、一九七〇年から繰り広げられた周辺国を巻き込んだ内戦が二〇年にわたって継続していた。冷戦が終結に向かう中で、内戦各派に対する支援も途切れ、一九八九年には和平会議がフランス・パリで開催された。日本が戦後初めて、紛争の和平交渉の舞台に明示的に参加した瞬間だった。その後、日本を含めた各国の支える交渉を経て、カンボジア内戦は一九九一年にパリで和平協定が結ばれて一応の収束を迎えた。同時に国際社会の主導で、カンボジアが自ら選挙を行うまで、国連が暫定的にカンボジアの統治を担い、停戦監視、治安維持、各派の武装解除、難民の帰還促進などを行う国連ＰＫＯ、国連カンボジア暫定統治機構（ＵＮＴＡＣ）が設置され、日本国籍の明石康がそのトップに就任した。

日本は、和平調停やＯＤＡ供与を通じた復興支援に積極的に関与したことに加えて、戦後初めて陸上自衛隊の施設部隊（約六〇〇名）を派遣し、さらに全国の警察官から志願を募った警察官を七五名派遣した。こうして日本の国際協力は、一九九〇年代以降、UNTACへのかかわりを端緒に、長らく続いた政治的な関与を明示的には行わない形から転換し、紛争後の平和構築に乗り出すようになったのである。

一九九〇年代をつうじて、日本は従来の経済発展支援を軸に問題解決を図る経済開発に加えて、政治分野にも射程を拡げて平和構築に取り組むようになった。同時に、NGOとの連携も進めつつ、人びとに直接届く社会開発事業の実施に向けた体制整備を進めた。別に扱う「人間の安全保障」（本書第I部14参照）の重視は、そうした方針の現れである。

ここでみてきた一九九〇年代に限らず、時々に時代の要請や国際社会から日本に対する期待や批判を受けて、世界の中で日本は自らの道を模索してきた。その際に、常に手段として使用されるのが国際協力だった。それは同時に、諸外国のように軍事的手段を持たない日本にとっては、外交の基盤を提供するものでもあった。

（本多倫彬）

●日本の国際協力

24 日本の「ユーラシア外交」

◆多国間外交の必要性

ユーラシア（Eurasia）とは、ヨーロッパ（Europe）とアジア（Asia）を組み合わせた呼称である。ユーラシア大陸は、東端は中国、韓国から、西端は欧州、南端はインド亜大陸までを含む世界最大級の大陸であり、日本列島はその最東端に位置する島国でもある。しばしば日本人は、地理的距離の短いユーラシア大陸より、地理的距離の遠いアメリカ大陸を見つめる傾向が強い。現実問題として、日米同盟が戦後の日本外交の基軸であることは国内外において自明であり、日米同盟の役割やその価値を否定する日本国民は少ない。

さわさりながら、近年米国の存在感が薄れつつあるなかで、日本外交は従来の「二国間外交」に加えて、「多国間外交」の視点も踏まえた日本の総合外交戦略が改めて問われている。

今日の国際社会では、日本、米国、欧州といった先進民主主義国が中心となって支えてきた自由で開かれたルール基盤の国際秩序が危機に瀕し、いわゆる「地政学への回帰」が論者によって指摘されている。現在の「地政学への回帰」の主たる舞台はまさにユーラシアにある。この地域は、古来、「文明の十字路」と称されるとともに、中国（東）、欧州（西）、中東（南）、ロシア（北）といった諸勢力の力学が交錯する地政学上の要衝でもあった。この大陸をめぐって、各国の動きが活発化し、きわめて複雑なダイナミズムが生じている。

例えば、中国は「シルクロード経済ベルト」（陸路の「一帯」）および「二一世紀の海上シルクロード」（海路の「一路」）からなる「一帯一路」構想を掲げ、ユーラシアをまたぐ広域の連携を打ち出している。また、北朝鮮の核・ミサイル開発やアフガニスタンおけるタリバーンの復権、さらには、ロシアによるウクライナ侵攻などユーラシアの国際戦略環境は劇的に変容している。

かかる状況を受けて、まずもって日本が取り組むべきは、ユーラシアにおける複合的な力学を把握し、日本外交の選択肢を一層広げることではないか。

こうした中、日本の「ユーラシア外交」を理解する上で欠かせないのが、一九九七年七月四日、経済同友会会員懇談会での橋本龍太郎首相による次の演説である。

「日本外交は、冷戦後の国際関係の大きな転換の中で、こうしたアジア太平洋地域へ向けた外交の地平を大きく前進させなければならない、(中略)この視点を私は名付けて『ユーラシア外交』と表現したい」。

日本では、この演説をもって、日本の「ユーラシア外交」の幕開けと理解されているが、「そもそもユーラシア外交とは何なのか」など含め、まだまだ一般的な認識に至っていない。

であるとするならば、日本の「ユーラシア外交」は「存在しない」というべきなのか。確かに、戦後の日本外交史において、いわゆる「ユーラシア外交」という言葉が戦略的に使われたことは数少ない。しかし、冷戦終焉後、日本外交の自由度は飛躍的に高まり、これまでの「受動的」から「能動的」外交アプローチへの転換を内外に示すきっかけとなった。と同時に、「自由」「繁栄」「価値」「地球儀俯瞰」などといった価値概念を外交とセットで打ち出すことが可能となった。その結果、日本の近隣諸国のみならず、ユーラシア構成国において、日本が今、何を考え、今後、何を成し遂げたいのかをも明確に理解できるようになったことは疑いない。

橋本演説以降、日本はユーラシアを対象に新しい日本外交の確立を目指していく。とりわけ、注目すべきものとして、「対シルクロード地域外交」、「自由と繁栄の弧」「地球儀を俯瞰する外交」および「自由で開かれたインド太平洋」の四つがあげられる。

橋本演説以降、「対シルクロード地域外交」を通じて日本と中央アジアの関係は、着実に進展することになる。その具体的な三つの柱として、①信頼と相互理解の強化のための政治対話、②繁栄に協力するための経済協力や資源開発協力、③核不拡散や民主化、安定化による平和のための協力が掲げられている。

また、二〇〇四年には、新たな政府ベースの地域協力促進の枠組みとして、「中央アジア+日本」対話も立ち上げられた。さらに、二〇二二年は日本と中央アジア・コーカサス諸国との外交関係樹立三〇周年でもあり、双方の交流拡大に一層力が入れられた。

その後、二〇〇六年十一月三十日には、当時の麻生太郎外相によって「『自由と繁栄の弧』をつくる――拡がる日本外交の地平」と題する演説が世に示された。特筆すべきは、その地理的範囲の広さで、北欧諸国からはじまり、バルト諸国、中・東欧、中央アジア・コーカサス、中東、インド亜大陸、また東南アジアを通って北東アジアにまで及び、さらに豪州やニュージーランドも含まれた。何より強調すべきなのは、この地域において、普遍的価値を基礎とする豊かで安定した地域にするという斬新な構想であった。

ただし、この構想は「麻生ドクトリン」の側面が強く、用語としては次第に姿を消していく。この後登場するのが「地球儀を俯瞰（ふかん）する外交」である。

安倍晋三首相は、第二次政権発足後の二〇一三年一月の所信表明演説において、「外交は（中略）地球儀を眺めるように世界全体を俯瞰して、自由、民主主義、基本的人権、法の支配といった基本的価値に立脚し、戦略的な外交を展開していく」と表明した。安倍はこれを具現化するべく、政権発足直後から、積極的に各国、各地域との間で、いわゆる「首脳外交」を展開した。在任期間の外国訪問回数は八一回、訪問先の国・地域は一七六にまで及んだ。「自由と繁栄の弧」を原型とする「地球儀を俯瞰する外交」は、日本の価値観を前面に出す、新たな価値外交となった。

◆「自由で開かれたインド太平洋」構想

さらに、昨今、日本の外交戦略を語る上で、「インド太平洋」の視点は欠かせない。この理念が初めて公式に登場したのは、二〇〇七年八月、第一次安倍政権において、安倍が「二つの海の交わり」（Confluence of the Two Seas）と題してインド国会で演説した時代まで遡る。安倍はこの演説で「太平洋とインド洋は、今や自由の海、繁栄の海として、一つのダイナミックな結合をもたらしています。従来の地理的境界を突き破る『拡大アジア』が、明瞭な形を現しつつあります。これを広々と開き、どこまでも透明な海として豊かに育てていく力と、そして責任が、私たち両国にはある」と訴えた。その後、二〇一六年八月、第六回アフリカ開発会議において「自由で開かれたインド太平洋」構想が生まれた（本書第Ⅱ部4参照）。

では、ここまで日本が着実に成果を挙げられた理由はどこにあるのか。その理由としては、①「価値を共有する」国々から好意的反応を得られたこと、そして、②「価値を共有しない」国々との関係では最小限度の関係を維持できたことではないか。

日本外交の強みを考えた場合、多くの国と多角的な外交を展開できる点は大きなアドバンテージである。これまで日本は、広大なユーラシア大陸の各国・各地域に対して、米国、中国およびロシアとの関係性を悪化させない調整力を駆使しつつ、外交実績を積み上げてきた。これは言い換えると、その関係を繋ぐ「架け橋」になれる潜在能力を有しているともいえる。次なる日本外交を構想するにあたって、我々が歩むべきは、価値観共有の有無を問わず、日本の友好国の輪を拡げるとともに、自国の利益を超えた「地球益」を追求し続ける、真摯な外交戦略の道ではないか。

（高畑洋平）

●アゼルバイジャンのアリエフ大統領と橋本龍太郎首相との首脳会談 1998年2月（写真提供：共同通信社）

25 深化する日米同盟

米国は日本を守り日本は米国に基地を提供する。こうした非対称の構図を日米同盟は所与としてきた（本書第Ⅱ部3「日米関係史」参照）。

この是非に関して、冷戦期の日本では意見が割れた。日米安全保障条約に基づく米国との同盟を選択するのか、同盟ではなく自主防衛や非武装中立を選ぶのか、という対立軸が存在したのである。

だが今日、日米同盟の存在自体は概して国民に支持されている。この支持を背景に、厳しさを増す安全保障環境に対応すべく、日米両政府は大別して三つの観点から協力を深めていると言える。すなわち、①二国間の防衛協力を深化させるとともに、②二国間協力の分野を防衛面以外でも拡大し、さらに、③二国間のみならず多国間の協力を強化しているのである。ここでは、二〇二二年五月に岸田文雄首相とジョー・バイデン米大統領が発表した、日米首脳共同声明「自由で開かれた国際秩序の強化」に着目して、三つの観点について見ていこう。

◆防衛協力の深化

第一に、日米二国間の安全保障協力が深化している。共同声明では同盟の抑止力および対処力を強化することが謳（うた）われ、「同盟調整メカニズム（ＡＣＭ）」が取り上げられた。これは、平時から緊急事態までのあらゆる段階で、自衛隊と米軍の政策面および運用面の調整を強化するものである。また、サイバーや宇宙領域、新興技術の分野における協力にも言及されている。

日本の防衛に関しては、とくに尖閣諸島について日本側の関心が高い。米国の対日防衛義務を定めた日米安全保障条約第五条が尖閣諸島にも適用される旨は、これまでも米国政府高官によってしばしば表明されてきた。それがこの共同声明にも明記されることになった。

他方、米軍の駐留については、在日米軍再編を着実に実施することが確認された。そこには、辺野古における普天間飛行場代替施設の建設や、米海兵隊部隊の沖縄からグアムへの移転が含まれる。だが、普天間の問題は未だ先行きが不透明である。

◆協力の分野の拡大

第二に、近年の日米協力は、経済成長の実現を目指し地球規模課題へ対処すべく、機能的に拡大している。

共同声明では幅広い分野での協力が列挙された。たとえば、輸出管理の活用、重要技術の保護・育成、サプライチェーンの強靱性の確保といった、「経済安全保障」を強化していく。また、「エネルギー安全保障」と温室効果ガス排出実質ゼロを両方達成することを目指す。「食料安全保障」にも取り組む。さらに、新型コロナウイルス感染症による危機の克服や、将来のパンデミックのために「健康安全保障」を強化する。こうして各分野で協力を追求し、「人間の安全保障」の実現を目指す旨が共同声明では謳われた。

ここで見られるのが、防衛面にとどまらない、安全保障概念の拡散である。すなわち、防衛面以外の事柄も幅広く「安全保障問題」として捉えられ、日米の安全保障協力の地平を拡大させているのである。

◆多国間協力の強化

第三に、このように多岐にわたる課題は、日米二国のみで対処できるものではなく、多国間の協力も進展している。

とくに近年、日米両国はルールに基づく国際秩序を重視し、「自由で開かれたインド太平洋（ＦＯＩＰ）」というビジョンを掲げている。中国の拡張主義的な姿勢やロシアのウクライナ侵攻をにらみつつ、日米豪印首脳会合（ＱＵＡＤ）を開催するとともに、日本と北大西洋条約機構（ＮＡＴＯ）との関係を強化するなど、多国間の枠組みを強化している。

経済面に関しても、自由で公正な経済ルールに基づく多角的貿易体制の重要性を認識し、Ｇ7、Ｇ20、世界貿易機関（ＷＴＯ）、経済協力開発機構（ＯＥＣＤ）といった国際的な枠組みを通じて連携することが、共同声明に盛り込まれた。さらに、「健康安全保障」の強化にあたっては、ＱＵＡＤやＧ20財務・保健合同会議などを含めて協力していくことが確認された。

◆「同盟の自己資本」の強化

以上のように、日米同盟はより緊密になってきている。だが、課題がないわけではない。例えば、長期的に見れば、人口動態の変化が同盟関係に与える影響も懸念されている。高齢化していく日本にとって、平均年齢が比較的若いままの米国の価値は上がっていく。だが、米国にとっては日本の価値が低下する。老人（日本）と若者（米国）の同盟となれば、国内の世代間対立と似た構図が、日米間でも生じる可能性もある。

そうしたギャップを緩和するためには、日米の人的交流や相互理解が重要であろう。共同声明でも、「多様かつ包摂的なネットワークの創出」が謳われている。そして、各種留学プログラムや「語学指導等を行う外国青年招致事業（ＪＥＴプログラム）」などのさまざまな交流を再開・拡充することで合意がなされた。また、文化・教育の基盤の向上に寄与してきた、日米文化教育交流会議（カルコン）の役割にも言及されている。

かつて同盟というものは総じて短命であったが、朝鮮戦争以降の同盟は長らく存続する傾向がある。この違いをもたらしたのが「同盟の自己資本」である、と政治学者のケント・カルダーは論じる。具体的には、軍事基地や対外直接投資、国家間の文化的許容力といった軍事、経済、文化面の要素である。これらに加えて、政策ネットワークを含む人的ネットワークも同盟を支える重要な資本である。

このような「同盟の自己資本」をいかに強化していくのか。日米同盟の模索は続く。

（山口　航）

26 日中関係
――国交正常化五〇年の軌跡にみる期待と不安

二〇二二年に日中両国は国交正常化五〇周年を迎えた。かつての日中関係は、日本の経済協力が中国の近代化と経済発展を支援し、国際社会との協調的関係を築く点に共通利益があった。冷戦後の中国は、グローバル経済の恩恵を受ける形で飛躍的な経済成長を続け、日本の対中戦略は達成されたかのように見えた。しかし、二〇一〇年代に入り、ＧＤＰで日本を追い越し経済力や軍事力で圧倒するようになると、中国は独自の主張を推進し始める。歴史的に紆余曲折を繰り返し、多くの矛盾を外交的知恵で乗り越えてきた日中関係だが、両国の地位が逆転し基本的な価値観の違いが顕著になった現在、将来のビジョンを描くのが困難になっている。

◆中国の近代化支援で始まった戦後日中関係

一九七二年の日中共同声明によって、日本は「中華人民共和国を唯一の法的政府と承認」し、台湾は中国の不可分の領土という中国の立場を「十分理解し尊重」することを誓約した。それに基づき、台湾との関係は「一つの中国」原則に抵触しない範囲で、非政府間の民間実務関係として維持されることになった。

その後、文化大革命後の中国は、鄧小平のイニシアティブの下、工業・農業・国防・科学技術の分野での「四つの現代化」を目標とした改革開放の経済重視路線を歩むことになる。この路線転換を前提として、一九七八年の日中平和友好条約や日中長期貿易協定の交渉は進展した。対外貿易、外国からの借款受け入れや先進技術導入に道を開く中国に対して、日本が支援することは過去の侵略に対する贖罪意識や賠償の意味も含んでいた。

一九七九年十二月、大平正芳首相は、港湾、鉄道、水力発電などの建設プロジェクトに対して政府資金供与を約束し、日本の対中ODAが開始された。以降、一九八〇年代は「黄金の一〇年」といわれるほど日中関係が良好に進展した。日本経済の活力は資源調達先や市場拡大を求め、中国は発展のための経済協力を求めた。いわば「援助する側・される側」の構造が両国関係を安定化させた。経済だけではなく社会文化面でも中国国内で紹介された日本の映画やテレビドラマが大人気となり、日本の青少年三〇〇〇人が中国に招待されるなど若い世代の人的交流も行われ友好ムードに満ちていた。

しかし、一九八九年の天安門事件で状況は一転する。中国当局が民主化運動を武力で弾圧する姿は、日本だけでなく国際社会に大きな衝撃を与えた。欧米諸国が厳しく非難する中で、日本は従来からの対中方針に基づき、中国の国際的孤立を望まないという姿勢を貫き中国の側に立った。政府要人や有力経済人が次々訪中し、制裁ではなく中国自身による姿勢変更を求め、ODA凍結などの制裁解除をいち早く行った。これらは目先の経済的利益を求めた行動というより、粘り強く中国を国際社会に関与させるという長期的な対中戦略の表れであった。

◆ポスト冷戦期の日中関係の不安定化

日本の期待通り、天安門事件後も中国の改革開放路線は継続強化され、「社会主義市場経済」国家となった中国は、一気に高度経済成長時代に突入した。しかし、冷戦終結という国際環境に国内政治事情が絡まり、日中関係は歴史認識や台湾など一九七二年に決めた枠組みの根底に関わる深刻な政治的課題に直面する。

天安門事件やソ連崩壊後も社会主義に対する忠誠心を確保するために、江沢民政権は一九九四年から愛国主義教育を実施した。民心を統一し共産党の求心力を高めるために、とりわけ抗日戦争の歴史が強調され反日教育が徹底された。他方、台湾に目を向けると、台湾出身の初の総統として李登輝が民主化と「台湾化」を進めていた。日本や米国と個人的に縁が深く、中華民国の名義に拘らず実務外交を進める李登輝を、中国は「隠れ独立派」として厳しく糾弾した。一九九六年、初の直接投票による総統選挙を控えていた台湾に対し、中国は台湾海峡で大規模軍事演習とミサイル発射実験を行い威嚇し、米国が直ちに空母二隻を派遣するという「危機」が発生した。台湾海峡の緊張は、日本が当時策定中だった「日米防衛協力のための指針（新ガイドライン）」に基づく「周辺事態法案」の議論に影響を与え、中国も日米同盟への警戒感を一層強めた。

一九九八年の江沢民の国賓来日は、日中関係史上の苦い失敗として記憶されている。滞在中、江沢民は歴史認識や日本批判発言を繰り返し、平和友好条約二〇周年の共同宣言の文言に「お詫び」を入れるよう要求した。小渕恵三首相が了承しなかった結果、両首脳の署名がないまま発表される異例の事態になった。しかしながら、この宣言は、従来の二国間関係中心を越えて「日中両国がアジア地域及び世界に影響力を有する国家として重要な責任を負っている」という重要な視点を含んでいた。東アジアでは、アジア通貨危機をきっかけに、ＡＳＥＡＮ＋３（日中韓）など多国間地域協力の新しい動きが始まっていたのである。

◆アジアとグローバルの視野での「戦略的互恵関係」

二一世紀に入り中国が世界貿易機関（ＷＴＯ）に加盟したことは、日本にとっても念願であり長期的な対中政策の目標達成であった。しかし、皮肉なことに中国産農産物の輸入急増は、日本のセーフガード（緊急輸入制限）発動、中国の報復措置という深刻な日中貿易摩擦を招くことになった。加えて、小泉純一郎首相の靖国神社参拝、瀋陽日本総領事館への北朝鮮亡命者駆け込み、尖閣諸島への活動家上陸、黒竜江省チチハル市での旧日本軍遺棄化学兵器による中毒事件、西北大学での日本人留学生による「わいせつ」演劇、重慶などで開催されたサッカー・アジアカップの日本戦での中国人観客の挑発などの事件が次々と起きて日中関係は急速に悪化した。二〇〇五年に日本の常任理事国入りが国連で議題に上がると中国各地で反日デモや日本製品不買運動が一斉に広がり、暴力行為に発展した。

最悪の状態に陥った日中関係の改善のため首脳外交の努力が続けられた。二〇〇六年に首相となった安倍晋三は、就任直後に中国を訪問した。中国側も、八〇年代に日中青少年三〇〇〇人交流事業の中国側代表を務めた胡錦涛国家主席が、ようやく自身のリーダーシップを発揮し始め国際協調重視の姿勢を見せていた。両首脳は会談後の共同記者発表で、「戦略的互恵関係」という新機軸を打ち出した。「戦略的」という新しい概念を前面に出して、大局的、未来志向の日中関係を築く姿勢を示すことで、歴史認識や台湾という難題を最小限に扱うアプローチであった。二国間関係に拘泥せず、多国間枠組みを通して地域やグローバルの共通課題に共同で取り組み、その過程で共通利益を拡大するという新たな発想である。以降、両国は活発に首脳外交を繰り返し、「戦略的互恵関係」を発展させる具体的な取り組みを、様々な分野とレベルで模索していく。

◆安倍政権下における日中関係の改善

双方の努力は長くは続かず、二〇一二年の野田佳彦内閣（民主党）による尖閣諸島国有化後、再び日中関係は冷却した。中国各地で激しい反日デモが頻発し、中国は尖閣諸島付近の海域に公船をほぼ連日派遣するようになった。中国側はハイレベル交流を含む政府間協議をはじめ、民間の交流事業や企業活動を延期・中止した。その中には国交正常化四〇周年行事も含まれていた。

自民党の政権奪回とともに再び首相になった安倍晋三は、不透明な軍事力増強を続ける中国の一方的な現状変更の試みを日本の安全保障上の大きな脅威と捉えていた。国内では平和安全法制を成立させ、外交の場では、「法の支配」に基づく「自由で開かれたインド太平洋」構想、ＴＰＰ11の締結、「質の高いインフラ」原則の普及などの国際環境の整備に努めた。

ただし、それらは中国をけん制だけでなく包含することを目指した国際秩序の構築であった。同時並行で、習近平に対しても直接「戦略的互恵関係」を強調し、時には「一帯一路」への協力姿勢など譲歩を見せながら、徐々に二国間関係の改善の道筋をつけた。その結果、二〇一八年までに首脳・外相を含むハイレベルでの対話が活発に再会され、日中平和友好条約四〇年の機をとらえ、日中関係が「正常な軌道」に戻ったことが相互に宣言された。二〇一九年にはＧ20出席のため習近平が来日（国家主席としては九年ぶり）し、「日中新時代」の開拓のため翌年春の国賓としての再訪日が約束された。

◆「建設的かつ安定的な日中関係」は可能か？

その二〇二〇年に武漢からパンデミックが発生し、日中両国の距離は再び遠く離れていくのである。その間、尖閣諸島海域での中国船侵入事案は悪化の一途をたどり、台湾海峡の有事に自衛隊が備える必要も出てきた。香港で中国当局が民主化運動や人権を弾圧する様子は、日本人に大きな衝撃を与えた。中国は二〇〇七年以来、日本の最大の貿易相手国であるが、経済安全保障の観点から特にハイテク分野では対中規制が進み不確実な中国でのビジネスから離れる日本企業も増加している。中国での日本人の拘束事案も起きている現在、日中関係を長く下支えしてきた民間人同士の自由活発な交流は容易ではなくなった。他方で、非政府間ベースの日台関係は、自由、民主主義、人権、法の支配といった共通の価値を共有する「極めて重要なパートナーであり大切な友人」（『外交青書』）として実質的に関係が格上げ、強化されている。もちろん中国はこれに激しく反発している。

岸田文雄首相は、中国に対して、主張すべきは主張し、責任ある行動を求めつつ、共通の諸課題については協力するという「建設的かつ安定的な日中関係」を双方の努力で構築していく、という姿勢で臨んでいる。厳しい情勢を突破できる新しい知恵と外交的努力が双方に強く求められている。

（平川幸子）

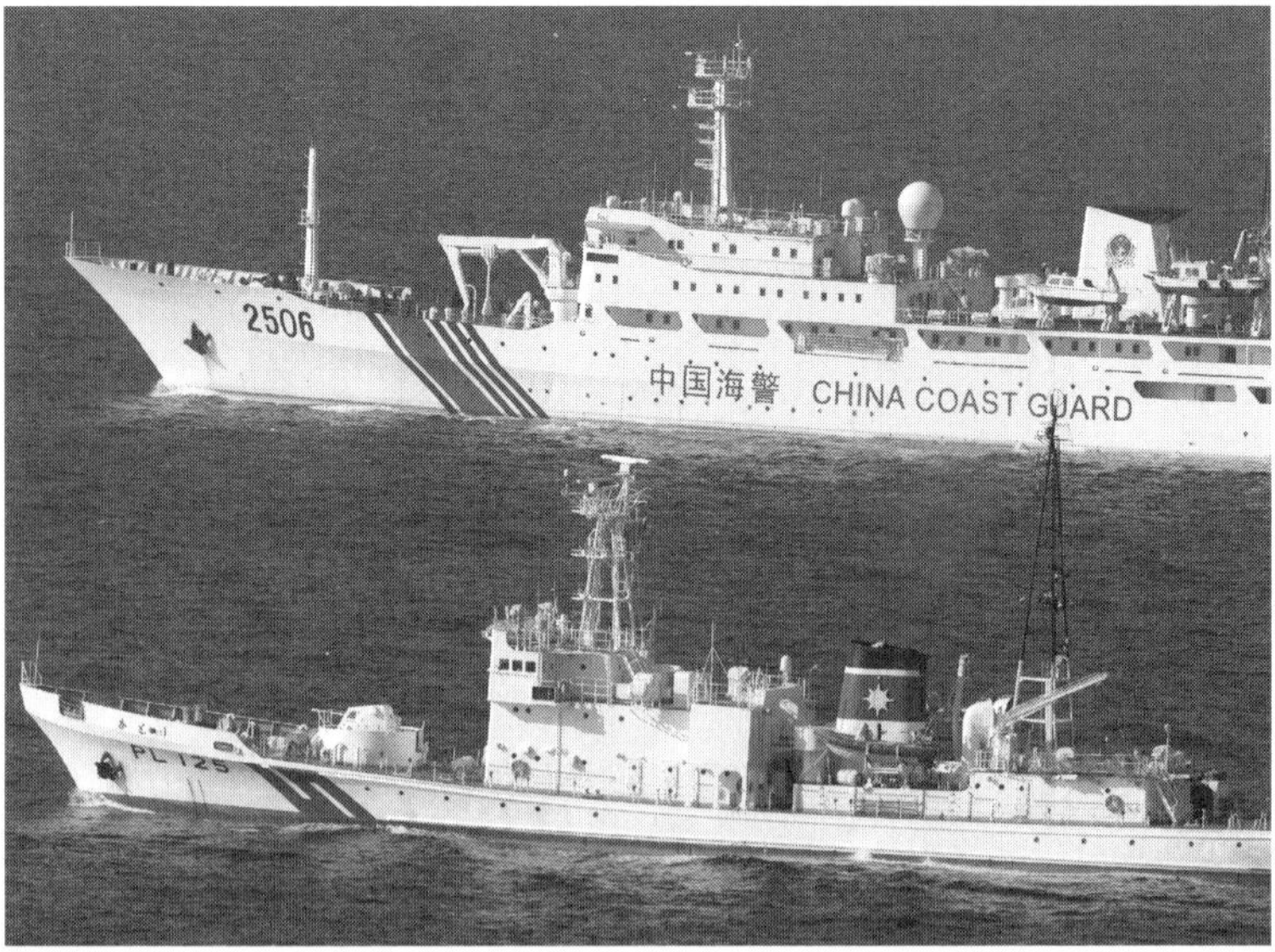

●沖縄県・尖閣諸島周辺の接続水域内を航行する中国海警局の船を監視する海上保安庁の巡視船 2013 年 9 月（写真提供：共同通信社）

27 米中関係——大国間における覇権競争

◆冷戦時代の米中関係

米国のトルーマン政権は一九四九年十二月に国家安全保障会議で中ソ離反戦略を決定し、五〇年一月に中国内政不介入政策を発表した。しかし、同年六月の朝鮮戦争の勃発で米中関係は一変した。トルーマンが台湾海峡中立化を発表すると（ただし「中立化」には国民党政権の軍事行動を牽制する意図も含まれていた）、中国は「三方向（朝鮮半島、台湾海峡、インドシナ）から迂回して心臓部（中国）に向かう戦略」と警戒した。同年九月に上陸した米軍を中心とする国連多国籍軍が三八度線を突破すると、翌月人民義勇軍が参戦し、朝鮮戦争は米中戦争へ転化した。一九五三年七月に休戦したものの、朝鮮戦争は米中対立を決定的とした。

それが転換したのは、中ソ対立の激化を受けて米中が関係改善に共通の利益を見いだしてのことであった。一九六八年にソ連が「プラハの春」に軍事介入し、翌年中ソが珍宝島（ダマンスキー島）や新疆の国境で衝突すると、同年秋以降、米中は接近へ動き出した。中断されていたワルシャワ会談が一九七〇年一月—二月に再開され米中は関係改善で合意した。同年七月十五日、キッシンジャー大統領補佐官が訪中したこととニクソン訪中に合意したことをニクソンは公表した。一九七二年二月にニクソンは米国大統領として初めて訪中し、関係正常化を進めることや中国が台湾を中国の一部と主張していることを米国が「認識している」こと等を明記する「上海コミュニケ」を二月二十七日に両国が公表した。

その後、両国内政や米台関係をめぐり交渉が停頓したものの対ソ戦略のために妥結し、両国は一九七八年一二月に国交樹立に関する共同コミュニケを同時発表、翌年一月一日に国交樹立し、米国は中華民国と断交した。秘密交渉に反発した米連邦議会は台湾との経済・文化的関係の維持や台湾への防御的な武器売却を規定した米国内法「台湾関係法」を三月までに圧倒的多数で通過、四月にカーターが署名し、同法は同年一月一日に遡及して施行された。翌年一月に米華相互防衛条約は有効期限を迎えた。

台湾関係法や台湾への武器供与をめぐり、中国は強く反発した。親台派のレーガン政権発足後、台湾問題をめぐる中国の不満が高まり、台湾へ売却する武器削減には中国が台湾海峡の安全を約束するのが条件であると一九八二年七月十日に米国が中国へ説明し、七日後、台湾への段階的な武器売却削減等を盛り込んだ「米中共同コミュニケ（８１７コミュニケ）」を米中両政府が公表した。

◆冷戦終焉後の米中関係

冷戦終焉が対ソ戦略を前提とする米中関係を新たなものに変え、米中関係は悪化と改善を繰り返していった。

クリントン政権発足時にはパキスタンへのミサイル移転問題や「銀河号事件」（イランへの化学兵器原料を米軍が臨検した事件）等で米中関係は悪化した。しかし、北朝鮮問題等をめぐり国連安保理常任理事国としての中国からの協力を必要とした米国は、経済発展の著しい中国を経済市場化や国際秩序へ取り込むことで政治体制の民主化を期待する「関与と拡大」政策をとり、中国を「戦略的パートナー」と位置づけていった。

米中は一九九七年のアジア通貨・金融危機等で協力した一方、一九九五～九六年の第三次台湾海峡危機、一九九九年の北大西洋条約機構（ＮＡＴＯ）軍による在ユーゴスラビア中国大使館爆撃事件、二〇〇一年四月の海南島事件（米軍偵察機と中国戦闘機の空中衝突事故）等、関係が険悪となった。しかし、同年九月の米国同時多発テロへの対応で国連安全保障理事会常任理事国の中国と関係改善が必要となり、米国は中国と急速に関係改善していった。それは中国の世界貿易機関（ＷＴＯ）加盟を後押しし、二〇〇一年十二月にＷＴＯ加盟を果たした中国は、飛躍的な経済成長を遂げ、「世界の工場」になった。当初中国を「戦略的競争相手」と位置づけていたブッシュ政権は、二期目に「責任あるステークホルダー論」へ転じた。とは言え、二〇〇七年一月に中国が人工衛星破壊実験を成功させる等、中国は米国へ対抗する明確な意思と力を示していった。

二〇〇八年の世界経済危機を契機に、中国はグローバルな経済大国として国際的な地位を急速に高めた。その翌年に発足したオバマ政権は、経済再建への内政重視に傾き、中国の軍事現代化と不透明性、サイバーや宇宙空間での能力強化に警戒じつつも、中国との協調を模索し、「建設的関与」を継続し、米中協調関係を推進していった。

中国は二〇〇九年十二月に島嶼（海島）保護法を採択・公布、二〇一〇年三月一日から施行した。その翌日、中国は米国に対して南シナ海が中国の「核心的利益」であることを通告し、「力による現状変更」によって海洋で膨張していった。また、二〇一二年二月（国家副主席として）と翌年六月（国家主席として）訪米した習近平は、オバマに米大統領に「太平洋には米中両国を受け入れるのに十分な空間がある」と語る等、野心を顕わにした。急速に台頭する中国を牽制しつつアジアへの輸出拡大を図ろうと、オバマ政権は二〇一一年にリバランス政策を打ち出したものの、深刻化する中国からのサイバー攻撃、海洋や宇宙での軍事的な中国のプレゼンス増大等の問題に際して、オバマ政権は中国との対話と協力を重視した。

◆米中覇権競争の時代へ

トランプ政権が米歴代政権の対中関与政策と決別し、米中関係は転換した。貿易赤字削減と労働者保護を選挙公約にしていたトランプ政権は、貿易不均衡解消のための米中包括経済対話メカニズムの立ち上げで二〇一七年四月に中国と合意したものの、進展のないまま交渉は頓挫した。十月に二期目に入った習近平政権は、翌月に国賓としてトランプを歓待したが、米政府は十二月に公表した『国家安全保障戦略』で、米国の安全保障を脅かす最大の脅威が「大国間の戦略的競争」であり、既存秩序を覆そうとする中国とロシアを米国の影響力の弱体化を目指す「戦略的競争相手」として位置づけた。また米国は二〇一八年一月の『国家防衛戦略』で、中国とロシアとの長期にわたる戦略手競争が最優先の課題であることを明らかにした。同年三月の米国による制裁関税発動以降、米中双方が報復し、米中関係は悪化していった。米政府は中国に対する「政府一体となった巻き返し」を展開した。また、米連邦議会は外国からの投資を厳しく審査する「外国投資リスク審査近代化法」や先端技術の輸出管理を厳しくする輸出管理改革法を可決・施行した。

二〇二一年に政権交代したバイデン政権は、米中関係を「民主主義と専制主義の闘い」と位置づけ、「唯一の競争相手」である中国との競争を制することに力を注ぐとした。また、バイデン政権は中国に対して新疆、香港、台湾等の問題が世界の安定に欠かせない「ルールに基づく秩序」を脅かす行為であると訴え、サイバー攻撃や同盟国への強制行為に対しても深い懸念を示した。中国を念頭に米国は米英豪の安全保障枠組みAUKUS、日米豪印のQUAD、インド太平洋経済枠組み（IPEF）を主導するが、中国を抑える実効性は期待できそうにない。一方の中国は「米国には米国式の民主主義があり、中国には中国式の民主がある」と訴え、中国と国際社会が従い支持するのは、国連中心の国際システムと国際法に裏付けられた国際秩序であり、一部の国が提唱するいわゆる「ルールに基づく国際秩序」ではないと反発した。

同年十一月十五日、オンラインで行われた初のバイデン・習会談で両首脳が「米中の指導者は両国の競争が衝突に変わらないようにする責務がある」との認識で一致した一方、習近平は「地球には両国が共に発展するのに十分な大きさがある」と語り、米中覇権競争が地球規模で展開されているという中国側の認識を示した。

二〇二二年八月のペロシ米下院議長の訪台を契機に、中国は軍事演習を実施し、米中関係は緊迫化した。同年十月には、「軍事現代化や人権侵害の検証結果」として、米国政府は半導体製造装置の対中輸出規制の適用対象を大幅に拡大する一連の包括的な措置を発表した。これに対して中国政府は、米国技術覇権を強化するための貿易措置の乱用であると反発した。

二〇二三年二月に米国各地の重要軍事施設上を横断した中国の偵察気球を米軍が撃墜すると、米中間の緊張はさらに高まった。翌月に習近平がモスクワを訪問してプーチンと会談し、中ロ両国の連携強化を打ち出す共同声明を発表すると、米政府は中国によるロシアへの「外交的援護」と強く非難した。

（三船恵美）

28 日ロ関係
――ウクライナ侵略と日本の対ロ認識

第Ⅰ部　トピック編

◆「日ソ共同宣言」と北方領土の戦略的価値

日ロ関係においては、第二次世界大戦と米ソ冷戦の「遺産」である北方領土問題が中心的課題となっており、領土・主権に関わる国家の重大事として位置付けられる。一九五六年の「日ソ共同宣言」により、両国の戦争状態の終結と国交の回復が確認され、ソ連は平和条約締結後に歯舞群島・色丹島を日本に引き渡すことに同意した（内閣官房領土・主権対策企画調整室、二〇二二年）。こうした歴史的背景からその後、日ソ／日ロ間で首脳会談や外相会談が開催されるたびに、必然的に領土問題を含む平和条約締結交渉に注目が集まる。日本側は「北方四島の帰属の問題を解決して平和条約を締結する」という基本方針をとっているが（外務省、二〇二二年）、ロシア側は二〇二〇年の憲法改正において「領土割譲禁止条項」を新設するなど領土交渉そのものに厳しい態度をとっている。むしろロシアは、戦略原潜の防護といったオホーツク海の戦略的重要性に鑑みて、択捉島・国後島に地対艦ミサイル（バスチオン）や地対空ミサイル（S－300V4）、多用途戦闘機（Su－35）を配備するなど、北方領土では軍事力の強化が進展している。

◆「安倍外交」とロシア

近年の日ロ関係を概観する上で、「安倍外交」は一つの重要な要素である。第二次安倍政権（二〇一二―二〇二〇年）の下では、日本で初めて「国家安全保障戦略」が策定され、日ロ関係については「安全保障及びエネルギー分野を始めあらゆる分野でロシアとの協力を進め、日ロ関係全体を高めていくことは、わが国の安全保障を確保する上で極めて重要である」と言及された。かかる政策方針の下、安倍首相とプーチン大統領の間では二七回に及ぶ活発な首脳外交が展開され、防衛・安全保障分野から産業・エネルギー、文化・学術交流分野まで全般的に日ロ間の交流が活発化した。もっとも日ロ間では、一九九〇年代末から二〇〇〇年代初頭にかけて安全保障協力の枠組みが構築されており、海上自衛隊とロシア海軍による日ロ捜索・救難共同訓練（SAREX）や海上保安庁とロシア連邦保安庁（FSB）国境警備局による長官級会合や合同訓練等が実施されてきた。第二次安倍政権期には、日ロ外務・防衛閣僚協議（「2＋2」）が立ち上げられたほか、日本の国家安全保障局（NSS）とロシア連邦安全保障会議事務機構の間で定期的な対話が実施されるなど、複数の外交チャンネルが構築された。二〇一八年十一月のシンガポールASEAN関連首脳会議における日ロ首脳会談の結果として「『一九五六年宣言』を基礎として平和条約交渉を加速させる」と発表され、翌十二月には交渉責任者・担当者が決定したものの、両国は具体的な成果を出すことが出来ないまま、コロナ禍の二〇二〇年八月、安倍総理退陣表明の日を迎えた。この時期の日ロ関係は、まさに安倍総理・プーチン大統領による「トップダウン」の首脳外交に特徴づけられる。

一方で二〇一九年頃からロシア側の対日強硬姿勢が顕著なものとなり、二〇一九年七月には、東シナ海及び日本海において、中ロ共同哨戒飛行が初めて実施され、ロシア軍のA50早期警戒管制機が島根県竹島上空を領空侵犯した。その後も戦略爆撃機による中ロ共同哨戒飛行は定例化し、中ロ両国の海軍による海上共同パトロールとあわせて、日本周辺における中ロ軍事協力が深化している。また二〇一九年九月には安倍総理も出席する東方経済フォーラムを前に、プーチン大統領が色丹島の水産加工工場の稼働式典に生中継で参加するなど、ロシア側からは日本との「協力」を深化させようという姿勢よりも、日本と同盟国である米国を「牽制」する姿勢が目立つようになった。さらに、二〇二〇年七月に改正されたロシア連邦憲法では「ロシア連邦領土の一部の譲渡に向けた活動、並びにそのような活動を呼び掛けることは認められない」とする「領土活動禁止条項」が新たに設けられた。隣国との境界画定、再画定などは認められるものの、領土・主権を巡るロシアの外交姿勢を強く規定する条項が新設された。総じて「安倍対ロ外交」の政策意図は、領土問題を巡るレガシーの構築や対中牽制といった観点から読み解かれることが多い。ここではもう一つの視点を提供したい。日ロ関係が停滞を見せていた二〇一九年の東方経済フォーラムにおいて、安倍総理は北極圏LNGのアジア地域への輸送網の発展に言及しつつ、「一筆書きの雄渾な連結の実現」、「自由で開かれたインド太平洋とロシアが開発を進める北極海。人類史上初めて、二つの海域が一つとなって、偉大な物流の大道が誕生します」と述べ、プーチン政権が重視する北極海と「安倍外交」の象徴たるインド太平洋の連接性を強調した（長谷川、二〇二〇年）。このように「安倍対ロ外交」は、単にロシアとの二国間関係の強化に限定される訳ではなく、日ロ関係をインドや東南アジア諸国など新興国との関係強化の文脈で捉える試みもあったのだろう。

◆ウクライナ侵略による日ロ関係の「リセット」

二〇二二年二月のロシアによるウクライナ侵略を受けて、日ロ関係は全面的に「リセット」されることとなった。力による一方的な現状変更は、戦後形成された国際秩序を根底から覆すものであり、日本はG7諸国と緊密に連携して、対ロシア経済制裁など強い措置を迅速に講じ、これに対してロシアは一方的に平和条約締結交渉の中断を発表した。ウクライナ侵略を受けて、改めて日本の北方における防衛力整備や海上保安体制の在り方に国内では高い関心が寄せられており、北海道における日米共同訓練にも注目が集まった。二〇二二年十一月に北海道野付郡別海町で行われた日米共同訓練RD22（レゾリュート・ドラゴン22）では、陸上自衛隊MLRS部隊と米海兵隊HIMARSによる共同射撃訓練のほか、MV－22（オスプレイ）による人員・物資輸送訓練も実施され、北方における日米共同対処能力の向上が図られた。

また、日本企業が参入する「サハリン2」プロジェクトを巡る権益の確保など、国際的な原油高と気候変動を背景として、日本のエネルギー安全保障・食料安全保障政策も脚光を浴びているほか、日本や米欧諸国が経済制裁として、ロシアに対する半導体輸出・販売を厳しく規制するなど、先端技術・機微技術を巡る経済安全保障の確保は、もはや日ロ関係のみならず、広く日本の国家安全保障上の喫緊の政策課題として認識されるようになった。

G7など西側諸国が対ロ制裁において結束を強めるなか、ロシアは、軍事・経済面で中国への依存を深め、さらにBRICS（伯・ロ・印・中・南ア）や上海協力機構（SCO）といった枠組みの機能強化を通じて、国際的な孤立から逃れようとしている。QUAD（日・米・豪・印）の一角をなすインドも、ロシアとの軍事・経済関係を維持しており、二〇二二年九月にロシアの東部軍管区（司令部：ハバロフスク）で実施された軍管区演習「ヴォストーク2022」には、中国・インドも参加した。また、NATO加盟国のトルコは、環黒海地域の国際関係における伝統的な盟主として立ち振る舞い、黒海を経由した穀物輸出に関する交渉のイニシアティブをとったほか、外交交渉の場を度々提供するなど、仲介者として存在感を高めている。二〇一四年のクリミア併合に伴う経済制裁を受けて、プーチン政権は中国・インド・トルコ等との二国間関係の強化、SCO・BRICSといった多国間枠組みの機能強化を図り、制裁への対抗措置として食料安全保障・エネルギー安全保障政策を抜本的に見直していることから、G7諸国等による対ロ経済制裁にも一定の限度がある点には留意を要する。

　ロシアによるウクライナ侵略を受けて、日本の対ロ認識に大きな変化が見られた。岸田政権の下、二〇二二年十二月に改訂された「国家安全保障戦略」および「国家防衛戦略」は、その変化を如実に反映した。新たな国家安保戦略では、ロシアについて一七回（前回版では二回）、防衛戦略では一八回（前回版では二回）言及されるなど、ロシアによるウクライナ侵略が岸田政権の国家安全保障政策に与えた影響は大きい。国家安保戦略ではロシアとの二国間関係について「インド太平洋地域の厳しい安全保障環境を踏まえ、わが国の国益を守る形で対応していく。また、同盟国・同志国等と連携しつつ、ロシアによる国際社会の平和と安定及び繁栄を損なう行動を防ぐ。対露外交上の最大の懸案である北方領土問題については、領土問題を解決して平和条約を締結するとの基本方針は不変である」として、対ロ外交の基本方針の継続性を示しつつも、全体としては欧州正面におけるロシアの軍事行動とオホーツク海の戦略的重要性に鑑みた北方領土における軍事力の強化、中ロの戦略的連携に強い懸念を示す内容となった。東シナ海における中国の海洋進出、北朝鮮の核・弾道ミサイル開発、ロシアによるウクライナ侵略を受けて、北東アジアの地域秩序は新たなフェーズを迎えている。

（長谷川雄之）

29 日韓関係
——対立と協力の系譜

日本と韓国は隣国同士であり、近年は日本の若者が韓国のＫ－ＰＯＰなど「韓流」に親しみ、韓国からの訪日観光客も増えた。にもかかわらず、両国の関係は、かつての日本による朝鮮半島に対する植民地支配に起因する歴史認識問題によって困難に直面してきた。

◆日韓国交正常化と「蜜月期」

日本の敗戦によって朝鮮は植民地支配から解放されたものの、一九四八年、大韓民国（韓国）と朝鮮民主主義人民共和国（北朝鮮）がそれぞれ樹立され、一九五〇年から三年に及んだ朝鮮戦争を経て朝鮮半島の分断が固定化する。日韓両国が一九五一年から国交正常化に向けた会談を開始したのは、反社会主義陣営の結束を目指す米国が、ともに資本主義国家である両国の関係構築を促したことが背景にあった。

しかし、交渉は困難を極め、両国はようやく一九六五年になって日韓基本条約と日韓請求権協定に調印し、国交正常化を実現した。植民地支配に対する日本の謝罪は文書に盛り込まれず、日本の植民地支配が合法だったか違法だったかの争点については、双方がそれぞれ都合よく解釈可能な「もはや無効」という表現にまとめられた。また、日本から韓国へは賠償ではなく、総額五億ドルの経済協力が行われることとなった。軍事クーデターで政権の座に就いた朴正熙（パク・チョンヒ）大統領は、立ち遅れた経済の立て直しに日本の資金を導入することを優先し、国内の強い反対を抑えたのである。

韓国は、日本の資金で製鉄所やダム、高速道路を建設するなど高度成長を開始。朴正熙が主導した輸出主導型経済政策は、一九七〇年代に「漢江の奇跡」と呼ばれる成功を収める。日本も、韓国が必要とする素材や部品を輸出して利益を得た。日韓の間に相互補完的な関係が成立したのである。この間、朴正煕の独裁に反対する韓国の野党政治家でのちに大統領になる金大中(キム・デジュン)が東京滞在中に韓国の情報機関によって拉致される事件が起き、日本の主権を侵害したものだとの批判から大きな外交問題に発展したにもかかわらず、両政府が早期に政治決着を図るなど、「癒着」への批判もあった。

◆慰安婦問題と徴用工問題の浮上

日韓関係が転機を迎えるきっかけとなったのが、冷戦の終焉である。社会主義勢力の拡張阻止を目的とした日韓の結束は、その必要性が薄れたのだった。一九八七年の韓国民主化はさらに大きな作用をもたらした。権威主義体制の下では声を潜めるしかなかった過去の被害に照明が当てられるようになり、一九九一年に旧日本軍の従軍慰安婦だったという女性が初めて実名で証言して慰安婦問題が浮上した。日本政府は、「お詫び」を盛り込んだ「河野談話」(一九九三年)や「村山談話」(一九九五年)を出したほか、基金を創設して元慰安婦への「償い金」の支給に乗り出したが、韓国から「法的責任を認めたものではない」と批判される結果に終わった。さらに、島根県の竹島(韓国名:独島)の領有を巡る摩擦も拡大した。

こうしたなか、一九九八年に当時の小渕首相と金大中大統領が署名した「日韓パートナーシップ宣言」は、画期的な成果をもたらしたものとしていまなお評価されている。過去の植民地支配に対する日本側の「お詫び」が盛り込まれ、韓国側も国交正常化以来の両国の協力関係を積極的に評価し、日本の大衆文化の国内への流入を認めることなどを内容とする。二〇〇二年にはサッカー・ワールドカップの日韓共催が実現した。しかし、この蜜月期も長く続かなかった。小泉首相の靖国神社参拝や盧武鉉(ノ・ムヒョン)大統領の対日強硬姿勢などが原因だった。二〇一二年に李明博(イ・ミョンバク)大統領が竹島に上陸。二〇一五年、安倍政権と保守系の朴槿恵(パク・クネ)政権の下で、日本が慰安婦を支援するための財団を設立することで問題を最終的に解決すると合意したが、その後、革新(韓国では「進歩」と称される)系の文在寅(ムン・ジェイン)政権が財団の解散を決める事態となった。韓国国内の保革の厳しい対立が日韓関係を直撃した形である。

慰安婦問題に加え、戦時中に日本の工場で働かされたとする徴用工の問題も両国の関係を困難にした。韓国の裁判で被告とされた日本企業に賠償を命ずる判決が相次いで出され、二〇一八年の最高裁判決は、「植民地支配は不法だった」との判断を示した。日本側は、賠償に関わる問題は一九六五年の日韓請求権協定で解決済みであり、国交正常化以降の両国の関係の法的基盤を根本から覆すものだと批判した。

◆構造変化と新たな連携の必要性

日韓で対立が続く背景として、両国の国力の差が狭まったことが挙げられる。日本が長く低成長にあえいだのに対し、韓国は紆余曲折がありながらも経済成長を続け、一人当たり購買力平価ＧＤＰでは日本を追い抜くに至った。韓国の最大の貿易相手国は中国であり、経済における日本の比重は低下している。韓国が日本に依存したかつての垂直構造は、もはや水平的な関係に転じたのである。日本の重要性の後退は、韓国における日韓関係への関心の低下をもたらし、一方の日本では、自信と余裕を持つようになった韓国に配慮する必要性が感じられなくなった。両国ともに、関係を修復しなければならないという意欲を持ちにくくなったのである。

他方、両国が連携強化を求められる状況も生まれた。北朝鮮が弾道ミサイル発射を繰り返すなど、東アジアの安全保障環境が悪化したことによるものだ。米中対立が厳しさを増す中、韓国では、米軍のミサイル迎撃システムの国内配備をきっかけに中国が韓国を圧迫したことから、世論の「中国離れ」も際立つようになった。二〇二二年に発足した保守系の尹錫悦（ユン・ソンニョル）政権は米国だけでなく日本との関係も重視する姿勢を打ち出し、国内に反対がある中で徴用工問題の解決を図った。

日韓両国は、「歴史認識問題」が重くのしかかっているとは言え、ともに米国の同盟国であり、民主主義、市場経済、法の支配などに価値を置く国家である。米中対立の狭間にある両国が東アジアの平和と安定に果たし得る役割は少なくない。少子化やジェンダー、非正規雇用問題など社会的な課題も共通している。政治・外交にとどまらない多様な結び付きを構築し、合理的な協力関係を深められるのかが問われるのであろう。

（塚本壮一）

30　北朝鮮の拉致・核・ミサイル問題と日朝関係

◆国交正常化交渉の挫折

日本にとって朝鮮民主主義人民共和国（北朝鮮）は、核実験と弾道ミサイルの発射を繰り返し、日本人の拉致問題に応じようとしない、ひとことで言ってしまえば厄介な国であろう。同時に、北朝鮮は日本が戦後処理を果たしていない唯一の国でもある。しかし、日朝関係は、国交正常化に対する両国の思惑がすれ違ったまま推移してきた。

朝鮮半島の分断が続く中、日本は大韓民国（韓国）との間で一九六五年に国交正常化を実現して関係を深めたのとは対照的に、北朝鮮との交渉はすぐに始まらなかった。日朝間で民間貿易が行われ、一九七〇年代から八〇年代にかけて日本の国会議員や有識者らの間で国交正常化を求める動きがあったものの、具体的な動きにはつながらなかった。

状況を変えたのが、一九八九年の「ベルリンの壁」崩壊に象徴される冷戦終結だった。ソ連が韓国との国交正常化に動き出すなど国際環境が激変すると北朝鮮は孤立しかねないとの危機感を抱き、日本との国交樹立を目指したのである。一九九〇年、与党・自民党の金丸元副首相と野党・社会党の田辺副委員長が訪朝して金日成（キム・イルソン）主席と会談し、朝鮮労働党との間で、早期の国交樹立を求めるなどとする「三党共同宣言」に署名した。これを受けて一九九一年、日朝の政府間交渉が始まったが、外交関係の設定を求める北朝鮮と、北朝鮮の核問題なども取り上げるべきだとする日本の立場の隔たりから難航する。翌年には、大韓航空機爆破事件（一九八七年）の実行犯の北朝鮮工作員に日本語を教えた女性が日本人の拉致被害者ではないかとの疑惑を日本側が提起したことを理由として、北朝鮮が交渉を打ち切った。

日本人の拉致事件は、一九七〇年代後半から八〇年代前半にかけて発生した。この女性を含め、日本政府が認定した拉致被害者は一七名に上る。一九九五年以降、連立与党の代表などによる訪朝が断続的に行われ、政府も北朝鮮に対するコメ支援に踏み切った一方で、国民の間では拉致問題が重大な人権侵害として強く認識されるようになった。

◆日朝首脳会談と拉致被害者の帰還

二〇〇二年九月、史上初の日朝首脳会談が行われた。日本の外務省幹部が二〇〇一年秋から北朝鮮側と三〇回近く秘密交渉を行い、拉致問題や核・ミサイル問題、国交正常化と経済協力を包括的に解決すべきだと呼びかけた結果だった。訪朝した小泉首相が金正日（キム・ジョンイル）総書記と会談し、両首脳が署名した「日朝平壌宣言」には、国交正常化交渉の再開、日本側が過去の植民地支配に「痛切な反省と心からのお詫び」を表明するとともに国交正常化ののちに経済協力を実施すること、北東アジア地域の平和と安定に向けて両国が協力し、核・ミサイル問題の解決の必要性を確認するなど、幅広い合意が盛り込まれた。

会談で金総書記は拉致事件を初めて認め、「特殊機関の一部が行った」として謝罪した。北朝鮮側は日本側に対し、「八人が死亡し、五人が生存、一人は北朝鮮に入ったと確認できない」と説明し、その後、五人の帰国が実現したのに続き、二〇〇四年の第二回日朝首脳会談でその家族も帰国した。ただ、拉致事件の象徴的な存在となった被害者、横田めぐみさんらが死亡したとされたことや、北朝鮮が実施した調査のずさんさなどから、日本の世論が硬化する結果となった。

北朝鮮が日朝首脳会談に乗り出し、それまでは「捏造」などと断じた拉致事件を最高指導者が認めた背景には、北朝鮮が苦境にあったことが挙げられる。一九九〇年代後半、北朝鮮は自然災害などから深刻な食糧不足に陥り、「苦難の行軍」と称する危機に直面した。日本の経済支援を必要としたのである。他方、外交的には、米国のブッシュ大統領が「テロ支援国家」と非難するイラク、イランとともに北朝鮮を「悪の枢軸」と呼んで圧力を加えていた。日本に米朝の橋渡し役を期待したのだった。

日朝首脳会談を受けて国交正常化交渉が再び始まり、

中断と再開を繰り返しながら、二〇一四年には北朝鮮が拉致被害者の調査を再開するとした「ストックホルム合意」が成立したものの、二〇一六年、北朝鮮が調査中止を決めた。日本側は、厳しい国内世論を背景に拉致問題への対応を北朝鮮に迫ったが、北朝鮮側は交渉が国交正常化と経済支援につながらないことに強い不満があり、「拉致問題は解決済み」との姿勢に終始した。日朝関係は、膠着状態に陥るほかなかったのである。

日朝間の貿易も、北朝鮮による弾道ミサイル発射や核実験により、国連安全保障理事会の経済制裁や日本独自の制裁措置で、輸入は二〇〇七年、輸出は二〇一〇年から途絶している。日本による将来的な経済支援は北朝鮮を動かす大きなテコになり得るが、拉致問題と核・ミサイル問題の解決や進展が前提とならざるを得ない。

◆国際社会の分断と日朝関係打開に向けて

北朝鮮は、二〇一八年と二〇一九年に金正恩（キム・ジョンウン）総書記（当時は委員長）がトランプ大統領と米朝首脳会談を行うなど、米国との交渉を優先し、これが失敗に終わると、核・ミサイル開発に一段と傾斜した。すでに二〇〇六年から二〇一七年まで六回もの核実験を繰り返し、米国本土に到達する大陸間弾道ミサイル（ＩＣＢＭ）の開発に成功していたが、二〇二一年の党大会で「国防発展五カ年計画」を打ち出し、弾道ミサイルへの搭載を目的とした核兵器の小型・軽量化や、変則軌道で飛翔することから迎撃が困難な極超音速兵器などさらに多様な兵器の開発を推し進めた。北朝鮮は「核保有国」を自認し、中国との関係を改善して後ろ盾を確かにするなど、自信を深めただけでなく、米中対立やロシアのウクライナ侵攻で国際社会が分断したことで、より有利な立場を得たと認識した可能性が大きい。二〇二二年には五十九発もの弾道ミサイルなどを発射したが、国連安保理は北朝鮮非難で一致することができなかった。

中国とロシアの側に立つ北朝鮮を対話の場に引き戻すのは容易ではない。しかし、高齢化が進む拉致被害者の家族らは、首脳会談を含む直接交渉による一刻も早い問題解決を訴えている。日本政府は北朝鮮との対話は可能だとの姿勢だが、事態の打開に向けて引き続き忍耐強い努力が求められている。

（塚本壮一）

31 南北朝鮮関係

大日本帝国朝鮮からソ連軍政や米軍政を経て、一九四八年に独立した朝鮮民主主義人民共和国（朝鮮、北朝鮮）と大韓民国（韓国、南朝鮮）の関係である。両者はお互いに国家として認めていないため、国家間の関係ではないとされている。両者ともにいずれ統一して一つの国家になることを公の目標としており、韓国は自国の領土が朝鮮半島全体であることを憲法で定めている。両者は、一九九一年に国連に同時加盟しているため、国連では二つの国家として扱われているが、国連での扱いとは関係なく、両者間ではお互いを国家として認めないことを前提とした関係を続けている。

◆朝鮮戦争と北緯三八度線

第二次世界大戦で大日本帝国がポツダム宣言を受け入れて降伏すると、日本軍を武装解除させるために、米国の提案によって北緯三八度線を境界線として北部にはソ連軍が進駐し、南部には米軍が進駐した。朝鮮半島に進駐した米ソ軍は朝鮮独立に向けた交渉を繰り返したが、一九四八年までには交渉は頓挫し、米国は朝鮮独立問題を国連に委託した。国連では朝鮮半島で統一選挙を実施して、統一政府を樹立する考えであったが、ソ連が三八度線北部に国連臨時朝鮮委員団が入ることを拒否したので、南部だけで選挙を実施することになった。その結果、一九四八年八月十五日に成立したのが大韓民国である。それに対抗して、北部ではソ連軍政下で成立していた朝鮮人自治政府が九月九日に朝鮮民主主義人民共和国を成立させた。

一九五〇年六月二十五日に勃発した朝鮮戦争以来、南北朝鮮は基本的に軍事的に対立する関係である。三八度線であった南北朝鮮の境界線も、朝鮮戦争が一九五三年七月二十七日に停戦すると、軍事境界線が新たな境界線になった。ただし、陸上のみであり、海上については定められていない。また停戦協定に韓国軍は署名しなかったので、停戦後に板門店で南北朝鮮が直接対話をすることは長らくなかった。

朝鮮戦争停戦後、南北朝鮮は、安全保障のために東西陣営の大国との軍事的な関係を強めることに力を入れた。韓国は停戦後も米軍が駐留することを望んだため、一九五三年十月一日に米韓相互防衛条約に調印した。北朝鮮は有事における中国やソ連からの軍事支援を望んだため、一九五八年に中国人民志願軍が撤収すると、一九六一年七月六日にソ朝友好協力相互援助条約に調印し、七月十一日に中朝友好協力相互援助条約に調印した。

米国と中ソが軍事的に対立したベトナム戦争では、南ベトナムを韓国が支援し、北ベトナムを北朝鮮が支援するために戦闘部隊を送った。米国からの要請によって一九六四年からベトナムに後方支援部隊を送っていた韓国が一九六五年から戦闘部隊を送り始めた。それに対して、北朝鮮も一九六五年からベトナムに後方支援部隊と戦闘部隊を送り始めた。直接戦闘した様子はないが、南北朝鮮が再び同じ戦場で対立することになった。

しかし、ベトナム戦争での状況が悪化すると米国は在韓米軍を半分に減らしたため、韓国は安全保障上の危機に陥った。また米国と中国が接近すると、北朝鮮もまた危機感を持ち始めた。この国際環境の変化によって南北朝鮮の対話が生まれることになった。北朝鮮の最高指導者である金日成が一九七一年八月六日に韓国与党と接触する用意があることを表明した。韓国の朴正煕政権はそれに呼応し、八月二十日から南北朝鮮の赤十字社間の接触が板門店で始まり、九月二十日からは南北赤十字社間の予備会談が始まった。十一月十九日に開催された第九回南北赤十字予備会談の南北代表団のメンバーのうち各々一名によって、南北赤十字予備会談とは別途に政府の実務者接触を翌二十日に板門店で開催することになったことで、実際に南北政府間の対話が始まった。

政府間の南北対話が始まると、南北の実務担当者がそれぞれ平壌とソウルを相互訪問した。その結果として一九七二年七月四日に南北朝鮮で同時発表されたのが「南北共同声明」であった。南北共同声明に基づいて南北政府間の協議機構である「南北調整委員会」が構成された。

その準備のために七月十六日から十月六日まで四回にわたる「南北調節委員会共同委員長会議のための実務者接触」が実施され、十月十二日から十一月三十日まで三回にわたる「南北調節委員会共同委員長会議」が開催された。十一月三十日から「南北調節委員会本会議」が開催され始めた。しかし、三回にわたって開催された南北調整委員会本会議は、一九七三年八月二十八日に北朝鮮側が南北対話の中断を宣言したことで開催されなくなった。その後、「南北調節委員会副委員長会議」が十二月五日に板門店で開かれ、一〇回にわたって開催されたが、一九七五年五月三十日に開催される予定であった一一回会議が北朝鮮側から無期延期されて、実質的に中断した。一九七九年二月十七日、三月七日、三月十四日に第四回南北調節委員会本会議を開催するための南北の接触が板門店であったが、成果はなかった。

一九七九年十月二十六日韓国大統領である朴正煕が暗殺されると、一九八〇年一月十二日に北朝鮮の政務院総理である李鐘玉が「南北総理会談」を開催することを提起し、二月六日に板門店で「南北総理間対話のための実務代表接触」が始まり、八月二十日まで一〇回にわたって開催されたが、九月二十日に北朝鮮側から中止が宣言された。

一九八八年七月七日に韓国大統領である盧泰愚が「南北統一問題に関する特別宣言」を発表して南北交易が始まると、一九八九年一月十六日に北朝鮮の政務院総理である延亨黙が「南北高位級政治軍事会談」の開催を提起したことで、二月八日から南北間の予備会談が始まり、一九九〇年七月二十六日まで八回にわたって開催された。南北総理間の会談名は「南北高位級会談」になり、九月五日から一九九二年九月十八日まで八回にわたって開催された。一九九一年十二月十三日に合意された「南北間の和解と不可侵及び交流・協力に関する合意書」は一九九二年二月十九日に開催された第六回南北高位級会談で発効された。また「朝鮮半島の非核化に関する南北共同宣言」も第六回南北高位級会談で発効した。しかし、韓国が米韓合同軍事演習の再開を発表すると、北朝鮮側は南北高位級会談の開催を拒否した。その後、二〇一八年に南北対話が始まると、六月一日から十月十五日まで三回にわたって南北高位級会談が開催されたが、それも再開の目途はたっていない。

◆軍事的対立と対話による緊張緩和

南北対話の代表格である南北首脳会談は二〇〇〇年六月十三日に初めて開催され、二〇一八年九月まで五回開催された。ただし、南北首脳会談の開催の提案は、一九七二年十一月三日に開催された第二回南北調節委員会共同委員長会議が最初であった。その後、韓国大統領である全斗煥が国政演説で南北首脳会談を呼びかけて実際に南北高官の秘密相互訪問があったり、韓国の盧泰愚政権も南北首脳会談を提起したりしたことはあったが、実際に南北首脳会談を開催するための実務的な協議が始まったのは金泳三政権からである。

韓国大統領である金泳三が一九九三年二月二十五日に南北首脳会談を北朝鮮側に呼びかけ、一九九四年六月十八日に平壌訪問を終えてソウルを訪問したジミー・カーター元米大統領が、北朝鮮の主席である金日成が南北首脳会談に好意的な反応を示したと伝えた。六月二十八日に板門店で「南北首脳会談開催のための手続き問題を協議するための副総理級予備接触」が開催されて、七月二十五日から二十七日に南北首脳会談を開催することに合意した。七月一日と二日に「南北首脳会談実務手続き合意のため実務代表接触」が開催されたが、七月八日に金日成が死去したことで、七月十一日に北朝鮮側から南北首脳会談を延期することが伝えられた。

金泳三政権では南北首脳会談は開催されなかったが、金大中政権になると、二〇〇〇年三月九日にシンガポールで韓国文化観光部長官である朴智元と朝鮮アジア太平洋委員会副委員長である宋浩京が会談して、南北首脳会談開催の交渉が始まった。その後の特使接触によって、六月十二日に南北首脳会談を開催することを四月八日に合意し、十日に南北同時に発表した。その後も韓国国家情報院長である林東源が五月二十七日と六月三日に平壌を訪問して調整が続けられ、一日延期されたが、六月十三日に最初の南北首脳会談が開催されることになった。

南北首脳会談は、第一回が二〇〇〇年六月十三日―十五日に開催された後、第二回が二〇〇七年十月二日―四日、第三回が二〇一八年四月二十七、第四回が五月二十六日、第五回が九月十八日―二十日に開催された。

現在に至るまで南北対話は、多様な分野で開催されてきた。南北首脳会談が最も大規模な南北対話であるが、体育や音楽、経済、赤十字、メディアなどの分野別の南

図31－1　南北朝鮮半島

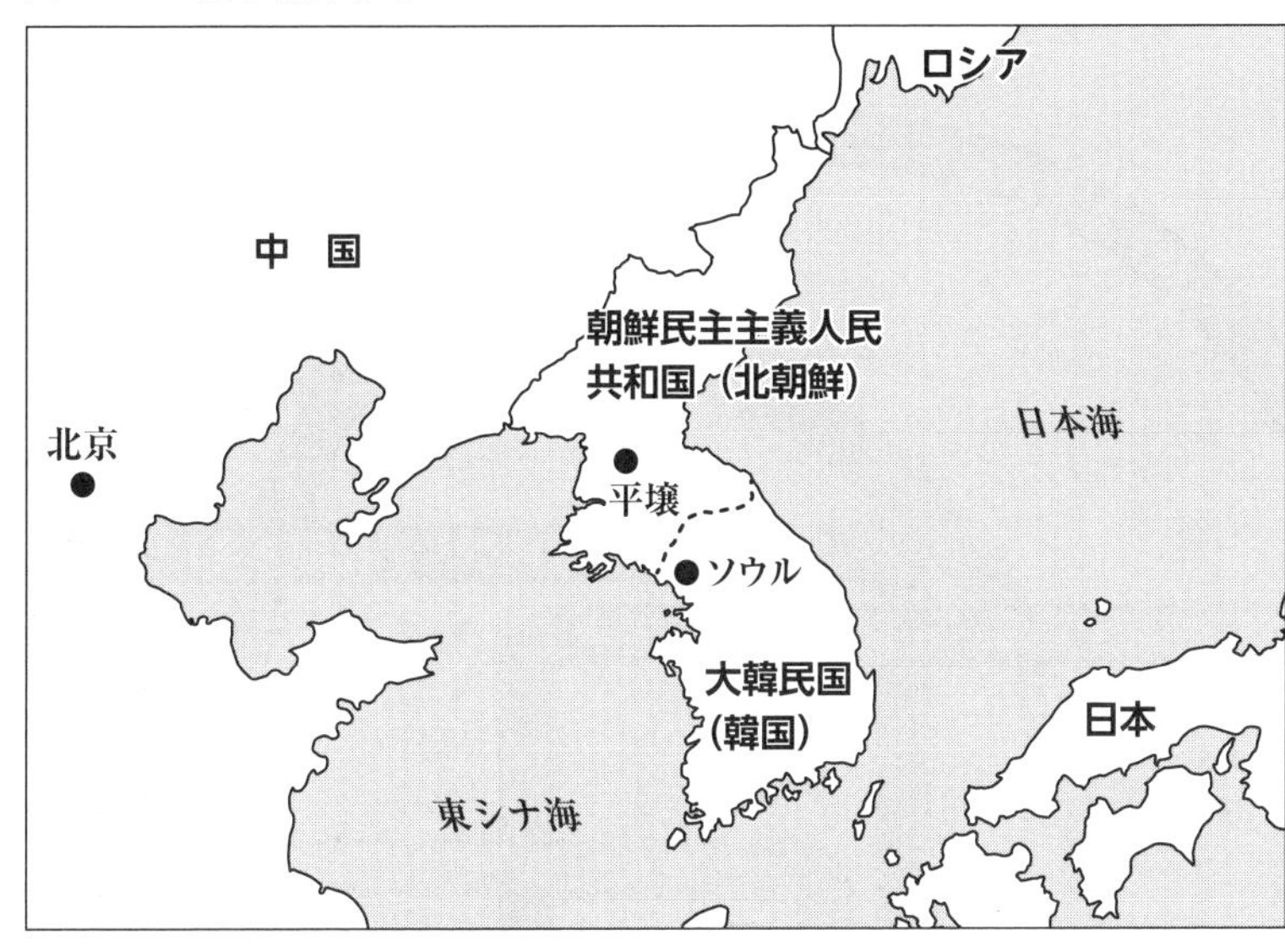

（出典）世界地図・資料により作成。

北対話もあり、多様化されてきた。また南北対話は政府間の対話とはいえ、民間人も参加することも多く、南北交流・理解を促進するうえで大きな役割を果たしている。

南北対話は、一九七二年以来、全く開催されなかった時期もあれば、頻繁に開催された時期もあった。その要因は様々であるが、南北対話は多様な分野があるために、ある分野で開催できなくても、何かの問題で他の分野の対話が始まることもある。南北対話はこれからも断続的に開催されることになるだろう。ただし、南北対話によって南北朝鮮の平和や統一問題を解決できると期待するのは歴史的経緯を見ても難しいだろう。

南北朝鮮は基本的には軍事的に対立する関係であるが、その中において南北対話はその対立関係を緩和させるための手段でもあった。南北朝鮮は両者ともに、軍事力強化によって戦争の勃発を防ぐとともに、対話の機運が高まれば対話を求めるようにしてきた。軍事力強化による抑止力と対話による緊張緩和は、南北朝鮮の関係が国家間の対立関係とさほど変わらないことを示すとともに、戦争を防ぎながら国家の統一を目指す特殊な関係にあるという事情も反映させている。

（宮本　悟）

アジア・太平洋地域の主な枠組み

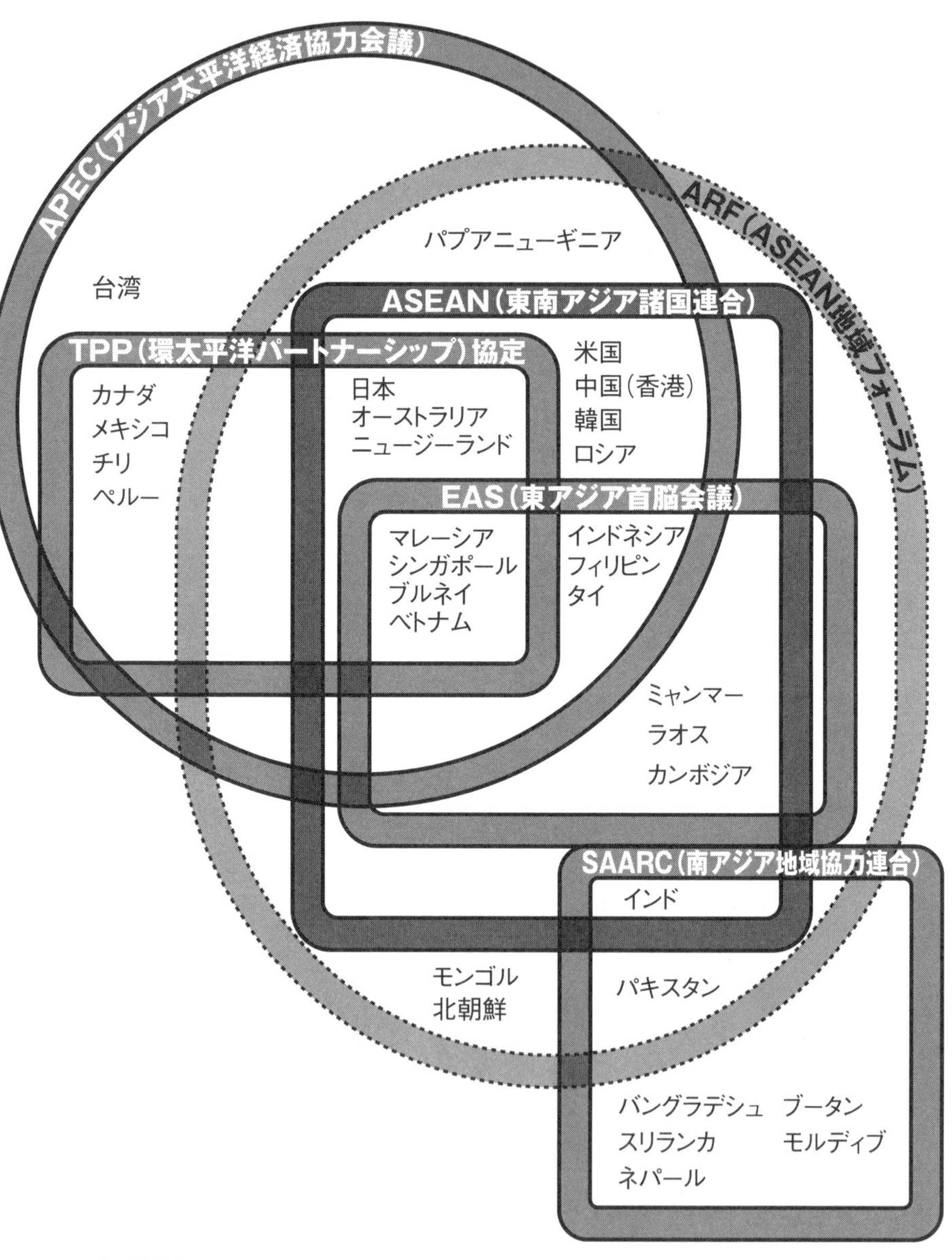

2023年4月現在

第Ⅱ部　国際関係の理論と歴史

1　国際関係理論

1 国際政治の理論

国際政治においては、各国が様々な外交を展開する。また地域紛争やグローバル経済危機が勃発し、他方では国際協調が試みられる。その姿は極めて多様で複雑であり、変化に富んでいる。それらのすべてを適切に理解するのは、容易ではない。とはいえ、より確かな視点や分析方法を獲得しようとする試みも、積み重ねられてきた。

国際政治にも、何らかの傾向性やパターンが存在するのではないか。それを発見し、洞察を深めれば、一定の法則性を見いだせるのではないか。そうした法則性に基づいて理論化を図れば、その理論によって国際政治を本質的に理解でき、また多少なりとも世界を改善できるのではないか。そのような願望に導かれて、国際政治理論が生み出されてきた。

法則性や本質に迫るのであるから、普遍的な単一の理論に到達するのが究極的目標となる。とはいえ現在、我々が獲得できているのは、多様な理論群である。複雑で流動的な国際政治について、どの側面や特性が根本的なのか、議論が分かれているのである。したがって、国際政治理論をめぐっては論争が絶えない。しかしこの論争こそが刺激となり、理論は発展をつづけてきた。

ここでは国際政治の全体像に迫ろうとした、主要な包括的理論――理論的パラダイムと称される――をとりあげる。しかし、この理論的パラダイムについては、十数年前に有効性に疑問を示す「終焉論」が浮上した。それと並行して、包括的理論を目指すのでなく、より具体的な現象に照準を絞り、統計分析や実験など、より科学的な手法を徹底した分析方法が台頭した。こうした終焉論と新たな分析方法についても説明したい。

2 リアリズム

国際政治学が誕生した第一次・第二次世界大戦の頃から、国際政治の本質を見極め、その全体像を示そうとして、二つの理論が登場した。リアリズム（現実主義）とリベラリズム（自由主義）である。これらは対照的な国際政治像を示していたため、両者の間で論争が起こった。単純化するなら、リアリズムは、国家間の対立や紛争こそが国際政治の基調であり、国際政治は対立が発生する必然的傾向をもっていると論じた。他方のリベラリズムは、対立はむしろ例外で、減少傾向にあると想定した。各国間には共通の利益が存在し、国際政治は、それに基づく協調が実現してゆく途上にあると論じたのである。

これらの理論は、対照的な人間観を前提にしていた。リアリズムは、人間が本質的に利己的であり、自らが望むように他者を動かしたい、ひいては支配したいという願望をもつという前提に立った。ただし、それを放置しておけば、人々が互いに傷つけあう状態に陥るため、各国の国内では互いに契約を結んで社会を形成し、安定した状況を築いている。しかし、その国内的安定を維持するために、各国が自国の利益を最優先し、他国からの脅威に厳しく対抗しがちになる。ここに国家間の対立が生じるとリアリストは考えた。国際機構や国際条約でさえ例外ではなく、それらも大国が他国をコントロールする道具だと指摘した。

したがってリアリズムは、国際政治の実像を「パワー・ポリティクス」（権力政治）として描き出した。各国が利己的に利益を追求し、その手段として軍事力や経済力などのパワー（権力）を拡大し、用いると想定したのである。この状況においては、各国が仮に対立を望まなくても対立が発生し、激化するという。その典型的な表れが「安全保障のジレンマ」である。

すなわち、ある国が自国の最低限の安全を保障するため、もしもの場合に備えて軍事力を整備したとしよう。その国は、それを当然の行動だと考えたとしても、他国の目には攻撃的な意図を秘めた行動だと錯誤されうる。その他国は不安感を抱き、自国の安全保障の観点から対抗的に軍事力を増強するであろう。すると、最初に軍事力を整備した国は、攻撃を受ける危険が増したと錯誤して軍事力を強化する。両国は、最低限の安全保障を求めたにすぎないものの、互いの意図を錯誤して緊張を高めあい、求めたはずの安全を失い、むしろ不安を得て、意図せずして軍備拡張競争に陥るのである。

こうした対立の激化を避ける措置も、リアリズムはパワー・ポリティクスのなかに求めた。「勢力均衡」である。勢力均衡とは、数カ国がパワーの釣り合いをとるために軍事力の増減、同盟の締結などを図り、互いに牽制することをいう。その目的は、超大国が成立して各国を脅かし、国際情勢が不安定化する事態を避ける点にある。したがって、勢力均衡によって平和が実現する場合もあるが、勢力均衡を図る観点から、超大国化する国と戦争する場合もありえる。また、パワーの釣り合いを図るとしても、その釣り合いをどのように測定するのか。各国が自国の優位を目指しがちな状況を、どのように制御するのかなど難しい課題がある。

このため主要なリアリストは、深慮に基づく「外交」に期待を寄せた。慎慮とは、各国がこだわりがちな主義主張ではなく、到達しうる結果を冷静に判断する態度をいう。その観点から外交、すなわち平和的な交渉を展開し、問題に対処するのである。

このようなリアリズムを提唱し、議論を展開したのは、エドワード・H・カーやハンス・J・モーゲンソーなどをはじめ、リアリストと称される研究者であった。またトーマス・シェリングは、交渉や戦略的意思決定に関して洗練された研究を展開した。

3 リベラリズム

これに対してリベラリズムは、人間は理性的な存在であり、利己的な傾向を抑えられるという人間観に依拠した。また、その理性に基づいて、国際政治はより平和的、民主的な方向へと発展しつつあるとみた。人類はそれを促す仕組みとして、すでに市場、制度などを獲得しており、それを効果的に活用すれば、各国が共通利益を確認しあい、国際協調に到達しうると、リベラリズムの研究者は論じたのである。

その市場とは、各国が経済的利益を求めて自由に競争しあう場である。そこでは各国が自由競争を展開しながら、製品や資源、資金などを交換しあい、市場の調整機能を通じて相互に利益を獲得する。もし各国が政治的に対立し、経済交流を遮断すれば、相互利益の機会も失ってしまう。また制度とは、具体的には国際組織や国際条約などであり、ルールや協議に基づいて各国間の紛争や共通の課題などを処理する。リベラリズムは当初、これらの機能について楽観的な主張を展開していたが、一九七〇年代後半に相互依存論と国際レジーム論が登場し、前者が市場、後者が制度に関してより緻密な理論を提示した。

まず「相互依存」とは、各国が貿易や投資などの経済交流を拡大し、その交流の縮小・遮断によって、無視できない不利益や負担を被る状態を指す。この状態になれば、各国は経済交流を縮小せず、交流による相互利益の維持、拡大を選択して政治的に協調する、と相互依存論は論じた。また相互依存のもとでは、例えば、資源を各国に輸出する発展途上国が、大国に勝る影響力を発揮する場合もある。国際政治の主体は、もはや各国の外交当局だけでなく、経済関係省庁や産業団体、非政府組織（NGO）など、多様な主体が活躍する。すなわち、相互依存論者のみる国際政治は、国家間のパワー・ポリティクスではなく、多様な主体が国境を越えて「トランスナショナル・リレーションズ」（脱国家的関係）を結び、重層的な関係に基づいて展開する。対立を緩和する主体間の関係が、多数成立するのである。

このような相互依存を適切に運営し、国際協調を維持するには、国際的なルールを設けるのが良策となる。それが「国際レジーム」であり、各国が互いに了解しあった行動の方法、慣行などを意味する。地球環境保護に関するパリ協定、国際人権規約などが該当する。こうした国際レジームは、国際政治の様々な分野で成立しており、それをさらに増強してゆけば、協調的な国際秩序が成立すると国際レジーム論者は考え、その条件を検討した。ロバート・O・コヘイン、オラン・R・ヤング、ジョン・G・ラギーなどが、相互依存や国際レジームを論じた代表的研究者である。

このようなリアリズムとリベラリズムは、国際政治のあり方を包括的に示し、国際的現象を捉える視点、分析のための概念や仮説を提供した。今日の国際政治は、これらが構想された当時からは変化しているが、それらの一部の要素は今日も用いられている。

4 ネオ・リアリズムとネオ・リベラリズム

ただしリアリズムとリベラリズムは、理論としての科学性、論理的な厳密さの点で限界をもっていた。これらの点で大幅に刷新を図ったのが、一九八〇年代に注目を集めたネオ・リアリズム（新現実主義）とネオ・リベラリズム（新自由主義）であった。

両者は、「システム」と称する国際政治の全体構造を出発点として、簡潔な論理を構築したのである。その国際システムの特徴とされたのは、「アナーキー」（無政府的）だという点であった。国内の政治システムは、その中心に政府を据え、その機能が国内秩序を支えている。これに対して国際システムは、政府（世界政府）を欠いており、国際政治は各国間の関係性に左右される。ネオ・リアリズムもネオ・リベラリズムも、この国際システムを前提とし、各国が合理的行動として利益の最大化を追求すると想定した。そして、そこに生まれる政治的傾向を、経済学の知見を参照して推論した。ただし、両理論が示した国際政治像は対照的であり、両者は一九八〇年代～九〇年代に「ネオ・ネオ論争」を繰り広げた。ネオ・リアリズムを代表する研究者は、ケネス・N・ウォルツやロバート・ギルピン、ジョゼフ・M・グリエコなど、ネオ・リベラリズムの方は先に述べたコヘイン、アーサー・A・ステインなどであった。

まずネオ・リアリズムは、国際システムがアナーキーであるため、各国がその影響を受け、自国のパワーを頼りにして「自助」的行動をとるとみた。その際、各国が他国よりも有利な「相対利得」を追求するため、国際政治は対立状況に陥る。とはいえ、国家間のパワーの配置状況によって、国際システムは「多極システム」と「二極システム」、「覇権システム」に分かれ、それぞれの国際政治の様相は異なると指摘した。

多極システムのもとでは、ある国がパワーを拡大すれば、それがどの国に対するものなのか、多数の国に錯誤が生じ、先にみた安全保障のジレンマが連鎖的に発生し、対立が続発する。しかし、二極システムと覇権システムのもとでは国際政治は安定化すると、ネオ・リアリストは論じた。というのも、二極システム下で大国がパワーを拡大すれば、それは他方の大国に向けていることが明白であり、それ以外の国に安全保障のジレンマが波及しにくいからである。しかも二大国は、自らの行動のみが国際システム全体に影響を及ぼすため、過度に攻撃的な行動を自制しよう。こうして、冷戦下の米国とソ連も、厳しく対峙しながらも、戦火を交えるには至らなかったと考えられた。

覇権システムでは、覇権国と称される単一の超大国が君臨する。その覇権国は、第二位の国の二倍以上のパワーをもち、第二・三位の国が共同で対抗しても敵わない、傑出した存在である。第一次世界大戦前の大英帝国や第二次世界大戦後、一九六〇年代末までの米国などが該当する。このような覇権国は、自国に有利な状態を持続させるために国際政治の安定化を図る。その際、その傑出したパワーを背景にして国際制度を創設し、国際秩序の成立と維持を主導する傾向をもつという。この国際制度とは、先にみた国際レジームのうち、各国の慣行や協力規範のような緩やかでインフォーマルなものでなく、明文規定の条約や組織体をもったフォーマルな存在を指す。実際、第二次世界大戦後の米国は、覇権国として国際通貨基金（ＩＭＦ）や世界銀行などの創設を主導した。ただし、覇権国が国際秩序を支えるには、その行動を世界的に過剰に拡張せざるをえず、必然的に覇権国としてのパワーは衰退するという。そうなれば、覇権国が支える国際秩序も揺らぐと考えられた。

他方のネオ・リベラリズムも、アナーキーな国際システムのもとで、各国が合理的行動をとると想定した。ただし、その際に国際制度の機能に着目し、覇権国が存在しなくとも国際制度は持続し、それが作用して各国は協調すると指摘した。ネオ・リベラリズムは各国の行動について、それが一回限りで終わるのでなく他国と「繰り返しゲーム」を展開する点を重視した。各国は互いに交渉や行動を繰り返すため、後の時点の相手国の反応を考慮に入れて行動するのである。その行動についてネオ・リベラリズムは、一般妥当性が広く認められているゲーム論に基づいて論じた。各国は次第に似た行動を選択する傾向をもち、必然的に協調的行動へと収斂してゆくと指摘したのである。

しかもネオ・リベラリズムは、その交渉が国際制度のもとで展開するなら、より国際協調が実現しやすいとした。国際制度が備えている国際会議や国際ルールのもとでは、交渉コストが低下し、相手国に関する完全情報、すなわち信頼しうる十分な情報を入手しやすいと想定されるためである。

このようなネオ・リアリズムとネオ・リベラリズムは、日本でも多くの研究者の関心を集めた。双方の理論と両者のネオ・ネオ論争は、国際政治に関する考察をより論理的で洗練されたものにし、客観的な分析を定着させる上で、大きな意義をもったといえる。

5 コンストラクティヴィズム

ネオ・リアリズムとネオ・リベラリズムにも、無視できない重大な問題が潜んでいた。それを明確化し、新たな理論的分析方法を提示したのが、コンストラクティヴィズム（構成主義）であった。すなわち、ネオ・リアリズムとネオ・リベラリズムは国際システムを前提にしたために、それを固定的なものとして扱ってしまい、国際システム自体の変化を分析できなかったのである。それは両理論が、冷戦終結という国際システム上の歴史的転換を適切に論じることができない、という問題に帰結した。冷戦終結はソ連国内のペレストロイカ（改革）に起因していたが、国際政治上の変化の多くは、実は各国国内に起因し、また軍事力や経済的利益など以上に政策決定者の考え方、課題や解決策の認識など、広義の「理念」に左右されがちであった。

そこでコンストラクティヴィズムは、各国と国際システムの双方を視野に入れ、両者の相互作用に照準をあわせた。またその相互作用において、理念が果たす役割に目を向けた。その観点からすれば、国際システムがアナーキーなのも、実は、各国の政策決定者が国家主権や内政干渉など、各国を主体とする理念を信奉しているためであった。すなわち、コンストラクティヴィストの代表的研究者、アレクサンダー・ウェントが見抜いたように、アナーキーな国際システムは各国の理念に基づいて成立しており、各国の認識によっては、多少なりとも変化しうるのである。

したがって、コンストラクティヴィズムによれば、国際政治は本来的に対立的、もしくは協調的なのではない。それぞれの時期や地域、分野などにおいて、国内外の主体が何らかの対立的な理念を抱いているのか、協調的な理念を受容しているのかに左右される。国際政治は、自衛のための軍事力行使や自国優先的な経済的繁栄の理念、あるいは核兵器の不拡散、持続可能な開発、人権侵害の回避といった理念を各国政府、NGOなど、多様な主体が提起し、その説得や拒否、受容などが渦巻いている空間なのである。そして国際政治は、各国がかつて当然視していた植民地や保護貿易などの理念が正当性を喪失し、反テロリストや途上国支援、ジェンダー平等などの理念が広く浸透するなど、変化の過程にある。

　このようななかで、国際協調は「国際規範」によって可能になると考えられた。ある理念が各国に広く受け入れられ、国際社会において「適切な行動」を示すものだと期待されるに至ると、国際規範となる。そのような理念は、まず特定の国の首脳、あるいは国際機関の特設委員会やNGOなどがその必要性を訴える。それが説得力をもっており、各国に受容されてゆくと、ある時点で「カスケード」と呼ばれる、雪崩（なだれ）のような劇的な受容現象が起こるとされる。その結果、各国がその理念を遵守し、当然視するようになり、国際規範に達するのである。

　ただし、国際規範がこのように直線的に成立するのか、疑問の声が少なからず浮上した。むしろ複数の理念が衝突し、既存の国際規範と競合するのが一般的であり、その際には政治的な対立や軋轢（あつれき）が生じる。この点は近年、国際規範をめぐる「論議」として、本格的に研究されるようになった。その際、論議を通じて国際規範が衰退するのか、むしろ修正され、発展するのかが論点になっている。

　以上のようなネオ・リアリズムとネオ・リベラリズム、コンストラクティヴィズムは、理論的パラダイムとして国際的現象の分析を促した（厳密にいえばコンストラクティヴィズムは理論的パラダイムではないが、これに準じるものと扱われる場合が多い）。これらに依拠したり、その一部を活用したりする分析は現在もみられる。ただし、二〇一〇年代に入ると、理論的パラダイムに根本的な疑問を示す見解が現われ、論争になった。

6 理論的パラダイムの終焉？

国際的な論争を巻き起こすような包括的理論は、コンストラクティヴィズム以降、あまり登場していない。それもあって理論的パラダイム、あるいは「～イズム（主義）」という思考法そのものが終焉したのではないか、そもそも理論的パラダイムは有益なのか、と問う声があがった。特に二〇一三年の『ヨーロッパ国際関係誌』が理論的パラダイムの終焉論争を特集し、一石を投じた。なお、終焉論の標的になっているのは理論的パラダイムであり、理論自体はその後も提示されつづけている。

終焉論者は、理論的パラダイムが国際政治の全体像や概念をめぐって神学論争に陥り、国際政治の理解を前進させていないと批判した。また、それらが提示した仮説を十分に検証し、確実な知識を蓄積する点でも成果に乏しいと指摘した。彼等・彼女等は、むしろ具体的に同盟、地域主義などの動態を捉えるような、限定的な理論が有益だとも論じた。これに対してパラダイム支持者は、包括的理論なくしては国際政治のあり方や行方を深く洞察できず、普遍的理論を追求しなければ、学問としての前進もないと反論した。

もっとも終焉論者も、理論的パラダイムに含まれる要素を活かすことまでは、否定していない。そのため、具体的な現象を分析するために、有効な仮説や概念をパラダイムから取り出し、それらを適切に組み合わせて分析するという、折衷主義と呼ばれる分析手法も登場している。例えば、地域制度の東アジア地域包括的経済連携（ＲＣＥＰ）やアジアインフラ投資銀行（ＡＩＩＢ）などについて、日本と中国が協調する局面はネオ・リベラリズムの仮説で説明し、両国が鋭く対立する局面は、リアリズムの概念を発展させて用いるのである。ただし、理論的パラダイムは様々な概念や仮説を有機的に結びつけ、独自の体系になっている。それを任意に切り取って接合し、元来のパラダイム以上に優れた分析を実現するには、卓越した技能が必要になろう。

理論的パラダイムをめぐっては、それらの主唱者の地域的偏差も議論になった。その多くを米国の研究者が提示しており、いわゆる米国ＩＲ（ＩＲは国際関係論、国際関係理論の略称）、より広くみても西欧ＩＲが主流を独占しているという問題提起であった。というのも、米国ＩＲは客観的・普遍的理論を志向しながらも、実際には米国の外交目標や研究風土の影響を受けている。案外視野が狭く、アジアや中東の地域、途上国などの実情などを適切にとらえていない、という批判が根強いためである。このため、二〇〇〇年代に入ると米国ＩＲ・西欧ＩＲを批判し、それらを越えたグローバルＩＲを摸索する動きや、あるいは中国ＩＲのような独自の理論体系を構築する試みが浮上している。

また、理論的パラダイムの終焉論と反比例するように、計量分析や実験手法を用いた研究が台頭している。国際政治の全体を把握するのでなく、より具体的な現象のパズルを解こうとし、例えばどのような国で内戦が起こるのか、なぜ自由貿易を否定する勢力が存在するのか、などを問う。それを解明するために、民主主義と内戦、自由貿易支持者と教育水準などの相関関係について、統計データを適正な手続きで処理して検証するのである。

計量分析では、ある国際的現象に関して一定の原因・結果関係を想定し（例えば、民主主義国では内戦が起こりにくい、あるいは民主化の直後には内戦が起こりやすい、など）、それを数式で表現する。そこに統計データを当てはめて、原因に関する数値と結果に関する数値の共変関係について、その強さを示す統計値を算出し、検証するのである。その際、統計の母集団に基づいて、その原因・結果間に関係がない場合の帰無仮説を導き、統計データによって帰無仮説が否定できるかどうかも、確認する。なお、この計量分析が解明するのは、その因果関係そのものではなく、原因と結果の相関関係である。

以上のように、国際政治に関しては多様な理論と分析方法が存在する。しかもそれらの間で論争がある。一方では、それぞれの妥当性を検証し、有望な理論と分析方法を確定し、それらに限界があれば修正し、発展させてゆくべきであろう。しかし他方では、当面の分析の必要性に応じて、適切な理論と方法を選択し、国際的現象に関してより確かな理解と知見を蓄積してゆくことになろう。

（大矢根　聡）

2 国際平和機構の理論と歴史

1 近代国際社会の成立と平和思想の展開

中世のヨーロッパでは、ローマ教会や神聖ローマ皇帝が国家を超える普遍的権威として存在し、比較的に安定した統一的な秩序が成立していた。しかし、一六世紀後半〜一七世紀前半の宗教戦争によってこの秩序は崩壊し、対等な主権国家で構成される、きわめて分権的な構造の近代国際社会が成立していった。このような国際社会は、最大にして最後の宗教戦争であり、ヨーロッパにおける最初の世界大戦とも言われる、三十年戦争（一六一八―一六四八年）に終止符を打った、一六四八年のウェストファリア条約によって成立したとされるので、近代国際社会はウェストファリア体制とも呼ばれる。オランダのグロティウスなど、当時の学者たちは、国家が守るべき共通のルールである *jus gentium*（諸国民の法）の存在を主張し、今日の国際法の基礎を築いた。

彼らの議論の中心は戦争法で、中でも、戦争を開始するには正当な原因が必要で、戦争には正当な戦争と不当な戦争があり、交戦当事者は正当な側と不当な側とに区別される、とする正戦論（*bellum justum*）が主要なテーマだった。しかし、現実の戦争では、交戦当事者の双方が正当性を主張するのが常で、いずれが正当な側なのか、判定を下すのは困難である。このため、正戦論は徐々に支持を失い、一九世紀初頭には、戦争の正当原因を問うことなく、交戦当事者を対等なものとして扱う、無差別戦争観が正戦論にとって代わった。無差別戦争観のもとでは、戦争に訴えることは、主権国家の自由、基本的権利の行使とされた。各国は、いつどこの国からどんな理由で戦争に訴えられるか分からない、不安定な状況に置かれることになったので、自国の安全保障のために軍備の増強に努め、自国の力だけでは足りない場合には、他国と同盟を結んで、仮想敵国からの攻撃に備えた(個別的安全保障)。

このような状況の中で、一七―一八世紀の政治家や思想家は、国家を超えた国際機構を設立することによって、平和を実現しようと構想するようになった。フランス国王アンリⅣ世と宰相シュリーの『ヨーロッパ平和のための大計画』(一六〇八年)、フランスの修道僧、エメリック・クリュセの『新シネー論』(一六二三年)、イングランドのクウェーカー教徒、ウィリアム・ペンの『ヨーロッパの現在および将来の平和のための論説』(一六九三年)、フランスの外交官、アベ・ド・サンピエールの『永久平和案』(一七一三年)、フランスの哲学者、ジャン・ジャック・ルソーの『サン・ピエール神父の永久平和案要約』(一七六一年)および『永久平和批判』(一七八三年)、ドイツの哲学者、イマニュエル・カントの『永久平和のために』(一七一三年)、英国の哲学者、ジェレミー・ベンタムの『普遍的永久平和のための一計画』(一七八九年執筆、一八四三年発表)などである。中でも有名なのが『永久平和のために』で、カントは、常備軍を漸進的に撤廃し、自由な諸国家による平和連合を設立することを提唱した。しかし、これらの構想は、机上の計画に終わり、現実に国際社会で実行に移されることはなかった(ただし、思想的・精神的には、後の国際連盟や国際連合［以下、国連］の設立に大きな影響を与えている)。

2 勢力均衡のもとの国際協調

カントらの平和構想は実現しなかったが、無差別戦争観のもとでも、可能ならば戦争は避けることが望ましい。そこで考えられたのが、相対立する国家または国家グループ間の勢力の均衡によって平和の実現を図る勢力均衡(balance of power)政策である。一八一四―一八一五年のウィーン会議で、主催国の外相メッテルニヒが確立した勢力均衡体制は、その後約一〇〇年間はうまく機能し、一九世紀―二〇世紀初頭のヨーロッパは比較的に平和で安定した時代を迎える。

この一九世紀はまた、近代市民革命によって人々が居住移転の自由や経済活動の自由を保障されるようになり、また、産業革命によって大量生産、大量消費の時代を迎えた結果、人・カネ・モノ・情報が、頻繁に国境を越えて移動するようになった時期でもあった。国境を越えた通商交流関係が飛躍的に規模を拡大して、一国だけでは対応できない様々な問題が生じるようになったため、ヨーロッパ諸国は、共通の問題を共同で処理するために、多数国間で条約を結び、国際的な協力のための制度を設けて運用するようになった。ウィーン会議で、複数の国家を貫流する河川の自由通行を保障することが合意され、ライン川やドナウ川について、管理運営のための国際河川委員会が設けられた。また、通信・郵便・交通などの専門的・技術的分野について国際協力を促進して、共通の利益を実現するために、今日の国際機構の萌芽的な存在である国際行政連合（定期的な国際会議と小規模な事務局で構成）が設けられ、活動するようになった。勢力均衡のもとでの平穏が、このような国際協力を可能にしたのである。

3　世界大戦と集団安全保障制度の構築

しかし、勢力均衡政策には、①何をもって勢力の均衡が実現していると判断されるのか、客観的基準がないため、軍備拡張に歯止めがかからない、②仮想敵国に対抗するための同盟関係の網の目が張り巡らされていくと、小さな戦争が勃発しただけでも、連鎖反応的に世界中に戦火が広がっていく危険がある、という重大な問題点があった。実際、英独間の軍拡競争に歯止めがかからない中で、ドイツを中心とする三国同盟側のオーストリア＝ハンガリーと英国を中心とする三国協商側のセルビアとの間で勃発した戦争が、たちまち世界中を巻き込む大戦争へと発展していったのが、一九一四―一九一八年の第一次世界大戦であった。

勢力均衡方式が破綻をきたし、世界大戦という破局がもたらされてしまった経験を踏まえ、新たな安全保障の方式として、米国のウィルソン大統領が提唱したのが、集団安全保障（collective security）だった。これは、多数国間で、一定の種類の戦争や武力行使を禁止する条約を結び、違反した締約国に対しては他の締約国が集団的に制裁を加えて、違法な戦争や武力行使を止めさせることによって、平和を回復し、維持するというもので、勢力均衡体制を否定し、仮想敵国を作らない点に、大きな特色がある。

第一次世界大戦後の一九一九年、ベルサイユ講和条約第一編をなす国際連盟規約によって、史上初の集団安全保障機構として設立されたのが、国際連盟だった。連盟規約は、一定の種類の戦争を禁止し、違法な戦争に訴えた加盟国に対しては、他の加盟国が経済制裁措置をとることを規定した。さらに、一九二八年には、不戦条約で自衛戦争と制裁戦争以外の戦争が一般的に禁止された。しかし、国際連盟には、①米国が議会の反対で加盟できなかったのをはじめ、主要な大国が揃って加盟したことがなかった、②総会と理事会の権限配分が明確ではなかった、③手続事項以外の意思決定手続が全会一致制（紛争当事者を除く）だったため、危機に迅速に対応できない場合があった、④決議の効力は法的拘束力のない勧告に過ぎなかった、などの問題点があったため、わずか二〇年で失敗に終わり、再び第二次世界大戦という破局がもたらされることになった。

今日の国連の集団安全保障制度は、第二次世界大戦中、米国を中心として、英国・ソ連・中国も加わって、連合国側の大国によって国際連盟の欠陥を改める形で構想されたものである。一九四五年六月に採択された国連憲章は、武力による威嚇または武力の行使を原則として禁止し、例外は、①加盟国に武力攻撃が発生した場合の個別的または集団的自衛権の行使、②安全保障理事会（以下、安保理）の決議に基づく軍事的強制措置のみとされた。平和と安全の維持については、米英仏ソ中の五常任理事国と総会で選出される非常任理事国一〇カ国（一九六五年までは六カ国）で構成される安保理が主要な責任を負い、九理事国（一九六五年までは七理事国）の賛成投票による多数決によって（ただし、非手続事項［実質事項］については、常任理事国の同意投票が必要とされており、いわゆる拒否権が認められている）、平和に対する脅威、平和の破壊または侵略行為の存在を認定し、法的拘束力のある決定によって、非軍事的または軍事的強制措置をとるものとされた。

4 国連安保理の機能不全と平和維持活動の登場

しかし、東西冷戦時代には、安保理の常任理事国が対立して拒否権が濫用されたため、国連の集団的安全保障制度は機能不全に陥り、平和に対する脅威等の存在が認定され、強制措置がとられた事例は、ほとんどなかった。このため、国連加盟国は、国連の中においては、一九五〇年に総会で「平和のための結集決議」を採択し、総会の権限の強化を図った。この決議によって、安保理が拒否権の行使で機能不全に陥った場合には、総会が安保理の権限を引き継ぐものとされた（ただし、総会の決議は法的拘束力を持たない）。また、国連の外においては、集団的自衛権に安全保障のよりどころを求め、敵対陣営からの武力攻撃が発生した場合に集団的自衛権を行使することに合意する条約を二国間でまたは多数国間で結ぶようになった。さらには、西側陣営の北大西洋条約機構（ＮＡＴＯ：一九四九年設立）、東側陣営のワルシャワ条約機構（一九五五年設立）など、もっぱら集団的自衛権を行使することを目的とする地域的集団防衛機構が次々と設立されていった。東西冷戦時代の例外適用事例としては、安保理が、ソ連の欠席中に、加盟国に対して軍事的強制措置をとるよう勧告した、朝鮮戦争（一九五〇―一九五三年）、白人政権がアフリカ系住民の自決権を否定して一方的に独立を宣言した、英領ローデシア（現ジンバブエ）に対する経済制裁措置の決定（一九六六年）、アパルトヘイト政策をとる南アフリカ共和国に対する武器禁輸措置の決定（一九七七年）などがあるのみだった。

このように、集団安全保障制度が機能不全に陥ったため、国連は、武力紛争に対処するために、軍事要員を用いるが強制はせず、受け入れ国の同意に基づいて、中立不偏の立場で、停戦の監視や兵力撤退の検証などのサービスを提供する平和維持活動（ＰＫＯ）を、慣行の中で編み出し、発展させ、制度として確立していった。小規模な停戦監視団の派遣は、すでに国連設立直後から見られたが、明確に新しい制度が登場したと認識されるようになったのは、一九五六年の第二次中東戦争（スエズ戦争）の際に、第一次国連緊急軍（ＵＮＥＦ Ｉ）が派遣されてからのことである。当初は、憲章に明文の規定のない違法な活動であるとの批判もあったが、一九六二年に、国際司法裁判所（ＩＣＪ）が、国連の目的を実現するための憲章の範囲内の活動であるとの勧告的意見を示し、以後、加盟国の側に受け入れられ、平和と安全の維持のための活動として国際社会に定着していくことになった。

東西冷戦後は、拒否権の行使が減少し、一九九〇年のイラクのクウェート侵攻以降、安保理が、平和に対する脅威等を認定して、非軍事的強制措置を決定する例が急増し、また、加盟国に武力行使の権限を付与する例もしばしば見られるようになっている。これらの事例で平和に対する脅威とされたのは、大量破壊兵器の拡散、一国内の内戦や重大な人権侵害、国際テロ行為、ソマリア沖の海賊行為、エボラ出血熱の大流行など、ほとんどが国家間の武力紛争以外の、いわゆる新しい脅威である。国連の集団安全保障制度は、本来は国家間の武力紛争を念頭に置いて作られたものであったが、今日では、これらの新しい脅威に対応するために、当初の想定とは違った形で機能するようになっている。

また、東西冷戦時代のＰＫＯは、主に国家間の武力紛争について設立されていたが、東西冷戦後のＰＫＯは、内戦の解決のために締結された包括和平協定の履行の支援のために設立される場合が大半で、その任務は、人権状況の監視、人道援助の支援、難民・避難民の帰還の支援、元戦闘員の武装解除・動員解除・社会復帰の支援、警察司法制度の再建の支援、自由で公正な選挙の実施の支援・監視など、きわめて多岐にわたるようになった。任務の拡大に伴い、規模も拡大して、これらの多機能型のＰＫＯは、数千人から数万人の大規模なものとなり、軍事要員だけでなく、警察要員、人権監視要員、選挙監視要員などの文民要員も大きな役割を果たすようになっている。また、一九九四年にはルワンダで、一九九五年には、ボスニア・ヘルツェゴビナのスレブレニツァで、国連のＰＫＯが展開していたにもかかわらず、ジェノサイドを防止できなかったことへの反省から、一九九九年以降に新設されたＰＫＯには、暴力の脅威にさらされている一般市民の保護など一定の任務の遂行のために、自衛の限度を超えた武力行使の権限が付与されるようになった。国連のＰＫＯは、東西冷戦後、このように著しい変貌を遂げてきている。

（則武輝幸）

3 日米関係史
——ペリー来航から百七〇年

日本とアメリカ合衆国との関係は、時代に応じて変化してきた。とくに太平洋戦争後は、非対称な関係を所与として、「平等性」や「公平性」をいかに確保するかに両国は腐心している。本章ではこうした点に着目して、日米関係史を概観していこう。

1 非対称な関係

日米間の最初の条約は、マシュー・ペリー来航の翌年、一八五四年に結ばれた日米和親条約である。その四年後には、日米修好通商条約が結ばれ、両国の通商関係が始まった。ただし、後に改税約書で関税自主権を喪失したこともあいまって、同条約は日本にとって「不平等」であると問題視されるようになっていく。そのため、明治政府は「不平等」な条約の改正に奔走した。その努力は一九一一年の日米通商航海条約として結実し、関税自主権を回復することになった。

だが、日本と米国との間では次第に軋轢（あつれき）が生じ、苦心して締結した日米通商航海条約も一九四〇年に失効した。その翌年には日本が真珠湾を攻撃し、両国は戦火を交えた。太平洋戦争である。一九四五年八月に米国が広島と長崎に原爆を投下し、最終的に日本は降伏した。

終戦後、米国を中心とした連合国最高司令官総司令部（ＧＨＱ／ＳＣＡＰ）が、非軍事化と民主化を主たる目的として日本の占領を担った。非軍事化された日本の安全保障の前提としては、もともと国連の集団安全保障機能が期待されていた。日本を侵略するような相手は、国連軍が排除するという考えである。だが、時代は冷戦へと突入した。東アジアにおいても朝鮮戦争が勃発し、国際環境が緊張してくる。国連安全保障理事会で拒否権を有する米ソ両国が対立したことで、国連の集団安全保障は機能不全に陥ったのである。

こうした折、吉田茂首相は腹心の池田勇人蔵相をワシントンに派遣し、米軍の日本駐留を日本側から申し出てもよい旨を伝えていた。他方、ジョン・フォスター・ダレス国務省顧問は再軍備を日本に求めたが、吉田は消極的であった。その後も、日本の再軍備や防衛力増強は日米の懸案となっていく。

一九五一年、日本はサンフランシスコ平和条約に調印し、翌年、沖縄や小笠原諸島などを除き、主権を回復した。同条約と同時に、緊迫する国際環境を背景として、日米安全保障条約が結ばれ、米軍の日本駐留が規定される。吉田は、日米関係を重視することによって、日本が軽武装のまま経済に注力できるようにし、後に「吉田ドクトリン」と呼ばれる方向性を定めた。

ただし、吉田自身は意に介さなかったものの、日本側にとって日米安全保障条約の文面には不満も残った。条文上、米国の日本防衛義務が明記されておらず、米軍が日本国内の内乱を鎮圧できるとする内乱条項が挿入されるなど、「不平等」であるとの批判が高まったのである。

同条約は、日本は米軍に基地を提供するが米軍に日本防衛義務はないという、「片務的」な条約であった。

その後、日本政府はふたたび「不平等」な条約の改定に尽力したが、条約改定に反対する「安保闘争」も激しさを増した。最終的には一九六〇年に改定が実現し、内乱条項などは削除された。この条約は、一〇年経過後、終了させる意思を相手国に通告することができると規定されたものの、一九七〇年に自動延長されることになった。

この新日米安全保障条約は、今日も日米安全保障関係の根幹となっている。その中でも重視されているのが、第五条と第六条である。第五条には、日本の有事の際、米国が日本を防衛する旨が盛り込まれた。第六条では、米軍基地を日本に設置できることが定められている。その目的は、「日本国の安全に寄与」することのみならず、「極東における国際の平和及び安全の維持に寄与する」ことである。すなわち、在日米軍基地は日本を防衛するためだけに存在するわけではない、ということには留意が必要である。

通常の同盟であれば、基本的には、両国が互いに相手国を守るという、対称な権利と義務関係にある。これは相互に軍隊を出し合うため、「人と人との協力」と言える。

しかし、日米はそうではない。条約上、日本が有事の場合には米国に日本を守ってもらう権利を有しているが、米国が有事の場合でも日本が米国を守る義務はない。その代わりに、日本は基地を提供し、極東の平和を守るべく米軍が駐留している。すなわち、「双務的」ではあるものの、権利と義務関係において「非対称」なのである。日本は基地（物）を提供し米国は軍隊（人）を出すという関係は、「物と人との協力」と呼ばれる。

こうした関係の問題点は、非対称であるがゆえに、自国の不利益に目がいきがちとなることである。日本側からは、米軍基地をめぐる負担や事件、事故への批判が高まる。他方、日本が経済的に台頭していくと、米国からは、なぜ経済大国たる日本を米兵が血を流してまで守らねばならないのかとの不満も出る。

なお、条文の「極東」とは、「大体において、フィリピン以北並びに日本及びその周辺の地域」（韓国や台湾地域を含む）を指すとの統一見解が示されている。ただし、在日米軍が駐留の目的とするのは「極東」だが、米軍の行動範囲は「極東」に限定されていない。

また、新日米安全保障条約には「事前協議制度」が導入された。これは、米軍の配置・装備において重要な変更がなされる場合や、米軍が「戦闘作戦行動」のために基地を使用する場合は、米国政府が日本政府と事前に協議をするというものである。だが実は、朝鮮半島有事における在日米軍の出撃は、事前協議の対象外とする密約も結ばれていた。

その後、「沖縄の祖国復帰が実現しない限り、わが国にとって戦後が終わっていないことをよく承知しております」と語った佐藤栄作首相が、その実現を目指していった。その際、官民にまたがるトラック2の京都会議で、「核抜き、本土並み」という様態が勧告され、政権の方針となる。これは、沖縄にある核兵器を撤去し、日米安全保障条約などを沖縄の米軍基地にも本土と同様に適用するとの意味である。米国政府内には、ベトナム戦争において沖縄の基地は必要であるとする意見もあったが、大局的な視点から返還への道が拓かれることになった。一九六八年には、小笠原諸島が返還されている。

こうした折、泥沼化していたベトナム戦争からの「名誉ある撤退」を掲げた、リチャード・ニクソン政権が発足し、米国外交の立て直しに着手した。そこで打ち出されたのが、同盟国に対するコミットメントを守りつつ、米国のオーバープレゼンスの縮小と同盟国の負担分担を促す「ニクソン・ドクトリン」である。こうした文脈から、沖縄返還が「経済大国」たる日本の負担分担を拡大させる梃子になると考えられたのである。

そして、一九七一年に沖縄返還協定が調印され、翌年、沖縄は日本に復帰した。このときには、有事に沖縄への核の持ち込みを認める密約も結ばれた。

折しも、日本が経済的に復興し、経済的に台頭するにつれて、米国などと経済摩擦も顕在化していった。日本ばかりが利益を享受していて「不公平」だと、米国連邦議会を中心として批判が高まったのである。とくに、一九七〇年代後半以降は、米国の高金利・ドル高政策を背景として、日本の輸出が米国からの輸入を上回った。そして、オレンジや米、鉄鋼、自動車などをめぐり、日米経済摩擦が激しさを増していった。

それでも、冷戦という環境において、日本の安全保障上の役割を米国政府は一定程度評価した。一九七八年には、「日米防衛協力のための指針（ガイドライン）」が策定されるなど、「日本有事」を主に想定して、日米の安全保障面の協力は深まっていった。共同作戦など「人と人との協力」の要素も限定的ながら取り入れられ、「日米同盟」との表現が人口に膾炙していくことになった。

当時は、地理的に考えて、日本の防衛力強化が極東ソ連軍の封じ込めにつながり、日米同盟に資すると同時に、西側全体の安全保障にも貢献することになるという構図が成立していたのである。

2 「同盟漂流」

一九八九年、ジョージ・H・W・ブッシュ米大統領とミハイル・ゴルバチョフ・ソ連書記長が、冷戦の終結をマルタにて宣言した。

同年、日本でも昭和から平成へと代わった。経済的なプレゼンスを増していた日本は、国際協力構想を打ち出すなど、国際秩序における新たな役割を模索することになる。

そうした中、一九九〇年八月に、サダム・フセイン大統領率いるイラクが隣国クウェートに侵攻し、併合した。米国は多国籍軍を組織し、日本に対しても協力を要請した。そこで、日本政府は多国籍軍に一〇億ドルを拠出することを発表し、その半月後には三〇億ドルの追加支援を日本政府は決定することになる。

さらに、ブッシュの要請を受け、海部俊樹内閣は人的貢献も模索した。そのために国連平和協力法案を国会に提出するが、国内でのコンセンサスがとれず、同案は廃案となった。

翌年一月には湾岸戦争が勃発し、多国籍軍の勝利で終わった。この戦争に関して、日本政府は九〇億ドルの追加支援を決定した。一連の危機における日本の支援は合計一三〇億ドルとなり、臨時増税も実施された。それでも、米国議会などには、日本の姿勢が不承不承のものと映ったのである。

当時、米国では、ソ連の軍事的な脅威が低減するにつれ、日本の経済力こそが脅威であり米国ではなく日本こそが「冷戦の勝者」である、とする不満がくすぶっていた。米国からは、「経済大国」たる日本が安全保障面で米国に「ただ乗り」ないし「安乗り」することは「不公平」だと、批判が投げかけられたのである。

さらにこの湾岸戦争は、日本にとって課題を残した。一九九一年三月、米国の新聞に、関係各国に対するクウェート政府の感謝広告が掲載された。だが、そこに日本への言及はなかった。この出来事は、「湾岸戦争のトラウマ」として語り継がれることになる。人的貢献を回避し経済支援に徹していては、国際社会に評価されない。したがって、日本政府は目に見える貢献を積極的にすべし、との議論が勢いを増していったのである。そして実際に、自衛隊がペルシャ湾に派遣され、カンボジアの国連平和維持活動（ＰＫＯ）などにも参加していった。

その後、米国では、経済や国内重視の姿勢を示すビル・クリントンが大統領に就任した。日本では、一九九三年の総選挙で自民党が敗北を喫し、細川護熙を首相とする非自民連立政権が成立した。

両国の新たな指導者は、一九九四年二月の日米首脳会談で相見えた。そこで米側は、日本市場における米国製品のシェア拡大を狙い、数値目標を設定しようとする。だが、細川はこれを拒絶した。自由貿易の原則に反する動きに、日本側は抵抗したのである。通常、日米首脳会談は合意に至った点が強調されるため、こうした決裂が報じられるのは異例であった。

日米が貿易をめぐり火花を散らす中、北東アジアでは安全保障問題が表面化した。北朝鮮による核開発疑惑が浮上したのである。国際原子力機関（ＩＡＥＡ）は解明のための特別査察を要求したが、北朝鮮は拒否し、一九九三年三月に核兵器不拡散条約（ＮＰＴ）脱退を表明した。さらに、北朝鮮は、能登半島沖に向けて中距離弾道ミサイル「ノドン一号」の発射実験も行った。

先の日米首脳会談でも、実は経済問題以上に北朝鮮が中心的課題となった。米国は海上封鎖を念頭に置き、防衛庁に対して一〇〇〇以上もの項目について、内々に協力を要請したという。だが、日本政府の準備は整っておらず、東アジアにおける有事に対応できないことが露呈したのである。

結局、六月に、ジミー・カーター元米国大統領が特使として訪朝して金日成主席と交渉し、北朝鮮に核開発の凍結を約束させた。ただし、北朝鮮の核をめぐる問題は今日に至るまで継続している。

その後、日本では一九九四年に村山富市が首相に就任した。政権発足からほどなくして、細川政権期に設置された防衛問題懇談会（樋口廣太郎座長）が、報告書（「樋口レポート」）を提出した。そこでは、冷戦後の安全保障環境を見据え、多角的安保体制確立の必要性が提言された。

これが、米政府内で議論を呼ぶことになる。同報告書が日米安保よりも多角的安保を重視していると捉える向きがあり、日本の米国離れが懸念されたのである。米国では、一九九四年の中間選挙で与党民主党が敗退し、クリントン政権の内向き志向が強まるのではないかと、米国の知日派は危惧を強めていた。

そこで、一九九五年二月には、ジョセフ・ナイ国防次官補らが、「東アジア戦略報告（ナイ・レポート）」をまとめ、東アジアに一〇万人の米軍を維持することを表明した。冷戦後、在欧米軍は約三〇万人から一〇万人程度にまで急速に削減されていった。だが、朝鮮半島や台湾海峡の問題を抱えるアジアにおいては、米国によるコミットメントを強調し、日米両国の関係をつなぎ止めようとしたのである。

他方、これによって、在沖米軍基地の固定化が懸念されることにもなった。さらに同年九月には、沖縄で米軍兵士三人による少女暴行事件が発生し、日米間の大きな問題となる。そこで、日米両政府は、沖縄に関する特別行動委員会（SACO）を設置し、地位協定の運用改善に合意した。その後、普天間基地の返還と辺野古沖への移転も決まった。だが、代替施設に関する幅広いコンセンサスはなく、今日もなお、普天間基地の返還は実現していない。

このように、同時期には、国際貢献や、安全保障、貿易などをめぐり、幅広く軋轢が生じていた。かくして、「同盟漂流」がささやかれるようになる。その背景には、冷戦の終焉があった。ソ連という共通の脅威を失い、日米同盟の存在意義が問われることになったのである。日本が自国や周辺の防衛に徹すれば日米同盟や西側陣営への「貢献」にもなる、との日本にとって受け入れやすい役割分担の構図は、過去のものとなってしまった。

こうした状況を打破すべく、日米両政府は、日米安保の「再定義」に着手した。官僚機構がその中核を担いつつ、クリントンと新たに首相に就任した橋本龍太郎によって、四月に「日米安全保障共同宣言――二一世紀に向けての同盟」が表明された。折しも、中国が台湾周辺でミサイル発射実験を実施するなど、東アジアの国際環境は厳しさを増していた。

そして、一九九七年九月には、新ガイドラインが策定された。ここで注目を集めたのが、「周辺事態」との概念である。「日本有事」を超える対米防衛協力に、日本政府は踏み込むことになる。

また、橋本とクリントンの日米安全保障共同宣言では、「総理大臣と大統領は、両国の政策を方向づける深遠な共通の価値、即ち自由の維持、民主主義の追求、及び人権の尊重に対するコミットメントを再確認した」と謳われた。こうして、日米同盟を存続すべき理由の一つとして、価値の共有が次第に強調されるようになる。

3 拡大する日米関係

二〇〇一年九月十一日、米国で同時多発テロが発生した。クリントンの後を襲ったジョージ・W・ブッシュ米国大統領は「テロとの戦い」を宣言し、長きにわたる中東での戦いにのめり込んでいった。

そして、米国は北大西洋条約機構（NATO）諸国など、同盟国にも協力を求めた。日本も例外ではない。「ショー・ザ・フラッグ」という表現が人口に膾炙し、人的貢献も求められたのである。

日本では「湾岸戦争のトラウマ」を払拭すべく、目に見える形での対米協力が模索されていく。小泉純一郎首相は即座に米国支持を表明し、早くも十九日に、自衛隊艦隊の派遣などの措置を発表した。二十五日にはブッシュと会談し、自衛隊の後方支援を表明した。

十月七日に米国などがアフガニスタンを攻撃した際にも、小泉はブッシュに米国支持を伝え、二十九日には、いわゆるテロ特措法を成立させた。十一月九日には米艦船などへの給油や給水をすべく、日本政府は海上自衛隊の自衛艦をインド洋に派遣する。さらに、空母キティーホークが横須賀から出撃するのを容認すると同時に、パキスタンなどに緊急経済援助を実施した。このように、矢継ぎ早に日本政府は対米協力の措置をとっていった。

さらに、二〇〇三年三月、米英がイラクを攻撃し、イラク戦争が始まった。小泉はふたたび米国への支持を鮮明にした。だが、軍事力を過信した米国の単独主義を危険視する声も高まり、日本政府は日米同盟と国際協調をいかに両立させるかに苦悩することにもなった。他方、ブッシュ政権にとっては、ヨーロッパの同盟諸国の中で反対が強い中、日本の支持は貴重であった。

五月に戦闘終結宣言が出されると、同月の日米首脳会談でブッシュは「目に見える協力」を要請し、小泉は国力にふさわしい貢献を約束した。米側は「ブーツ・オン・ザ・グラウンド」との表現とともに、自衛隊のイラク派遣を求めたのである。そして、七月にいわゆるイラク特措法が成立し、人道・復興支援と輸送のために、陸上・航空自衛隊のイラク派遣が実現していく。

かくして、日本の「周辺」を超えて米軍支援を実施するとともに、日米安全保障関係における「人と人との協力」の側面が強調されていくようになる。すなわち、日米安全保障協力の範囲が、地理的にも機能的にも拡大していったのである。

二〇〇九年に誕生したバラク・オバマ米国政権は、前年に発生した経済・金融危機に対処しつつ、中東における対テロ戦争からの脱却を目指し、アジア太平洋地域への関与を深めていった。これは、「リバランス政策」と呼ばれる。対外政策では、多国間協調に努めながら同盟国や友好国に負担を求め、米国単独の行動を控えようとした。ただしその結果として、米国がどこまで国際問題にコミットするのか、との疑念が生じることにもなった。

そうした折、二〇一一年三月十一日に日本で東日本大震災が発生した。米軍は、地震発生直後から災害救援活動（「トモダチ作戦」）を開始し、地震発生二日後には、空母ロナルド・レーガンを中心とする空母打撃軍の艦艇が仙台沖に到着し、救助・支援活動を実施した。最終的に約二万五〇〇〇人の兵員、一八九機の航空機、二四隻の艦艇が投入された。これは、日頃の日米の共同訓練や協力関係が実を結んだものであった。

その後、二〇一五年にガイドラインが改定され、日米同盟の強化が謳（うた）われた。日本政府は、集団的自衛権の限定的な行使を容認するなど、非対称な日米同盟を少しでも対称な関係に近づけようと試みている。また、日本側は在日米軍駐留経費負担（いわゆる「思いやり予算」）などによって、米側は基地負担の各種軽減策などによって、互いの不満を緩和しようとしているが、非対称な構図自体は変わっていない。

それでも、七〇年ほど前に戦火を交えた日本と米国との関係は、戦後の歩みを通じて成熟してきた。その象徴となったのが、両国の首脳による、広島と真珠湾の相互訪問である。

二〇一六年五月、伊勢志摩サミットに出席したオバマ大統領は、安倍晋三首相とともに現職の大統領として初めて広島を訪問した。原爆慰霊碑への献花の後、核廃絶への決意を訴え、日米和解の軌跡と揺るぎない同盟関係に言及して「同盟関係ではなく友情を築き上げた」と強調した。

さらに、同年十二月、安倍首相がオバマ大統領とともにハワイの真珠湾を訪問した。日米の首脳が一緒に同地におもむくのも、史上初めてであった。安倍首相は不戦の誓いを述べて、日米が同盟に至った和解の力を強調した。広島と真珠湾の相互訪問は、日米戦後和解の一つの極致であった。

だが、同年の米国大統領選挙でドナルド・トランプ候補が勝利したことは、日米関係にも波紋を広げた。日米関係の「物と人との協力」が「不公平」だと公言する人物が、大統領として選出されたのである。これによって、図らずも日米間のパーセプション・ギャップが顕在化した。

日本には基地の存在が「不公平」であるとの批判がある。では、米国は日本に不利益を押しつけ、利益のみを享受しているのか。そうではなかった。米国としても、有事の際、日本は金を出すだけで、日本を守って血を流すのは米国であって「不公平」であるとの不満がくすぶっていた。すなわち、権利と義務関係が非対称であるがゆえに、日米両国とも自国の負担が目につき、自国が損をしていると感じる人々がいることが、改めて明らかになったのである。

国力や環境の異なる日米が、完全に対称な関係となることは困難である。むしろ非対称な関係を所与としつつ、いかにして互いに納得できる関係を築いていくのかを両国は模索していくであろう。かくして、日米の歴史は紡がれていくのである。

（山口　航）

●米国のトランプ大統領と安倍首相による首脳会談 2019年9月（写真提供：共同通信社）

4　日本の東南アジア外交とアジア太平洋地域主義

1　戦後日本の経済復興と東南アジア

戦後日本のアジア外交は、戦時中、自らを盟主として建設した大東亜共栄圏への重大な反省が原点になっている。平和主義の通商国家として生まれ変わった日本が生存、繁栄するためには、世界や地域の平和安定が必須の条件となる。日本にとって望ましい国際環境や地域秩序を非軍事的な方法によっていかに実現できるか、これが日本外交の実践的課題となった。

早くから日本の経済復興は、アジア地域の発展と一体であると考えられた。人口の多いアジアが工業化によって生活水準が向上し、欧米諸国にも広大な市場を提供すれば世界経済にも貢献できる。日本、アジア、グローバルのレベルを調和的に関連づけて発展を目指すことが理想であった。しかし、アジアの隣国のほとんどは、戦後にようやく独立や民族自立、脱植民地の歩み始めたばかりであった。同時に東西冷戦が進行していたことから、国民国家建設の道のりは多大な困難を伴っていた。

一九四九年十月、中国で共産党政権が誕生すると、米国はアジアの非共産主義諸国による経済連携によって「自由アジア」全体を強化する姿勢を打ち出した。米国の市場、日本の潜在工業力、東南アジアの資源を相互補完的に統合することで経済圏を形成しようとしたのである。日本としても、戦前の最大の貿易相手国であり、戦後第一に経済関係を復興しようとしていた中国を「喪失」した痛手は大きかった。戦前に植民地支配をしていた朝鮮半島との関係も断たれていた間、日本にとって「アジア」とは具体的には主に東南アジア（隣接する南アジアも一部含む）のことであった。

サンフランシスコ講和条約発効後の一九五二年に独立主権を回復した日本は、東南アジア諸国との間に賠償問題を抱えていた。条約の交渉過程において連合国による賠償取立ては実質的な中止が決定されていたが、被害国への賠償は個別協議事項として残されていた。その結果、講和条約までに独立を達成していたフィリピン、ビルマ(現ミャンマー)、インドネシア、カンボジア、ラオス、ベトナムには、日本に対する賠償請求権が与えられていた。ただし、賠償交渉は双方の経済発展や復興に配慮した形で行われる、という柔軟な方針が立てられていた。そこで日本は、賠償問題をアジア開発という文脈で扱い、民間企業による現地でのインフラ建設や生産技術の提供という役務賠償を行うことになる。

賠償と援助、政府と民間が一体となった東南アジアへの進出開始に際して、一九五三年に当時の吉田茂内閣は「アジア諸国に関する経済協力方針」を閣議決定している。その要点は、(1)相手国の立場を尊重し、かつ国連および第三国の計画に積極的に協力すること、(2)経済協力は原則として民間の創意により行い、政府はその実施に必要な援助を与えること、(3)賠償問題の早期解決を図ること、であった。翌年には、東南アジアに関する経済・技術協力の窓口となる民間中央機関として「アジア協会」が設立された。

同時期に発表された政府の「新輸出政策」によれば、経済貿易構造からみて日本は「中進国」的な性格を持つと認識されていた。今後は、欧米の先進国市場への輸出拡大に道を開く一方、アジアに対しては長期的観点から経済発展に協力し基盤整備に取り組むことで、徐々に貿易の拡大均衡を図る方向性が示されていた。一国対象の経済協力だけではなく、アジア地域全体の開発に資する多国間制度の構築は、アジアだけでなく日本のための国益であると認識された。実際に、関連省庁や日本銀行などでは「東南アジア経済開発基金」や「アジア決済同盟」「アジア開発銀行」など様々な試案が用意された。

しかし、当時はまだ加害国であり敗戦国の印象の強かった日本の提案が、国際社会で素直に聞き入れられることはなかった。一九五四年にコロンボ計画(英連邦を中心とした多国間援助枠組み)に加盟できたのは、対日警戒心の強い英国やオーストラリアを説得した米国の斡旋によるものであった。一九五五年のアジア・アフリカ会議（バンドン会議）に招待されたことは戦後日本の初の国際会議復帰となったが、会議では存在感を出さず低姿勢に徹していた。ナショナリズム発揚の場では戦前からの反日感情を想起させやすく、アジア連帯の場では米国との安全保障条約を締結した日本の立場が敵視される危険があったからである。

疎外感を自覚しつつも同年十月のコロンボ計画閣僚会議で、日本代表団は、「アジアにおける地域主義は、戦前の閉鎖的なブロック主義の形ではなくて、いわば開放的な地域主義と呼ぶもの、すなわち世界と他の地域との交流を拡大しつつ、地域内の結合を深める姿で進めるべきである」と地域主義に対する考え方を述べた。翌一九五六年に国連加盟を果たした際、重光葵外相は、「わが国の今日の政治、経済、文化の実質は、過去一世紀にわたる欧米及びアジア両文明の融合の産物であって、日本はある意味において東西のかけ橋になりうる」と演説し、このような地位にある日本はその大きな責任を十分自覚していると結んだ。

一九五七年に初めて発行された外交青書には、日本外交の基調をなす三原則として、「国際連合中心」「自由主義諸国との協調」とともに「アジアの一員としての立場の堅持」が挙げられた。

2 ASEANに合わせたアジア太平洋協力

アジアとグローバルを繋げることは、早くから日本の外交課題として意識されていたが、具体的な政策イニシアチブとして現れるのは、一九六〇年代に入り名実ともにアジア唯一の先進国となり、自己資金で外交政策を展開できる経済力を有して以降のことである。日本は池田勇人政権下で本格的な高度経済成長の時代を迎え、それに合わせて国際的地位も上昇した。一九六一年に西欧諸国中心の「先進国クラブ」と言われる経済協力開発機構（ＯＥＣＤ）に加入し、開発援助委員会（ＤＡＣ）のメンバーになった。一九六三年に国際収支による貿易制限を設けないＧＡＴＴ一一条国、翌年には国際収支上の理由で為替管理を行えないＩＭＦ八条国に移行したことは、先進国ステイタスを完全に確立した証であった。これらの地位を確立した後、一九六五年に戦後初めて貿易収支が黒字に転じると、アジアでの本格的な経済援助外交に着手した。

第一に、米国との共同出資によるアジア開発銀行（ADB）の設立である。銀行経営にあたり援助の視点を優先するのではなく商業ベースでの健全運営を方針とした背景には、長期的に被援助国側の自助努力を促進する狙いがあった。第二に、一九六六年に東京で開催された東南アジア開発閣僚会議であり、これは日本が主催した戦後初の国際会議となった。ベトナム戦争がエスカレートしていたこの時期、米国は「反共」のための会議とするよう求めたが、日本は「アジアの一員」の立場を堅持して、ビルマ、インドネシア、カンボジアなど非同盟諸国を参加させることに注力し、東南アジア地域全体の開発協力のための議論に徹した。域外国としてオーストラリアとニュージーランドも参加させた。

一九六七年には東南アジア五カ国（インドネシア、マレーシア、タイ、フィリピン、シンガポール）が東南アジア諸国連合（ASEAN）を結成し、経済社会分野での協力を進めることになった。数年前まで紛争当時国同士だった諸国が、政治的立場を超えて地域的連帯を重視し自主的に組織を結成したことに大きな意味があった。このように一気に動き始めた地域協力の動きを、三木武夫外相は国会演説で「アジアの新風」と呼んで歓迎した。そして、オーストラリア、ニュージーランド、米国、カナダなど太平洋諸国のアジアに対する関心に触れて、「アジア問題はアジア太平洋という広さにおいて考える」ことが時代の要請であり歴史の方向性だと訴えた。

アジアの南北問題を太平洋協力で解決する、という三木の「アジア太平洋構想」は、学界や財界のリーダーにより具体的に検討された。一九六七年には実業人で構成される民間国際組織である太平洋経済委員会（PBEC）が発足し相互交流が深まり、一九六八年には太平洋先進五カ国（日米豪加NZ（ニュージーランド））の学者から構成される太平洋貿易開発会議（PAFTAD）が発足し域内経済統合や貿易自由化に関する共同研究が進められた。

日本は東南アジアに対し、それまでも円借款ベースのODAなど多大な経済技術協力を続けてきたが、現地では日本企業の急激な進出は現地経済の成長機会を奪う「侵略」であり「新帝国主義」であるという批判を招き、人々同士のコミュニケーション不足は社会文化的摩擦を生んでいた。経済大国となった日本の進出を危惧するASEAN諸国は徐々に集団防御の姿勢を取り始め、一九七三年には合成ゴム輸出をめぐり初の日・ASEANフォーラムが開かれた。一九七四年に田中首相がタイ、インドネシアを訪問した際には激しい反日暴動が起きた。これらの事象が、日本の東南アジア政策を再考させるきっかけになった。

一九七七年、福田赳夫首相はマニラで、日本の新たな東南アジア政策でありその後の根本的原則となる「福田ドクトリン」を発表した。インドシナの共産化という地域環境の変化に際しASEAN諸国が結束を固めて安定的秩序を模索していた時期に、日本は信頼される国家として持続的な関係を築こうとしたのである。その原則とは、(一) 日本は軍事大国にならない、(二) ASEANとは「心と心の触れ合う」関係を構築する、(三) 日本とASEANは対等なパートナーである、という原則である。既にベトナムと国交樹立していた日本は、東南アジア地域の平和と繁栄に貢献するために、ASEANとインドシナ諸国を繋げる努力も約束した。同年には東京で日・ASEAN首脳会議を開催、翌年からは日・ASEAN外相会議を開始した。政府間だけでなく民間の相互文化理解や人的交流、人材育成の分野にも注力して、経済利益だけではない信頼関係の構築が目指された。ASEAN文化基金の設置、ASEAN地域プロジェクトに対する巨額援助、輸出所得保証のための輸出安定化基金設定などの具体策が実施され、対ASEANのODA倍増計画も発表された。

「三木構想」と「福田ドクトリン」を継承して、大平正芳首相は一九七八年末の就任演説において、「環太平洋連帯構想」を提唱し研究グループを発足させた。かつて外相として中国との国交正常化に尽力した大平首相は、文化大革命後の中国の改革開放路線を対中ODAなどで本格的に支援する方針を決めており、従来のASEAN重視に加えて中国をも包摂できるスケールの大きな地域構想と現実的な地域協力の在り方を求めていた。

一九八〇年に大平首相に提出された『環太平洋連帯の構想』によると、「われわれの構想の第一の特色は、それが世界に向き合って開かれたリージョナリズムであって、決して排他的で閉ざされたものではない、ということとである」とされている。ＧＡＴＴ体制に陰りが見えている現状で、グローバリズムの新たな担い手として太平洋協力構想は位置づけられた。域内での「自由で開かれた相互依存関係の形成」をめざし、先進国は途上国の自助努力を支援するとともに率先して市場開放を進める。それは、ＡＳＥＡＮなどの既存の協力組織の意義を否定するものではない、という配慮が明確にされていた。もう一点、報告書で強調されたのは広い意味での文化協力の推進であった。政治制度の違いや経済格差だけではなく人種や文化の多様性に富んだアジア太平洋地域は、相互依存の過程において様々な摩擦や対立が生まれる危険も大きい。経済協力を円滑化させるためには恒常的な文化交流や相互理解が欠かせない。これらは、日本が今までのアジア政策から学んだ教訓でもあった。

このような太平洋協力の推進に最も強い関心を示したのは、アジアの経済成長力を戦略的に取り込もうとしていたオーストラリアであった。大平構想にフレーザー豪首相が賛同したことにより、一九八〇年九月、キャンベラで「環太平洋共同体セミナー」が開催された。これが、後に第一回太平洋経済協力会議（ＰＥＣＣ）総会と呼ばれるようになった。先述したＰＢＥＣやＰＡＦＴＡＤが純粋に民間組織であるのに比べ、ＰＥＣＣは経済人、学者に加えて政府関係者を加えた産学官三者構成を特徴とした。ＡＳＥＡＮ六カ国、日本、米国、カナダ、オーストラリア、ニュージーランド、韓国のほか南太平洋島嶼部が参加した。ＰＥＣＣは、ＡＳＥＡＮの途上国経済に慎重に配慮して、性急に政府間機構の創立を目指すのではなく民間主導で漸進的に進められた。

一九八〇年代を通じてアジア太平洋地域は急速な経済成長を遂げ、「世界の成長センター」と言われるほどになったが、米国への高い依存度と貿易不均衡、域内途上国の産業基盤の脆弱性など持続的発展を阻害する要素も目立っていた。ＧＡＴＴウルグアイラウンドが暗礁に乗り上げる中、欧州は市場統合、北米は自由貿易協定（ＮＡＦＴＡ）などの政府間合意を進めていた。そのような危機感に基づき、一九八九年一月、ホーク豪首相は韓国における演説で、ＰＥＣＣなどの実績に基づいたアジア太平洋地域での閣僚レベル協議の必要性を、常設事務局の設置とともに提案した。日本でも、通産省がそれまでにアジア太平洋協力の将来に関する中間報告書を出しており、新たな枠組みづくりのための根回しを始めていた。外務省でも、アジア太平洋協力に対し「先進国支配」と懸念するASEANへの説得に努めていた。一九八八年の日ASEAN外相会議では、宇野宗佑外相が「アジア・太平洋発展の原動力として—日本・ASEAN協力関係の新次元」と題する演説を行った。一九八九年五月、竹下登首相はジャカルタの政策演説で、アジア太平洋協力の可能性を探る場合には、ASEAN諸国の考え方を最優先することを約束した。このようにして、アジア太平洋地域初の政府間枠組みは、ASEANの利益や結束を損ねることなく、そのペースに合わせて運営するという方向性が定まった。

一九八九年十一月にキャンベラで開催された第一回アジア太平洋経済協力（APEC）閣僚会議には、ASEAN六カ国（インドネシア、シンガポール、タイ、フィリピン、マレーシア、ブルネイ）に加え、日本、韓国、米国、カナダ、オーストラリア、ニュージーランドが参加した。第三回会議では、中国・台湾・香港の「スリー・チャイナ」が同時加盟した。APECはもともと民間イニシアチブで進められてきたアジア太平洋地域の経済実務組織であり、加盟資格を主権国家ではなく「エコノミー」としたことで対等な参加が可能になったのである。APECの目的は、貿易・投資の自由化・円滑化や地域経済統合の推進、経済・技術協力等の活動である。その運営方法は、自主性、非拘束性、かつコンセンサスに基づく協力というういわゆる「ASEAN Way」を基本としている。それはASEANを重視する日本が他の加盟国を説得した結果であった。

このようにASEANは当初、配慮される立場であった。しかし、アジア経済危機を経て、徐々に自らが中心となってアジア太平洋に跨る広域地域協力枠組みを運営する立場に浮上することになる。

3 アジア通貨危機後の東アジア地域協力の拡大

一九九七年一月、橋本龍太郎首相は東南アジア諸国を訪問し、福田ドクトリン以来、二〇年ぶりとなる「橋本ドクトリン」を発表した。福田ドクトリンの精神を継承しながら、（一）首脳間対話の活発化とあらゆる分野での不断の交流の拡大・深化、（二）固有の文化、伝統の継承と共生、（三）国際社会が直面する課題への共同取り組み、が打ち出された。同年十二月に開催された日・ＡＳＥＡＮ首脳会議は、アジア通貨危機直後の開催となり、橋本首相は経済的苦境に陥ったＡＳＥＡＮ諸国に対し更なる援助姿勢を示した。

　アジア通貨危機は、日本とアジア、グローバルの経済が深い相互関連・相互依存の関係にあることを示し、日本は自らの経済も苦しい中、積極的に持続的な金融経済支援を行った。まずは危機発生直後に「アジア通貨基金」構想を提案して多国間支援スキームを設立しようとした。これが米国の反対によって頓挫すると、今度は「新宮沢構想」と呼ばれる二国間支援を中心としたスキームをつくり、中長期資金支援や二国間通貨スワップ協定などを七か国との間で締結、一定の成果を上げた。ＩＭＦなどワシントンＤＣにあるグローバル機関が融資条件として構造改革などを要求したのとは対照的に、個別国の事情に合わせ各国の経済改革への取組みを踏まえて支援を行うという日本のイニシアティブはＡＳＥＡＮから高く評価された。

　アジア通貨危機はまた、ＡＳＥＡＮ＋３（日中韓）協議の枠組みの定着と発展を促した。米国は支援に消極的で、ＡＰＥＣはこの危機に対してほぼ無策であった。他方、経済的台頭により脅威論が高まっていた中国が、地域の多国間協力に積極的に応ずる協調的姿勢を見せていた。一九九七年に続き翌年にもＡＳＥＡＮの要望で第二回会合が開催され、小渕恵三首相、金大中大統領、胡錦涛国家主席という日中韓の首脳が顔を合わせた。その際、金大統領は、東アジアの枠組みをさらに進化させる協力体制を検討するために民間有識者を中心に「東アジア・ビジョン・グループ」（ＥＡＶＧ）を設置することを提案した。一九九九年の第三回会合では「東アジアの協力に関する共同声明」が発表され、ＡＳＥＡＮ＋３協議が定例化された。ＥＡＶＧは、二〇〇一年に「東アジア共同体に向けて」と題する最終報告書を提出し、ＡＳＥＡＮを中心とした新たな東アジア地域協力枠組みの発展のビジョンとして「東アジア共同体」構想を提案し、以後、アジアの地域統合の在り方が活発に議論された。

　ＡＳＥＡＮ自身も一九九九年までに東南アジア一〇カ

国全てが加盟する組織に拡大しており、二〇〇三年の協和宣言において安全保障、経済、社会文化の三つの柱からなるASEAN共同体の設立を目指すことを宣言していた。日本はすぐにASEAN一〇カ国の全首脳を東京に招き、日・ASEAN首脳会議を開催した。一九七三年の合成ゴムに関する日本・ASEAN会合以来三〇年に及ぶ関係の発展を回顧し、日本のASEAN重視を改めて確認する「新千年紀における躍動的で永続的な日本とASEANのパートナーシップのための東京宣言」とその行動計画を採択した。この時から「福田ドクトリン」の精神の確認、経済援助や人材育成などのスキームの継続的発展に加えて、政治的な価値観の共有も強調されるようになった。日・ASEAN関係の基本原則、共通認識として、「法の支配」、「人権及び基本的自由の擁護と促進」、「公正で民主的な環境」、「アジアの伝統と価値観の重要性」等で一致したと東京宣言には記されている。同時に、「今後、日・ASEANは東アジア・コミュニティづくりを念頭に置いて協力関係を推進していくことになる」として、東京宣言はそのための「基本文書」とされた。

東アジア首脳会議（EAS）開催は、EAVGの報告書で優先度の高い長期的措置とされていた。その参加国に関し日本と中国で意見が対立した。ASEAN+3に参加国を限定したかった中国に対して、日本は地理的には東アジアとはいえないオーストラリア、ニュージーランド、インドの参加を主張した。この考え方は、二〇〇二年一月に小泉純一郎首相が、東南アジア歴訪時に提案した「共に歩み共に進むコミュニティ」に遡る。当時、小泉首相が想定していた地域統合の在り方は、ASEANやASEAN+3など機能的協力の重層的な設置であり、東アジアと関わりの深い域外国も含んだ「東アジア拡大コミュニティ」という概念であった。「開かれた地域主義」の精神だといえるが、台頭する中国の影響力を意識していたことは否定できない。

EASはASEAN+3と併存することが確認された後、最終的に日本が目指した拡大加盟国案が通る形となり、二〇〇五年十二月にマレーシアで一六カ国が参加して開催された。クアラルンプル宣言に盛り込まれた「東アジア首脳会議は、開放的、包含的、透明かつ外部志向のフォーラムである。東アジア首脳会議においては、グローバルな規範と普遍的に認識された価値の強化に努める」という文言は、戦後日本が一貫して目指してきたアジア外交理念が結実したものだといえる。そのEASは、二〇一一年からは米国、ロシアが加わり合計一八カ国が参加する枠組みとなった。

二〇一三年一月、安倍晋三首相は就任後初の外遊として東南アジア諸国を歴訪し、関係四〇周年の節目として、以下の日本の対ASEAN外交五原則を発表した。

（一）自由、民主主義、基本的人権等の普遍的価値の定着及び拡大に向けて、ASEAN諸国と共に努力していく。

（二）「力」でなく「法」が支配する、自由で開かれた海洋は「公共財」であり、これをASEAN諸国と共に全力で守る。米国のアジア重視を歓迎する。

（三）様々な経済連携のネットワークを通じて、モノ、カネ、ヒト、サービスなど貿易及び投資の流れを一層進め、日本経済の再生につなげ、ASEAN諸国と共に繁栄する。

（四）アジアの多様な文化、伝統を共に守り、育てていく。

（五）未来を担う若い世代の交流を更に活発に行い、相互理解を促進する。

また、外遊中のテロ事案により急遽帰国したため叶わなかったが、ジャカルタで予定されていた「開かれた、海の恵み――日本外交の新たな五原則」と題する外交演説では、以下の文言が用意されていた。「発足以来八年を迎える東アジアサミット（EAS）が、こころざしを同じくし、利益を共有する諸国の協議体として、二つの大洋をつないで成長しつつあることくらい、わたくしにとっての喜びはありません」。二つの大洋とはインド洋と太平洋のことである。新たなグローバル環境の中で「自由で開かれたインド太平洋」という新しい地域概念が既に胎動していた。

戦後、マイナスの関係から始まった日本の東南アジア政策は、ASEANの成長と歩みを共にしながらアジア太平洋地域主義を形成してきた。現在の日本とASEANの関係は、新たな地域秩序を形成する対等なパートナーである。日本が大切に育て信頼を積み上げてきた日・ASEAN関係は、戦後日本外交の隠れた基軸であったといえる。

（平川幸子）

5　欧州統合の歴史

1 第二次世界大戦後の統合の出発

ヨーロッパ統合の思想は、ウィリアム・ペンやサン・ピエール神父、またカントの永久平和論などをその源とする。二〇世紀に入ってからは第一次世界大戦後のクーデンホーフ・カレルギー卿の「汎ヨーロッパ（平和）運動」などが大きな影響力をもち、不戦条約で有名なブリアン仏首相は一九二九年に今日の欧州連合（EU）のひな形ともいえる欧州統合組織案を国際連盟に提案した。第二次世界大戦後には、英国のチャーチルが一九四六年チューリッヒ大学での演説で「ヨーロッパ合衆国」の設立を訴え、これは一九四八年にハーグにおいて欧州会議の開催に結実していった。この会議は人権憲章・司法裁判所・政治経済欧州連合の構想を打ち出し、一九四九年には欧州評議会の設立につながる。

一九五〇年五月、ロベール・シューマン仏外相は、独仏の石炭と鉄鋼を国際共同管理することを提案、翌年欧州石炭鉄鋼共同体（ECSC）条約が調印された。これが戦後欧州統合の出発点となった。この提案は超国家的統合を主張する連邦主義者ジャン・モネの提言によるものだったが、ヨーロッパの平和には独仏両国の協力が不可欠という認識があった。

当時米国は欧州経済統合を主張していた。OEEC（欧州経済協力機構）とともに欧州統合自体、米国の復興支援による後押しがなければ発展しなかった。その後、欧州農業共同体・欧州防衛共同体（EDC）・欧州政治共同体（EPC）などの構想も出されたが、いずれも失敗、そこで西独・仏・伊・ベネルクス三国は一九五五年六月メッシナ（伊）でより合意しやすい共同市場の形成で一致、その後のスパーク委員会の報告を受けて、欧州経済共同体（ＥＥＣ）と欧州原子力共同体（ユーラトム、ＥＵＲＡＴＯＭ）の創設について一九五七年三月に合意（ローマ条約、一九五八年一月に発効）。共同市場の設立、共同体全体の経済活動の調和した発展などを目的として、域内関税と輸出入数量制限の撤廃、対外共通関税と共通通商政策、労働力・サービス・資本の自由移動、共通農業政策など一一項目を定めた。ＥＥＣの発足は西欧が経済的に米国から自立し、その競争相手となっていくことを意味した。一九六八年には高い農産物価格維持と域外からの輸入課徴金による域内農民保護を目的とした共通農業政策や共通関税政策、一九七〇年には共通通商政策が実現し、一九七〇年代には通貨統合のための動きが開始された。一九七一年三月に「経済通貨同盟の段階的実現に関する決議」が採択され、経済通貨同盟（ＥＭＵ）が発足した。しかしＥＭＵの要となる加盟国相互間の為替相場の変動幅の縮小は、ドルの不安定と通貨投機危機によって欧州各国通貨を動揺させ、英仏伊などが変動幅を維持できず、離脱したため通貨統合は停滞、一九七九年三月に共通の計算単位の導入などに限られた範囲で欧州通貨制度（ＥＭＳ）が創設されたにとどまった。

2 欧州統合の更なる発展 ——「一つのヨーロッパ」

石油ショックの結果、長期化した欧州経済の低迷（ユーロペシミズム）は一九七〇年代から八〇年代前半の欧州統合の停滞と日・米への遅れにつながっていた。その打開策として、一九八五年ＥＣ委員長に就任した仏社会党の領袖ドロールは、一九九二年末のＥＣ域内市場統合を提唱した。一九八五年六月に発表された域内市場白書は、ローマ条約にも唱ってある人・物・財・サービスの自由移動をめざした具体的な市場統合計画であった。同白書において、物理的、技術的、財政的な三つの面での障壁撤廃に分けて市場統合に必要な施策（二七九項目）に関する具体的な指令が明示された。一九八八年三月に発表されたチェッキーニ報告は、非関税障壁撤廃と競争強化の結果、域内市場統合による経済利益が二〇〇〇億ＥＣＵ（ＥＣＵはＥＣ通貨単位）に達するという試算を発表した。一九八六年二月に調印された単一欧州議定書は、ローマ条約以来三〇年ぶりのECの制度上の変更で、統合停滞の大きな原因となっていた閣僚理事会の意思決定の短縮化と合理化を目的とした。これによって域内市場統合の全項目の三分の二を全会一致方式から特定多数決制へ変更することで、決定の促進が図られた。こうして、一九九二年末には予定通り域内市場統合は目標を達成した。EC統合の発展とは別に、一九九一年十月にはECとEFTA（欧州自由貿易連合）が一つになって欧州経済地域（EEA）を発足させることで最終合意に達した。世界最大の自由市場の誕生だった。

　この市場統合を積極的に推進したのは独仏であったが、フランスはそれによって西欧のリーダーの地位を確保すると同時に、西独経済をECの枠組みにとどめ、東欧に拡大しすぎないようにするという意図があった。独仏協力と欧州統合の発展は冷戦終結後にはさらに拍車がかかった。とくに統一後の内外情勢の不安定なドイツはフランスとの協力を欲したからであった。一九九〇年二月コール独首相はミッテラン仏大統領とともに政治統合案を提案、十二月にはローマ首脳会議（欧州理事会）において、経済・通貨統合と政治統合のための政府間会合が発足した。しかし、EC統合に終始反対したサッチャーとメージャー英政府は早期の単一通貨導入と共通社会労働政策に強く反発した。

　一九九一年十二月のマーストリヒト（オランダ）首脳会議では、経済・通貨統合に関しては英国とデンマークに対して参加義務免除の措置（オプト・アウト）を適用し、政治統合は案文から削除されることによって合意が成立した。この合意は「欧州連合（同盟）条約（EU条約）」として一九九三年に発効した。この条約で、遅くとも一九九九年初めから欧州中央銀行（ECB）と欧州中央銀行機構（ESCB）を設立し、条件を満たした国において共通通貨が発行される。

　また、EU条約では共通外交・安全保障政策（CFSP）が創設され、共通外交・安保・防衛政策の動きも本格化していき、西欧同盟（WEU）が欧州安全保障の柱となることも明記された。一九八〇年代前半INF（中距離核戦力）交渉が難航する中で西欧諸国の安全保障面での自主性（統合）が意識されはじめたが、WEUは一九八四年十月、WEU拡大ブリュッセル条約三〇周年国防相会議で西欧の主体性を意識したローマ宣言を採択、一九八七年十月ハーグでの外相・国防相会議は西欧の団結と機構改革、独仏協力の重要性を主張した「安全保障をめぐるヨーロッパの利益に関する綱領」を発表し、一九九一年十月には、独仏合同旅団の規模を拡大して将来の「欧州統合軍」の母体とする提案を行なった。これに対して英国・デンマークはNATOを中心にした欧州防衛を主張、独仏とは異なった立場だった。

3 欧州統合の深化と拡大

欧州統合の議論では、統合の中身が貿易・関税の自由化から非関税障壁撤廃や資本・人などの自由移動、さらに通貨統合や外交・安全保障政策の統一へと発展していくことを「深化（発展）」と呼び、加盟国数が拡大して統合の地域が広がることを「拡大」という。

英国はEEC原加盟国にはならなかった。しかしEECの目覚ましい発展を前にして方針を転換、一九六三年にEECへの加盟を申請したが、ドゴール仏大統領の反対によって拒否され、一九七三年になってデンマーク、アイルランドともに加盟を認められた（第一次拡大）。

その後一九八一年にギリシャが加盟し（第二次拡大）、一九八六年スペイン、ポルトガルが加盟（第三次拡大）に成功、冷戦終結後一九九五年にはスウェーデン、フィンランド、オーストリアという中立主義先進国の加盟が実現した（第四次拡大）。

冷戦終結以後、中・東欧諸国の市場経済化にともなうEUへの加盟の可能性はずっと議論されてきたが、二〇〇四年五月EUは一〇カ国（エストニア、ラドヴィア、リトアニア、チェコ、ハンガリー、ポーランド、スロヴァキア、スロヴェニア、マルタ、キプロス）の新加盟国を迎えて第五次拡大を達成した。第五次EU拡大の特徴は、それが旧社会主義圏の中・東欧に及ぶことであった。さらに二〇〇七年にはルーマニアとブルガリア、二〇一三年クロアチアが加盟し、EU加盟国数は二八カ国にまで膨らんだが、二〇二〇年に英国が離脱（BREXIT）して現在は二七カ国である（本書第I部8参照）。

ただ中東欧諸国の加盟には市場経済の発展が不十分であることから、EU内での格差が当初から指摘されていたが、それはいまだに克服できていない。

当然加盟国の拡大には基準が設けられるとともに、加盟国の拡大に伴うEU全体の機構改革は不可欠だった。一九九四年には加盟基準として民主主義と市場経済の発展を定めたが（コペンハーゲン基準）、その後東欧諸国の拡大を前にして、原則を遵守しない加盟国に対する権利停止、多段階統合（条件を満たした加盟国から統合を認める「緊密協力・柔軟性の原理」。一九九七年アムステルダム条約）、閣僚理事会投票数・欧州議会議席数の見直し、多数決制の範囲拡大、一部加盟国だけで政策統合を進めることも可能（先行統合）などの措置（二〇〇二年ニース条約）が定められた。

4 ユーロ財政危機からEU融資制度・銀行統合・ユーロ債発行

EU条約に定められた域内市場統合とその後の経済統合は、二〇〇二年共通通貨ユーロの発行によってさらに発展したが、二〇〇五年オランダとフランスが統合のさらなる深化を象徴する「欧州憲法条約」の批准を拒否したため、統合は一時休止状態に追い込まれた。その後新たな欧州統合の再出発の機運が高まり、二〇〇九年にはあらためてリスボン条約が締結されて今日の体制が確立された。しかしその年に米国で発生したリーマンショックは欧州各国に大きな被害を与えたうえ、ギリシャがユーロ導入の際に財政の粉飾報告をした事実が露見し、ギリシャ国債の暴落による債務危機はユーロ圏全体に波及した。しかしこの時期、試行錯誤を繰り返す中で、欧州金融安定基金（EFSF）が設立され、それは二〇一二年「欧州安定メカニズム」（ESM）に結実、結果的にはユーロ圏内での財政融資体制が整備された。

他方で二〇一二年債務危機の中、ドラギ欧州中央銀行（ECB）総裁は財政危機にある加盟国の短期国債購入を無制限に実施することを明らかにしたことは、債務危機の終息に大きく貢献した（ドラギ・マジック）。二〇一三年六月のEU首脳会議では、第一段階で、ESMによる直接的な資本注入と一元的銀行監督メカニズム（SSM）の設立を実現し、第二段階で単一破綻処理機関の設立と構造調整メカニズムを設立、第三段階で財政負担能力の保証を確立するというプロセスを決定した。こうしてそれまで進まなかった銀行統合が進んだ。

二〇二〇年の新型コロナウィルス（COVID-19）

感染拡大によって各国は多大の財政支出を余儀なくされたが、ＥＣＢやＥＳＭによる融資によってＥＵ内の財政混乱は回避された。もしこれらの制度が整っていなければ、イタリアはじめ財政基盤が弱く、コロナ禍の被害が甚大であった諸国の財政破綻は免れなかった。加えて、コロナ禍を契機としてＥＵ財政基盤の安定化のための次の手段として、「ユーロ・ボンド（ユーロ債）」の導入も視野に入り始めている。二〇二〇年七月のＥＵ首脳会議では、これまでユーロ債導入に反対してきたドイツが態度を柔軟化させたことによって時限的な措置として「復興債」という形でユーロ債が実現した。それは一〇年前からフランスが提唱していた提案だった。

ＥＵは各国の拠出金を中心とした財政運営を行ってきたが、ユーロ債による財源自立の目途が立つならば、長年の懸案であった安定した財政基盤を確保できる。またコロナ禍の中ではそれまで各国の主権の範囲とみなされていた保健・衛生基準の整備も進められた。いずれも危機バネによる「リストラ（制度再編）」を通した統合の深化である。

5 共通移民・難民政策の発展

その一方で難民・移民・テロ、そしてポピュリズムの台頭が加盟各国の政情を不安にしている。その背景には二〇一一年アラブの春やシリア内戦による域外からの難民流入が急増したことがあった。ＥＵは移民・難民の締め出しではなく、受け入れ姿勢を維持しようとしている。一九八五年には域内での人の移動の自由を定めてシェンゲン条約、一九九〇年にはシェンゲン条約施行協定が締結された。その後一九九九年のタンペレ・プログラムは共通移民・難民政策の原則を決定し、二〇〇五年ハーグプログラムは国境管理のための共通政策を実施することを決めた。同年、欧州域外国境管理庁（ＦＲＯＮＴＥＸ、二〇一六年に権限を強化して、欧州国境沿岸警備機関に改称、略称は同じ）、二〇〇七年には域外国境基金（ＥＢＦ）、二〇〇八年にも不法移民防止、国境を越えた犯罪防止・域内安全の向上のための欧州域外国境監視システム（ＥＵＲＯＳＵＲ）が発足した。

二〇一五年には欧州全体で難民申請件数が一三〇万に

達し、ＥＵでは加盟国間に難民割り当て制を導入した。しかし受け入れ国との摩擦や難民キャンプの非衛生的な劣悪な環境、密入国者の悲惨な実態が露見し、その実現は容易ではない。同年には北アフリカ諸国を対象として、「アフリカ緊急信託基金」による難民施設が開設された。ＥＵは難民・移民統合基金（ＡＭＩＦ、後に「難民・移民基金（ＡＭＦ）」に改称）への資金増、欧州移民ネットワーク（ＥＭＮ）の強化などに力を入れる一方で、一八年域外国境管理協力の強化のための「シェンゲン情報システムに関する指令」を採択、一九年には欧州共通難民政策（ＣＥＡＳ）全体の見直しを進めた。

他方で移民政策としては、二〇〇四年には経済移民に関するグリーンペーパーが公表され、翌年には有能な人材を受け入れるための「合法移民に関する政策プラン」が採択された。二〇〇九年には高技能労働者受け入れのための「ブルーカード（米国のグリーンカードに相当）」導入や「不法移民雇用主への罰則に関する指令」などが決定した。同時に移民受け入れは社会統合できない移民第二・三世代によるテロ活動（「ホームグローン・テロリスト」）に結びつく。それは治安問題と絡んで欧州先進国における深刻な社会問題となっている。各国で反移民を掲げる排他的ポピュリズムの昂揚に結びついている。そのための共通移民政策は試行錯誤を繰り返しているが、二〇〇五年に導入されている。

6 「グローバル・ゲートウェイ」

二〇二一年十二月にＥＵは新連結性戦略として「グローバル・ゲートウェイ」を発表した。この戦略は、ユーラシアを中心にインド太平洋も視野に入れた世界の「連結性」強化に向けた国際パートナーシップの呼びかけであると同時に、中国の「一帯一路」に対抗するＥＵの政策でもある。それは二〇一八年「ＥＵとアジアの連結性に関する戦略」の延長にあるものだった。「グローバル・ゲートウェイ」戦略は、国際的基準・ルールおよび規制に基づいてつながり合うネットワークを広げて公平な競争の場を提供するため構想だ。

それによると、二〇二一年から二〇二七年の間に、ＥＵ機関およびＥＵ加盟国が各分野で最大三〇〇〇億ユーロの投資を行う予定である。欧州の価値と標準に沿ったデジタル移行、グリーン移行に向けたエネルギーの連結性、安全な運輸ネットワークなどだ。その投資規範として「民主的価値と高い水準を促進」「グリーンでクリーンなインフラ」「良きガバナンスと透明性」「対等なパートナーシップ」「安全の重視」「民間部門の投資促進」の六点を定めている。

7 試行錯誤による欧州共通防衛政策の発展

欧州統合はその出発点から政治統合、つまり一つの政府・国家を究極の目的とする理想の追求のプロセスでもある。それは、一九七〇年の欧州政治協力（ＥＰＣ）に始まりＥＵ条約の共通外交・安全保障政策（ＣＦＳＰ）や欧州安全保障防衛政策（ＥＳＤＰ、ＷＥＵは発展的解消）、そして二〇〇九年リスボン条約の共通安全保障防衛政策（ＣＳＤＰ）へと発展し、二〇一七年にはＰＥＳＣＯ（常設軍事協力枠組み、ＥＵ常設軍とそのためのインフラ構築）や多国籍軍の設立に発展している。

一九九八年英仏首脳会議が欧州共通防衛政策で合意した翌年、ＥＵは欧州共通防衛政策を採択、二〇〇三年までに五万人の緊急展開部隊を設立することを決定した。イラク戦争の渦中で二〇〇三年には「欧州戦闘グループ（一五〇〇人規模の部隊）」の設立も決定した。しかしいずれもいまだに実現していない。そうした中でマクロン仏大統領の提案でによるＰＥＳＣＯが実現すれば一九五〇年代戦後の欧州統合が出発以来の大きな成果となる。

欧州統合軍の実体は危機管理部隊だ。ウクライナ戦争開始後の二〇二二年三月に「戦略コンパス」で発表された内容の目玉は、五〇〇〇人規模の緊急介入部隊の創設だ。歴史的に欧州の自立した軍隊については賛否両論がある。いわゆるＮＡＴＯ派と西欧派の対立である。後者は独仏が中心だが、二〇二一年アフガニスタンからの米欧の撤退以後はオランダやイタリアも積極的だ。これに対してＮＡＴＯとの協力で十分だとするのが、バルト・東欧諸国である。

8 「規範パワー」としてのEUのグローバル戦略

EUは二〇一六年「グローバル戦略」を発表した。EUが初めて独自の安全保障戦略を発表したのは、二〇〇三年末EU首脳会議の『より善い世界における安全なヨーロッパ――ヨーロッパ安全保障戦略（当時の共通外交安全保障政策上級代表の名前をとって「ソラナ報告」と言われる）』の時だった。EUは平和維持や復興支援を目的とするある程度の軍装備を持ち、世界のための独自の戦略文化を模索し、EUが「世界の戦略的なパートナー」の役割を果たすことを目標とした。それが二〇一六年の新しい戦略では「戦略的自立」を掲げてグローバルな外交・安保・経済・技術の関係強化へと発展した。中国の台頭に対抗するユーラシアのサプライチェーンや情報ネットワークの樹立を通した「連結性」の強化、またインド太平洋地域における安全保障協力などである。EUは欧州の統合と拡大を越えて世界の「ステークホルダー」としての野心を明らかにするまでに発展した。それは多極世界においてEUもグローバルな対応を迫られている証拠でもある。

EUの目的は米中ロのような軍事・経済大国として他国を圧迫することにはない。「規範パワー」としてデモクラシーの原則にのっとった社会経済体制の構築に貢献することがその最大の目的だ。しかし経済科学技術の日進月歩の中で米国・中国と並ぶ地位を維持することは容易ではない。また中国やロシア、ユーラシアの複雑な現実にどのように対応していくのか。統合は常に試行錯誤の連続のプロセスといった方が良い。

（渡邊啓貴）

6　日本の防衛安全保障政策の歴史

1 占領と憲法

戦後日本の防衛安全保障政策を考えるとき重要なのが、占領にあたって策定された「民主化と非軍事化」という初期占領方針である。これは日本が再び戦前のような国家となり、米国の敵となることを防ぐことを主目的として策定された。連合国最高司令官総司令部（ＧＨＱ）は同方針にしたがって、①陸海軍の武装解除、②軍関係の機関と法令廃止、③軍事研究・軍事生産の禁止、④戦犯の逮捕と裁判、⑤職業軍人および戦時指導者の追放、⑥軍国主義的・国家主義的団体の解散、という施策を推進した。さらに憲法は武力不保持と戦争放棄という徹底した平和主義を謳っており、日本の再軍備にとって大きな「壁」となった。憲法の平和主義は、パリ不戦条約の思想的文脈に位置付けられ、第二次世界大戦後に成立した国際連合の集団安全保障による平和維持を期待していたものである。しかし冷戦の勃発により、国連の中心的組織である安全保障理事会が機能不全に陥ることで、「国連による平和」は実現困難となった。占領下にある日本は平和条約締結・主権回復を目指していたが、憲法で定められた戦力不保持という原則の下で、いかに安全保障を確保していくのかは極めて重要な課題となっていった。

さて、冷戦の進展によって、占領政策は経済復興優先、西側陣営への取り込みを基軸とした内容に変更されていった。日本の安全保障問題は、講和に関する議論との関係で検討が進んでいくことになったが、マッカーサー連合国軍最高司令官は琉球諸島軍事化と空軍によって日本は防衛可能であり、再軍備の必要はないと考えていた。講和交渉にあたった吉田茂政権も経済復興を最優先し、再軍備に消極的であった。しかし米本国は講和・独立するなら日本の再軍備が必要という立場であり、再軍備を巡って意見が対立していたのである。

一方で、日本国内では治安問題が浮上していた。GHQによる警察制度改革と、占領期の社会状況の混乱によって治安が急速に悪化していたのである。米軍全体でも深刻な兵力不足に陥っていたため、駐留米軍の機能を代替できる軍事組織（「準軍事組織＝警察軍」構想）の建設計画が、朝鮮戦争以前から立案されていた。こうしたときに勃発したのが朝鮮戦争（一九五〇年六月二十五日）であった。

2 再軍備の開始

朝鮮戦争が勃発し、米・韓軍の支援のため、日本に駐留する米軍が投入されることになった。そこで一九五〇年七月八日、マッカーサーは吉田茂首相宛に、「七万五〇〇〇名からなる国家警察予備隊を設置するとともに、海上保安庁の現有海上保安力に八〇〇〇名を増加するのに必要な措置を講ずることを認める」書簡を出した。政府はこれを国会の審議にかからないポツダム政令とし、八月十日に警察予備隊令を公布し即日施行した。

警察予備隊創設はGHQ主導で行われた。一方で日本政府は、どんな組織を作ればよいのかわからないままGHQの指示に従った。ただGHQは、朝鮮戦争による米軍派遣で日本空白化に備えた実力組織設置の必要性は認識せざるを得なかったが、憲法の手前、明確な軍隊組織の創設を命じることはできなかったため、指示もあいまいなものとなった。前述のように警察軍創設が検討されていたこともあり、警察予備隊令で明記された任務は「警察の任務の範囲に限られる」となった。警察予備隊の編成や装備は米軍にならった「軍事」組織でありながら、法的な性格は警察に近い存在であり、軍隊の復活とまでは言えなかったのである。

米国は講和交渉にあたって再三再軍備の必要性を述べており、講話後はできるだけ軽武装で経済復興を中心にしようという吉田政権の考え方とは対立していた。こうした日米の意見対立の中で、保安庁法が一九五二年七月三十一日に公布され、翌八月一日に施行された。保安庁は、法的には治安警備部隊で直接侵略への対処は想定されておらず、軍隊の復活とまでは言えなかった。創設されたのは、実働部隊として警察予備隊を前身とする陸上部隊の保安隊と、海上保安庁に設置された海上警備隊を引き継ぐ警備隊という海上部隊であり、これがそれぞれ陸上自衛隊と海上自衛隊になっていく。

講和・独立後、吉田政権は反吉田の政治勢力の前に不安定であり、第二党の改進党との協力を模索せざるをえなかった。改進党は自主的な再軍備を積極的に主張していた。こうした経緯を経て、一九五四年七月、防衛庁と陸海空自衛隊が、直接侵略対処を主任務とする軍隊としての性格を持った組織として発足した。

さて、警察予備隊はのちに「再軍備」の母体となったわけだが、前述のようにその性格は警察軍であった。のちの自衛隊も憲法上は「戦力」に当たらないものとされており、戦力不保持の下で安全保障を確保する手段として考えられたのが、米軍による日本防衛、すなわち日米安全保障条約の締結であった。片山内閣の外相であった芦田均が米軍による日本防衛のアイデアを出したがこれは実現せず、それを引き継いだのが吉田であった。ただし、芦田の案では、有事の際に米軍の来援を求めるということであったが（有事駐留論）、吉田が実際に米国と交渉したのは米軍の常時駐留による日本防衛であった。そしてサンフランシスコ平和条約と同日に日米安保条約が締結され（一九五一年九月）、以後、日米安保体制は日本の安全保障政策の基軸となっていくのである。日米安保条約を締結した吉田は、自衛隊創設も行うことになるが、吉田は戦後復興のために経済を重視しており、日本の安全保障は米国との安保体制に依存してなるべく軽武装で行くという考えであった。この「経済重視、日米安保中心、軽武装」という政策はのちに「吉田路線」と呼ばれ、戦後日本外交の基本方針として定着していくことになるのである。

さて、日米安保条約は、憲法上集団的自衛権の行使が制約されていたために米国を防衛できない日本と、米国の日本防衛義務について、日米の相互性をどのように確保するかが課題であった。そこで日本は米国が使用する基地を提供することにしたわけである。日米安保条約の基本的性格が「基地と軍隊の交換」であり、それは一九六〇年に安保条約が改定されて、旧安保条約の不平等性（内乱条項や米国の日本防衛義務の不明確さなど）が解消された後も同様である。なお、日米安保条約では、五条で日本防衛について、六条に米軍基地が日本だけでなく極東の安全保障のためにも使用される旨（これを「極東条項」という）が規定されている点は重要である。

3 防衛大綱とガイドライン

さて、一九五〇年代初めは直接侵略の可能性が危惧されたが、五〇年代中期以降、東欧のように国内混乱やクーデターによる共産政権樹立という間接侵略の可能性が増大することになった。五五年体制成立による「保守」対「革新」という政治構造の成立は、国際的な米ソ対立の構造を国内政治に持ち込んだことになり、治安維持による国内政治の安定が日本の安全保障上の重要課題となっていった。すなわち警察による治安維持が重視されており、「戦後平和主義」と呼ばれる反戦・反軍事思想が日本国内で拡大しつつある中で、自衛隊は災害救助等を除いて国民の目から遠い存在であった。一九六〇年の安保改定によって、戦後憲法と日米安保体制が定着していく中にあって、六〇年代から七〇年代にかけては四次にわたる防衛力整備の五か年計画（一次防のみ三年）が行われ、高度経済成長によって防衛予算も増大することで自衛隊の規模も拡大していた。しかし、日米安保体制の下で自衛隊が担う役割については不明確なままであった。すなわち、当時はソ連が「仮想敵」であり、北方の脅威に備えるために北海道に陸上自衛隊の主力がおかれ、ソ連の軍事侵攻があった場合は、自衛隊がまず抵抗しつつ米軍の来援を待つというのが基本的構想とされていた。しかし、米軍とどのように協力するのか、陸海空各自衛隊の役割は何かなどについては不明確なままであった。

一九七〇年代にはいると、一九七一年のドルショック、七三年の石油危機など、国際情勢が大きく変化し、これまでのような高度成長に支えられた防衛力整備の在り方は再検討を迫られることになった。そこで自衛隊の役割を明確にしつつ、防衛力整備の進め方を定めたのが「防衛計画の大綱（防衛大綱）」（一九七六年）であった。この防衛大綱で、自衛隊の役割を「限定小規模な武力侵攻」への対処と定め、そのために必要な防衛力を「基盤的防衛力」とし、その整備を図っていくこととしたのである。「基盤的防衛力」という考え方は、冷戦後の防衛力整備にも引き継がれた。「防衛大綱」は防衛力整備のための基本的方針であったが、極めて簡単な「国防の基本方針」以外に国家安全保障戦略がない中で、日本の軍事的安全保障戦略をしめすものとなっていった。

一方で、日米防衛協力の具体化についても議論が行われ、それが一九七八年に「日米防衛協力の指針」（ガイドライン）として合意を得た。ただし、これは日米安保条約の第五条、すなわち日本本土防衛問題についての日米協力についてのものであり、第六条の極東条項に対応したものではなかった。これは日本の平和主義に配慮した政治的なものであり、六条事態での協力は冷戦終了後まで待つことになったのである。

4 冷戦終了と日米防衛協力の深化

一九八九年の冷戦終了によって、日本の防衛安全保障政策は大きく変化していくことになった。その重要な点は、自衛隊が使用されるようになっていったことである。すなわち冷戦終了までは、自衛隊の存在自体は国民の間に定着していたが、その活動は災害支援などの場面に限られていた。一九九〇―一九九一年の湾岸危機・戦争では自衛隊派遣はできなかったが、一九九二年のＰＫＯ協力法によりカンボジア和平問題に関するＰＫＯ（国連平和維持活動）ではじめてカンボジアに派遣され、それ以後、世界各地に派遣されて実績を積むことになった。自衛隊のＰＫＯ活動は国民にも評価され、一九九五年の阪神淡路大震災、二〇一一年の東日本大震災での救援活動などで国民の評価は一層高まることになっていく。

さて、冷戦の終了は仮想敵であったソ連がなくなったことを意味し、日米安保体制の意義も再検討されることになった。冷戦終了で欧州方面は軍縮機運が高まっていたが、アジアにおいては朝鮮半島の南北分断、大陸中国の共産党政権と台湾との対峙という冷戦下に作られた国際構造は変化しておらず、アジアにおける安全保障環境は決して安定していなかった。九〇年代前半の北朝鮮の核開発をめぐる危機では、米国のクリントン政権は北朝鮮の核施設への軍事攻撃も検討していた。不安定な東アジア情勢下で日米協力は不可欠と考えられた。

そこで米国は日本との日米安保再定義に関する交渉を進めた。その結果まとめられたのが、一九九五年十一月の防衛計画の大綱であり翌年四月の日米安保共同宣言であった。九五年大綱は、「効率化」による自衛隊規模の縮小、国際貢献への任務拡大と並んで、日米安保の重視という点に大きな特徴を持っている。それは例えば、一九七六年の旧大綱に比べて、九五年大綱では「日米安保体制の信頼性」という言葉が繰り返し述べられていることに如実に示されている。

さらに一九九六年四月の「日米安保共同宣言」では、国際秩序を守る国際公共財として日米安保体制が定義された。こうして、国際的な秩序や安定を維持することが、日米安保体制の目的とされることになった。すなわち、国際秩序という「グローバル・コモンズ」を守るという使命を、日米安保体制が担うことが明らかにされたわけである。

一九九五年の防衛大綱、九六年の日米安保共同宣言の時期は、朝鮮半島情勢だけでなく台湾海峡危機も一九九六年三月に起こっており、東アジア情勢は混迷を深めていた。こうした国際情勢を背景に、日米はあらためて日米防衛協力のあり方を具体的に検討する段階に入っていく。そしてまとめられたのが一九九七年九月二十三日に日米安全保障協議委員会で承認された新ガイドラインである。旧ガイドラインが日米安保条約第五条の本土防衛を対象としたものが中心であったのに対し、新ガイドラインは第六条における事態を対称にしている点にあった。これが周辺事態である。

新ガイドラインの具体化に向けて、同月二十六日「日米防衛協力の指針の実効性の確保について」が閣議決定され、「日米物品役務相互提供協定」をはじめ新ガイドラインに沿った法整備が進められた。そして一九九九年五月に成立し八月に施行されたのが「周辺事態安全確保法」であった。また、この間の一九九八年八月に北朝鮮が日本上空を超えるミサイル発射実験を行ったことで、北朝鮮に対する日本の脅威意識は高まり、折から課題になっていた米国の弾道ミサイル防衛に関しても、九八年十二月に日米で共同して技術研究に当たることが決められることになった。

ただし、新ガイドラインでは、「平素から行う協力」「日本に対する武力攻撃に際しての対処行動等」「日本周辺地域における事態で日本の平和と安全に重要な影響を与える場合（周辺事態）の協力」など、さまざまな日米協力が掲げられたが、「集団的自衛権は行使できない」という日本側の制約から、戦闘地域外での後方支援を中心としてまとめられた。

5 新しい脅威の時代

二〇〇一年九月十一日の米国での同時多発テロにより、国際的なテロの脅威が安全保障における重要な課題となった。日本においてもテロを中心とする新たな脅威に対応した安全保障のあり方が検討された。ここで生み出されたのが「多機能弾力的防衛力」という考え方であった。この考え方を土台にまとめられたのが、二〇〇四年の防衛計画の大綱であった。最初の防衛大綱が一九七六年、次の大綱が一九九五年であるから二つの大綱は約二〇年の間隔があった。しかし、新しい脅威と米国との協力の深化という事態に、約一〇年の間隔で防衛大綱がまとめられたわけである。

さて二〇〇九年の総選挙の結果、自民党・公明党連立政権から民主党・社民党・国民新党連立政権への政権交代が行われた。そして二〇一〇年に再び防衛大綱が決定された。この大綱では、高まる中国の脅威に対応しつつ、深刻化する財政問題も視野に入れて、従来の「基盤的防衛力」ではなく「動的防衛力」という新たな概念を導入して防衛力の刷新を図っていた点に特徴があった。この「動的防衛力」については、「基盤的防衛力構想によることなく、動的防衛力を構築する」という設問に答える形で以下のような説明がなされている。

「新しい安全保障環境のもとで、今後の防衛力の目指すべき方向性をより徹底して追求するため、51大綱以来の基盤的防衛力構想にとらわれずに取り組む、という意味です。

基盤的防衛力構想にとらわれるべきでないと考えたのは、基盤的防衛力構想は、東西が対峙していた冷戦時代に採用されたもので、防衛力の存在による抑止効果に重点を置いていますが、新たな安全保障環境では、防衛力の運用を重視し、抑止の信頼性を高めることが重要となっているなど、基盤的防衛力構想が前提としていた状況が大きく変化しているためです。」

この「動的防衛力」は「運用」に焦点をあてた防衛力の実現を目指すものとされ、「動的防衛力」構築のためには、「これまでに構築された防衛力を前提に、更なる構造改革を行いつつ、より効果的・能動的に活用すること」となっていた。

ところで、二〇〇四年大綱も二〇一〇年大綱も、「中国の脅威」を認識して南西諸島方面の防衛力強化を打ち出している点は、以前の大綱にはない特徴であった。中国の活動が活発化する以前においては、多くの島嶼から形成される南西諸島には在日米軍は多く展開している一方で、自衛隊は沖縄本島に陸上自衛隊第一混成団や航空機を中心とした海空自衛隊が置かれ、宮古・八重山地域には、宮古島に航空自衛隊のレーダー基地がある程度であった。多数の島々からなる地域が「防衛空白地帯」となっていたわけで、「島嶼部への攻撃に対する対応や周辺海空域の安全確保に関する能力を強化する」と、島嶼防衛の強化がうたわれることになったわけである。

さて、二〇一二年十二月、再び自民党・公明党による連立政権が誕生した。第二次安倍晋三内閣である。そして安倍内閣の下で、戦後の日本の防衛政策が大きく変化することとなった。それは第一に、安全保障政策の司令塔である「国家安全保障会議」（ＮＳＣ）の設立、および国家安全保障に関する外交・防衛政策の基本方針・重要事項に関する企画立案・総合調整に専従し、国家安全保障会議をサポートするための「国家安全保障局」が内閣官房に設置されたこと、第二にこれまでの「国防の基本方針」に代わる「国家安全保障戦略」が策定されたこと、第三に、集団的自衛権行使に舵を切ったことである。

第一の「国家安全保障会議」は、防衛庁設置後に創設された国防会議、国防会議を引き継いだ安全保障会議を改組して、米国の国家安全保障会議をモデルとして創設されたものである。

第二の国家安全保障戦略だが、前述のようにこれまでの日本には明確な国家安全保障戦略が存在していなかった。米国などでは、国家安全保障戦略があり、それに基づいて軍事戦略や外交戦略が策定され、さらに軍事戦略に基づいて作戦計画などが立案されるといった階層をなして戦略が立案されている。日本では、これまで防衛大綱が実質的に安全保障戦略の代替的存在となっていた。

さて、国家安全保障戦略の目標は、以下の三点である。第一は、日本自身の防衛力整備である。第二は日米同盟および日米同盟を中心とした関係諸国との協力であり、二〇一五年四月に合意された新しい日米ガイドライン、さらに現在東南アジア諸国やオーストラリアと行っている海洋安保協力の考え方である。第三は国際的な安全保障環境の改善ということで、これは「多角的安全保障論」以来の考え方であり、それが「安保戦略」でも言い方を変えて改めて主張されていると見ることができる。国家安全保障戦略の策定により、防衛大綱、中期防衛力整備計画との関係は、以下の図6－1のように整理された。また、防衛大綱の変遷は図6－2のようになっている。

さて、第三の集団的自衛権に関する問題である。安倍内閣はこれまでの「国際法上、集団的自衛権を保有しているが、憲法上行使できない」という内閣法制局の解釈を、「制限的に行使できる」と改めた。そもそも安倍内閣が進めた安保法制は、一連の安全保障政策改革の中心的位置を占めており、内容としては、「安保戦略」で明らかにされた内容を法制として整備しようとするもので、現在の安保法制だけでなく、すでに成立した「秘密保護法」や、「防衛省改革」など、さまざまな点が連動しているものである。集団的自衛権の解釈変更は、「制限的」という幅をどの程度拡大するのかというのがテーマとなった。この点は、日米同盟における日本の役割という問題と密接に関係しているので、最後に見ていきたい。

6 国際安全保障情勢悪化の中で

中国の経済的・軍事的大国化に伴う活動や、ロシアのウクライナ侵攻に見られる行動は、現在の国際秩序に力による変更を加えようとするものである。国際社会の平和と安定を目的として創設された国連の中心機関である安全保障理事会において、拒否権を持つ常任理事国である中ロの行動は、米国の相対的な力の低下と相まって国際社会の不安定さを増大させている。こういった状況下で日本はどのような安全保障政策を行なうべきなのだろうか。

二〇二二年十二月十六日、岸田信雄内閣は安倍政権の時に制定されたこれまでの「国家安全保障戦略」、「防衛計画の大綱」、「中期防衛力整備計画」という安全保障関連三文書を改定し、新しい「国家安全保障戦略」「国家防衛戦略」「防衛力整備計画」を閣議決定した。戦略の

6　日本の防衛安全保障政策の歴史

図6－1　「国家安全保障政策」「防衛大綱」「中期防衛力整備計画」「年度予算」の関係

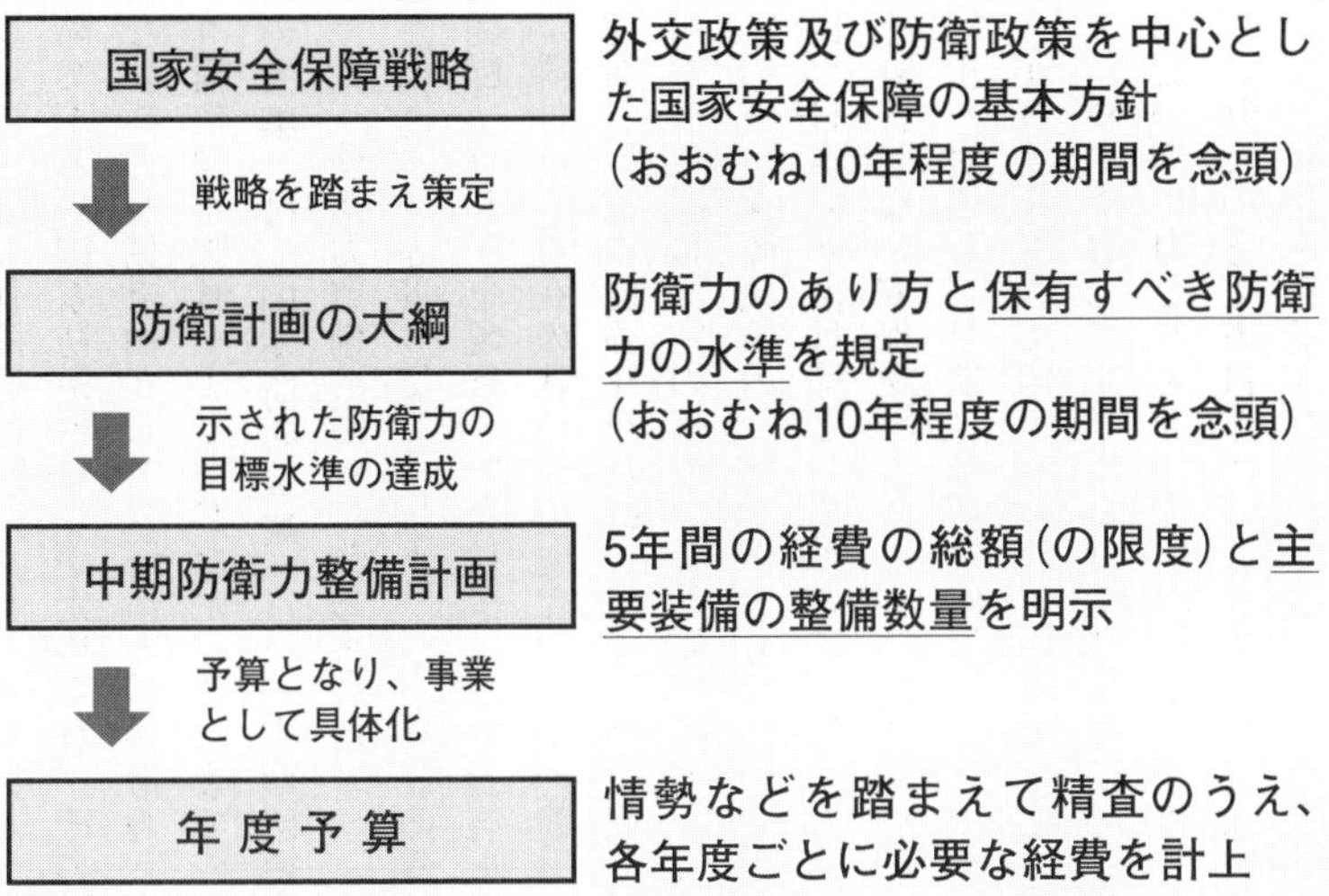

国家安全保障戦略：外交政策及び防衛政策を中心とした国家安全保障の基本方針（おおむね10年程度の期間を念頭）

↓ 戦略を踏まえ策定

防衛計画の大綱：防衛力のあり方と保有すべき防衛力の水準を規定（おおむね10年程度の期間を念頭）

↓ 示された防衛力の目標水準の達成

中期防衛力整備計画：5年間の経費の総額（の限度）と主要装備の整備数量を明示

↓ 予算となり、事業として具体化

年 度 予 算：情勢などを踏まえて精査のうえ、各年度ごとに必要な経費を計上

（出典）『防衛白書　令和4年版』195頁。

図6－2　防衛大綱の変遷

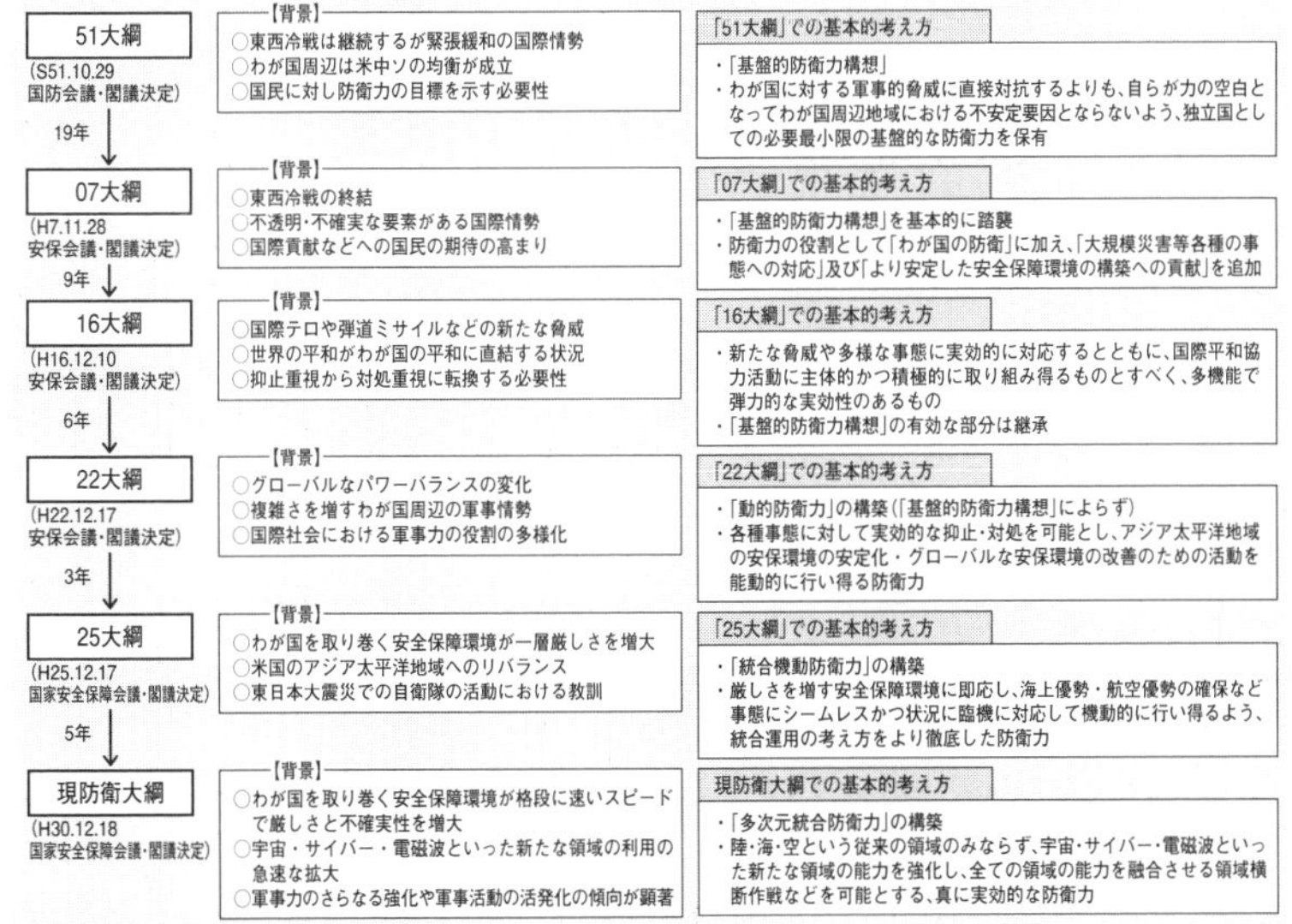

（出典）『防衛白書　令和4年版』198頁。

最上位に「国家安全保障戦略」があり、それに基づいて防衛戦略である「国家防衛戦略」が定められ、そのために必要な防衛力整備計画として「防衛力整備計画」があるという構造は、図6－1と同じだが、これまでの「防衛計画の大綱」は「国家防衛戦略」に、「中期防衛力整備計画」は「防衛力整備計画」に改められた。

重要なのは、三文書に盛り込まれた内容である。中国・北朝鮮・ロシアを現行の国際秩序に力で変更を迫る勢力と位置付け、現在の戦い方の変化や相手の能力に着目し、防衛力の抜本的強化を目標とする今回の戦略は、岸田首相が自ら閣議決定の日の記者会見で述べたように、戦後日本の安全保障政策の転換を促すものといえる。

第一に、日本の防衛目標として①力による一方的な現状変更を許容しない安保環境の創出、②現状変更やその試みを抑止・対処し、早期に事態を収拾、③日本への侵攻を自らが責任をもって阻止・排除することとし、そのためのアプローチとして①日本自身の防衛体制の強化、②日米同盟の抑止力と対処力、③同志国との連携、としている。これらの考え方自体は、これまでの安保戦略でも構想され、推進されてきたことであるが、今回で特徴的なことは、日本自身の防衛体制の強化を積極的に推進しようとしていることである。

とくに新しい戦い方に注目して、必要な機能・能力として以下の七つを挙げている。①スタンド・オフ防衛能力、②統合ミサイル防衛能力、③無人アセット防衛能力、④領域横断防衛能力、⑤指揮統制・情報関連機能、⑥機動展開能力・国民保護、⑦持続性・強靭性、である。

さて、以上の七つのうち、①については、これまで憲法上は保有可能でありながら政策的に保有しないとしていた「反撃能力」に関するものとして、注目されている。文書では、これまでの「専守防衛」という基本方針は維持し、平和国家としての姿勢は崩さないとしているが、それとの関係が不明確という問題があるからである。たしかに「反撃能力」は当初、「敵基地攻撃能力」ということで議論されていたものだが、「反撃能力」とは具体的にどのような内容なのか政府の説明は不十分といえる。

さて、政府は今回の戦略は一〇年後を念頭に計画したものとしており、そのうち五年間で達成すべき経費の総額と主要装備品の整備数量等を整備計画で定めているが、その総額は四三兆五〇〇〇億円程度になるとしている。

財源で不足する分は増税で賄う方針を定め、計画達成時の防衛予算はＮＡＴＯなみのＧＤＰ比二％に達する見込みという。予算面で見ても、一九七六年十一月に三木武夫内閣で防衛予算をＧＤＰ一％以内（当時はＧＮＰ）と決定して以来の政策を大きく変更したことになる。

7 今後の課題とは

今回の安全保障関連三文書に盛り込まれた内容は、常設の統合司令部の設置や新しい軍事技術や領域に対する対応だけでなく、防衛産業の育成や自衛隊員の待遇など多岐にわたっており、これまで課題とされながら手が付けられなかったものも積極的にとり挙げている点で、日本の防衛・安全保障体制そのものの変革を迫る内容ともいえる。ただし、実際に大きな変革を実現できるか否かについては様々な課題があることも事実である。

まず、三文書では自衛隊の定員は増やさないとされているが、そもそも自衛隊は定員を充足できていないという現実がある。海洋進出が著しい中国の問題を考えると海上自衛隊の役割は大きいが、海上自衛隊の定員割れは深刻である。防衛装備を増強しても、それを扱う隊員が不足するという問題の解決策は見当たらない。

また南西諸島の防衛力強化が唱えられ、与那国島から石垣島、宮古島に部隊が配置されている。抑止力強化のためとされているが、それらの島々が攻撃対象となった場合の住民避難（国民保護）も具体化が困難である。これまでの防衛議論は抑止力強化については強調されるものの、国民保護をどうするかという視点は一貫して欠けていたといえる。

そして最も重要な点は、国家安全保障戦略で何度も外交の重要性が述べられているものの、肝心の外交戦略が不明確であり、現行の外交実施体制をどのように強化すべきかが議論されていないことである。米国のプレゼンスが大きく低下していく中で、これまでのような米国依存を続けるべきなのかといった問題を含めて、本来であれば防衛戦略とは別途、外交戦略が策定されているべきであろう。これほどの政策転換について多くの国民の理解を得られるのかという重要な課題もある。今後の推移を注視していく必要がある。

（佐道明広）

7　パブリック・ディプロマシーとソフト・パワー

1　プロパガンダからパブリック・ディプロマシーへ

パブリック・ディプロマシーの言葉を米国で最初に使い始めたのは、フレッチャー・スクール学長のエドムンド・グリオンであったといわれる。ハンス・タッチの定義によると、パブリック・ディプロマシーとは、「その国家の発想と理想、制度と文化を、国家の目標と政策などと同様に理解してもらうため他国民とコミュニケーションを行なう政府のプロセス」である。

その役割を海外で担ったのが世界中にあるアメリカ文化センターであり、その運営にあたっていたのが、米国情報局（ＵＳＩＡ）であった。それは西側諸国での親米勢力の養成と社会主義圏での情報宣伝活動の役割を担った。

あらためて言うまでもなく、宣伝外交やプロバガンダは有史以来存在し、対外広報活動の一環であることは周知のことだ。例えば日露戦争の時に小国である当時の日本にとって米欧の支援は不可欠であった。日本政府はロンドンのシティで国債を売却、戦費を調達するとともに日露戦争が日本にとって正義の戦争であることを外国語の新聞に書かせた。当時の日本の外交用語ではそれを「新聞籠絡（ろうらく）外交」と呼んだ。宣伝・プロバガンダ外交である。

このプロパガンダ外交の典型はナチスの民族浄化政策であり、それを目的としたデマゴギー広報である。科学的根拠の希薄なユダヤ人選別主義やゲルマン民族の領土権主張だ。またソ連時代に盛んに行われた理想実現社会としての「共産主義の成功」という対外広報活動などもそうである。米国情報局（USIA）は冷戦終結とともに国務省に統合された。つまり冷戦時代の米国の価値観や思考を他国で根付かせ、親米派を育てていくというUSIAの目的はいったん終えた。

「パブリック・ディプロマシー」は相手方の国民・対象に働きかける外交という意味ではプロパガンダと同じ意味をもつ。パブリック・ディプロマシーという言葉を「プロパガンダの婉曲表現」という見方もある。目的そのものは国家の宣伝や外交のナビゲーションであることには変わりはないが、プレゼンテーションの仕方が違うということでもある。であれば、どの点が異なるのであろうか。

冷戦終結後はパブリック・ディプロマシーという言葉は一層使われるようになったが、それは冷戦終結と冷戦後の米国の苦い経験の賜物である。米国にとって、冷戦終結は米国的価値観の勝利を意味したが、それを理解できないグループが依然として存在した。ハンチントンが驚きをもって述べた『文明の衝突』という現象であり、そのターゲットは自爆テロをも辞さない、西側世界とは全く異なった価値観・社会観に支えられたイスラム原理主義であった。彼らとまともに対話をすることはできない。米国人がイスラム原理主義を敵視する所以だ。

そこで改めてパブリック・ディプロマシーという言葉の新たな活用が模索されることになったのである。冷戦時代の東側に対抗する情報宣伝活動から冷戦終結後は米国的世界観の正当化のための手段をきれいなかたちで表現したのがこの立場である。世界戦略をもつ米国のパブリック・ディプロマシーについては一理あると筆者自身は考える。

パブリック・ディプロマシーが改めて評価されてきた背景には、国際政治の変化だけではなく、社会生活全般の変化がある。すなわち、①政治・外交は一般市民ボランティア団体などのイニシアティブなどの活動に支えられていることから、外交が民主的な説明責任を負うこと、②公開外交の原則による、国境を越えた社会ネットワーク、③テクノロジーの飛躍的発達に伴ったグローバリゼーション、④メディアのインパクト拡大、⑤国家イメージ・国家ブランドによる評価の重視などである。こうした点は現代の特徴であり、新たなパブリック・ディプロ

図7－1　パブリック・ディプロマシー概念図

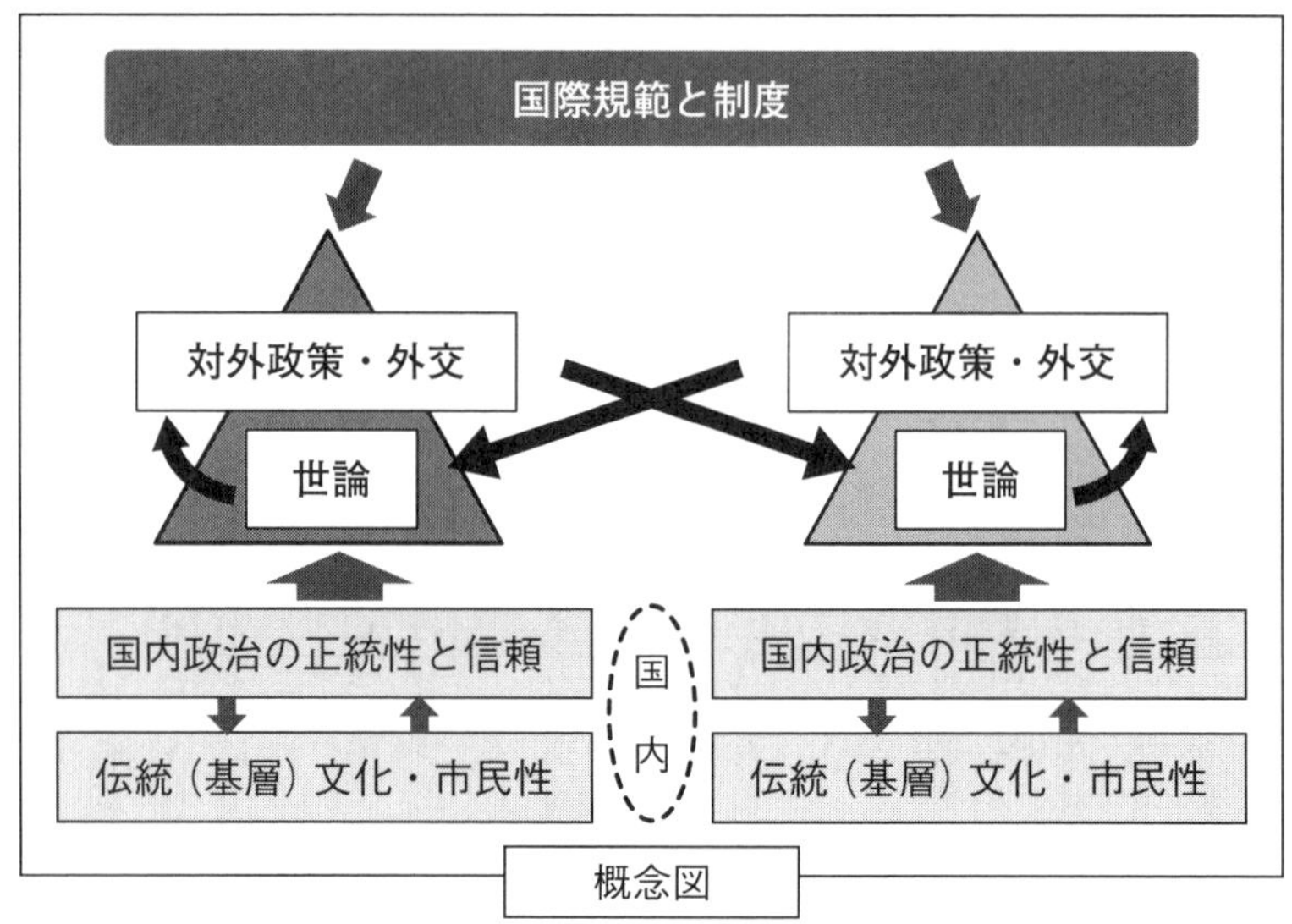

概念図

筆者作成。

マシーが不可欠となった背景になっている。つまり外交そのものが民主化する中で一部の外交専門家の専有する世界ではなくなってきたばかりか、テクノロジーの発達によって伝達のスピードと範囲が急速に発達した結果、国民レベルでの了解や理解が外交上きわめて重要になってきたのである。

そしてこの新しい意味でのパブリック・ディプロマシーは、単に当面の国家目標の達成方法というだけではない。非政府組織を含む広範囲にわたる国内外のアクターによる接触や交流、中・長期的な目標を持った対外的な信用の増幅をともなった「信頼関係」を構築していくことも目的とする。またプロパガンダと異なる重要な点は、「対話」を前提にすることである。そして、この言葉が米国で使用されるようになった背景にはパブリックという言葉によって新鮮さや、従来の職業的専門家の間の仕事にとどまらない、広範で民主的で公正感のあるイメージが付け加わっているのである。

したがって新しいパブリック・ディプロマシーという言葉の使い方と意味内容は、かつてのプロパガンダ（情報操作・宣伝外交）とは異なっている。

プロパガンダとパブリック・デプロマシーの違いをまとめると、以下のようになる。プロパガンダは一方的な伝達であり、強制力や真実を曲げたたくみな人心操作によって相手国民を欺くことも辞さない。それは同じ知識や情報提供といっても正しい情報伝達でもなければ、教育活動でもない。プロパガンダは聞く者の視野を広げ、心を開くものではなく、その逆に視野を狭めることを狙ったものである。パブリック・ディプロマシーに期待される自由なコミュニケーションによる対話、双方向的なメッセージの交換（「対話」）ではない。プロパガンダの不公正で閉鎖的な暗いイメージを払拭したものがパブリック・ディプロマシーといっても良い。

2　パブリック・ディプロマシーからソフト・パワーへ

ナイのいう「ソフト・パワー」の議論が注目を浴びたのも、そうした冷戦終結後の楽観的な世界観が支配していたからであった。つまりソフト・パワーという言葉は、パブリック・ディプロマシーの政治戦略的な色合いを薄め、より非強制的な形での影響力を意味するからである。この言葉は、「軍事力や経済力のような手段を用いて相手国を強制することなく、自国が望むものを他国が望むようにする力」と定義された。具体的には「魅力的な文化」、「政治的な価値」、「正当で敬意を払われるべき外交政策」である。経済力として政府開発援助（ODA）などもソフトパワーと解釈する見方もある。こうした発想は米国以外の国においても用いられた。ブレア英首相が提唱した「クール・ブリタニア」は、英国のイメージアップと英国ブランドの海外宣伝という意味を持った。

9・11以後、イスラム原理主義との戦いにおいてこうした政策は一層注目されるようになったが、日本でも小泉内閣の下で「クール・ジャパン」のキャンペーンとともに、にわかにソフト・パワーという言葉が人口に膾炙されることになったのである。

よく使われる言葉として「国家ブランド戦略」という言葉もある。ここではそれはパブリック・ディプロマシーとは区別して使いたい。パブリック・ディプロマシーと国家ブランド戦略は相互関係を持っているが、同義語ではない。もともと「国家ブランド」という言葉は商品市場の販路の追求という明確な目的を持っているが、パブリック・ディプロマシーはそのようなはっきりした目標をもっているわけではない。それに国家ブランドの概念は国家アイデンティティの強化を意味したり、その国の自己イメージの再編に繋がる。パブリック・ディプロマシーは国家アイデンティティを相手国に押し付けることが目的ではない。政策の円滑な伝達や情報交換による信頼醸成が目的なのである（Melissen, 2007）。

フランスが世界に高級でハイセンスなイメージを与え、それが外交全般に好影響を及ぼしている事情について本職の外交官がリアルに論じた著作として、平林博『フランスに学ぶ国家ブランド』また拙書『フランスの「文化外交」戦略に学ぶ』がある。日本外交に参考になるのはこうしたアプローチであると思う。

3 日本にとっての文化外交の重要性

日本は戦後平和立国としての外交を展開してきたが、冷戦後の日本外交はグローバル・プレイヤーとして、見識と行動力を世界に示すべきであると考える。しかし、実際にはグローバルな視野に立った外交が十分に行われているとは言い難い。基本的に日本外交が目指すべき方向はハード・パワーの行使によって影響力を行使することではない。高い知見に基づいた外交政策提言やヴィジョンを示すことに日本の存在意義を示すべきだと考える。いわば「見識外交」とでも呼ぶべき外交である。

その意味で筆者はあえて「文化外交」の重要性を主張したい。フランスではパブリック・デイプロマシーという言葉ではなく、「影響外交」という言葉で表現する。そして総称として「文化外交」という言葉を用いている。フランスのような歴史・文化を世界的に認められている国にとってはその方がはるかに威信が増すからであろう。

少しネガティブな言い方になるが、日本には強制的な形で相手国にこちらの意思を実現させる手段がそれほどあるとは言えない。経済力と科学技術力は日本に対する信頼感を他国に与えているが、今ではとてもかつてほどのものとは言えない。ODAの額を見ても中国に大きく引き離されている実情を見れば、それは明らかであろう。もともと経済・技術力による利益とは比較優位によるものである。急速に進むグローバル化と情報化の中で今日その優位性を維持する時間はどんどん短くなっている。

日本が外国に与えうる直接的な影響力の手段はきわめて限られている。そのような意味では、価値観や行動様式を伝えることによって日本を理解してもらい、存在感を認知してもらうことは非常に重要なことである。よくアメリカ流にならってパブリックディプロマシーという言葉が使われるが、その意味では日本にとっては「文化外交」という捉え方が適切であると思う。あえて言えば安定した中級国家の外交の基礎はそこにあるのではないかと思う。

ソフト・パワーに加えて、「スティッキー（sticky）・パワー」という発想もしばしば指摘される。わが国ではあまり馴染みのない言葉なので、一言触れておくと、スティッキー（粘着性のある・くっついた）の意味は「経済的な魅力」を意味する。一旦吸収したら病み付きになり、容易に辞めることができない「魅力」のことをさす。戦後自由貿易体制の下で米国は独自の嗜好品やコンテンツを売り込んでいった。「アメリカナイゼーション」の時代といわれた。コカコーラやポップコーン、ハリウッド映画、ジャズが世界を席巻した。こうした分かりやすく、受け入れやすいコンテンツや商品は「アメリカ＝自由・豊かさ」というポジティブなイメージを伴って世界に普及した。今日日本でこれに相当するものがあるとしたら、「クール・ジャパン」の代表である日本食、アニメ・TVゲームなどであろう。

主に文化・コンテンツ産業分野の議論であるが、経済効果にとどまらず、海外の人々に日常生活に至る日本的価値を理解し、受け入れてもらうことに外交目的はある。一見伝統文化とは違うポップカルチャーの中にわたしたち日本人が気がつかない「日本的な部分」を海外の人々は多く見出しているのである。この点を軽視してはならない。

広い意味での文化外交には、ロッド・フィッシャーによれば、①文化外交の振興、②文化関係の発展、③文化財輸出と創造産業支援、④新しいパートナーシップ協定締結の促進、⑤観光・投資の誘致、⑥南の諸国への援助プログラムの改良、⑦ポジティブで、情報十分な、好意的なイメージの育生、の七つの目的がある。

今日の文化外交は、補完し合う二つの新しい方向に発展している。それは、新たな主役の登場と、多国間関係拡大の手法である。世界の多極化、アジア特に中国の台頭は、孔子学院の著しい発展に見て取れる。また、韓国をはじめ、インド、インドネシア、ベトナム、マレーシアなども文化外交を外交ネットワーク拡大の一助として認めている。

4 日本の立場を正しく伝えるためのツール
——ソフト・パワーの重要性

日本外交にとってソフト・パワーが今後一層重要性を増していくことは間違いない。しかし周知のように、ソフト・パワーは即効性のあるものではない。それは本来ハード・パワー（軍事力や経済力）の基盤があってより有効なものである。またハード・パワーはソフト・パワーの助けを借りて柔軟にその効果を発揮できる。

それは今般の日本を取り巻く周辺環境を見ても明らかである。昨今の日中・日露関係の軋みを前にして、日本防衛・警察活動の自助努力の強化と、それを支える防衛意識の変化を望む声が一層高まっている。こうした傾向を危険視する立場については十分に考慮しなければならない。国際社会の重要なアクターとしての日本の役割まで含めて考えるとき、ヨーロッパの事情は大いに参考になる。ヨーロッパではこの分野での議論は敵対関係を前提とする「戦争と防衛の議論」ではなく、紛争防止・平和構築のための敵対関係を失くすための集団安全保障体制構築に論点の中心がある。そうした国際的な文脈も理解しておく必要があるだろう。

そしてより重要なことは、二〇一〇年の新安防懇（首相の懇談会「新たな時代の安全保障と防衛力に関する懇談会」）の報告書に盛られた武器輸出三原則や専守防衛・集団的自衛権の新たな解釈は、他方での「平和創造国家」の目標と対になっていなければならない。さもなければ、結局は状況対応的な防衛強化論になってしまうであろう。そうした場当たり的な軍備拡張主義に陥る可能性のある防衛政策に対する懸念が多くの国民の気持ちの中にあるのも真実である。平和外交路線の修正をしていくなら、自国民と周辺諸国を説得しうる長期的視野からの日本外交のヴィジョンを明示していくことは不可欠

図7−2　文化外交：三角関係の概念図

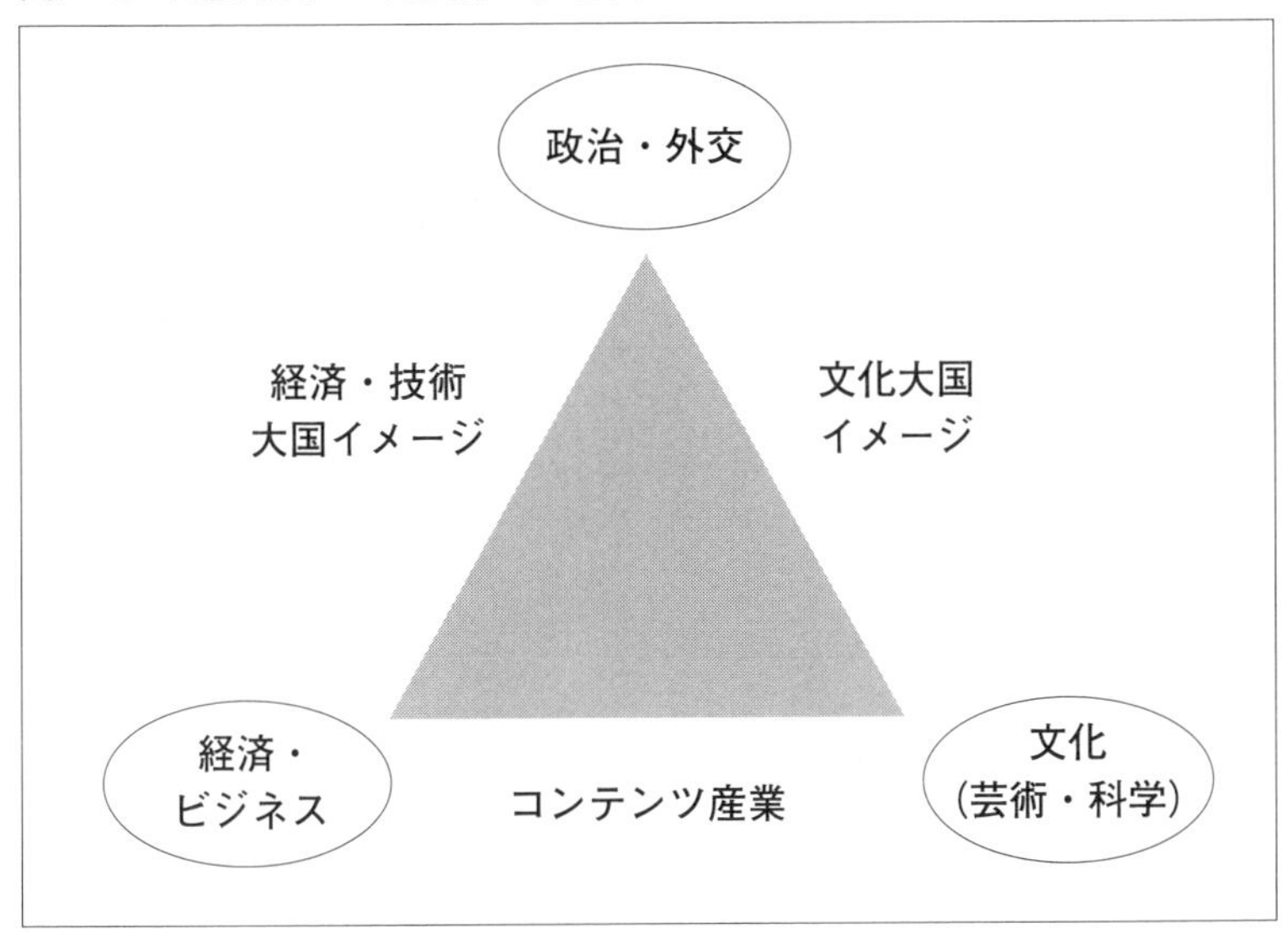

筆者作成。

だ。

いずれにせよ、近隣諸国との関係については、信頼醸成をいかに高めていくのか。ポイントはそこにある。しかし信頼醸成の育成は一方的に進めることはできない。それは相互依存の論理を前提とするからである。日本の防衛政策強化を声高に強調する人も、また多国間枠組みでの日本の安全保障体制強化を主張する人も、日本の政策がどれだけ近隣諸国に理解され、受け入れられるのか。また日本がそこでイニシアティブを発揮できるのか。日本の主張がどこまで有効性を発揮しうるのか、という点についてはきちんと議論していない。

その意味で日本外交をめぐる議論が今一つの転機を迎えようとしていることは間違いない。だとすれば、われわれは日本の立場についてきちんとした形で周辺諸国に納得してもらえるように説明できなければならない。そのためには、日本の立場を真に世界的文脈の中で考え、自分で政策立案し、自分の言葉で説明できるだけの能力をもたねばならない。そのとき日本の広報文化外交の成果が問われることになる。文化行事には一般の人々ばかりか、政治家や財界も関係することが結構ある。そうした中で日本ファンを一人でも多く創っていき、日本のためにどれだけの人々が尽力してくれるのか。日本関連の親善団体や営利団体に関わってもらう人が多ければ多いほど、それは日本外交の大きな一助となることは間違いない。尖閣諸島周辺での中国漁船の領海侵犯をめぐって民主党政府が自民党政権下のそれまでの対中政策の変更と解釈されるメッセージを中国に対して心ならずも送ってしまったことや、その後の事態収拾の過程においても適切なコンタクトパーソンがいなかったことなどは、海外での日本外交の基盤の脆弱さを示している。

しかし世界的に見た場合に日本の人気は悪くない。今「平和創造国家」「平和的文化の国」としての「ジャパンブランド」の定着は緊急課題である。当面の対応と同時に、日本外交の下地を強固にしていかねばならない。それには機は熟している。文化外交の更なる強化発展が望まれている。

（渡邊啓貴）

●ドイツ・デュッセルドルフで開催された欧州最大級の「日本デー」2022年3–5月（写真提供：ZUMA Press／共同通信社）

8 情報・科学技術と国際政治

1 ケネディとトフラーの視点

英国の歴史学者ポール・ケネディの著書『大国の興亡（*The Rise and Fall of the Great Powers*）』は、西暦一五〇〇年から二〇〇〇年までに大国が入れ替わるプロセスを「経済成長率と技術革新に格差が生ずるプロセス」と形容した。二つの格差が、経済、政治、軍事のバランスに影響し、新たな大国が生まれ替わるのが歴史であるという。実際、二つの格差のうちの一つ、技術革新は、国家の力の源泉であり、大国を大国たらしめる決定的な要因となってきた。

米国の未来学者アルビン・トフラーは著書『第三の波（*The Third Wave*）』の中で、人間を変え、新しい社会を生んだ存在として、この技術革新を位置付けた。トフラーは、農業段階の「第一の波」、産業段階の「第二の波」に次ぐ「第三の波」の主役として、コンピューターとエレクトロニクス、宇宙産業、海洋開発、生物学産業を挙げた。同書が出版された一九八〇年の段階で、科学技術が将来においても、世界の様相を一変させる要因になると予測していた。二〇二三年の今日に至るまで、国際政治を変える技術革新の役割をみてみよう。

2 産業革命と大英帝国

世界各地に植民地をつくり、「七つの海を制する」と呼ばれた大英帝国の繁栄は、第一次産業革命を礎にしている。一八世紀前半から一九世紀初頭まで続いた革命を支えたのは、繊維業と燃料における技術革新だった。

英国では元々、羊や蚕（かいこ）の飼育が盛んで、羊毛製品や絹織物が生産されていたが、用途や利用地が限られるため、主要な輸出品とはならなかった。一方で、インドから輸入した綿布でつくる綿織物は、洗濯が可能で、気候によらず使えることから、これを生産する動きが広がった。一七六九年に技術職人のリチャード・アークライトが水力紡績機を発明すると、それまでの人力ではなく、水力を用いて綿糸を大量に生産することが可能となった。

燃料では、石炭の採掘が広がる中で、鍛冶職人のトーマス・ニューコメンが一七一二年、水蒸気を用いて、炭鉱の排水を行う機械を製造し、蒸気機関の先駆けとなった。これを改良したのが、ジェームズ・ワットであり、一七七六年に蒸気の圧力を直接利用する蒸気機関を完成させた。この動力源は炭鉱にとどまらず、様々な産業に投入された。繊維産業に導入されると、綿製品の生産は飛躍的に増大した。蒸気機関は船舶や鉄道の動力としても利用され、蒸気船や蒸気機関車が様々な産業を発展させていく。

結果として、一九世紀半ばになると、世界で生産された商品の三割が英国製となり、英国は「世界の工場」と呼ばれるようになった。英国で産業革命が起こった背景として、世界各地に植民地市場を開拓したことなどが挙げられる。技術革新と植民地の獲得が相乗効果をもたらしたのである。植民地も英国の傘下に入った方が、一次産品の輸出が保証され、経済的恩恵を享受できるとの思惑があった。大英帝国に編入または統合された植民地は世界の陸地の約二割に及び、その覇権は「パクス・ブリタニカ」と呼ばれた。

3 ドイツの自動車・化学産業

この帝国に挑んだのが、ドイツであり、米国であった。この二カ国が、重化学工業、輸送産業、電機通信を軸とする第二次産業革命の中心となる。

近世のドイツには、様々な王国や諸侯国が割拠していた。そのうちの一つ、プロイセンに一七世紀、フランスからユグノー（カルバン派プロテスタント）が移住し、毛織物産業の技術がもたらされた。後に染料や洗浄技術が発展するきっかけとなる。染料技術は世界の合成染料の九割前後をドイツが生産するほど発展した。染料は火薬の製造に必要だったため、後の第一次世界大戦では染料の輸出を禁止し、敵国に打撃を与えた。

自動車産業や化学産業で様々な技術革新が起こるのは、一八七一年のドイツ帝国成立の前後である。技術者のニコラス・アウグスト・オットーは一八六〇年代、機関室内で燃料を燃焼させる内燃機関を発明し、自動車のエンジンの原型を作った。技術者のカール・ベンツは、内燃機関を自ら改良し、一八七八年に二サイクルエンジンを完成し、一八八六年に原動機付き三輪車を開発した。これが世界初の自動車と言われる。一方、オットーの会社で技師として働いていたゴットリープ・ダイムラーは、小型の内燃機関の開発を進め、一八八〇年代後半に四サイクルエンジンの自動車を完成させた。一八九〇年に自ら会社を設立し、自動車販売を手掛けた。ダイムラーの部下だったウィルヘルム・マイバッハは、ダイムラーと内燃機関の改良を進めた。

内燃機関の開発は、自動車だけでなく、鉄道や航空機にも応用され、輸送手段の拡充と経済活動の拡大をもたらした。さらに、戦闘機などにも軍事利用され、ドイツの軍事強国化を可能にした。

化学分野では、化学者のカール・ボッシュが、学者のフリッツ・ハーパーとともに、アンモニアの合成に取り組み、一九一一年に大量生産を実現した。オスミウムを触媒に、高温高圧下でアンモニアを生産する方法は、ハーパー・ボッシュ法と呼ばれ、ボッシュが所蔵していた化学メーカー、BASF社に多大な利益をもたらした。ボッシュは第一次世界大戦で、弾薬に必要な硝酸をアンモニアから製造することで、ドイツ軍の戦力強化に貢献した。

ドイツで技術革新が起こったのは、中世以降、徒弟が技術を得て親方に昇進するマイスター（親方）制度が存在し、技術を重視する伝統が存在したためである。さらに、技術者が、英国発信の産業革命に刺激され、イノベーションに取り組み、特に、一八七一年のドイツ統一後は、国家で科学技術を育成しようとする機運が高まった。

4 米国でイノベーションの連鎖

一方、米国は、一七七四年に英国からの独立を宣言した当時、開拓に追われ、国家に競争力をもたらす産業は存在しなかった。しかし、一九世紀前半以降、繊維業界で訓練を積んだ英国からの移民が増え、米国に技術を移植した。例えば、イングランド中部ダービシャーからの移民サミュエル・スレーターは、水車式の紡績技術を移転し、米国初の紡績工場を建設し、「米国産業革命の父」と呼ばれている。スレーター式は改良が加えられ、英国起源の紡績機が米国で発展した。また、元軍人が製鉄業や運輸業に乗り出し、軍の知識や技術が民間で活用されることになった。

この工業化路線は、一九世紀末に世界有数の技術革新として開花し、米国をイノベーション大国に押し上げる。例えば、英スコットランドの科学者グラハム・ベルは、成人して米ボストンに渡って研究を続け、一八七六年に電話を発明した。一八八二年に米国の市民権を取得し、電話販売のための会社を設立し、現在のＡＴ＆Ｔ社の礎を築いた。トマス・エジソンは、正規の教育を受けず、独学で化学や電気を学び、成人して、蓄音機、白熱電球、活動写真を次々に発明した。商品化させるため、一八八九年にエジソン・ジェネラル・エレクトリック社を創設し、現在の総合電機メーカー、ジェネラル・エレクトリック（ＧＥ）社に発展していく。電機通信を主体とする技術革新は、第二次産業革命の一角を担う。

また、ヘンリー・フォードは、エジソンの会社で働きながら、技術者として自動車の開発に取り組み、一九〇八年にＴ型フォード車を完成させた。ベルトコンベアによる流れ作業で大量に生産し、価格を抑えた廉価車で世界市場を席捲した。

電機通信や輸送の発達は、工業化を促し、生産された米製品は、国外に輸出され、経済成長をもたらした。繁栄する米国は、国際的競争力を高め、軍事力のみに頼らない経済覇権も手中にした。

第二次世界大戦期に入ると、科学技術の開発は国家主導となる。軍事力の向上に役立てるためであり、科学技術の重要性が増した結果と言える。一九四一年六月に設立された科学研究開発局（ＯＳＲＤ）は、原子力や抗生物質の研究を進め、これに陸軍や大学が関わり、一九四二年に原子力爆弾を製造するためのマンハッタン計画につながっていく。この計画で完成した原子爆弾は一九四五年、広島と長崎に投下された。

5 冷戦下の開発競争

第二次世界大戦後、超大国となった米国に挑んだのがソ連である。象徴的な競争は宇宙空間で演じられ、一九五七年、人類史上初めて人工衛星・スプートニク1号の打ち上げに成功した。これに刺激された米国は宇宙開発を加速させ、一九五八年に航空宇宙局（NASA）を設立し、一九六九年に宇宙船アポロ11号が人類初の月面着陸に成功した。予算の増額は、宇宙だけでなく、基礎研究を含む科学技術全般に及んだ。米ソの宇宙開発競争は、米国のレーガン政権が一九八三年に発表した対ソ防衛の戦略防衛構想（SDI）で勝敗が決まる。一九八五年に就任したソ連のゴルバチョフ共産党書記長は、SDIに対抗できないことを認識し、対米融和に舵を切り、これが一九九一年のソ連崩壊の序章となる。冷戦の終結は、技術革新の格差が呼び水となったのである。

米国の科学技術政策に脅威を与えた分野として、日本の半導体産業も含まれる。半導体は、導体と絶縁体の中間の性質を持つ物質で、電子回路に利用される。米国は、メモリーチップの市場で八割のシェアを持ったが、一九八〇年代に入ると、日本のメーカーにシェアを奪われた。半導体を国の有力基幹産業に位置づける米国は、日本と半導体交渉を行った。一九九一年には、日本市場で外国系半導体のシェアを二〇％以上にするとの合意に至り、実質的に米国製半導体が購入されることになった。外交力を駆使して自国の科学技術を保護する戦略を鮮明にしたのである。

一方、米国の国家主導のイノベーション政策の中には、民間活用され、成果を出した研究もある。国防総省で国防技術の開発を行っていた国防高等研究計画局（DARPA）は、民間での研究に資金提供し、これによりインターネット産業が発展することになる。

6 科学技術が生む覇権国

国際政治では、過去の外交や紛争の研究によって、様々な理論化が行われてきた。代表的なものが覇権国の入れ替わりを歴史の必然とみる理論である。米国の政治学者、A・F・K・オーガンスキーは著書『国際政治論

(*World Politics*)』(一九五八年)の中で、パワー・トランジション理論を提唱し、覇権国は常に新興国の挑戦を受け、覇権国であり続けることは困難であり、その結末として、覇権国と新興国が対立し戦争に至る場合と、新興国が覇権国とともに覇権を握る場合の二通りを示した。米国の経済学者、チャールズ・キンドルバーガーは著書『大不況下の世界1929〜1939(*The World in Depression 1929-1939*)』で、第一次世界大戦後に英国が覇権を失い、新興国の米国も十分な覇権国になり得なかったことから、世界的な大恐慌につながったと指摘した。この考えは、強い覇権国の存在が政治的経済的な安定をもたらすという覇権安定論につながっていく。

こうした覇権国交代の要因として、科学技術の存在を重視したのが、米国の政治学者、ジョージ・モデルスキーである。ほぼ一〇〇年おきに大国が入れ替わる長期サイクル論(表8-1)を主張し、一六世紀以降の大国として、ポルトガル、オランダ、英国Ⅰ、英国Ⅱ、米国を挙げた。その上で、大国になる条件として、①島国性、②安定性と開放性、③経済力、④政治・戦略組織、を挙げた。技術革新については、③の中で、「綿紡績や織物、鉄道、航空機、あるいはエレクトロニクスこそ、指導工業の基礎」と指摘し、経済的繁栄の根幹になるとの考えを示した。米国は概ねこのいずれの条件も満たしているように見える。

また、米国の国際政治経済学者、ロバート・ギルピンは、著書『世界政治における戦争と変動(*War and Change in the World Politics*)』(一九八一年)の中で、近代以前は支配地の広さと農業生産物の収奪が覇権の条件だったが、近代以降は、科学技術の革新を支えとした市場経済の支配が重要となった。これが政治的な影響力をもたらし、軍備の増強を可能にした。つまり、科学技術のイノベーションが、経済、政治、軍事的な優位性をもたらすのである。

7 米中の技術対決

前述した理論を現代の科学技術の情勢にあてはめてみる。ここでは、米中対立と巨大IT企業を取り上げる。

米中対立は、覇権国の米国に挑戦国の中国が対抗する構図である。モデルスキーやギルピンが指摘したように、

表8－1　グローバルな指導産業と世界大国

グローバルな指導産業	予測される生産ピーク時	場　所
軽快帆船、ギニア、金	1460－1494年	ポルトガル
ナオス、アジアのスパイス	1515－1540年	ポルトガル
バルト海貿易	1560－1590年	オランダ
東方貿易	1609－1640年	オランダ
西インド諸島	1660－1688年	英国Ⅰ
中印、北米貿易	1713－1740年	英国Ⅰ
綿、鉄	1763－1792年	英国Ⅱ
鉄道、蒸気	1815－1850年	英国Ⅱ
鉄鋼、化学製品、電気装置	1873－1914年	米国
航空機、自動車、エレクトロニクス	1945－1973年	米国

（出典）ジョージ・モデルスキー、1991年。

大国の地位を左右する科学技術分野での攻防が目立つ。

中国の習近平国家主席は二〇二二年六月、湖北省武漢で光電子産業を視察した際、「科学技術の自立と強化は国家隆盛の礎であり、安全の要だ」と述べ、科学技術の「コア技術」において国際的な優位性を確保すべきとの考えを示した。「コア技術」とは、次世代ＩＴ、人工知能（ＡＩ）、半導体などを指す。習近平政権は二〇一五年、国家戦略「中国製造２０２５」を発表し、二〇二五年までにハイテク産業を育成し、「製造強国」になるとの目標を掲げた。例えば、半導体分野では、国内自給率を七〇％まで高めるとし、人材の引き抜きを活発化させており、「コア技術」の製造で世界最強を目指している。基礎研究を強化する方針も打ち出し、教育段階から科学技術重視の方針を打ち出す。日本の科学技術・学術政策研究所が公表した報告書「科学技術指標」によると、二〇二一年の自然科学系の学術論文統計で、中国は総論文数と、注目度が高い上位一％の論文数がいずれも世界一位となった。

こうした動きに危機感を強めるのが、米国である。ジョー・バイデン大統領（任期：二〇二一年―、民主党）

は二〇二二年八月、半導体の生産や研究に今後五年間で五二七億ドルの補助金を投入する法案「2022年半導体・科学法」に署名した。バイデンはホワイトハウスで法案の署名式を開いた際、「中国が精密な半導体の製造で我々よりも先んじている」と述べ、中国への対抗意識を鮮明にするとともに、米国の先端技術力が低落している現状に懸念を示した。米国ではドナルド・トランプ大統領（任期：二〇一七―二〇二一年、共和党）以降、技術分野での中国への締め付けを強めている。トランプは二〇一八年八月、米政府、政府機関、取引先企業に対し、中国の通信大手企業、ファーウェイとZTEの製品やサービスの利用を禁止する国防権限法に署名した。トランプ政権は、ファーウェイを「産業スパイ」と批判していた。二〇二〇年七月には、中国政府による科学技術のスパイ活動の拠点になっているとして、テキサス州ヒューストンの中国総領事館を閉鎖させた。

米国の懸念は、中国が米国から科学技術を盗用し、経済力で米国を凌駕するとともに、軍事技術に転用し、軍事力における米国の優位性を崩されることにある。ロンドンの調査機関、経済ビジネス研究センター（CEBR）は、二〇三〇年までに中国の国内総生産（GDP）は米国を抜き、世界第二位から第一位になると予測している。また、国務省は二〇二〇年六月、中国共産党が科学技術を軍事力に転用しているとの報告書を公表した。

モデルスキーの長期サイクル論からみると、米国に代わる覇権国に中国が最も近いように見えるが、その条件の一つ「安定性と開放性」が十分ではないことから、中国は世界的な覇権国にはなり得ないかもしれない。

8 巨大IT企業と政府の対立

科学技術を巡る争いや対立は、政府レベルだけではない。技術革新で成長した巨大テクノロジー企業が、主要国政府の財政運営を脅かし、結果として複数の国を巻き込んだ対立を招いている。

特に注目を集めているのは、米国IT企業のグーグル、アマゾン、メタ（旧フェイスブック）、アップルである。四社名の頭文字を取ってガーファ（GAFA）と呼ばれる四社は、デジタル分野でのイノベーションが成長源である。グーグルはインターネット上の検索エンジンやネット広告、アマゾンはネット通販やクラウドサービス、メタはSNS上の交流やメタバース（三次元の仮想空間）、アップルはスマートフォンやタブレットをそれぞれ手掛ける。関連する新興企業の買収を繰り返すことで、世界的な企業に成長してきた。親企業も含めたガーファの時価総額は二〇二一年、日本株全体を上回った。調査会社スタティスタ（ドイツ）の二〇二二年の調査によると、ガーファの年間収入は一・二一兆ドルに上り、日本の一般会計歳入額（二〇二二年度＝一〇七兆五九六四億円）よりも多い。

巨大化したIT企業は、税を巡る国際対立をもたらした。フランスは二〇一九年七月、世界で年間七億五〇〇〇万ユーロ、フランスで年間二五〇〇万ユーロ以上の売上を持つ企業に対し、フランス国内での収入に三％を課税する制度を導入した。国境を越えて利益を上げるガーファを念頭にした「デジタル課税」であり、導入の動きはイタリア、インド、トルコなどにも広がった。国際課税ルールが十分に機能しておらず、税の徴収漏れが起こっているというのが理由だ。ガーファのビジネスが国内企業に不利益をもたらし、法人税の減少により、国の財政基盤が揺らぐとみている。ガーファが拠点を構える米国の通商代表部（USTR）は、デジタル課税導入国に対し、通商法301条（不公正な取引慣行）に基づく調査を開始し、報復関税の発動方針を示した。もっとも、米国では、IT企業の巨大化が市場寡占につながるとの警戒感は強く、連邦取引委員会（FTC）は、フェイスブック（現メタ）による写真共有アプリ・インスタグラムの買収について、反トラスト法（独占禁止法）違反で提訴した。また、バイデン政権は、ガーファのビジネスを批判してきた専門家を次々に政府要職に起用した。

科学技術の進歩は、覇権国の出現と衰退をもたらし、国際政治の主役を入れ替える触媒の役割を果たしてきた。今後もこの傾向は、グローバルな舞台で顕著となり、その規模は巨大化し、変化はこれまで以上に早まるに違いない。科学技術は国家の盛衰を決定付けるだけでなく、民間セクターの台頭をもたらすだろう。日本政府も近年、「科学技術立国」を目指す方針を示しているが、少子高齢化や産業の空洞化が進む中で、その掛け声が実現するか否かは、国力を左右する重要な要素になるだろう。

（本間圭一）

ヨーロッパの主な枠組み

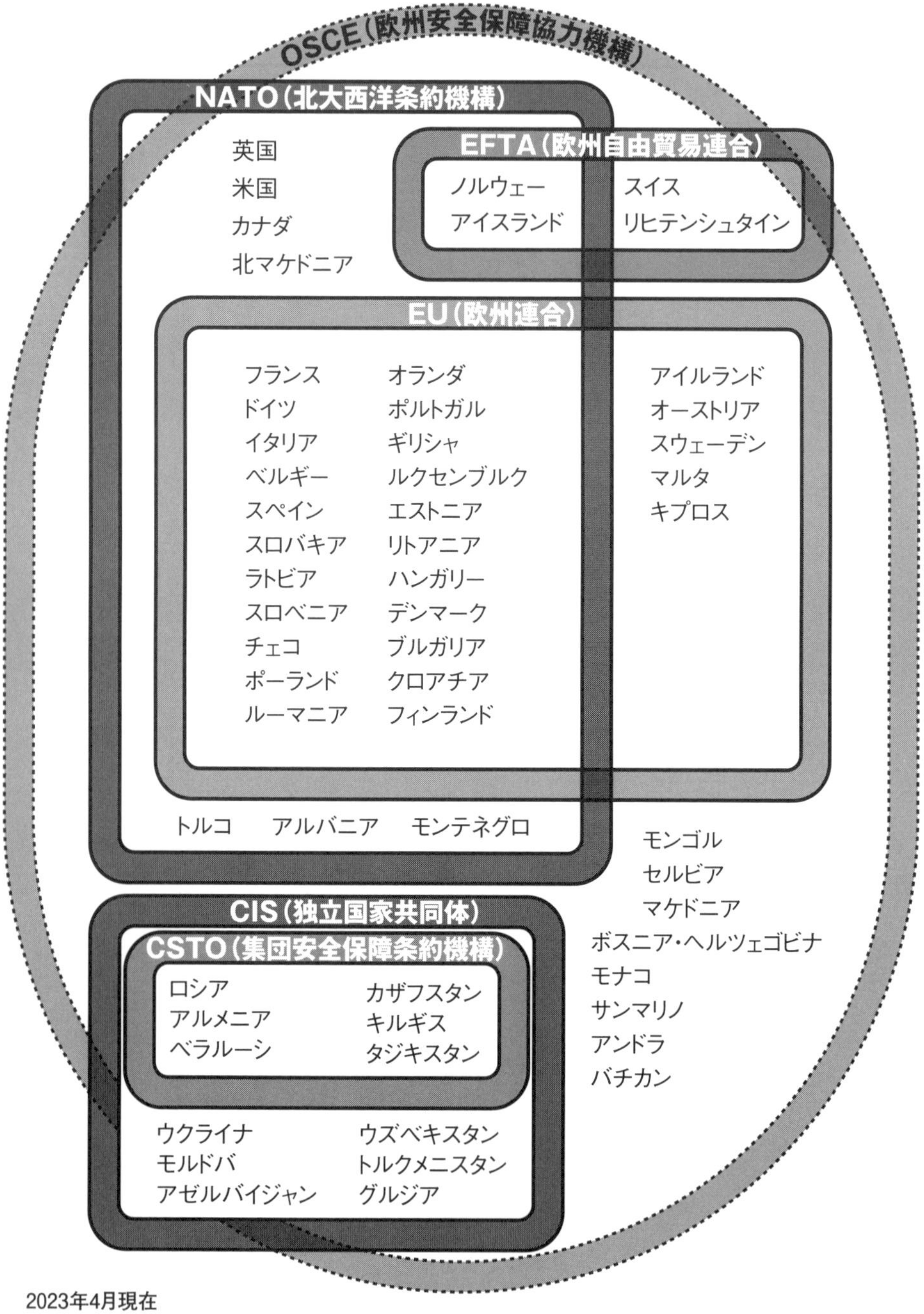

2023年4月現在

第Ⅲ部 地域・各国編

1 岐路に立つアメリカ外交

第二次世界大戦への参戦以降、米国外交の基調は国際主義へと本格的に転換し、冷戦期は西側陣営のリーダーとしてソ連を中心とする東側陣営と対峙した。冷戦終結後も、米国は唯一の超大国として対外的関与を続けた。しかし、近年米国内で内向きの声が広がりつつある。ドナルド・トランプが掲げる「アメリカ・ファースト」は、その最たる例である。本章では、この米国外交に焦点を当て、一九世紀から冷戦終結までの米国外交を概観したのち、冷戦後の歴代政権の外交について詳述する。

1 独立から第二次世界大戦まで

一八世紀後半に英国より独立を果たした米国は孤立主義を標榜し、一八二三年のモンロー・ドクトリンにおいてそれを外交原則として掲げた。当初、孤立主義は権力政治上の要請から支持され、誕生間もない幼弱な米国の独立を守るためには欧州の国際政治から距離をおく必要があると考えられたが、米国の独立が確固たるものになっても孤立主義は消滅しなかった。一九世紀前半までに「文化的に純粋無垢で健康」な新世界の米国を「腐敗堕落した」旧世界の欧州から隔離すべきといった新たな心理的な欲求が生まれたことで、孤立主義は存続したのである。

ただし、孤立主義は欧州以外の地域には適用されず、その他の地域との関係ではむしろ米国は膨張主義的・介入主義的であった。先のモンロー・ドクトリンにしても、欧州からの隔離を実現することでアメリカ大陸における米国の指導的地位の確保を目指すものであったと言える。実際、米国は「明白な運命」のもとで先住民を排除し、メキシコの領土を併合しながら西へ西へと領土を広げ、一九世紀半ばまでに太平洋沿岸にまで至る。太平洋国家となった米国はアジアにも関心を向けるようになり、一八九八年に発生した米西戦争での勝利を契機にキューバを保護下に置くとともに、フィリピンを領有する。中国への関与も始め、一八九九年に中国に関する門戸開放を列強に要請する。また、中米諸国に対して、カリブ海政策に代表される介入主義的政策を繰り返したのもこの頃であった。

一九世紀末に世界第一位の工業国となった米国は、高まる国力を背景に、関与を避けてきた欧州情勢にも次第に関わるようになる。一九一四年の第一次世界大戦勃発直後、ウッドロウ・ウィルソン大統領は一九一七年に「世界を民主主義にとって安全な場にするため」と表明して参戦を決意し、膨大な数の兵士や物資を送り込むことで米国は連合国の勝利に大きな役割を果たした。また、米国は戦後構想にも多大な影響力を及ぼし、一九一八年にウィルソンが一四ヵ条の原則の中で表明した提案をもとに世界平和を維持するための国際組織として国際連盟が創設された。しかし、議会上院がヴェルサイユ条約の批准を拒否したことで米国は国際連盟に参加しなかった。

米国が国際連盟に参加しなかった要因の一つに、孤立主義の影響がしばしば挙げられる。確かに新たな大国として台頭した米国であったが、その国際的責任については十分に自覚せず、特に議会では内向きの傾向が強かった。ヴェルサイユ条約の批准拒否の他にも、一九二二年関税法を通じて関税を史上最高水準に引き上げたばかりか、大恐慌発生後関税をさらに引き上げるスムート・ホーリー関税法を制定させた。また、一九三〇年代に入ると世論の間で海外の戦争へのいかなる関与にも反対する声が高まってくるが、こうした世論に呼応する形で、一九三五年に交戦国への武器輸送を禁ずる中立法が制定された。

一九三二年大統領選挙で当選したフランクリン・ローズヴェルトは、孤立主義勢力を睨みながら、悪化する世界情勢に対応していった。まず、一九三九年九月に第二次世界大戦が勃発すると、ローズヴェルトは英仏への軍事支援を事実上可能にする、中立法改正を実現する。そして、一九四〇年十二月、ローズヴェルトは米国を「民主主義の大兵器廠」にすると語り、翌年三月に武器貸与法が成立する。同法は、英国へのより直接的な軍事支援を可能にするものであった。このように欧州での戦争への関与を強める中、一九四一年十二月八日の日本軍による真珠湾攻撃を受けて孤立主義が一掃されて国内世論は戦争遂行に全面的に協力していった。

ローズヴェルト政権は、戦争遂行と並行して戦後の国際秩序作りを主導していった。まず、国際通貨制度の基本を定めた国際通貨基金（ＩＭＦ）および戦後復興のための資金貸付を目的とした国際復興開発銀行（ＩＢＲＤ）の設立（ブレトンウッズ体制）と、自由貿易を促進する「関税と貿易に関する一般協定（ＧＡＴＴ）」の締結において大きく貢献する。また、安全保障を扱う国際組織として、国際連合発足に向けた動きを先導した。国連では全ての加盟国が平等な権利を与えられる総会と、安全保障に関する主要な権限を与えられた安全保障理事会が置かれ、後者では米英仏ソ中の五大国に拒否権が与えられた。今回議会上院は国際連盟入りを拒否した教訓から、国際連合憲章を圧倒的多数で批准した。米国は、大国間の協調に支えられた国際組織を通じて世界平和を維持することを目指した。

米国が戦後の国際秩序作りを主導した背景には、政府内部で「第一次世界大戦後に米国が国際連盟に加盟せず国際的責任を放棄してしまった」「大恐慌後の主要国のブロック経済化が世界情勢を悪化させてしまった」との認識が存在したためである。しかし、米ソ冷戦の勃発により、国連安保理はやがて機能不全に陥っていく。

2　冷戦期のアメリカ外交

大戦直後からポーランドやドイツなどのいくつかの問題をめぐり、米ソ間の対立が生じる中、モスクワの米国大使館に勤務していたジョージ・ケナンが、一九四六年二月に本国宛に送った長文電報の中で唱えた対ソ封じ込めが、政府高官の目にとまる。また、その直後には前英国首相のチャーチルが米国訪問中にいわゆる「鉄のカーテン演説」を行い、ソ連の動向に対して注意するよう訴えた。そして、一年後の一九四七年三月、民主党のハリー・トルーマン大統領は、英国がギリシャ、トルコへの援助の肩代わりを求めてきた機会を捉えて、議会で「トルーマン・ドクトリン」として知られる演説を行い、米ソの対立が自由と圧政という二つのイデオロギーの全面対立であると規定した。続いて、同年六月にマーシャル・プランと呼ばれる、欧州の戦後復興のための大規模経済援助計画を発表する。

その後、一九四八年二月のチェコスロバキアにおける政変や同年六月のベルリン封鎖を受けて、米ソ関係が一段と悪化すると、ソ連の軍事的脅威に対抗するため、一九四九年四月に米国、カナダ、西欧諸国は北大西洋条約機構（ＮＡＴＯ）を結成する。建国以来、平時の同盟を避けてきた米国にとって、ＮＡＴＯへの参加は大きな転機となった。また、一九五〇年六月に北朝鮮が韓国を突如攻撃し朝鮮戦争が勃発すると、トルーマン政権は国防費の大幅増額を承認する。こうして、米国は恒常的な軍事大国化の道を歩み始める。

ただし、一九五三年一月に大統領に就任した共和党のドワイト・アイゼンハワーは、国家財政の健全化を重視し、前政権下での国防費の拡大を懸念していた。そこで、多額のコストを必要とする通常戦力を削減する代わりに、ソ連の攻撃に対抗するため核兵器による「大量報復」を提唱した。また、冷戦が第三世界へと波及する中、途上国に対する経済援助やＣＩＡを中心とした秘密活動を積極的に展開し、後者についてはイランとグアテマラにおいて反米的な民族主義政権を転覆させた。一方で、選挙戦では共産主義の抑圧下にある人々の「解放」を唱えていたものの、スターリン死去に伴って発生した東ドイツやハンガリーでの反ソ・反政府暴動には介入せず、事実上ソ連の勢力圏を容認する姿勢を見せた。二期目に入ると、一九五七年十月のソ連による人工衛星スプートニクの打ち上げ成功などを受けて、ミサイル戦力の分野でソ連が米国より優位ではないかとの政権批判に晒される。当時、上院議員であったジョン・Ｆ・ケネディは、このような主張を熱心に行っていた一人であった。

一九六一年一月に発足した民主党のケネディ政権は、核戦力に依存した前政権の政策を見直し、ゲリラ戦から通常兵器による戦闘、そして核戦争まで、あらゆるレベルの脅威に対抗できる柔軟反応戦略を発表した。軍拡を推進したケネディ政権であったが、発足直後から次々と国際的危機に直面する。同年四月に、一九五〇年代末に誕生したキューバのカストロ政権打倒のために、前政権が立案した亡命キューバ人による侵攻作戦を実行に移したが、キューバ軍の反撃に遭って完全な失敗に終わる

（ピッグス湾事件）。また、八月にソ連の承認のもと東ドイツが東西ベルリンを分断する壁建設を強行、これに対してケネディは西ベルリンへの米軍を増派し、米ソ間の緊張がさらに高まった。そして、翌年一〇月にキューバにおけるソ連のミサイル基地建設が発覚すると、米ソの緊張は頂点に達し核戦争勃発寸前にまで至った。

核戦争が危機が回避されると一転、米ソ関係は改善へと向かう。両政府を結ぶ「ホットライン」の設置が合意され、英国を含めた部分的核実験禁止条約（ＰＴＢＴ）が締結された。一九六三年十一月のケネディ暗殺後、大統領に昇格したリンドン・ジョンソン政権下でも米ソ関係の改善は続き、濃縮ウランの相互削減や民間航空路の開設、宇宙空間平和利用条約、核兵器不拡散条約（ＮＰＴ）などの成果を上げ、戦略兵器制限交渉（ＳＡＬＴ）に関する協議も開始される予定であった。このように、キューバ危機を境に米ソ関係は安定したかに見えたが、その一方で一九六〇年代は米国がベトナムへの軍事介入を本格化させた時期でもあった。

一九四五年九月、ホー・チ・ミンが率いるベトナム民主共和国が独立を宣言すると、宗主国フランスとの間で戦争が勃発する。アジアの共産化を恐れた米国は、一九五〇年にフランスへの援助を始め、その後も経済・軍事援助を通じて南ベトナムの「国家建設」を推進していった。ケネディ政権末期には、一万七〇〇〇人もの軍事顧問団が南ベトナムに派遣された。こうした中で、ジョンソン政権は一九六五年に北爆と地上軍の投入を決断し、ベトナム戦争への介入をエスカレートさせ、最も多い時で五〇万を超える米軍兵士を送り込んだ。しかし、米軍は苦戦し戦争は泥沼化してしまう。国内でも戦争への支持が低下するようになり、反戦運動が台頭する。ジョンソンはベトナム政策の全面的再検討に着手せざるを得なくなり、一九六八年三月、北爆縮小と同年大統領選への不出馬表明へと追い込まれた。ベトナム戦争は、ベトナムの脱植民地化の動きを共産主義拡大と結びつけ、自国の力を過信した結果と言えたが、その代償として西側諸国をけん引してきた米国はその力を大きく消耗させてしまった。

一九六九年一月に大統領に就任した共和党のリチャード・ニクソンと補佐官のヘンリー・キッシンジャーらも、米国の力の低下を強く意識していた。このため、喫緊の課題であったベトナム戦争について「ベトナム化」する方針を打ち出すとともに、同年七月に同盟国により多くの防衛負担を求めるニクソン・ドクトリンを発表した。前者については、南ベトナムに軍事的役割を肩代わりさせ米軍撤退を実現するものであった。ただし、それは即時撤退を意図したものではなく、北ベトナムの補給ルートになっているとして隣国カンボジアへの秘密爆撃を実施するなど、一時戦域を拡大させた。最終的に、一九七三年一月にベトナム和平協定が締結され、米国にとってのベトナム戦争は遂に終焉した。また、ベトナム戦費の拡大と日本や西欧諸国の経済成長などを受けて米国の経済・金融力が低下する中、一九七一年八月にニクソン政権は金・ドル兌換を停止する「新経済政策」を発表した。それは、戦後の国際経済システムの根幹であったブレトンウッズ体制の終焉を意味するものであった（第二次ニクソン・ショック）。

同時に、ニクソンは従来の政権には見られなかった大胆な外交に乗り出し、中ソ国境沿いで数度にわたり武力衝突が起きるなど両国の対立が激化している状況を利用して、米ソ・米中間の和解を進め、米国にとって有利な国際環境の創造を試みた。一九七一年七月に、ニクソン政権は翌年の米中首脳会談開催を突然発表して世界に衝撃を与え（第一次ニクソン・ショック）、翌年二月に米国大統領として初めてニクソンは北京を訪問した。この米中和解は米ソ関係の進展を促し、同年五月にニクソンは大統領として初めて訪ソし、ブレジネフとともに第一次戦略兵器制限条約（SALT Ⅰ）と弾道弾迎撃ミサイル（ABM）制限条約に調印する。これらの他にも様々な協定が調印され、米ソはデタント（緊張緩和）の時代に入っていった。

しかし、デタントは国内で強固な支持を背景に推進されたものではなかった。ニクソンとキッシンジャーがソ連の対外行動を重視する一方で、その政治体制を問題視しないことに議会では反共主義者を中心に強い批判の声が徐々に高まっていった。また、ソ連が行動を自制せず第三世界への進出を続けたこともデタント批判を拡大させた。そして、一九七九年にソ連がアフガニスタンに侵攻すると、民主党のジミー・カーター政権は強い対抗措置を取ることを決意し、デタントは完全に終焉する。「新冷戦」と言われるほど米ソ関係が著しく悪化する中、一九八一年一月に発足した共和党のロナルド・レーガン政権は、「強い米国の復活」や「力による平和」を掲げて、対ソ強硬姿勢を押し出した。ソ連について「悪の帝国」と呼んだレーガンは、一年目から対ソ軍拡を強行し、一九八三年には大規模なミサイル防衛計画である戦略防衛構想（ＳＤＩ）にも着手した。同時に、デタント期にソ連の勢力拡張を許した第三世界での巻き返しを図り、アフガニスタンなどでソ連への抵抗を続ける「自由の戦士」に対する支援を活発化させた。

しかし、新冷戦は長くは続かなかった。米ソ対立が極めて激化していた一九八三年末頃を境に、政権内部で対ソ対話派の存在感が高めるようになり、レーガン自身も交渉に積極的な姿勢を示し始めた。こうした状況下で、一九八五年にミハイル・ゴルバチョフが共産党書記長に就任したことで、米ソは関係改善に向けて一気に動き出す。同年一一月の米ソ首脳会談では具体的な成果こそ生まれなかったものの、レーガンとゴルバチョフは個人レベルで意気投合する。そして、一九八七年一二月、レーガンとゴルバチョフは中距離核戦力（ＩＮＦ）全廃条約に調印するに至った。この条約によって史上初めて核兵器が実際に削減されることになり、画期的であった。米ソの冷戦は終わりに近づきつつあった。

3　ジョージ・Ｈ・Ｗ・ブッシュ政権の外交

一九八九年一月に大統領に就任した共和党のジョージ・Ｈ・Ｗ・ブッシュは、前レーガン政権で副大統領を務めるなど豊富な外交経験を持ち、外交のプロを自認した。このブッシュがまず対応したのが冷戦終結前後の激動する国際情勢であった。

ブッシュ政権は、一九八九年に発生した東欧の政変に対して冷静に対応するとともに、同年末のゴルバチョフとの米ソ首脳会談において冷戦の終結を確認した。また、翌年には北大西洋条約機構（ＮＡＴＯ）残留のままでの東西ドイツ統一を、ソ連の強い反発を引き起こすことなく実現した。さらに、軍縮を推進し、米ソは一九九一年に戦略兵器削減条約（ＳＴＡＲＴ Ｉ）に調印したのに続き、一九九三年に米ロはＳＴＡＲＴ Ⅱに調印した。

一九八九年はアジアでも激動の年となり、同年六月には中国政府が民主化運動を武力弾圧した天安門事件が起きた。無抵抗の市民が虐殺されたことに国内外から激しい非難が巻き起こる中、ブッシュ政権は西側諸国とともに対中制裁措置に踏み切る一方、中国への関与の必要性を強調した。一九七九年の米中国交正常化以来（この時、台湾との断交に反発した議会は台湾関係法を制定し、同法では引き続き台湾への武器売却を行うことなどを定めた）、米国は中国を対ソ連のパートナーとみなしてきたが、この頃になると、中国に関与し続けることで、中国の市場化改革や政治改革が促され、ひいては国際社会に貢献する存在になるとの期待感が生まれるようになった。確かに、天安門事件を受けて米国議会を中心に中国の人権問題が非難されるようになったが、以上の期待感が揺らぐことはなく、政権が交代しても対中関与政策は推進されていくのであった。

一九九〇年八月にイラクがクウェートに侵攻して発生した湾岸危機への対応は、ブッシュ外交の特徴を何よりも示すものになった。イラクの侵略行為に対処するため、ブッシュ政権は多国間協力の枠組みを重視し多国籍軍を編成するとともに、翌年一月十五日までにイラク軍が撤退しなければ「必要なあらゆる手段を行使すること」を認める、国連安保理決議を取り付ける。この間、ブッシュはイラクの侵略行為を有効に罰することができれば、「新世界秩序」への道が開かれるであろうと訴えた。撤退期限を過ぎても、イラク軍が撤退しなかったため、米軍を中心とする多国籍軍は軍事作戦を遂に開始した。戦闘は多国籍軍の圧倒的優勢で進み、イラク軍をクウェートから撤退させた二月末に終了した。

湾岸戦争が圧勝に終わったことで、ブッシュの支持率は史上例を見ない九割に達した。当然、翌年の大統領選におけるブッシュ再選を疑う者はいなかった。しかし、冷戦の終結と米国経済の低迷によって有権者の関心は国内問題へと移っていた。こうした中で、有権者が選択したのは外交のプロを自認するブッシュではなく、経済の再建を掲げた南部アーカンソー州知事のビル・クリントンであった。

4 クリントン政権の外交

クリントンは民主党の政治家であったが、労組の影響から保護主義的傾向の強い同党内において、自らを「ニュー・デモクラット」と呼ぶ自由貿易を推進する政治家であった。このため、一九九四年の米国、カナダ、メキシコからなる北米自由貿易協定（ＮＡＦＴＡ）の発効に尽力し、世界貿易機関（ＷＴＯ）設立を定めたＧＡＴＴのウルグアイ・ラウンド最終合意にも貢献した。このように、クリントン政権は自由貿易を中心とする国際環境の整備に努め、経済のグローバル化を推し進めたのであった。

その一方で、クリントンは、冷戦終結後に顕在化した各地の民族紛争や内戦において難しい対応を迫られた。破綻国家と化していたソマリアでは、前政権に続き国連に協力して米軍を派遣したものの、市街戦で殺害された米軍兵士の遺体が市中引きずり回される映像が流れると国内世論が一気に態度を硬化させた結果、米軍撤退を余儀なくされた。そして、このソマリアでの苦い経験から、クリントン政権は大量虐殺が発生していたルワンダに対しては介入を避けたのであった。さらに、旧ユーゴの内戦をめぐっても対応は迅速とは言い難かった。一九九五年夏イスラム系住民に対するスレブレニッァの虐殺が国際的に知れ渡るところとなり、遂にＮＡＴＯ軍によるセルビア勢力への空爆に踏み切った。その後、クリントン政権は外交交渉を進め、同年十二月のデイトン和平合意に深く関与した。

冷戦終結とソ連崩壊を受けて、ロシアや東欧諸国といかなる関係を築くかが大きな課題に浮上した。クリントン政権は、一九九四年にＮＡＴＯと非加盟国との安全保障協力の枠組みである「平和のためのパートナーシップ」を提唱するとともに、先進国首脳会議（Ｇ７）にロシアを招聘しＧ７をＧ８に拡大した。ただし、東欧諸国がより確実な安全保障を求めたため、ロシアの反対を押し切り、クリントン政権はＮＡＴＯの東方拡大を支持した。

アジアでは、当初クリントン政権は前政権の対中政策が甘いと批判し、中国への貿易上の最恵国待遇付与の条件として人権状況の改善を掲げていたが、やがて柔軟な姿勢に転じこの方針を放棄した。中国という巨大な市場の魅力に逆らえず、中国を国際経済システムに組み込む意義を重視したのであった。また、同じく東アジアでは北朝鮮の核開発疑惑の表面化と核兵器不拡散条約（ＮＰＴ）の脱退宣言を受けて朝鮮半島情勢は一気に緊迫したが、北朝鮮との間で米朝枠組み合意を妥結させて、事態の打開を図った。

一九九六年大統領選でクリントンは再選されたが、共和党に議会多数党の座を奪われた状態で内政上の業績を上げにくくなった事情もあり、外交により力を入れるようになった。コソヴォ紛争では、セルビアによるアルバニア系住民に対する「民族浄化」への懸念が高まると、一九九九年に米軍主導のNATO軍によるセルビアへの空爆を実施した。また、カトリックとプロテスタントとの間で紛争が起きていた北アイルランド問題にも積極的に関与し、一九九八年四月の和平合意に貢献した。成果は生まなかったものの、中東和平交渉にも関与した。

米中関係は比較的安定していたかに見えたが、台湾をめぐって一時緊張した。一九九六年春に台湾初の民主的選挙が控える中、中国が台湾近海でミサイル演習を実施し、これを牽制するためクリントン政権も空母機動部隊を台湾海峡に派遣した。しかし、その後直ちに米中は関係改善に努め、クリントン政権は中国の世界貿易機関（WTO）加盟を推進したのであった。

当時、米国経済はITの普及などにより、低迷期を脱し好景気を享受していた。しかし、経済的繁栄の裏でイスラム原理主義勢力によるテロの脅威が高まっており、一九九六年六月にサウジアラビアで米軍宿舎が攻撃を受け、一九九八年八月の同じ日にケニアとタンザニアの米大使館が攻撃された。テロの首謀者と見られたのがオサマ・ビンラディンであった。ビンラディン率いるアルカイダはタリバン支配のアフガニスタンを拠点に活動し、二〇〇一年九月十一日に米本土で同時多発テロ事件を引き起こすのであった。

5 ジョージ・W・ブッシュ政権の外交

二〇〇〇年大統領選では、大接戦の末に共和党のジョージ・W・ブッシュが当選した。多国間主義を重視したブッシュ（父）政権とは異なり、ブッシュ外交の特徴は、国際的な取り決めが米国の利益を損ねると判断した時には、これに協力しないという単独行動主義であった。このため、ミサイル防衛推進の障害となっていたABM条約からの脱退を支持し、前政権が署名した地球温暖化防止のための京都議定書からの離脱や包括的核実験禁止条約（CTBT）批准反対などを表明した。国連分担金の支払いを拒否する姿勢も見せた。国際社会からは、このようなブッシュ外交に対して強い懸念の声が上がった。

もっとも、9・11テロ事件が発生するとテロとの戦いを遂行する必要性から国際協調を重視するようになった。政権発足直後に悪化した中ロについても、関係改善へと舵を切った（米中関係は、二〇〇一年春の海南島沖で起きた米軍偵察機と中国空軍機の衝突事故や、台湾への武器売却から冷却化し、米ロ関係もABM条約をめぐるブッシュ政権の強硬姿勢から悪化していた）。

しかし、ブッシュ政権の国際協調を重視する姿勢は一時的なものに過ぎなかった。二〇〇一年十月、米英軍はアルカイダが拠点としていたアフガニスタンへの軍事攻撃を始め、十二月までにアルカイダを掃討しタリバンを打倒すると、ブッシュ外交に単独行動主義が復活してくる。同年十二月にABM条約からの脱退を発表し、翌年五月には前政権が行った国際刑事裁判所設立条約への署名を撤回した。そして、この単独行動主義の復活を何よりも象徴したのがイラク攻撃であった。

二〇〇二年一月にブッシュは、イラン、イラク、北朝鮮を「悪の枢軸」と非難したのに続き、同年九月の「国家安全保障戦略」では大量破壊兵器を取得する恐れのあるならず者国家やテロリストには、先制攻撃を躊躇（ちゅうちょ）しないとする「ブッシュ・ドクトリン」を打ち出した。ブッシュは、イラクが大量破壊兵器を実際に使用するだけでなく、テロリストに譲り渡す危険性を挙げて、フセイン政権が国際社会にとって大きな脅威であると訴えた。また、フセイン政権を打倒しイラクの民主化を達成すれば、中東全体の安定に繋がるとの主張も展開した。強引とも言えるブッシュ政権の動きに国内外からは強い反対論が巻き起こったが、ブッシュが聞き入れることはなかった。

二〇〇三年三月、米国は英国とともに、国際社会からの明確な支持なくイラク攻撃を遂に開始した。戦闘は米英側の圧倒的優勢で進み、まもなくフセイン政権は崩壊し、五月一日にブッシュは主要な戦闘終結を宣言する。しかし、「唯一の超大国」といえども他国を根本から作り変えることは容易ではなかった。その上、ブッシュ政権の占領計画は杜撰であった。やがてイラク国内ではテロが頻発し治安が極度に悪化していく。また、ブッシュ政権が「確実に存在する」と主張していた大量破壊兵器開発の証拠は発見されず、さらにテロリストとみなした者をキューバ・グアンタナモ収容所で拘束し非人道的な扱いを行っていた実態や、イラク刑務所での米兵による捕虜虐待の実態も明るみとなった。こうして、ブッシュ政権に対する国内外からの批判はさらに一層強まっていった。

二〇〇四年大統領選で辛うじて再選されたものの、二期目のブッシュ政権はイラク情勢に忙殺され、他の課題では守勢に回ることが多かった。核開発疑惑が引き続き存在した北朝鮮については、当初の強硬姿勢から対話路線へと転じ、二〇〇七年には北朝鮮のテロ支援国家指定の解除という譲歩まで行ったが、結局北朝鮮の核開発を中止させることはできなかった。

中国との関係については、ブッシュ政権はテロの問題や北朝鮮問題などで中国の協力を不可欠と考えていた。議会などから対中貿易赤字の拡大や中国の軍拡に対する懸念の声が上がったものの、ブッシュ政権は安定した米中関係の維持に力点をおいた。これに対して、米ロ関係は、ウクライナとジョージアのＮＡＴＯ加盟に向けた動きや、二〇〇八年八月の南オセチア自治州をめぐりロシアとジョージアとの間で武力衝突が発生したことにより、政権末期に著しく悪化してしまった。

イラク戦争は終わりが見えず、アフガニスタン情勢も悪化の度合いを深める中で、二〇〇八年秋に世界的な金融危機が発生した。このような状況のもと、同年大統領選で有権者の期待を集めたのは、「チェンジ」を訴えた民主党のバラク・オバマであった。

6 オバマ政権の外交

オバマは外交の分野でもブッシュ時代からの「変化」を広く印象づけていった。就任直後にグアンタナモ収容所の一年以内の閉鎖を宣言し、二〇〇八年四月にプラハで「核なき世界」演説を行い、さらに六月にカイロでイスラム世界に向けて対話を呼び掛けた。こうしたオバマが掲げた国際協調主義や理想主義は国際社会で高く評価され、就任一年目にノーベル平和賞を授与された。

オバマ政権にとっての最重要課題は、前政権から引き継いだアフガニスタンとイラクという二つの戦争を「責任ある形」で終結させることであった。アフガニスタンについては、一旦増派をして情勢を安定化させた上で、二〇一一年夏から順次撤退を開始する方針を採用し、イラクについては二〇一一年末までの米軍撤退を発表し、最終的に同月までに撤退を完了させた。一方、オバマはテロの問題を米本土への直接的な脅威と認識していたため、テロ対策では強硬であった。アフガニスタンなどでテロリストの「標的殺害」を繰り返し、二〇一一年五月にパキスタンの地方都市に潜伏していたビンラディン殺害作戦を決行した。

オバマ政権は、前政権末期に極度に悪化した米ロ関係の改善に意欲を示し、「リセット」を掲げ、その成果として米ロは新戦略兵器削減条約（新ＳＴＡＲＴ）を二〇一〇年に調印した。中国との関係についても、米中がさまざまな課題に協力して取り込む体制づくりを進めた。

オバマ外交の特徴は、二つの戦争と経済危機に直面する中、世界における米国のリーダーシップの重要性を認識しつつも、新たな軍事的負担を背負うことには慎重であり、問題の解決ではテロ対策を例外として軍事的手段よりも対話と交渉を重視する傾向があった。このような姿勢が端的に現れたのが「アラブの春」への対応であったが、これを機にオバマ外交への批判が高まっていく。

二〇一〇年末にチュニジアで始まった「アラブの春」は、瞬く間に近隣諸国へと広がり、リビアでは内戦へと発展した。まもなく国連安保理決議に基づきＮＡＴＯ軍による空爆が実施されたが、オバマ政権は軍事上の主導権を欧州やアラブ諸国に委ねるとの「後方から指導する」とのアプローチをとった。また、シリア内戦では二〇一二年八月にオバマが「レッドライン（越えてはならぬ一線）」と警告した化学兵器の使用を、翌年夏にアサド政権が行った事実が明らかになったにもかかわらず、突如武力行使に関する議会承認を得るとの方針を発表し、結局シリアへの空爆は実施されなかった。この一連の対応は、強い非難を浴びることになった。

二〇一一年末、オバマ政権は外交の重心をアジアに移す「リバランス」を宣言した。目的は、この地域に安全を供給し、自由で開かれた国際秩序を普及させ、成長を続ける同地域の活力を取り込むことであった。その一環として、オバマ政権は環太平洋パートナーシップ協定（ＴＰＰ）を推進し、二〇一五年秋に大筋合意に至った。このリバランスには当初対中封じ込めの意図はなかったが、中国による軍拡や南シナ海などでの現状変更行動が止まらなかったことで、オバマ政権は徐々に不信感を募らせ、二〇一五年秋には南シナ海において「航行の自由作戦」を実施した。しかし、オバマ政権が気候変動などのグローバルな課題をめぐる米中協力を重視していたこともあり、中国の現状変更行動に対して厳しさが足りないと批判された。

二〇一四年にウクライナ危機が発生すると、オバマ政権はロシアのG8からの追放とプーチン側近らへの制裁やNATOの結束強化に加えて、ウクライナへの支援に踏み切ったが、その一方で紛争をエスカレートさせるとの理由から殺傷兵器は供与しなかった。しかし、こうした対応に関して、共和党タカ派を中心に不十分と批判された。

オバマは、二〇一一年末までにイラクから米軍を完全撤退させたものの、イラクとシリアでイスラム国（ISIS）が支配地域を拡大させると、その対応に追われることになった。二〇一四年夏に米国は有志連合とともにイラクやシリアでISISへの空爆を開始し、ISIS攻撃の支援などのために、両国における米軍駐留を決断した。また、アフガニスタンでは、二〇一一年七月から米軍撤退を開始し二〇一四年十二月に戦闘任務の終了を宣言したものの、タリバンによる攻勢で現地情勢が悪化する中、任期中の米軍撤退は断念せざるを得なかった。

上述の通り、オバマ自身は米国の国際的リーダーシップの重要性を認識していたものの、「アラブの春」や中ロの現状変更行動に対する抑制的対応、さらにオバマ本人の「米国は世界の警察官ではない」とする発言（二〇一三年九月）などを受けて、政権末期になると「リトレンチメント（世界における米国の役割縮小）」という言葉が頻繁に語られるようになった。そして、二〇一六年大統領選では正にリトレンチメントを積極的に推し進めるかのような人物が当選したのであった。

7 トランプ政権の外交

二〇一六年大統領選でトランプが掲げた「アメリカ・ファースト」（本書第I部3参照）の中身は、反不法移民、保護主義、孤立主義から構成された。すなわち、メキシコ国境沿いでの巨大な壁の建設を訴えるとともにT

PPからの離脱を支持し、さらにNATOについて「時代遅れだ」と発言するなど同盟批判を繰り返した。これらの主張は米国外交の伝統である国際主義とは真逆のものであり、選挙戦では所属する共和党のエリートからも激しい反発を受けた。しかし、共和党の伝統的支持層である保守派に加えて、工場の海外移転などで経済的に疲弊してしまった地域の有権者からは、トランプのポピュリズム的主張を熱狂的に支持されたのであった。

大統領就任後、トランプは「アメリカ・ファースト」に基づく政策を打ち出していった。就任直後のTPP離脱を皮切りに、鉄鋼・アルミニウムへの追加関税（二〇一八年三月）、NAFTAを改定した米国・メキシコ・カナダ協定（USMCA）の調印（同年十一月）といった保護主義的政策を推し進めた。中国との間でも、同年七月以降追加関税を相次いで実施し、それに対して中国側が報復関税で対抗したことで、米中貿易戦争と呼ばれる事態へと発展した。歴代政権が自由貿易の拡大に力を入れてきたことを見れば、トランプ政権は明らかに異質であった。また、オバマ政権が推進した気候変動に関するパリ協定からの離脱（同年六月）や、国連教育科学文化機関（ユネスコ）からの脱退（同年十月）を発表した。

外交安全保障の分野でも、トランプは前オバマ政権下で国交が回復したキューバとの関係見直し（二〇一七年六月）を宣言し、同じく前政権のもとで成立したイランの核開発を大幅に制限するイラン核合意からの離脱（翌年五月）を発表した。また、NATOや米韓同盟などに対する不満を表明し同盟国に強い衝撃を与え続けた。さらに、二〇一八年末からシリアからの米軍撤退を加速させ、二〇二〇年二月にはタリバンとの間で一四カ月以内のアフガニスタンからの完全撤退に合意した。

しかし、トランプ政権の政策は「アメリカ・ファースト」一色であったわけではない。例えば、二〇一七年四月にシリアで化学兵器の使用が明らかになると空爆を実施し、二〇二〇年一月にはイラン革命防衛隊の司令官を無人機によって殺害した。北朝鮮に対しては、オバマ政権の「戦略的忍耐」を否定し二〇一七年を通じて経済制裁と軍事的威嚇を通じた「最大限の圧力」を掛け続けた。なお、年が変わると対話路線へと転換し、同年六月には史上初の米朝首脳会談をシンガポールで行った。その後も二度にわたり首脳会談が開催されたものの、北朝鮮の問題は解決に向けた具体的な進展は見られなかった。

おそらく、トランプ外交において最も注目された分野の一つは、対中政策であろう。この頃になると、現状変更行動をめぐる安全保障の問題や、技術の強制移転および知的財産権の侵害などの経済の問題から中国への不満が党派を超えて高まっており、関与を続ければ中国が良い方向へ変わるとの期待は幻滅へと変わっていた。こうした風潮を背景に、トランプ政権は中国をロシアとともに「現状変革国家」と名指しして「関与政策」は間違いであったと断じ、対中追加関税の相次ぐ実施に加え、中国企業による投資審査の厳格化や、中国への軍民両用技術の流出阻止といった動きを推進した。南シナ海では「航行の自由作戦」を継続し、南シナ海における中国の主張を否定した。議会もトランプ政権の動きに呼応し、香港やウイグル自治区での人権弾圧を問題視した。同時に、トランプ政権は台湾との関係強化を進め、オバマ政権を上回る武器売却や閣僚らの台湾派遣を行った。こうして、トランプ政権下で米中関係は大きく変容し、ワシントン政界では対中強硬論が超党派的に沸騰するようになった。

ロシアとの関係についても、トランプ自身はロシア寄りの発言を続けたものの、政権としては対露制裁が強化され、オバマ政権が支援対象から外した殺傷兵器のウクライナへの供与を認めるなどロシアに強硬であった（二〇一九年夏、トランプがウクライナ大統領のゼレンスキーに対して武器支援の見返りに二〇二〇年大統領選のライバル候補と目されていたバイデンのウクライナでの活動についての調査を迫った疑惑が浮上、この疑惑は議会での弾劾裁判にまで発展した。最終的に、二〇二〇年二月に共和党が多数党であった上院で無罪とされた）。また、冷戦終結に向けた動きを加速させた一九八七年の中距離核戦力全廃条約（ＩＮＦ条約）について、ロシアが条約に違反していると主張し、二〇一九年二月にトランプ政権は脱退を通告した。なお、ミサイル増強を続ける中国が条約の対象ではないこともトランプ政権にとっては不満であった。

二〇二〇年初頭に発生した新型コロナウイルス感染症のパンデミックでは、トランプ政権は各国との連携を積極的に取ろうとしなかったばかりか、世界保健機関（ＷＨＯ）からの脱退まで表明した。トランプ政権の政策は必ずしも「アメリカ・ファースト」一色ではなかったものの、この新たな感染症への対応において、自国優先を貫き、米国の国際的責任を軽視する姿勢を世界に改めて印象づけた。加えて、二〇二〇年大統領選でオバマ政権の副大統領であったジョセフ・バイデンに敗北した事実をトランプが頑なに認めようとしなかったことで、翌年一月六日に支持者たちが議会に乱入するという前代未聞の事件が発生し、民主主義のリーダーとしての米国の評判も大きく傷ついてしまった。

二〇二一年一月に発足したバイデン政権は、「米国が戻ってきた」と宣言し、前政権とは対照的に国際協調や米国のリーダーシップを強調している。就任直後には、早速パリ協定への復帰を表明するとともに、WHO脱退方針を撤回した。また、二〇二二年二月に勃発したロシア・ウクライナ戦争では直接の軍事介入を避けつつ、西側諸国を結束させて強力な対露制裁と対ウクライナ支援を実施している。

ただし、バイデン政権の政策にはトランプ政権との連続性が存在することも事実である。例えば、対中政策では日豪印など同盟国・関係国との連携を重視するという違いは見られるものの、「国際秩序に絶えず挑戦する唯一の競争相手」と規定するなど、トランプ政権と同様、中国への対抗姿勢を鮮明にしている。また、トランプ政権の方針を追認し二〇二一年夏にアフガニスタンからの米軍の完全撤退を強行した。そして労働者の動向を意識して、貿易面でも政府調達において米国製品を優先させるバイ・アメリカン法の運用強化や、北米生産の電気自動車への優遇措置といった貿易面での保護主義的傾向が見られ、オバマ政権が力を入れて取り組んだTPPについてもバイデン政権は復帰に慎重である。

第二次世界大戦への参戦以降、米国は国際主義に立脚した外交を展開してきた。冷戦終結後も、米国は積極的に世界に関与し続けた。しかし、近年の動向を見ると米国外交に変化が生じつつあり、今後自国優先の態度がより顕著に現れていく可能性は否定できない。

（宮田智之）

2 中国外交——地域大国からグローバル大国へ台頭した中国の世界戦略

1 冷戦期の中国外交

一九四九年十月一日、中華人民共和国の建国が宣言された。建国初期の中国外交の三大原則は、「向ソ一辺倒」、「別の竈を作る」（＝中華民国の不平等外交を継承せず、平等と相互尊重の原則に基づく新しい外交関係の構築）、「部屋を綺麗にしてから客を招き入れる」（＝帝国主義国家の特権の取消）であった。一九四五年の中ソ友好同盟条約改訂のために毛沢東は一九四九年十二月にモスクワへ赴き、翌年二月に中ソ友好同盟相互援助条約を締結した。新疆や東北におけるソ連の特権を認めざるをえなかったが、ソ連から経済援助を引き出すことに成功した。一九四九年七月一日の毛沢東論文「人民民主主義独裁を論ず」で向ソ一辺倒を打ち出していたが、復興のための国際環境が重要課題であり、当時の中国は西側諸国との国交樹立や貿易にも前向きであった。

しかし、一九五〇年六月二十五日に勃発した朝鮮戦争で外交方針は一転した。六月二十七日にトルーマン米大統領が台湾中立化を表明すると、中国はそれを「三方向（朝鮮・台湾・インドシナ）から迂回して心臓部（中国）へ向かう戦略」であると警戒した。国連多国籍軍が三八度線を超えると、十月に中国人民義勇軍が中朝国境の鴨緑江を渡り、朝鮮戦争は米中戦争へと転化した。一九五三年に休戦協定が調印されると、中国は国内建設に重点を移し、社会主義への移行を本格化させた。また、中国封じ込めを打破するため、周辺との平和共存を求め、一九五四年四月に「中国チベット地方とインド間の通商協定」で平和五原則を公表した。一九五五年四月のアジア・アフリカ会議（バンドン会議）では、平和五原則を発展させた「バンドン十原則」が採択された。

一九五六年のスターリン批判以降、国際共産主義運動の総路線をめぐる中ソ論争は安全保障政策をめぐる対立にまで発展していった。一九五七年十月にソ連が人工衛星スプートニクの打ち上げを成功させると、翌月のモスクワ会議で毛沢東は、東側陣営が西側よりも優位にあり、積極的な攻勢にでるべきと訴えた。毛沢東の考えはフルシチョフの米ソ平和共存路線と相容れず、毛沢東はソ連に代わって中国こそが世界革命のリーダーになるべきとの信念を強めていった。一九五八年五月の中共第八期二中全会で「社会主義建設の総路線」が採択され、ソ連型モデルから離れた「大躍進政策」が打ち出された。毛沢東は、翌月、ソ連の「核の傘」に依拠せず独自で核開発を目指すと宣言した。また中共中央軍事委員会はソ連型軍事路線から中国独自の軍事力建設へと舵を切った。同年の米軍のレバノン派兵や第二次台湾海峡危機等をめぐる中ソの亀裂が深まり、五九年六月にソ連は中ソ国防新技術協定の中止を一方的に通告し、原爆生産技術の提供を拒否した。同年九月には中印国境紛争や米ソ原子力平和利用情報提供の合意などをめぐる中ソ間の意見の相違が先鋭化し、同月末からのフルシチョフ訪中時に共同声明を公表できず、中ソ対立が表面化していった。中国は一九六〇年四月の論文「レーニン主義万歳」でソ連を「修正主義」と痛烈に批判した。一九六三年九月から翌年七月まで九本の論文（いわゆる「九評」）を公表し、中ソ論争は全面的なイデオロギー闘争へ発展した。一九六三年七月に部分的核実験禁止条約（ＰＴＢＴ）が調印されると、中国は同年十月「百年かけても自前の核兵器を製造する」と声明を出した。翌年のフルシチョフ失脚発表後に中国は初の原爆実験を成功させたが、そのコードネームが国防新技術協定破棄の一九五九年六月を意味する「五九六」であったことに、中国の強い怒りが示されていた。

一九五九年のチベット動乱や一九六二年の国境紛争でインドとの関係が悪化し、中国は周辺諸国との国境画定を進めた。また、ソ連の第三世界外交を「新植民地主義」と批判し、中国は第三世界で積極的な外交を展開した。さらに長崎国旗事件で断絶状態であった日本と貿易を再開した。西欧諸国との経済関係も急速に拡大させた。一九六四年一月にフランスと国交樹立する直前には、

「二つの中間地帯論」を公表した。これは、一九五八年の「中間地帯論」（米帝国主義と社会主義陣営の間の中間地帯＝アジア・アフリカ・ラテンアメリカにおける米帝国主義との闘争を支援する統一戦線結成を呼びかけた中国の国際政治論）を敷衍させ、西欧、オセアニア、カナダを「第二中間地帯」と位置づけ、二つの中間地帯における帝国主義との闘争の必要性を訴えたものであった。しかし、中国が反米反ソの急進外交へ転換していき、中間地帯論は中国の外交理論から再び消えていった。

一九六八年八月、ソ連が「プラハの春」を武力で弾圧すると、中国はソ連を「社会帝国主義」と批判した。一九六九年三月には黒竜江省珍宝島（ダマンスキー島）で大規模な武力衝突が発生し、その後も新疆の国境等で武力衝突が続いた。ソ連を主要敵と見なし、中国は米国と関係改善へ転じた。ベトナム戦争からの「名誉ある撤退」を目指した米国も中国との関係改善に動いていた。一九七一年四月に米中はピンポン外交を展開し、七月十五日、ニクソン大統領はキッシンジャー大統領補佐官が訪中したことと翌年五月までのニクソン訪中に米中両政府が合意したことを盛り込んだ政府声明を公表した。ニクソンは一九七二年二月に米大統領として初訪中した。

米中接近によって中国は国連加盟を果たした。一九七〇年総会で中国支持派のアルバニア決議案への賛成票が初めて反対票を上回っていたので、一九七一年総会では、中華民国を国連から追放すべきか否かに争点が絞られた。米国等一九カ国が「二重代表制決議案」（中国の国連参加を認め、安保理常任理事国の席を中国に与えると同時に、中華民国の議席も認める案）を、また中華民国追放を国連憲章一八条に指定する「追放反対重要問題決議案」を二二カ国が提出した。アルバニア決議案の表決が賛成七六、反対三五、棄権一七、欠席三で採択され、二重代表制決議案は表決に付されないこととなり、建国以来の国連における中国代表権問題が幕を閉じた。

一九七八年十二月の中共一一期三中全会で中国は経済建設を国家戦略の主要任務とし、「改革開放」を表明した。翌月に国交正常化した米中は、反ソ協力関係を築いていくかに見えた。しかし、断交後の台湾と経済・文化的関係を維持し、台湾への防御的武器売却を規定した米国内法の「台湾関係法」が同年三月に議会を通過、四月十日にカーター大統領が署名すると、中国は米国へ強く抗議した。また、親台湾派のレーガン政権が一九八一年に発足すると、米国から台湾への武器供与問題が米中間で争点化した。米政権が中国に譲歩し、翌年八月一七日、台湾への段階的な武器売却削減等で合意した「米中共同コミュニケ（817コミュニケ）」を米中両国政府が公表した。しかし、中台の軍事均衡を条件とした米国の姿勢を受けて、中国はソ連との関係改善を模索し始めた。「独立自主の対外政策」を打ち出した一九八二年九月の第一二回党大会における政治報告は、中ソ関係正常化の三大条件として、中ソ・中蒙国境のソ連軍、カンボジアのベトナム軍、アフガニスタンのソ連軍を挙げた。一九八九年五月にはゴルバチョフが訪中し、中国はソ連と党と国家で関係を改善した。

2 国際的孤立からの脱却と冷戦後世界への対応

改革開放がもたらした高度成長は、中国社会の歪みと矛盾を深刻化させ、不満を高めた人々は公正を求めて抗議した。これを武力で鎮圧したのが一九八九年の第二次天安門事件であった。鄧小平は第二次天安門事件を「和平演変」とブルジョワ自由化によってもたらされたと認識した。和平演変とは、資本主義勢力が社会主義国内の勢力と結託して社会主義体制を平和的に転覆させることである。人権侵害と非難した西側諸国が中国へ制裁を科すと、中国は「経済の政治化」と強く反発し、米国を「覇権主義と強権政治」と警戒していった。冷戦終焉とソ連消滅は中共指導部の危機認識を高め、中国外交のあり方を再検討させることになった。

天安門事件に対する西側からの制裁と東欧の社会主義体制の崩壊を目のあたりにし、中共中央では計画経済を重視する保守派勢力が巻き返した。中国は社会主義なのか資本主義なのかという論争が起き、保守派台頭による引き締め政策と政策転換を恐れた西側資本の中国撤退が続き、中国経済は失速した。改革開放が停頓してしまった状況を打破するために、鄧小平は一九九二年一月―二月に中国南部の都市を視察し、経済改革と対外開放を呼びかけ檄を飛ばした（「南巡講話」）。これを契機に経済建設が加速され、中国はグローバル経済に急速に組み込まれていった。同年の十月の第一四回党大会が社会主義市場経済の確立を経済改革の目標と位置づけ、中国は再びめざましい経済発展へ突き進んでいった。中国の経済成長にともない、欧米諸国は対中政策を見直し、世界経済の急速なグローバル化の中で、中国は「世界の工場」となっていった。

中国は全方位外交を展開し、韓国、ラオス、インドネシア、シンガポール、ブルネイ、ベトナムとの関係正常化を進め、地域大国としてのプレゼンスを高めた。一九九一年に東南アジア諸国連合（ＡＳＥＡＮ）と初の非公式外相会談を開催し、一九九三年にはＡＳＥＡＮの協議パートナーとなった。当時のカンボジア情勢、朝鮮半島情勢、湾岸戦争、ソ連消滅等をめぐり、地域大国としての中国からの協力を、また、国連安全保障理事会常任理事国として拒否権を持つ中国からの協力を、米国をはじめとする国際社会も必要とした。

一方、一九九〇年五月に「社会主義の民主と資本主義の民主は区別される」と演説した江沢民は、集団主義を重視する「社会主義の民主」が愛国主義と同義であると説き、愛国主義教育が強化された。近代史教育で「屈辱の歴史」が強調され、中国はナショナリズムを対外的に強く表出するようになっていった。

力による支配や権益の拡大を主張する中国は、一九九二年二月に「領海及び接続水域法（領海法）」を施行し、領域拡大の野心を顕わにした。また、同年十月の第一四回党大会で江沢民が主権と海洋権益の防衛、祖国統一の安全擁護を人民解放軍の担うべき使命として位置づけた。一九九五年―一九九六年の第三次台湾海峡危機で中国は砲艦外交を展開したが、米軍の圧倒的な軍事力を再認識し、冷戦終焉後に唯一の超大国となった米国への対応ならびに台湾独立を封じ込めるため、中国は軍事増強を積極的に推進していった。

ソ連消滅後の国際秩序が再編されていく中で、中国は協調的安全保障と総合安全保障の観点から周辺諸国との多国間外交にも積極的に取り組んでいった。

中国はロシアと「二一世紀に向けた建設的パートナーシップ」を一九九四年に宣言した。一九九六年四月には、米国を念頭に中ロ両国政府が「覇権主義と強権政治に反対」という文言を盛り込んだ共同声明で「二一世紀に向けた戦略的協力パートナーシップ」を宣言するとともに、中国、ロシア、カザフスタン、キルギス、タジキスタンの五カ国の首脳会議（上海ファイブ）を開催し、「国境地区軍事領域での信頼強化についての協定（上海協定）」を締結した。これら五カ国は、同年末、国境兵力削減を盛り込んだ「軍事信頼醸成措置協定」に調印した。信頼醸成の場となった上海ファイブは、一九九八年以降、政治、安全保障、経済等の広範な協議も行うようになり、二〇〇一年六月にはウズベキスタンを加えて上海協力機構（SCO）へと発展した。

一九九六年のASEAN拡大外相会議でASEANの対話国となった中国は、高まる中国脅威論の払拭に努めた。同年に初開催されたアジア欧州会議（ASEM）では世界の多極化を訴え、一九九七年の中ロ共同声明では「新安全観」に基づく平和と協力の推進を唱えた。中国は、一九九七年のアジア金融危機後、ASEAN+3に合わせて日韓中三国首脳会合開催に同意し、二〇〇〇年には日韓中首脳会合の定例化に同意した。

米国とは、一九九九年のNATO軍による在ユーゴ中国大使館爆撃事件、二〇〇一年四月の海南島事件等、険悪な関係が続いたが、同年九月の米国同時多発テロへの対応で国連安保理常任理事国の中国と関係改善を必要とした米国が関係改善に動いた。それが中国の世界貿易機関（WTO）加盟交渉を後押しし、同年十二月、中国はWTO加盟を果たした。飛躍的に経済成長した中国は、「世界の工場」になっていった。

外交の主要任務を経済発展と社会安定のための国際環境形成とした中国は、積極的な二国間外交と多国間外交を展開した。二〇〇二年十一月の党大会では「与隣為善、以隣為伴」（善意を以て隣国に対処し、隣国をパートナーとする）の周辺外交方針を打ち出し、二〇〇五年十二月には国際社会における中国の役割を示した白書「中国の平和的発展の道」を発表した。中国は対米関係を重視した国際協調路線を進むかに見えた。

しかし、二〇〇五年二月の日米安保協議委員会（2+2）が共同文書で初めて台湾問題を「安全保障上の共通の懸念」と発表すると、中国は米国の台湾政策に日本も参加していくと認識した。二〇〇六年五月に「米軍再編のための日米ロードマップ」が公表されると、日米同盟の変化を警戒した中国は、二〇〇八年の北京五輪を睨んで主要国との関係維持を優先したが、強硬な姿勢も顕わにしていった。例えば、米国の「ネットワーク中心の戦い（NCW）」の優位性に対する挑戦状を突きつけるかのように、二〇〇七年一月、中国は地上発射弾道ミサイルで人工衛星を破棄する実験を成功させた。二〇〇九年十二月には、無名の島を命名して国家主権を主張したり、その海域管轄を強化し海洋権益を維持・保護したり、堅牢な海上防衛の前線を構築したりすること等を目的とする「島嶼（海島）保護法」を採択・公布（翌年三月施行）した。また、二〇一二年六月、他国も領有権を主張する南シナ海の南沙、西沙、中沙の各諸島を管轄する新たな行政単位「海南省三沙市」の新設を発表した。二〇一三年十一月二十三日には中国国防部が東シナ海に突然「防空識別圏」の設定を公告し、同日施行した。中国は国際法で認められる範囲よりも広い海域の主権を中国国内法によって主張していった。

3 習近平時代の「大国外交」

米国が二〇一一年に唱えたリバランス政策が翌年本格的に始動すると、中国は海洋権益の獲得を強化していった。同時に、中国は新興国や途上国へ外交攻勢をかけた。南シナ海の領有権問題でベトナムやフィリピンと関係が悪化したものの、親中派のカンボジアがASEAN議長国として中国へ対抗する足並みを乱した。同年九月に日本が尖閣諸島を国有化すると、中国は年末までに日本を従来の「大国」の分類から「周辺」に位置づけた。

同年十一月の第一八回党大会で中共総書記に選出された習近平は、直後に「中国の夢」を提起した。習近平は翌年三月の全人代会で、「中国の夢」とは「中華民族の偉大なる復興」を実現することであり、そのために国家の富強を実現しなければならないと訴えた。習近平はその野心を同年二月に国家副主席として訪米した時に既に示していた。習近平はオバマへ「広くて大きな太平洋には米中両大国を受け入れる十分な空間がある」と伝えた。国家主席として翌年六月に訪米した時にも、「中国の夢」をオバマに説明した習近平は、「新型国際関係」を呼びかけ、「太平洋は米中双方を受け入れる十分な広さがある」と語った。新型国際関係とは、衝突せず、対抗せず、相互尊重、ウィンウィンの協力を四原則とし、政治制度の違いを超えて〝対等〟な立場で協力し合うと中国が提唱する対外政策理念である。

中共は第一八回党大会で「海洋強国」の建設を重要な国家戦略として位置づけた。二〇一三年七月には「国家海洋委員会」が新設され、海洋法執行機関を一元化した中国は「力による現状変更」を進めていった。二〇一三年四月二十六日には、外交部が日本の沖縄県石垣市の尖閣諸島を「中国の核心的利益に属する」と初めて公式に位置づけた。

同年九月から十月にかけて、習近平が二つのシルクロード構想（「シルクロード経済ベルト」と「二一世紀海上シルクロード」＝「一帯一路」）を公表した。その名称から、同構想の経済面ばかりが注目され、広域経済圏構想と記すメディアもあるが、「一帯一路」は政治や信頼醸成や実務協力までを含む包括的な安全保障構想である（「一帯一路」については、本書第Ⅰ部トピック編5参照）。

二〇一三年十月の日米安全保障協議委員会（日米「2＋2」）が中国を念頭に日米防衛協力のための指針の見直しを決めた翌月の中共三中全会で、国防・軍隊改革が提唱された。同月二四～二五日に開催された中共中央の周辺外交座談会では、習近平が「奮発有為（奮い立って行動する）」の外交方針を打ち出し、才能を隠して内に力を蓄えるという鄧小平が提唱した外交方針「韜光養晦（とうこうようかい）」からの転換を匂わせた。二〇一四年五月、南シナ海に石油掘削装置を設置した中国を米国が批判すると、直後に上海で開催されたアジア相互協力信頼醸成措置会議（CICA）で、習は「アジアの安全はアジアの国民によって守られなければならない」「いかなる国家も地域の安全保障を独占すべきではない」と強調し、米国主導の国際秩序に中国がロシア等と連携して対抗していく姿勢を示した。中国は急ピッチで南シナ海を「接近阻止・領域拒否（A2AD）」のための要塞にしていった。二〇一六年、南シナ海で中国が主権を主張する独自の境界線「九段線」に法的根拠はないとハーグの仲裁裁判所が認定を下すと、中国は「判決は無効で紙屑に過ぎない」と国際法を蔑ろにする姿勢を繰り返した。

習近平は、二〇一四年十一月の中共中央外事工作会議において、「中国の特色ある大国外交」を提唱した。また、同会議において、習近平は新型国際関係の構築を推進し、他国の内政への不干渉の原則を堅持し、各国民が自ら選択した発展路線と社会制度の尊重を堅持し、国家間の溝や紛争の対話や協議を通じた平和的解決を堅持し、武力による威嚇に反対する必要がある、と強調した。

中国が急速にグローバルに台頭する中で、米国との衝突回避を中国は模索した。習近平は二〇一五年九月の国連七〇周年記念講演で「新型国際関係」を構築し「人類運命共同体」を建設する必要性を訴えた。

同月の国連平和維持活動（ＰＫＯ）サミットで、中国は平和維持警察隊の常設、八〇〇〇人規模のＰＫＯ待機部隊編成、アフリカ連合への軍事援助等を打ち出した。二〇一六—二〇一八年以降のＰＫＯ予算分担率と二〇一九—二〇二一年以降の国連通常予算分担率で中国が日本を抜き二位となり、中国はプレゼンスを高めた。ＰＫＯ活動の多くは国連の大票田であるアフリカで行われており、中国はアフリカにおける資源や貿易でのアクセスのみならず、国連での投票行動でも活かして国連や専門機関での主要ポストを増やし、製品やサービスの国際標準化活動における中国の発言権強化にもつなげた。

また、環太平洋パートナーシップ（ＴＰＰ、二〇一七年に米国離脱）が二〇一五年十月に大筋合意、翌年署名されると、中国は「一帯一路」等の中国主導の経済協力や開発協力を推進し、積極的な攻勢に出た。二〇一五年七月にはＢＲＩＣＳ（ブラジル、ロシア、インド、中国、南アフリカ）首脳会合がＢＲＩＣＳ開発銀行の拠点を北京に構える意向を示し、同年始動したアジアインフラ投資銀行（ＡＩＩＢ）は初総会を翌年六月に開催した。

この頃、中国は宇宙事業でも躍進し、宇宙を米中覇権競争の場にした。月着陸探査機嫦娥四号を打ち上げ、人類初の月の裏側の探査計画を二〇一五年五月に公表した（二〇一八年十二月に打ち上げ、一九年一月に着陸成功）。また、独自の宇宙ステーション建設を公表し（中国は宇宙ステーション「天宮」の組み立てを二〇二〇年三月末に完成）、二〇三〇年代に中国が米国と並ぶ宇宙強国になると宣言した。二〇一六年には地球観測衛星高分三号の打ち上げに成功し海洋陸地の監視モニタリングを二四時間全天候で実現した。二〇一六年九月の米連邦議会では「米国が中国との宇宙競争に負けつつあるのか」という公聴会が開かれた。

中国は二〇一六年までに南シナ海で軍事要塞化を進めた。一方、東アジアでは、二〇一七年に北朝鮮が核実験を繰り返したことで韓国が同年七月にＴＨＡＡＤ（終末高高度防衛ミサイル）の在韓配備に合意し、中国はTHAADのXバンドレーダーによる監視を懸念して、「限韓令」等を実施した。政権交代した文在寅政権は中国に歩み寄り、同年十月、康京和外相が国会で「米国のミサイル防衛に参加しない、THAADを追加配備しない、韓米日軍事協力を同盟にしない」（三不）と表明した。中国はこれに「中国の戦略的安全保障の利益を損なわないように制限する」（一限）も加えて「三不一限」を約束したとしている（韓国側は否定）。

二〇一八年以降、中国の知的財産侵害や強制的技術移転等の改善を求めて制裁関税を発動した米国に対して、中国が対抗関税を発動して貿易摩擦を展開し、通商対立は技術覇権、安全保障をめぐる対立へとエスカレートしていった。二〇一九年に米国が外国投資を厳しく審査する「外国投資リスク審査近代化法」や先端技術の輸出管理を厳しくする「輸出管理改革法」を施行すると、中国は安全保障に関わる輸出規制を強化する「輸出管理法」を二〇二〇年一二月に施行し、米国からの圧力に対抗した。二〇二一年には、中国の人権問題をめぐる欧米の制裁に対して、中国は「米国には米国式の民主主義があり、中国には中国式の民主がある」「中国が支持するのは、ルールに基づく国際秩序ではない」と反発し、「国家の主権、尊厳及び重要利益を守るための報復措置」として、中国は同年六月十日に「反外国制裁法」を可決・施行した。

習近平は、二〇二一年に発足した米国のバイデン政権が中国を念頭に「民主主義と専制主義の闘い」を米国外交の基軸に位置づける中で、同年九月の国連総会において「グローバル発展イニシアティブ（GDI）」を、また、二〇二二年四月の博鰲アジアフォーラムにおいて「グローバル安全保障イニシアティブ（GSI）」を、二〇二三年三月の中国共産党・世界政党上層部対話において、世界に向けてグローバル文明イニシアティブ（GCI）を提唱した。中国は、「一帯一路」の共同建設を深化させ、上海協力機構（SCO）、アジア信頼醸成措置会議（CICA）、「BRICSプラス」等の多国間枠組みを拡大し、中国外交の支柱としての「人類運命共同体」構想を構築し、多国間主義と中国主導のグローバルガバナンスを推進しようとしている。

（三船恵美）

3　大西洋同盟の中の欧州外交

1　欧州の冷戦の開始

米欧関係の共通点とジレンマ

第二次世界大戦後の西欧主要諸国の外交は三つの同心円の枠組みで整理できる。第一は各国との関係、第二は米国との関係、そして第三は植民地との関係である。そのうち欧州諸国の域外関係の中で最も重要なのは米国との同盟関係である。それは戦後日本外交にとって最も重要なのが米国との関係であるのと同じだ。しかし米欧関係は日米関係とは違う。そこには二つの共通認識があるからだ。

第一に、米欧関係は歴史・文化を共有し、共通の価値観に支えられた関係である。キリスト教徒としての同質性の高い思考様式や行動規範を共有する「共同体感覚」が存在する。第二に、米欧諸国は世界のリーダーシップを自覚する。近代以降の世界歴史において米欧の優位は自明だという意識である。

しかしそうした共通認識と同時に、米欧関係のジレンマがある。つまり米欧間の優越観と劣等感である。欧州には文化・歴史的優越観がある。一九世紀まで欧州人にとって、米国は未開で粗野な国の代名詞であった。しかしこの欧州の自信は一九世紀末の米西戦争と第一次世界大戦によって揺らいだ。米国の軍事的・経済的優位が明らかとなったからである。冷戦終結以後も、米欧関係は米国の総合力の優位を前提とする「力の不均衡な同盟」（「覇権協力」）の状態が続いている。

封じ込め政策と欧州の右旋回

一九四五年秋から翌年夏にかけて行われた一連の米英

仏中ソ五大国外相会談を経て、東西間の対立は明白となった。一九四六年三月チャーチルの《鉄のカーテン》演説、一九四七年三月「トルーマン・ドクトリン」（ソ連共産主義勢力の「封じ込め（containment）」政策）が明らかにされた。この時期欧州各国では、ソ連の支援を受けた「レジスタンス（ナチスへの抵抗運動）」の中心となった共産主義勢力が拡大していたので米国はそれを抑えようとしたからだ。この「封じ込め政策」によって欧州諸国は大きく右旋回していった。一九四七年に仏伊では共産党や社会党の閣僚が排除された。その背景には米国の圧力があったと言われている。

　一九四七年六月、欧州共同復興計画に対する米国の無償援助供与計画（マーシャル・プラン）が発表された。この援助の受け皿として欧州経済協力機構（ＯＥＥＣ、一九六一年に経済協力開発機構（ＯＥＣＤ）に発展的解消）が誕生し、後の欧州経済共同体の礎となった。米国の対欧政策はその時々の東西対立の事情に呼応していた。

ベルリン危機――「ヤルタ協定」の挫折

欧州の冷戦は、ドイツ問題に収斂する。一九四四年九月の米英ソのロンドン会議で「ドイツ占領および大ベルリン行政に関する協定」と「ドイツ管理機構に関する協定」が定められ（一九四五年二月に発効）、ドイツ全体とベルリンは四カ国が分割共同管理することになった。

　しかし、米国は一九四七年一月、西側の軍事的・経済的拠点としての西ドイツ重工業復活の方針を明らかにしており、一九四八年六月には米英仏ベネルクス三国は西ドイツ政府を樹立して西側に編入し、三占領地区での通貨改革の実施を発表した。これに対して、ソ連は東ドイツとベルリンでの通貨改革を行い、ベルリンへの鉄道・水路・道路を通行止め（ベルリン封鎖）にしたので、米国はベルリン西側地区への食糧・衣料・燃料・薬品などの空輸を行ない、ベルリン市は二つに分裂した。しかし一九四九年一月に入って、ソ連から西ドイツ政府樹立の延期を条件とする妥協案が提示され、五月には封鎖の解除が決定された。同月には東西ドイツは憲法（西側は基本法と命名）を採択し、九月にドイツ連邦共和国、十月にはドイツ民主共和国が成立した。「東西ドイツの対立」の悲劇の始まりであった。

2 欧州冷戦の制度化

NATOの成立と西独再軍備決定

冷戦初期、「保護者（米国）と被保護者（西欧諸国）」という関係は安定していた。そして、米国が欧州統合を積極的に支援したのも対ソ脅威に備える意図からだった。

ドイツの脅威に対抗するため英仏間で調印されたダンケルク条約（一九四七年）を基礎とした一九四八年三月の西欧同盟（WEU）結成（ブリュッセル条約）や一九四九年六月の北大西洋条約機構（NATO）設立は、東西対立の中での米欧の対ソ脅威に備えたものだった。それはまた米欧関係の蜜月時代の象徴的出来事だった。

このころ米国との関係の調整役となったのは英国だった。欧州の安定には孤立主義の根強い米国を欧州に引き付けておくことが不可欠だと考えていた。英労働党アトリー政権のアーネスト・ベヴィン外相は、米ソの間での「第三勢力」としての西欧同盟設立後、「さらなる広域での協調」、つまり米国を巻き込んだ防衛体制の構築を構想していた。その背景には、一九四八年二月チェコのクーデタに見られたようなソ連共産主義勢力の台頭に対する懸念があった。「米英の特別な関係」を尊重して米国は英国の要請に応じた。

NATOの成立は米国の伝統的な孤立政策の放棄を意味した。米国が集団的自衛権を認めたからであった（ヴァンデンバーグ上院議員の提案の決議）。NATOは第一に集団軍事防衛機構としての意味を持ったが、条約には政治協力や経済協力も謳ってある。したがってその後、米欧諸国が共同行動をとるための共通の価値や規範を育成する場所、すなわち米欧「安全保障共同体」の象徴的な場となっていった。

そうした中で朝鮮戦争は、日本の自衛隊創設の契機となったと同時に西独再軍備を促した。一九五一年十二月のブリュッセルNATO理事会は、欧州統一軍創設と同軍への西ドイツ戦闘部隊の編入を決定したが、これは、西独の再軍備に積極的な米国と西独再軍備に懸念を抱くフランスなどの妥協案であった。このプレヴァン仏首相の提案（プレヴァン・プラン、欧州防衛共同体〈EDC〉）では、西独部隊は超国家的統一機関＝EDCの軍隊として再編されたのであつて、自立した「ドイツ国軍」の復活ではなかった。しかし、この計画は提案国フランスの議会がEDCの超国家性に対する懸念から、一九五四年に実質的に批准を拒絶したために挫折した。

事態打開にイーデン英外相は奔走し、一九五四年九月に独伊をWEUへ加盟させ（拡大ブリュッセル条約）、WEUの一員として西独軍がNATOの最高司令官の指揮下に入ることなどを決めた。同年十月、西独再軍備とWEU、NATOへの加盟、西独主権回復などを定めたパリ協定が調印された。一九五五年五月には永世中立を約したオーストリア国権回復条約が調印された。

冷戦の固定化――ベルリンの壁

その後ドイツ統一問題は進展せず（一九五五年七月四大国首脳のジュネーヴ会談、一九六〇年五月英米仏ソパリ頂上会談の失敗）、一九六一年八月東独軍・警察は東西ベルリン分割線出入り口の東独側を占領し、有刺鉄線のバリケードを築き、その後コンクリートの壁が東西ベルリン分割線に沿って築かれた。しかしブラント西ベルリン市長（当時）の支援要請にケネディ米政権も英仏も反応は鈍く、実質的な東西分割（二つのドイツ）という現状が受け入れられることになった。「壁」の建設の直接的理由は、東から西への逃亡者の増加であった。

アデナウアー西独大統領にとって「壁」の構築は、自由選挙によるドイツ統一（東独政権の不承認、オーデル＝ナイセ国境〈東独・ポーランド間〉不承認）という従来の政策を否定するものだった。他方、米国は現状維持政策と西独の核武装政策の阻止を支持したので、熱烈な統一論者のアデナウアーはこれに猛反発した。そして、ドイツ分断を容認した米国との関係を見直し、ソ連に接近したが、同時にフランスとの接近も選択した。それは当時ドゴール仏大統領の下で進められていた対ソ接近策への対抗策でもあった。

こうして一九六三年一月独仏協力条約（エリゼ条約）が調印された。独仏条約はフランスにとって、失敗したフーシェプラン（後述）に代わる欧州政治協力と独仏同盟の創設を意味した。加えて、両国の対米関係が冷めた時期に、独ソ接近を阻む伝統的な欧州地政学的な動機も込められていた。

米欧関係の揺らぎ――欧州の相対的自立志向

西欧諸国が復興し、欧州統合（本書第Ⅱ部5参照）が進むにつれて米欧間の摩擦がみられるようになる。

第一に、経済面では次第に自立化し、自給体制を整えていく欧州経済は米国にとって排他的市場に見えるようになっていった。米国は一九六一―一九六二年と一九六四―一九六七年のGATT（関税と貿易に関する一般協定）交渉でEEC（欧州経済共同体）に対して自由貿易政策の採用を迫り、「鶏肉戦争（チキン・ウォー）」が起こった。米国の鶏肉は機械化の進展に伴って生産が飛躍的に増大し、価格も低下した。米国からの廉価な鶏肉に対してEECは高関税を課したが、米国はこの措置に反発、逆に欧州からの輸入製品に対する高関税を通告した。貿易摩擦には、その後一九七〇年代のチーズ戦争、八〇年代の鉄鋼戦争などがあった。

第二に、安全保障面で西欧諸国は次第に自立性を強め、大西洋関係は複雑化した。スエズ紛争の失敗の結果英仏は正反対の対米政策を目指すことになった。

スエズ紛争での英国外交（「イーデン外交」）の挫折は現実認識の過ちから来ていた。もはや大英帝国の威信が通用する時代ではなくなっていた。英国のとる道は米国との協調路線しかなかった。こうして英国外交は、米英借款協定（一九五七年二月）、米英ミサイル協定（一九五八年二月）などを通して米国への依存度を高めるようになった。一九六二年十二月ナッソー協定（米国からのポラリスミサイル供与で合意）では、英国が米国の「多角的抑止力戦略（MLF）」（米国の核抑止力を中心とする西側の防衛分業体制）の一翼を担うようになった。

他方、フランスは英国とは反対の政策を選択した。一九五八年に発足した第五共和制のドゴール政権はフランスのイニシアティブの回復のために、フランスを含む英米仏によるNATO共同管理＝「三頭体制」（米国の独占を排除）を提唱し、英米と対等の立場を主張した。一九六〇年二月フランスがサハラで初の原爆実験に成功したことは、そういった「フランスの偉大さ」を掲げたドゴールの対米自主姿勢（「自立核」保有）を象徴していた。その後、フランスは一九六三年にナッソー協定不参加（MLF拒否）を表明し、欧州独自の軍事・政治統合機構を計画したフーシェプランを提案（実現せず）、一九六六年にはついにNATO軍事機構から脱退した。

六〇年代の米欧関係はフランスの対米自立外交や独仏協力による米国離れ、つまり欧州の自立志向の兆候が見られた。しかし全体的には、米国の優位の下での「温和な覇権的協力」の下での、「栄光の六〇年代」だった。

3　冷戦の分水嶺――欧州の緊張緩和

欧州のデタント――ブラントの東方外交

しかし一九七〇年代に入ると、ベトナム戦争介入の失敗やドル低落によって米国の影響力が後退し、欧州の自立志向が強くなっていった。

一九七二年五月に米ソ間で調印された第一次戦略兵器削減条約（ＳＡＬＴ Ｉ）と弾道弾迎撃ミサイル（ＡＢＭ）条約による核軍縮デタント（緊張緩和）の気運は欧州においても高まっていった。それまでにも西独はポーランドを手始めとしてルーマニア、ハンガリー、ブルガリアなどに通商代表部を開設していたが、ブラント外相の下で一九六七年一月と一九六八年一月に、西独はそれぞれルーマニア、ユーゴスラヴィアと国交を樹立した。それは後の「東方外交」（Ostpolitik）の序曲となった。

一九六八年のワルシャワ条約機構軍のチェコ介入事件による一時的冷却期間の後、ふたたび西独の東側への接近は活発化した。同年九月新たに首相となったブラントは、施政方針演説で「東方との理解」を表明、東側諸国に接近した。ブラントの意図は「接近して変えていく」ことにあった。一九七〇年八月独ソ条約（両国の武力行使の放棄と欧州の現存国境の不可侵）締結、同年十二月には西独ポーランド条約（オーデル＝ナイセ線以東をポーランド領とする）が締結された。さらに東西両ドイツ間の交渉は順次、東独の承認、オーデル＝ナイセ国境線の承認、西独が全ドイツを代表しないこと、両国の平等な関係の樹立、ベルリンをめぐる四国の権利・義務の尊重などで合意、一九七二年十二月には東西ドイツ基本条約（①相互の武力不行使と国境不可侵、②両ドイツのドイツ代表権の放棄など）が締結された。東独を承認する国とは国交を断絶するという西独外交の基本方針（「ハルシュタイン原則」）の大転換だった。

米欧間の冷戦認識の違い

ＮＡＴＯの中での米欧関係の転換点は、アルメル・ベルギー外相による「北大西洋同盟の将来の任務に関する報告（アルメル報告）」（一九六七年十二月）に象徴的だった。それは同盟の新しい機能として「政治的役割」を重視し、欧州が東西対立の解決に自分自身で率先的に乗り出そうとしたことを意味したからである。

しかし、米国はこうした欧州の地殻変動に敏感ではなかったので、米欧間に大きな摩擦が生じた。一九七三年四月にキッシンジャーは欧州重視を強調した「ヨーロッパの年」を提唱したが、その具体的な表現としての「新大西洋憲章共同宣言」には依然として米国の覇権的姿勢が明らかだったからである。この宣言案は米国のグローバルな役割に対して西欧諸国の役割を欧州地域に限定していた。加えて、米国は西欧同盟諸国がその防衛費増額（GDP比三％）を望んだ。当然西欧諸国はこれらに反発した。一九七三年九月に米国に提示した欧州政治共同体（EPC）文書でECは米国との政治的平等性と「欧州の自立」、西欧諸国の主体的な政治対話を求めた。

この時期米国経済の凋落とECの発展によって米欧関係がより対等な関係へと変化していたのは事実だった。一九七五年G7の開催は米国経済の覇権時代の終了を意味していたし、一九七九年欧州通貨制度（EMS）の発足によって国際通貨の領域ではECは当時、ドルと円に対抗する独立変数となりつつあった。後の欧州での冷戦終結は七〇年代の緊張緩和をめぐる諸展開の延長にあったのである。

CSCEとMBFR――政治的・軍事的デタント

一九五〇年代西側は軍縮・安全保障問題で「非核地域構想」や「ディスエンゲージメント（兵力引き離し）」の提案を行ったが、これらに対して東側は、全欧集団安全保障（CSCE）条約やバルト海沿岸平和地域化、「中部欧州非核武装地帯化（ラパツキー提案）」などを提案していた。

ワルシャワ条約機構首脳会議は一九六六年七月東西両軍事機構解体を提唱した「全欧州の平和と安全の強化に関する宣言」（ブカレスト宣言）、一九六九年三月にも全欧安保会議（CSCE）開催を再度提唱（ブダペスト宣言）し、その結果一九七二年米ソ両国はCSCE（欧州安全保障協力会議）およびMBFR（相互均衡兵力削減）を併行して開催することで合意、ソ連を含む欧州諸国と米・カナダの三五カ国の外相会談が始まり、一九七五年八月に最終文書の調印が行われた。最終文書は、①欧州安全保障、②経済・科学技術および環境分野で協力、③人道およびその他の分野における協力、④会議後の検証措置（フォローアップ）の四つの議題で合意した。第一の議題は主権平等・諸権利の尊重、武力威嚇・武力行使の放棄、国境不可侵、領土保全、平和解決、内政不干渉などの一〇原則（「ヘルシンキ宣言」）を定めており、これは冷戦下の欧州分断の現状承認を意味した。信頼醸成措置として、東西国境から二五〇キロ以内での二万五〇〇〇人以上の軍事演習に際して相互の自主的事前通告と演習へのオブザーバー派遣などが定められていたが、これは冷戦終結後の協調的安全保障の嚆矢ともなった。第二の議題では貿易増大と西側からの投資、米国企業のソ連進出、科学技術協力協定の締結などが決定したが、経済科学技術協力こそソ連が望んだ点だった。しかし西側が強く望んだ第三の議題である人的交流は、ソ連が自由思想の浸透を懸念したため、その後進展しなかった。

MBFRについては、一九六八年NATOは先のアルメル報告の趣旨にそってその交渉を正式に東側に呼び掛けた（「レイキャビック宣言」）。そして一九七〇年五月NATO閣僚理事会は、通常兵器削減の相互性および段階的・均衡のとれた削減の範囲と時期、適切な査察と管理措置を含むMBFR構想を発表した（「ローマ宣言」）。紆余曲折を経て、その後東側ワルシャワ条約機構は中欧における兵力・軍備削減交渉に応じた。西欧諸国のMBFRに対する積極姿勢の背景には、ドル危機とベトナム戦争の結果、米国で在欧米軍引き揚げの声が高まり、西欧諸国はそれに備える必要があったことがあった。欧州におけるデタントを特徴づけるこの二つの交渉は、軍事的デタント（MBFR）と政治的デタント（CSCE）という性格をもっていた。

「新冷戦」下のユーロミサイル危機

一九七〇年代末には、一九七九年のソ連軍のアフガニスタン侵攻と「ユーロミサイル」（欧州配備の中距離核ミサイル＝INF）危機をめぐって東西間に極めて緊張した事態が訪れた。

一九七七年にソ連が中距離核ミサイルSS－20を欧州に配備し始めたことがその原因だった。それは西欧諸国がソ連の核ミサイルの射程内に入ったこと、つまり西欧諸国がソ連製ミサイルの「人質」になったことを意味した。そうした中で一九七九年のNATO理事会は、①INF撤去についてソ連と交渉するが、②一九八三年末までに成果がない場合には西ドイツにパーシングⅡ一〇八基、英・伊・オランダ・ベルギーに巡航ミサイル四六四基を配備するという硬軟両用のいわゆる「NATO二重決定」を行った。この頃から八〇年代にかけて欧州では、反核・平和運動が盛り上がりをみせた。西ドイツでは「緑の党」が一躍政治的影響力をもつようになり、英国でも核軍縮会議（CND）の活動が活発化した。しかしINF制限交渉は英仏の核を制限対象数に入れるか否かをめぐって難航し、一九八三年十一月ついに西ドイツ議会は米国製INFの受け入れを決定した。同時期英国にも米国製巡航ミサイルの第一陣が配備された。

こうしたなかで改革路線を提唱するゴルバチョフ政権が誕生したことは、欧州の緊張を大きく緩和させることに寄与した。一九八五年INF・戦略核・SDI（戦略防衛構想）の三部門について包括的交渉を行うことが決まった。ゴルバチョフは英仏核を交渉の対象から外すという譲歩を行ったため、一九八七年十二月、INF全廃を約したワシントン条約が調印された。

米欧間の防衛分担論と西欧諸国の主体性

この時期、米国は西欧諸国に一層の防衛上の「責任分担（burden-sharing）」を求めていた。しかし緊張緩和とそれによる東西経済交流の活発化を経験した西欧諸国が冷戦に回帰することを望むはずはなかった。

またソ連軍のアフガン侵略についての西欧諸国の見方は米国とは違っていた。アフガンはもともとソ連の勢力圏であり、欧州との関係は深くないという認識が西欧諸国にはあった。ソ連のアフガン侵略を理由として、翌年のモスクワ五輪を日米はボイコットしたが欧州諸国は選手団を送ったし、ジスカールデスタン仏大統領は開幕式にも出席した。西欧同盟諸国は、ロナルド・レーガン大統領の対ソ強硬政策に追随したわけではなかった。

他方でEC諸国は新たなエネルギー政策としてソ連から液化ガスをパイプラインで輸入する契約を結んでいたが、米国がガスパイプライン建設に必要な設備の輸出を禁止したことから事態は複雑化した。対ソ・東欧経済関係の立場の違いが米欧間の角逐の一つとなっていた。加えて、一九八三年三月のレーガン大統領の戦略防衛構想（SDI）の提案は大きな論議を呼んだ。これは今でいうミサイル防衛の始まりであったが、当時「スターウォーズ」と呼ばれた。そのための先進各国の高度の科学技術の協力をレーガンは呼びかけた。多角的な軍事関連技術を米国中心に結集させるためだったが、フランスはこの提案を拒否して（西独は参加）西欧各国と欧州先端技術共同研究計画（EUREKA）を設立した。

さらに米国はナン＝ロス（一九八四―一九八五年）防衛予算修正で在欧米軍の大幅な削減の可能性を示唆する一方で、同盟諸国に通常兵力の大幅な増強を迫った。これは七〇年代前半に米国がNATO西欧加盟国に対して軍事費の増加を要請したときと同じだった。西側よりも優勢と言われるワルシャワ条約機構の通常兵器攻撃に備えて、西欧諸国が核兵器に依存せずに対応できるようにその防衛力強化、つまり「核の敷居」を上げることを米国は望んだ。しかし、米国の核の傘の問題はあいまいなままであった。西欧防衛に関する米国の核兵器使用を厳密に規定することは、欧州紛争での米国の行動の自由が失われることを意味したからである。

4　ポスト冷戦と新秩序の模索

東西関係の新展開

一九八九年十二月のマルタでの米ソ首脳の「冷戦終結宣言」、その後のベルリンの壁崩壊の後、一九九〇年十月には東西ドイツが統一された。一九九〇年七月NATO首脳会議は、冷戦後の欧州安全保障、ドイツ統一と統一ドイツのNATO帰属をソ連に承認させるための共同宣言（ロンドン宣言）を発表した。この宣言では、従来通り核抑止力は認めた上で、NATOの先制攻撃放棄、ワルシャワ条約機構への相互不可侵共同宣言の提案、信頼醸成措置の確立と欧州通常戦力協定（CFE）の年内調印、短距離核兵器の役割の減少、欧州にあるすべての核砲弾撤去、前方防衛戦略の放棄と柔軟対応戦略の修正などの新戦略が公表された。そしてワルシャワ条約機構解体（一九九一年七月）後の九一年十一月のNATO首脳会議（ローマ）は、①東側からの大規模な攻撃の脅威がなくなった代わりに、ソ連・東欧・中東などの不安定情勢に対応するための危機管理型の即時・緊急展開軍の重視、②ソ連・東欧諸国との協力・協議（年一回の外相定期閣僚会議）などを定めた。

　他方、一九七五年以来際立った成果を揚げていなかったCSCEは、一九九〇年十一月首脳会議をパリで開催し、欧州新秩序の包括的枠組みとして改めて脚光を浴びることになった。会議開始の直前には、欧州通常戦力（CFE）交渉が異例の速さで合意に達し、NATOと旧ワルシャワ条約機構双方の通常兵力の数量制限・削減、締約国の査察の権利と受入れ義務などを約したCFE条約、東西の敵対関係を終結し、相互不可侵を誓った不戦条約（二二カ国共同宣言）、CFE関連三条約が調印された。このCSCE首脳会議で調印されたパリ憲章では、欧州の東西対立と分断の終焉、唯一の政治システムとしての民主主義の強化、武力行使・威嚇の自制、CSCEの機構整備（事務局、紛争防止センター、自由選挙事務所の常設など）が決まった。

冷戦終結後の漂流する米欧関係――米国の優位性の維持

　冷戦の終結は米国にとって米国的価値観の勝利を意味した。したがって冷戦後の世界は米国中心の「一極的世界」こそあるべき姿と米国が考えがちになったのも無理はなかった。これに対して、独仏を中心とする西欧諸国は多極的な世界観を主張し、EUもその極の一つを形成するという見方だ。

　そうした意味では一九九二年独仏合同軍創設の提案は米国に大きな衝撃を与えた。しかし米欧間の摩擦は、一九九四年一月のNATOブリュッセル首脳会議で一応決着した。この会議は米国と西欧諸国をそれぞれ大西洋同盟の拠点（「二つの柱」）と認めることを通して「西欧諸国の主体性＝ESDI（欧州安全保障防衛アイデンティティー）」を保障した。つまり西欧諸国が主体的にNATOを利用すること（共同統合任務部隊の編制と西欧諸国の指揮権）が約束されたのである。そのためにはWEU（西欧同盟）の主体的な役割強化が期待された。

　こうして文言上は、西欧諸国は同盟内のより対等な立場を確認したが、それは一九八四年十月WEU拡大ブリュッセル条約三〇周年国防相会議のローマ宣言や一九八七年十月ハーグで外相・国防相会議での西欧の団結・機構改革・独仏協力の重要性を主張した「安全保障をめぐる欧州の利益に関する綱領」、一九八八年一月の独仏条約二五周年記念の会合で創設された独仏合同旅団設立の決定、一九九〇年四月独仏のＥＣ政治統合の共同提案、一九九一年十月独仏合同旅団の規模を拡大した将来の「ＥＣ統合軍」形成の提案などの延長にあった。

　しかし実際には西欧諸国が外敵からの防衛を米国に大きく依存する構造は今日に至るも変わったわけではない。欧州は単独で核攻撃に対応できるだけの能力に欠けるからだ。ＣＳＣＥの発展やＷＥＵによる防衛統合の試みはその後も見られたが、湾岸戦争や一連の旧ユーゴスラビア紛争は米国の軍事力＝ＮＡＴＯの必要性を改めて確認させた。一九九一年湾岸戦争では有志同盟による米国中心の「多国籍軍」が組織された。ボスニア紛争では、ＷＥＵなどの制裁にセルビアは屈せず、膠着状態の中で米軍の空爆によってようやく停戦合意に達した（一九九五年デイトン合意）。一九九七年ボスニア空爆、一九九九年コソボ紛争では一時的であれ米国の力による平和が成立し、米国は自信を回復、Ｇ・Ｗ・ブッシュ大統領の一極支配・単独行動主義につながった。

「9・11同時多発テロ」以後と欧州外交

　二〇〇一年にＧ・Ｗ・ブッシュ政権が誕生すると、バルカン地域からの米国の撤退、ＮＭＤ（米国本土ミサイル防衛）、欧州共通防衛政策に対する米国の反発、ＮＡＴＯ拡大などが西欧諸国の懸念となった。そうした中で９・11同時多発テロが勃発し、その直後ＮＡＴＯは史上初めて集団的自衛権（五条任務）の行使を決定した。

　そしてブッシュ大統領はイラクをイランや北朝鮮と並べて、「悪の枢軸（the Axis of Evil）」と呼んだが、翌年夏頃からブッシュ大統領はイラクの大量破壊兵器保有を理由にイラク攻撃を示唆し始めた。査察に対するイラクの非協力や虚偽の対応が自動的にイラク攻撃を容認すると主張する米国に対して、独仏はイラク攻撃には査察結果を受けた国連安保理での新たな決議が必要だと主張した。しかし国連では米国との協力を第一とする英国以外は、武力制裁にまで一気に踏み込むことには反対が多かった。十一月にはイラク核査察に関する安保理決議１４４１が採択された。そして二〇〇二年十一月のプラハのＮＡＴＯ首脳会談では、一九九九年のポーランド・チェコ・ハンガリーに次いでバルト三国とブルガリア・ルーマニア・スロヴァキア・スロヴェニアの七カ国がNATO加盟を認められた（NATO東方拡大）。

しかし二〇〇三年一月半ばになっても、イラクでは大量破壊兵器の証拠は出てこなかった。このころから米欧、とくに米・独仏関係には緊張した空気が流れ始めた。独仏は好戦的な米英の姿勢に強く反対したからであったが、結局米英は三月十九日、国連安保理の決議を経ることなく、イラク攻撃を開始した。米英を中心とする「有志連合」は短期間でフセイン政府を倒したが、その後期待したようなイラク国民による民主的な安定政権を成立させることはできなかった。結局米国の占領政策は成功しなかった。

EUは、二〇一六年には「グローバル戦略」を発表した。中国の台頭による国際社会の構造変化に対応した広域な政策であるが、それだけ欧州統合が強化されてきた証拠でもある。それは多極的な世界観を背景に中国・ロシア、そして米国という政治経済的なパワーとどのような関係を維持していくのかというEU独自の政策でもある。

一極単独主義に失敗した米国では、その後オバマ大統領は国際介入を躊躇し続け、その一方で、中国の台頭によるパワートランジションと呼ばれる状況の中で「アジアシフト」、「リバランス政策」が米国の「欧州離れ」につながることを欧州諸国は懸念した。

その懸念がより鮮明な形で顕在化したのが、トランプ時代の米欧関係だったが、NATO軍事費増額要求と米国の撤退の示唆、第21回国連気候変動枠組条約締約国会議のパリ協定合意からの離脱、イラン核合意（包括的共同行動計画：JCPOA）からの離脱表明、対EU高関税（米欧関税戦争）、INF離脱、NATO首脳会議で欧州諸国の防衛費増要求、など恒常的に米欧の軋轢（あつれき）は大きくなった。

バイデン政権と西欧諸国・EUの関係はバイデン政権発足当初からの配慮もあり、米欧関係は比較的安定している。しかも、二〇二二年二月のロシア軍のウクライナ侵攻をめぐっては、もともと親ロ的な独仏と米国との摩擦はあるが、独仏共にウクライナに対する支援を積極化させて、西側の結束の維持に邁進（まいしん）している。


（渡邊啓貴）

4　ロシア外交――強いソ連、強いロシアの追求

1　NATOの東方拡大による対立と地政学的起因

二〇二二年のロシアによるウクライナ侵攻は、ロシア外交の死を意味すると考えてよいだろう。「力による現状変更」を行う姿勢、また、主権国家ウクライナに対し、同国の主権を全く尊重せずに同国の中立化、非武装化、そしてウクライナ領であるはずのクリミアに対するロシアの主権を認めること、また東部二州の独立を認めることを強いた上に、ウクライナで一般人の虐殺に代表される残虐行為の数々が明らかになったことで、ロシアとの外交はもはや不可能であると、少なくとも民主主義国家からはみられるようになった。実際、ウクライナもロシアとの交渉を拒否するに至り、旧ソ連諸国もベラルーシを除いて、ロシアに厳しい態度をとるようになった。自国の影響圏を堅固に維持しつつ、米国と対峙してゆくはずのロシア外交はもはや消失した。

それでも、ロシア外交の礎を理解することは、ロシア外交を終焉に導いたウクライナ危機がなぜ起きたのかということを知る上でも重要であろう。また、一九九一年に解体されたソヴィエト連邦（ソ連）の外交を概観することも今のロシアを知る上で欠かせない。なぜなら、ロシアはソ連の継承国家だからだ。

一九二二年に誕生したソ連を最初に承認したのはドイツ共和国であった。当初、ソ連は国際的に相手にされなかったが、一九二四年に英仏が国家承認してからは、次々と国家承認を受け、一九三四年には国際連盟に加盟した。ソ連は国際的軋轢を極力避けて、国家建設を進め

たいと考え、第二次世界大戦時の一九三九年には、ドイツと「独ソ不可侵条約」を結んだものの、ソ連はそれをフィンランドとの冬戦争やバルト三国・モルドヴァの編入に利用した。他方、ドイツもソ連を裏切り、一九四一年には独ソ戦（ソ連では「大祖国戦争」）が始まった。

ソ連は総力戦でドイツと戦い、結果、勝利して、国際的プレゼンスを高め、連合国の戦後構想により、ソ連は五大国の一つとして世界の主要国の座を得た。そしてソ連は東欧をナチスから解放したものの、それら諸国を占領し、社会主義化して行った。こうして、第二次世界大戦終結後に、ソ連と欧米の間の溝がだんだん広がっていき、ソ連が率いる陣営を「東側」、米国が率いる陣営を「西側」とし、東西冷戦が勃発した。

米国が「マーシャルプラン」の「欧州経済協力機構」によって第二次世界大戦で傷ついた欧州諸国を支援し、共産化を防ごうとしながら、ソ連に「封じ込め」政策をとった一方、ソ連は「コメコン（経済相互援助会議）」で対抗した。

また、米国が軍事同盟である北大西洋条約機構（NATO）を主導したのに対し、ソ連はワルシャワ条約機構（WTO）で対抗した。

米ソは共に核兵器を持ち、軍拡競争を展開した。核戦争になれば、世界の滅亡が予測されたことから、双方は核使用を手控えることになり、そこに「核抑止」が成立した。こうして、キューバ危機をはじめとした緊張感は常にあったものの、米ソ直接対決は起こらず、冷戦は維持された。だが、冷戦期には、多くの代理戦争が熱戦の形で展開されたのも事実だ。朝鮮戦争、ベトナム戦争、ソ連のアフガニスタン侵攻など、代理戦争は枚挙にいとまがないが、アフガニスタン侵攻がソ連解体を決定づけたと言われるほど、代理戦争がソ連に与えた負担もとても大きかった。

こうして、東西冷戦は厳しさを増していったが、東側陣営内の関係も決して順風満帆ではなかった。西側に対して強硬な姿勢をとっていたヨシフ・スターリン共産党書記長の後継者としてソ連のリーダーとなり、自身を共産党第一書紀と名乗ったニキータ・フルシチョフは冷戦にデタントをもたらすかと期待されたものの、一九五六年にはスターリン批判を展開したことにより中ソ対立を引き起こしたし、一九五六年のハンガリー動乱に代表されるように東欧地域でいくつかの反ソ的な動きが起きた。そして、米国との関係でも一九六二年にキューバ危機で核戦争の危機感で世界を震撼させた。東欧との緊張感は、レオニード・ブレジネフ共産党書記長の時代にさらに厳しいものとなる。ブレジネフは、一九六八年八月のチェコスロバキアの「プラハの春」を軍事介入で制圧したが、同年十一月の演説で「ブレジネフドクトリン＝制限主権論」を用いて武力弾圧を正当化した。同論理によれば、社会主義圏陣営全体の利益を守るためには、陣営内の国家は主権が制限され、ソ連が必要と判断したときにはいつでも介入の対象となるというものだ。この論理には、陣営内からも批判の声が出た。

そして、冷戦期の外交は、ただでさえ共産主義、そして計画経済で疲弊していたソ連経済を悪化させた。米国との軍拡競争や技術開発でかかった費用は膨大であったし、コメコン諸国や友好国を繋ぎ止めるためにエネルギー、兵器、食糧などを極めて安価に提供するなど、陣営を維持してゆくための費用もソ連を蝕んでいった。

こうしてソ連経済が悪化する中で一九八五年にミハイル・ゴルバチョフが共産党書記長に就任した。ペレストロイカ（改革）とグラスノスチ（情報開示）で国内の改革を目指しながら、外交では新思考外交を掲げ、欧州共同の家構想も提示しながら、欧米との関係改善を目指した。その結果、一九八七年十二月は米ソが中距離核戦力全廃条約／ＩＮＦ全廃条約を締結し、一九七九年から始まっていたアフガニスタン侵攻からの撤退を一九八八年に発表し、一九八九年までに完了させた。これら二つの出来事は冷戦の終結に向け、重要なプロセスとなり、一九八九年十月にはゴルバチョフが「制限主権論」の撤廃宣言をし、同年十一月十日にはベルリンの壁崩壊、そして同年十二月には米ソ両大統領がマルタ会談にて冷戦終結宣言をし、さらに一九九一年十二月にソ連が解体され、冷戦は終結した。

ソ連が解体され、ソ連を構成していた一五の共和国が誕生した。そして、ソ連を継承したのはロシア連邦であった。ロシアはまず、「近い外国」、すなわち旧ソ連諸国との新たな国際関係を結ぶべく、独立国家共同体（ＣＩＳ）を結成したが、バルト三国は加盟せず、欧州との統合の道を急いだ。

欧米との関係は複雑な形で推移した。まず旧ソ連諸国には欧米の価値感が急速に広まり、欧米の様々な製品も大量に流入してきた一方、ハイパーインフレが起き、政治も経済も混乱した。このような状況のなか、大国ソ連が消滅したことを嘆き、ソ連ノスタルジーの気持を強めるロシア人は極めて増えた。国際通貨基金（IMF）が提案した「ショックセラピー」による経済改革も混乱を導いただけで終わり、欧米が推進する民主主義や資本主義に疑念を抱くロシア人が増えると共に、ロシア人の欧米への感情も複雑になっていった。

それでもロシアはG7サミットへの参加も増え、一九九八年には参加するセッションが増えていたG7がG8に改称され、正式に先進国の仲間入りを果たした（二〇一四年のクリミア併合を機に脱退）が、一九九九年のNATOによるセルビア空爆は、ロシアの対欧米不信感を強めることになった。

こうして、二〇〇〇年にウラジーミル・プーチンが大統領になると、ロシアの外交は大きな転換を遂げることになる。大国ソ連解体で、失望していたロシア人は、強いリーダー・プーチン大統領の誕生で、強いロシアが復活することに期待を強めた。

プーチンは地政学的思考を重視しており、外交において「影響圏（勢力圏）」の維持を最も重視してきた。これは後述の「米国による一極的支配」よりも重要な基本原則となる。何故なら、影響圏を維持できていないということは、足元が揺らいでいることを意味し、そのような状態では大きな敵である米国に対峙することはできないからだ。

そして、ロシアにとっての影響圏は、第一義的には旧ソ連諸国、ロシアがいうところの「近い外国」である。そして第二義的には旧共産圏と新領域であり、新領域の中には、現在地球温暖化による海氷融解により、資源採掘が容易になったり、北極海航路の商業的活用が現実的になったりして、戦略的意義が高まっている北極圏なども含まれる。

ロシアが影響圏を維持するにあたり、影響圏に欧米の勢力が及ぶことは許し難いことであった。NATOやEUの拡大には常に神経質であったが、とりわけ軍事機構であるNATOの東方拡大は絶対に許容できないという姿勢を堅持してきた。二〇〇四年に旧ソ連を構成していたバルト三国がNATOとEUに加盟したが、その際にはもちろん妨害もしたし、反発も覚えていたわけだが軍事行動など大きな動きには出ていなかった。ロシアがバルト三国に対してはやや鷹揚であることの背景には、バルト三国（およびモルドヴァ）が、第二次世界大戦中にソ連とドイツが締結した「独ソ不可侵条約」の秘密議定書に基づいてソ連に編入された国であり、ロシア帝国時代からロシアの支配下にあったわけではないことが大きそうである。他方、ロシア帝国時代の領土については、プーチン大統領が度々ピョートル大帝やエカテリーナⅡ世などの偉業を讃えていることからも、絶対に手放せない領域だと捉えていると考えられる。

ロシアは影響圏を維持するために、飴と鞭を使い、具体的には政治、経済、エネルギー、民族・紛争（そしてその果実としての「未承認国家」）などを利用して、勢力圏の維持を図ってきた。旧ソ連諸国の中で、親欧米路線をとる国、特にEUはともかく、ロシアを仮想敵国とし、冷戦の遺産であるにもかかわらず冷戦後もロシアに牙を剥き続けているとロシアが考えるNATOへの加盟をはたそうとする国は断じて許せないため、手厳しい懲罰的行為が行われた。このロシアの姿勢は、旧ソ連諸国の東西選択、すなわちロシアを取るのか、欧米を取るのか、という態度に大きな影響を与えてきた。ロシアが特に厳しい態度をとってきたのは、NATOおよびEUへの加盟を目指してきたウクライナ、ジョージアであり、EU加盟を目指してきたモルドヴァであった。これら三国のすべてにロシアの強い影響力を持つ未承認国家であり、ロシアはそれらを利用して三国に揺さぶりをかけた。また、ジョージア、ウクライナとは激しい戦争も行っている。モルドヴァとは戦争をしていないが、その理由の一つに、同国がNATO加盟を希望してこなかったこともあるかもしれない。

なお、ウクライナは二〇二二年二月末に、モルドヴァとジョージアは三月初旬にEU加盟の申請をし、六月にウクライナとモルドヴァは「EU加盟候補国」であるという承認を得ることができた。

そして、この勢力圏の中でもウクライナは特に重要だといえ、そのことが二〇二二年の侵攻の背景でもある。理由は主に四つある。一つ目は歴史の共有である。ウクライナの首都であるキーウを中心としたキエフルーシ、ないしキエフ大公国がロシア、ウクライナ、ベラルーシの源であり、同じ歴史を共有してきたのだということを特にプーチン大統領は主張している。次に、民族的近接性である。ロシア人、ウクライナ人、ベラルーシ人は東スラブ系民族に分類されており、同胞というような位置づけになる。民族間結婚も非常に多く、ウクライナ人とロシア人の間で親戚にどちらかの民族がいない人がほとんどいないぐらい民族的に近い存在である。第三に、ウクライナがロシアにとっての緩衝地帯になっているということがある。特にNATOがロシアに迫りくる中では、ウクライナの存在によりNATOと近接する領域を減らせるメリットもあるのだ。つまり、ウクライナは精神面からも安全保障の面からもロシアにとって重要で、できればロシアの中に組み込みたいという激情を持つようになり、それも侵攻の要因の一つになったと思われる。第四に、ウクライナが欧米の仲間入りをし、民主化することによって、豊かで幸福になることを恐れているということがある。その場合、自国のロシア人がウクライナを「羨ましい」と考え、ロシアで展開されている専制主義体制に反発する可能性が高く、自国体制の安定的維持のためにはウクライナを道連れにする必要もあるのだ。

2 未承認国家のエンティティと政策転換

そして、前述の「未承認国家」はロシアが反ロシア的な旧ソ連諸国に圧力をかける上で、とても重要な役割を果たしてきた（廣瀬、二〇一四年参照）。「未承認国家」を活用した外交というのはロシアに特徴的にみられることもあり、また、近年のロシアの戦争、すなわち二〇〇八年のロシア・ジョージア戦争、二〇二二年のウクライナ危機の鍵を握っているものでもあるため、「未承認国家」について述べておきたい。そもそも、旧ソ連地域では多くの戦争・紛争が発生してきたが、それらの多くは「凍結された紛争（Frozen Conflict）」ないし「長期に及ぶ紛争（Prolonged Conflict ないし Protract Conflict）」となり「未承認国家（Unrecognized States）」を生み出してきた。未承認国家は、簡単に言えば、「ある主権国家からの独立を宣言し、国家の体裁を整え、国家を自称しているが、国際的に国家承認を受けていない」エンティティである。現在、もっとも説得力を持つ未承認国家の定義は、ニーナ・カスパーセンによる以下五項目から成るものだといえよう。
1．未承認国家は、権利を主張する少なくとも三分の二の領土・主要な都市と鍵となる地域を含む領域を維持しつつ、事実上の独立を達成している。
2．指導部はさらなる国家制度の樹立と自らの正統性の立証を目指す。
3．そのエンティティ（政治的な構成体）は公式に独立を宣言している、ないし、たとえば独立を問う住民投票、独自通貨の採用、明らかに分離した国家であることを示すような同様の行為を通じて、独立に対する明確な熱望を表明している。
4．そのエンティティは国際的な承認を得ていないか、せいぜいその保護国・その他のあまり重要でない数カ国の承認を受けているに過ぎない。
5．少なくとも二年間存続し続けている。
現在、旧ソ連には、ジョージアのアブハジア、および南オセチア、アゼルバイジャンのナゴルノ・カラバフ、モルドヴァの沿ドニエストル、そしてウクライナのドネツク、ルハンシクという六つの未承認国家があり、それらをロシアは「近い外国」、すなわち旧ソ連を影響圏に置くために利用してきたという経緯がある。ロシアにとっては、特に反ロシア的・親欧米的国家の中に未承認国家があることが望ましい。何故なら、ロシアは旧ソ連の未承認国家のパトロンであるケースが多く（アゼルバイジャン内のナゴルノ・カラバフについては、ロシアは長年あまり影響力を持っていなかったが、二〇二〇年のアゼルバイジャンとアルメニアの間のいわゆる第二次ナゴルノ・カラバフ戦争の結果、アゼルバイジャンが勝利し、アルメニアがそれまで統制下においていたナゴルノ・カラバフの四割相当の領域と緩衝地帯をアゼルバイジャンが奪還し、残った同地の六割相当の領域にロシア軍が平和維持を行うようになってからロシアが影響力を持てるようになったが、パトロンにはなっていない）、それらの未承認国家に対してはロシアが影響力を行使し、法的親国の内政・外交にも大きな揺さぶりをかけることができるからである。

法的親国により大きな激震を与えるためには、未承認国家は当然ながら独立していたり、ロシアに併合されてしまったりしてはならず、あくまでも法的親国の中で、法的親国の主権が及ばないエンティティとして存在し続けることに意義があるのだ。

しかし、二〇〇八年のロシア・ジョージア戦争の結果、ロシアはジョージア国内のアブハジアと南オセチアを国家承認し、以後、事実上のロシアへの統合を進めている。この件については、二〇〇八年に国際社会のかなり多くの国がセルビア国内のコソヴォの国家承認をした（中ロは激怒）ことが背景にあり、それに関する欧米への意趣返しだという分析が主流だったが、二〇二二年には、二月二十四日のロシアによるウクライナ侵攻開始前の二十一日に、ウクライナ東部の未承認国家であるドネツクとルハンシクの両「人民共和国」を国家承認したのである。二〇一四年に、ロシアによるクリミア併合に次ぎ、この二州の親ロシア派武装勢力とウクライナ政府軍との内戦が勃発したが、その停戦のために締結された「ミンスク合意」には、二州に幅広い自治権を保障する内容が盛り込まれています。ミンスク合意が履行されれば、仮にウクライナがNATO加盟を望んだところで、国内のこの二州が反対すれば加盟はほぼ実現不可能だ。つまり、未承認国家である二州をウクライナ国家に存在させたままでロシアの影響下に置き続ける、それが最も安価にウクライナを縛り付けることができる効果的かつ有益な作戦であるはずだった。だが、ロシアは両地域の独立を承認し、さらに全く合理性のない侵攻にまで至った。このことは、ロシアの未承認国家政策の転換を意味するだけでなく、ロシアとその他の未承認国家の関係を変えることにもつながったといえよう。

二〇一四年からのウクライナ危機を経て、ロシアの未承認国家の扱いについては、三つのシナリオが想定されるようになった。まず、これまでのように法的親国の中の未承認国家という形態を維持し、法的親国に揺さぶりをかけるパターン（従来モデル）、次にロシアへの直接併合を図るパターン（クリミアモデル）、そしていわゆる「人民共和国」のような間接併合（ドンバス・ジョージアモデル）の三つのシナリオである（括弧内の名称は廣瀬による）。

ウクライナ侵攻においては、二〇二二年九月にウクライナ東部（ドネツク、ルハンシク両州）と南部（ヘルソン、ザポリージャ両州）の四州で「住民投票」が決行され、ロシアが一方的に「併合」を宣言してしまい、クリミアモデルが再び現実のものとなった。

なお、旧ソ連諸国からバルト三国を除いた国は、なんらかの形でロシアが主導し、旧ソ連空間をまとめ上げることが想定されたＣＩＳに関わってきた。特に、紛争でロシアの介入を受けた国は、反ロ的であってもＣＩＳ加盟を強いられた。他方、トルクメニスタンは永世中立の立場をとるため、ＣＩＳには準加盟のステイタスだ。なお、二〇〇八年のロシア・ジョージア戦争を契機に、ジョージアはＣＩＳを脱退し、二〇一四年のウクライナ危機後、ウクライナも脱退を目指してきたとされるが、まだ正式離脱にはなっていないようである。

そして、旧ソ連領域の親ロシア的な国は、ロシアが主導する「集団安全保障条約機構（ＣＳＴＯ）」のメンバーである。ＣＳＴＯは、当初、ＮＡＴＯに対抗するような軍事同盟となることが目指されており、集団防衛も想定されていたが、やがて、ロシアが加盟国を守るが、ロシア以外の加盟国は集団防衛に基本的に参加しないというスタイルが共有されているという（二〇二一年九月、ロシアの軍事評論家であるフェルゲンハウエル氏へのインタビューによる）。また、関税同盟やユーラシア経済連合など、ロシアが中心となった経済同盟に参加しているのもロシアと緊密な関係を維持している国だ。そして、ロシアととりわけ近い兄弟国であるベラルーシとの間には、ロシア・ベラルーシ連合国家創設条約（一九九九年十二月八日署名）があり、連合国家創設が目指されてきたが、紆余曲折があり、特にプーチンは最近まで連合国家創設に消極的だったのに加え、ベラルーシもロシアに飲まれる形の連合国家化に抵抗してきたため、ペンディング状態が続いてきたが、二〇二〇年にベラルーシで大統領選挙での不正を端に発した大規模な抗議行動が起き、それに対するベラルーシの弾圧に国際社会が反発すると、ベラルーシはロシアに急接近し、以後、ロシアとベラルーシの関係は極めて緊密化している。二〇二二年のロシアのウクライナ侵攻では、旧ソ連諸国はほとんどがロシアの動きに反発したが、ベラルーシのみがロシアに寄り添い、欧米はロシアのみならず、ベラルーシにも制裁を課すに至った。

3 ロシアの安全保障戦略とハイブリッド戦争

そして、ロシアは欧米、特に米国、英国というアングロサクソンの国とは厳しい関係を維持してきた。欧米とは、二〇〇一年の米国同時多発テロ後、世界が「テロとの戦い」を展開した頃の一時的な「蜜月期間」、そして二〇〇九年に米国で誕生したオバマ政権がロシアとの関係「リセット」を提案した時期の関係改善期間があったものの、どちらも長くは続かず、米国、NATOとの対決関係は深まる一方であった。

ポスト・冷戦期において、ロシアの反欧米意識を刺激する事件は度々発生した。主要なものを列挙すると、一九九九年のNATOによるユーゴスラヴィア空爆、二〇〇三年、二〇〇四年のカラー革命（ジョージアの「バラ革命」およびウクライナの「オレンジ革命」）、二〇〇四年のNATO東方拡大（この際、バルト三国もNATOに加盟）、二〇〇八年の欧米によるコソヴォの国家承認、同年の米国主導のウクライナとジョージアにNATO加盟の登竜門とも言えるMAP（加盟行動計画）を適用しようとする動き、二〇一三年のEU連合条約の動き、などであろう。また、ロシアを仮想敵国とするNATOのミサイル防衛システムの展開もロシアを苛立たせた。

そして、ロシアが自国の外交・安全保障的目的を達成するために使ってきたのがハイブリッド戦争である（廣瀬、二〇二一年、本書第Ⅰ部13参照）。ハイブリッド戦争を画一的に定義することはできないが、政治的目的を達成するために、軍事的脅迫とそれ以外の様々な手段（政治、経済、外交、サイバー攻撃、プロパガンダを含む情報・心理戦などのツールのほか、テロや犯罪行為など）を組み合わせた、すなわち正規戦と非正規戦を組み合わせた戦争の手法と位置づけられる。ハイブリッド戦争は二〇一四年のロシアによるクリミア併合で注目されるようになったが、決して新しい手法ではなく、ロシアは確実に一九九〇年代から使ってきた。そして、二〇一四年のクリミア併合でハイブリッド戦争の手法を成功させた背景には、二〇〇八年のロシア・ジョージア戦争で、ハイブリッド戦争の実戦での練習をしていたからだとも言われている。

4 反欧米意識の高まりと中ロ関係

最後に、前述のロシアを刺激する欧米の動きは、かなりの部分が、ロシアの勢力圏の侵害とイコールの意味を持ってきた。そして、反欧米意識が高まれば高まるほど、中ロ関係が深まるという側面もあった（廣瀬、二〇一八年参照）。中ロ関係は、「離婚なき便宜的結婚」とも称され、両国共に、心から信頼しあっているわけではないが、米国に対抗してゆく上では、常に強い協力関係にあった。そして、エネルギー貿易をはじめとした通商でも相互依存関係が見られるようになっていった。中ロ関係が特に強まったのは、二〇一四年のロシアによるクリミア併合、そしてウクライナ東部の危機以後である。ロシアが欧米諸国から制裁を受ければ受けるほど中ロ関係は緊密になった。中国の経済規模が圧倒的に大きくなる中、ロシアは、中国のジュニアパートナーになるまいとしてきたが、二〇一八年頃には、ロシアのジュニアパートナー化がほぼ否定できないレベルになったとも言われており、その構図は、二〇二二年年二月からのロシアのウクライナ侵攻で不可逆的になったと言える。ロシアにとっては史上類例を見ないハイレベルの制裁が次々と課せられ、ロシアは中国の存在無くして立ち行かない状況に追い込まれた。中国は輸入が困難となっているロシアに様々なものを売りつける一方、ロシアのエネルギー資源を安く買い叩き、ロシアを搾取しつつ、ロシアに対する立場をより強いものにしてゆくと想定されている。

ロシア外交の大枠をまとめたが、二〇二二年に開始されたウクライナ侵攻を見ていると、プーチン大統領の目的は時間を経て変わっているように見えるし、そもそもロシアが明確な外交ビジョンを持っているのかも判然としなくなったと思われる。また、ウクライナ侵攻は世界に大きな衝撃を呼び起こし、侵攻後の世界が新しいフェーズに入り、新たな秩序が生まれるという説も有力だ。そのように考えると、ロシア外交も過渡期にあるのかもしれない。ロシアをめぐる国際関係が大きく変わっていく中、プーチン大統領が状況の変化に柔軟に対応する政治家だとみなされていることにも鑑みなければ、ロシアの外交も変化してゆく可能性が高い。

（廣瀬陽子）

5　ASEAN
——大国政治の狭間でめざす独自の存在感

1　東南アジアの歴史と結成の背景

東南アジアは、インド洋と太平洋が重なる地理的要衝に位置し、中国やインド、日本、欧米列強など域外大国の戦略的利害が交錯する地域である。天然資源に恵まれた同地域は、歴史上、侵略や植民地化など域外大国の支配や圧力を長く受けてきた。宗主国の領土として個々に分割されていた地域を、日本軍が「大東亜共栄圏」としてまとめて占領すると、英国が奪回のため一九四三年に「東南アジア司令部」を設置した。それが今日に至る「東南アジア」の地域概念や名称の開始だとされる。

戦後、民族自治の国際規範が広がっても、東南アジアの諸国家が簡単に独立を果たしたわけではなかった。敗戦国である日本を除き、旧宗主国は簡単に権益を手放さず、建国の指導者たちは困難な交渉や武力闘争を続けていた。搾取を受けた経験から共産主義や社会主義に親近感を持つ指導者も多かった。そこに、東西冷戦という新たな大国政治の潮流が加わった。脆弱な新興地域は、容易に両陣営の草刈り場となり代理戦争の舞台にされるという現実の中で、独立と脱植民地化、国民国家建設の道のりを歩むことになった。

一九六〇年代までに東南アジアで広がった地域主義や連帯運動は、当時の国際政治環境を反映している。ソ連が指導する国際共産主義に対抗する地域的拠点として、一九五四年に米国は反共軍事同盟である東南アジア条約機構（ＳＥＡＴＯ）を結成した。英米仏豪ＮＺという域外西側諸国のほかパキスタン、タイ、フィリピンが参加、本部はタイのバンコクに設置された。他方、戦後に依然として残る植民地主義・帝国主義に対する闘いで連帯を強める新興諸国からの運動があった。インド、インドネシア、ビルマ（現ミャンマー）らが中心となり、一九五五年、第一回アジア・アフリカ会議がインドネシアのバンドンで開催された。国連代表権のない中華人民共和国、独立復帰間もない日本、SEATO加盟国であるタイ、フィリピンも含む、二九の非西欧諸国が参加した国際会議は「平和十原則」を宣言し、主権尊重や内政不干渉主義を強調した。米ソ陣営のいずれにも属さない第三の軸を目指す精神は、一九六〇年代には非同盟中立運動に発展していく。

その流れとは一線を画する地元の実務的協力組織として、ASEANは一九六七年、インドネシア、マレーシア、フィリピン、タイ、シンガポールという海洋部五カ国により結成された。その発足経緯には、「マレーシア紛争」という加盟国間の紛争が関係している。一九六三年九月、マラヤ連邦がマレーシア連邦として建国宣言をすると、フィリピンとの領土紛争、インドネシアとのイデオロギー対立、そしてシンガポールとの人種的反目という三つの紛争が複雑に絡まりつつ同時に発生した。しかし、その敵対的な関係は、一九六五年の政治変動により一気に和解に向かう。フィリピンでは、領土問題に固執しないマルコス大統領が登場し隣国との関係改善に動いた。インドネシアでは、「9・30事件」と呼ばれるクーデター未遂事件をきっかけにスカルノ大統領が失脚したことで、マレーシアへの「対決」政策が終わった。中華系人口の多いシンガポールは、マレーシア連邦から分離独立することで問題の一応の決着を見た。

和解の象徴として何か新しい多国間協力枠組みを創設することが、平和で友好的な地域秩序の出発点になると考えられた。それ以前に、海洋部地域で存在した二つの小さな枠組みが参考となった。一つは一九六一年にマラヤ連邦、フィリピン、タイの三カ国が結成した経済社会協力組織である東南アジア連合（ASA）、もう一つはマレーシア紛争の緩和を目指して一九六三年にインドネシア、マレーシア、フィリピンが設置した対話フォーラム「マフィリンド」である。紛争当事国ではないタイのタナット外相が仲介役となって、マフィリンドの「外国基地は暫定的性格」という非同盟志向の精神を汲みつつ、ASAの簡素な機能的協力の性格と総合する形で、ASEANが誕生したのである。

一九六七年八月八日、五カ国の外相によって発出されたバンコク宣言は、拘束力を伴う正式な条約や協定ではなく、経済社会・文化的発展などの協力目的を列挙する五条からなる全文七五〇語程度の短い文書であった。その第三条は、定期閣僚会議（外相会議）が最高意思決定機関で、常任委員会、臨時委員会、国内事務局がこれを補佐する、という最小限の制度を規定していた。全加盟国がそれぞれの国家主権の維持を至上命題としており、主権に制限を加える超国家機構にはしないというのが合意であった。また、第四条ではＡＳＥＡＮのメンバーシップについて、「その目的・原則・目標に賛同する東南アジア地域のすべての諸国に開放されている」とわざわざ明記したことも興味深い。加盟国は外形的には反共の国家ばかりであり、インドシナや中国など共産主義勢力からの反発を恐れていた。全地域への開放を明記したことは、政治的軍事的協力ではない性格を強調する目的があったとみられる。

当時は、直前までの紛争の経緯から原加盟国内での結束も疑わしく、組織の存続さえ難しいと思われていた。第四条が示唆する全ての東南アジア諸国の加盟などは、ただの非現実的な空想に思われた。ところが、大方の予想に反して、ＡＳＥＡＮは冷戦史の荒波に乗りながら、現実に「一つの東南アジア」に向かって発展し、アジアで最古の歴史を持つ地域協力組織に成長することになる。

2 一九七〇年代の国際環境の変化とＡＳＥＡＮの連帯強化

その最初のきっかけは、中国という共通の外交問題であった。一九七〇年代に入ると、北京の共産党政府が国際社会で承認される趨勢になっていたが、加盟国はいずれも問題を抱えていた。西側陣営としてタイ、フィリピン、マレーシアは台湾の国民党政府との国交を有し、スカルノ時代には蜜月時代を築いたインドネシアも「9・30事件」以来、関係を断絶して中国敵視に回り、中華系人口が多いシンガポールは慎重に中国承認問題から距離を置いていた。

中国が国連代表権を獲得した直後の一九七一年十一月、五カ国の外相たちはマレーシアのクアラルンプルで特別会議を開催し二つの重要な決定を行った。一つは「東南アジア平和・自由・中立地帯（ZOPFAN）」宣言の発表である。中国をめぐる国際環境の変化からは影響を受けないという中立の意思を対外的に示した。名称からもわかるように、加盟国領土だけではなく東南アジア全域に対しての構想になっている。もう一つは、加盟国が今後、中国との国交正常化を視野に入れて接近する場合には、事前に相談し情報共有することを秘密裏に合意したことである。大敵や難題に当たっては共同歩調で対処するというASEAN外交の姿勢はこの時初めて生まれた。一九七三年には、日本の合成ゴムの生産と輸出に対し、天然ゴム非産出国で直接の影響を受けていない加盟国も一緒になりASEANとして、日本に対し製造・輸出の自粛を求める交渉を開始した。このように、域外大国に対して共同で対処する外交姿勢が慣例化するにつれて加盟国は凝集性を高め、ASEANという一体的アイデンティティを醸成していく。

それまで外相会議を最高意思決定機関としていたASEANは、一九七六年に初めてインドネシアのバリで首脳会議を開催した。その前年にはベトナムが統一されインドシナ三国全てが共産化するという決定的な地殻変動があり、首脳たちは共通の脅威認識や課題を抱えていたのである。協議の結果、ASEAN首脳たちは、共産インドシナへの敵対的姿勢を直接示すのではなく、代わりに東南アジア全域に対する原則論とビジョンを改めて主張することで問題に対処した。拘束力を持つ初の条約となる東南アジア平和友好条約（TAC）を採択し、主権や独立、平等、領土保全、内政不干渉や武力不行使、紛争の平和的解決など東南アジア全域で遵守されるべきルールを確認、合意したのである。この時点で、ASEANは加盟国首脳も参加し、条約も備える組織となった。ジャカルタに常設事務局も創設された。

一方、社会主義化したインドシナ地域は、中ソ対立の代理戦争の様相を呈していく。一九七八年、反越・親中路線を取るカンボジアのポルポト政権に対してベトナムが侵攻、親越派のヘン・サムリン政権を樹立し、ソ連の援助を受けながら軍駐留を続けた。この状況に直面してASEANは、「前線国家タイ」の平和確保を最優先として国際世論に働きかけた。つまり、ベトナムの軍事侵攻を非難し、ポルポト政権の正統性を一貫して支持したのである。

カンボジア紛争は内戦となり長期化したが、一九八九年のベトナム軍の撤退により和平の契機がようやく訪れた。この際、ASEANは非公式チャネルを使って分裂各派に働きかけ、一九九一年の和平協定の成立に貢献したことで国際社会からも高く評価された。

3 冷戦後のASEANの深化と拡大

冷戦終結という大きな国際環境の節目に、ASEANはインドシナ諸国への拡大という飛躍的発展を遂げる。ドイモイ（刷新）路線を取っていたベトナムが、奇跡的な経済成長実績を上げているASEAN諸国を評価し接近を図るとソ連もそれを後押しした。ASEAN側もまた、冷戦後の国際社会で新たな存在感を確保する必要に迫られていた。ASEANは一九七八年の日・ASEAN外相会議を手始めに、一九七九年から毎年、定例外相会議（AMM）に合わせ関係の深い域外国を招きASEAN拡大外相会議（PMC）を開催し、その全体会合も運営してきた。ところが、一九八九年に日豪の主導でアジア太平洋地域協力（APEC）が発足すると、ASEANは域外大国の影響が強くなり自らの存在感が低下してしまうのではと懸念した。これまで以上に盤石な存在感を発揮するためには、「一つの東南アジア」「東南アジアのASEAN化」を実現し、堂々たる地域組織として対外発言力を強化する必要があると考えたのである。

ASEANの拡大は、一九八四年に加盟したブルネイの先例が適用された。一九九二年の外相会合においてベトナムとラオスがTACに署名し、まずはASEANのオブザーバーの地位を与えられた。カンボジアがそれに続くと、ASEANは人権や民主化問題を抱えていたミャンマーも拡大対象とした。一九九五年にベトナム、一九九七年にラオス、ミャンマー、そして国内政変で延期となっていたカンボジアも一九九九年に加盟が認められ、二〇世紀中にASEAN一〇カ国体制が完成した。

拡大の進行はASEANが広域の地域協力を推進していくプロセスと重なっている。日本の協力を得て、一九九四年からはアジア太平洋地域での広域安全保障対話枠組みであるASEAN地域フォーラム（ARF）が開始された。信頼醸成、予防外交、紛争解決の三段階アプローチをとるARFは、結論のない「トークショップ」に過ぎないという批判はあるが、モンゴルや北朝鮮なども参加する貴重な「場」となった。また、一九九五年からは首脳会議を定例化し、日中韓の首脳を招待するようになった。一九九七年から九八年にかけて発生したアジア金融危機に対処するため「ASEAN＋3（日中韓）」の首脳会議が二年連続で開催されたことが、新たな枠組みの形成に弾みをつけた。一九九九年には同会議の恒常化に合意し、「東アジア協力に関する共同声明」が発出され、包括的な多国間協力に基づく二一世紀の「東アジア共同体論」が議論されるようになった。

東アジア共同体の具現化として「東アジア首脳会議（EAS）」が二〇〇五年から開始された。その参加国については、「ASEAN＋3」諸国に限定したい中国と、排他的にならず参加国を拡大すべきとする日本との間で意見が分かれた。結果的に、日本の主張が通り、インド、オーストラリア、ニュージーランドの三カ国を加えた一六カ国が参加する新しい枠組みとなった。TACに署名したASEANの「対話国」であることを参加資格条件として、ASEANの「中心性」を維持した。同様の参加方法により米国とロシアが二〇一一年から加わり、EASは一八カ国が参加する広域枠組みとなった。

同時に、ASEANは地域における主体的・中心的地位を一層強化する取り組みを内部でも続けていた。二〇〇三年に「第二協和宣言」を発出し、将来の「ASEAN共同体」設立に合意した。伝統的な目的や原則、意思決定方式を見直しながら、法人格を持つ明確な組織として持続性、信頼性を強化するために、二〇〇五年に「賢人会議」を設置、ASEAN共同体が依拠すべきASEAN憲章の草案を急いだ。ASEAN憲章は二〇〇七年に成立し翌二〇〇八年に発効、二〇一五年には政治安全保障共同体、経済共同体、社会文化共同体を三つの柱とする「ASEAN共同体」が誕生したのである。

4　ASEANの運営文化と制度的特徴

ASEANの制度は欧州連合（EU）と対照的である。欧州委員会や欧州司法裁判所のように加盟国から独立して政策決定に関与する機関は今日でも存在しない。各国が互いの国家主権を尊重しながら協議を進め、平等に意思決定に参加するのが大きな特徴になっている。その中心的な活動は、様々なレベルと分野における会議の定例開催である。最高意思決定機関は首脳会議（年二回）であり、大きな方向性や重要な決定を行う。首脳会議の準備や閣僚会議の政策調整は調整理事会が行い、その事務組織として加盟国の常駐ASEAN代表からなる常駐代表委員会（CPR）が置かれている。首脳会議の決定指示に基づき、三つの共同体の各理事会下にある分野別担当閣僚会議が、具体的な政策を立案し実施する。その準備を行うのが、加盟国の所轄官庁の高官から構成される高級事務レベル会合（SOM）である。

ASEAN憲章は、首脳会議に重要な権限と役割を認めている。第一にASEANの意思決定がコンセンサスに至らなかった場合、首脳会議は手続きを変更して合意を成立させることができる。第二に加盟国が憲章やほかの諸原則に深刻な違反をした場合、何らかの措置を講ずることができる。第三は紛争の政治的解決の役割であり、TACや国際司法裁判所、第三者による調停・仲介による解決ができない場合、最終手段として首脳会議は措置を決定することができる。このように首脳会議の権限は強いものの、実際には発動されることはほとんどない。まとめ役として議長国が各国間の利害調整を行い、柔軟に対処し問題の重大化を未然に防いでいるからである。

ASEANでは、加盟国の英語表記のアルファベット順の輪番制で毎年、一つの国が主要会議の議長を担当する「議長国制度」を取っている。事情で順番が変更になることもあるが、議長国になる機会の平等性は守られている。議長国には、加盟国間の利害調整や紛争解決の仲介役など強い権限が与えられている。また、役割上、根回しや説得機会が増えることから自国の利益を反映できるチャンスでもある。近い将来、どの国が議長国になるか予測がつくので、それも考慮しながら加盟国は自らの主張や他国との妥協を図っているようである。

実際、議長国の提案は合意が成立しやすく、議長国の意向に沿わない提案や方針は見送られる傾向がある。二〇〇三年の首脳会議で発出された「ASEAN第二協和宣言」の中で、明確に「民主的」という言葉が挿入されたのはインドネシアの意向であり、二〇一二年の外相会議で南シナ海の問題をめぐる協議が進まず共同声明の発表が見送られたのは、中国に配慮したカンボジアの意向であった。紛争解決では、二〇一一年に議長国インドネシアが仲介して、カンボジアとタイのプレア・ヒビア寺院をめぐる国境紛争の解決のため緊急外相会議が招集され停戦監視団の派遣が合意された例もあった。

このようなＡＳＥＡＮの運営方式は、加盟国の外相や首脳たちが経験的に積み上げてきた慣習や行動様式、規範など実践的な外交文化に基づくものである。主権尊重、内政不干渉、平等の原則、全会一致（コンセンサス）による意思決定、非公式性や漸進主義などのアプローチはＡＳＥＡＮ Ｗａｙ（ＡＳＥＡＮ流、ＡＳＥＡＮ方式）と呼ばれ、ＥＵと比較すると制度的拘束の少ない「緩い統合」だといえる。全会一致原則のためハードルの高い決定は難しく非効率的だとの批判もある一方、脱退、脱落する国を出さず地域の全加盟国が持続的に参加できる方法だとの評価もある。

5　共同体の三つの柱がめざす姿

二〇〇八年に採択されたＡＳＥＡＮ憲章は、伝統的慣習を通して実質化されたルールに基づいて策定されており、今日の「ＡＳＥＡＮ共同体」を運営する基本原則となっている。「三つの柱」となる各共同体はそれぞれ青写真（ブループリント）を発表し、具体的な目標や取り組みを示している。二〇〇七年から二〇〇九年にかけて「青写真　２０１５」が発表されたが、現在は二〇一五年に策定された「青写真　２０２５」に沿って運営がなされている。

政治安全保障共同体（ＡＰＳＣ）は、地域の平和と安定を、内部（加盟国同士の関係）と外部（域外国との関係）の両面から捉えている。多様な国家の集合体であるＡＳＥＡＮではあるが、加盟国間の政治的・社会的価値を共通化し、人々の自由な交流や相互理解、協力を通して紛争の可能性を低減するという考え方が根底にある。青写真では四つの目標が掲げられている。第一は、ルールに基づく、人々中心の共同体である。民主的な政治制度、人権の擁護、法の支配、司法制度、グッド・ガバナンスの強化などに加えて、調和や寛容など平和的文化の推進を重要視している。第二に、平和で安全、安定した地域の実現である。ここでは非伝統的安全保障分野、核不拡散体制、海洋安全保障など包括的、総合的な安全保障観が取り入れられている。第三に、ダイナミックで外向的な地域におけるＡＳＥＡＮの一体性と中心性の実現である。主体的、積極的に域外国との関係を築き良好な地域環境を維持していく姿勢の表れだといえる。第四に、ＡＳＥＡＮの組織能力の強化（調整能力、組織や制度、プレゼンス）が挙げられているが、これは先に述べた目標実現のために不可欠な条件であろう。

経済共同体（ＡＥＣ）は、三つの共同体の中で最も早く青写真が発表され、共同体構想を具体的にけん引してきた。結成時から域内経済協力を志向していたＡＳＥＡＮは、一九八〇年代後半から、各国の外資依存かつ輸出志向型の工業化を経済発展戦略として集団的支援体制を目指した。一九九二年の首脳会議ではＡＳＥＡＮ自由貿易地域（ＡＦＴＡ）の結成に合意し、域内関税低下を開始していた。その後のアジア経済危機で成長が鈍化し、海外投資受入れの競合相手である中国やインドが急成長すると、一層の協力・統合の深化を迫られたＡＳＥＡＮは、二〇〇三年の「第二ＡＳＥＡＮ協和宣言」で「二〇二〇年までに物品、サービス、投資、熟練労働力の自由な移動に特徴づけられる単一市場、生産基地を構築する」構想を発表した。その後、計画を五年も前倒しにして、人口六億人の共同市場であるＡＳＥＡＮ経済共同体（ＡＥＣ）を誕生させた。「青写真　２０２５」では、①高度に統合されかつ結束した経済、②競争力のある革新的でダイナミックな　ＡＳＥＡＮ、③高度化した連結性と分野別協力、④強靭で包括的、人間本位・人間中心のＡＳＥＡＮ、⑤グローバル　ＡＳＥＡＮ、という五つの戦略目標を掲げている。特に「連結性（コネクティビティ）」は、一九九〇年代に加盟したＣＬＭＶ（カンボジア、ラオス、ミャンマー、ベトナム）と先行加盟国との域内格差解消を促進し、円滑な経済共同体を運営するために不可欠な事業である。二〇一〇年の首脳会議で「ＡＳＥＡＮ連結性マスタープラン（ＭＰＡＣ）」が採択されて以来、域外国も支援を続けてきた。ＭＰＡＣは、交通運輸インフラの整備などの物理的連結性、税関手続きなどの制度的連結性、熟練労働者の相互認証協定などの人的連結性の三分野で推進されている。

社会文化共同体（ＡＳＣＣ）の「青写真　２０２５」は、目指すべき姿として、①国民の関与と恩恵（ＡＳＥＡＮ プロセスへの関係者の関与、人々のエンパワーメントなど）、②包摂（社会的弱者との障壁の削減、万人に向けた公平なアクセス、人権の保護と促進など）、③持続可能（生物多様性、資源保護、環境持続可能都市、気候変動、消費と生産など）、④強靭（災害リスク低減、保健、危機の際の社会セーフティネット、麻薬撲滅など）、⑤ダイナミック（寛容の文化、ＡＳＥＡＮの共通理解とアイデンティティ促進、教育システム強化、起業家の支援環境強化など）という五つの課題を挙げている。ＡＳＣＣの扱う分野は多岐にわたり基本的には内政課題が多いが、環境や防災、ＡＳＥＡＮアイデンティティの形成のような国境を越えた政策課題も増加している。ＡＳＥＡＮ共同体の全体構想でも二〇二五年までの最優先課題として、ＡＳＥＡＮの「人々」の幸福への重点的働きかけ、ＡＳＥＡＮ意識の醸成や理解促進などを挙げており、ＡＳＣＣは直接その役割と責任を担っている重要な共同体である。

6　ＡＳＥＡＮの展望と課題

ＡＳＥＡＮは、政治体制や経済水準、文化宗教の違い、歴史的な対立の歴史を乗り越えて、東南アジアに存在する全ての国家が加盟する地域機構制度に成長した。二〇〇二年独立の東ティモールも、オブザーバー資格が与えられ将来の加盟が約束されている。国家の多様性を維持しながら統合を実現、維持した経験や方式は、グローバル化時代の現実的な統合のロールモデルとして評価されることもある。共通のアイデンティティ構築や規範化に関するＡＳＥＡＮの成功体験は、国際関係理論ではコンストラクティビズムの発展を後押しした。経済発展を果たしたＡＳＥＡＮ諸国が民主化路線に舵を切った経験、冷戦後に発展したアジア太平洋地域協力で「運転席」に座り域外大国の利害を調整する役割を果たした事実なども、民主化論や地域統合論などのリベラリズムを補強するものであった。政策実践上でも、ＡＳＥＡＮを中心とする地域枠組みの重層的発展という「地域アーキテクチャー」こそが、多様で複雑なアジアの実情に相応しい安定的な地域秩序だとする地域的合意があった。

ところが、二〇一〇年代以降、中国が国力を増強しパワーシフトが進み、米中対立という新たな地域構造が生まれた今、ＡＳＥＡＮは二重の重大な挑戦を強いられている。一つは、米中の激しいパワーゲームの荒波に沈むことなく、今まで通り「中心」に位置して域外大国の利害調整の役割を果たせるか、米中の間でバランスを貫き中立的な立場を維持できるか、という外交的難題である。もう一つは、ASEAN内部の課題であり存続に関わる問題である。ASEANは発展プロセスの中で、民主主義や人権など「普遍的」価値を目指してきたはずだが、近年、加盟国の中にミャンマーやカンボジアなど顕著に権威主義体制を強化する傾向が表れてきた。中国の経済支援を受けて国内政治でも「中国モデル」に向かう国家が増えれば、加盟国内部の結束や連帯が乱れASEANが有名無実化し、分裂の可能性さえ出てくる。

ASEANの「中心性」と「一体性」は相互に必要条件であり不可分の関係である。どちらも難題だが、ASEANには、外部の国際環境の変化をバネに発展を遂げた歴史からの知恵、内部には妥協を実現しやすい柔軟な制度がある。それらを生かし、現在の危機をいかに乗り越えるのかが注目される。

（平川幸子）

● ASEAN 諸国の国旗

6　中央アジアとアフガニスタンの歴史と現在

1　ユーラシアの地政学上の要衝たる中央アジア

「中央アジア」とは、ユーラシア大陸の中央部、カスピ海の東側にある、ロシアと中国とアフガニスタンとイランに囲まれた五カ国（カザフスタン、ウズベキスタン、キルギス、タジキスタン、トルクメニスタン）を指す。これら五カ国はいずれもイスラーム教を主流とし、それぞれの国の公用語がある一方、旧ソ連（現ロシア）の構成国だったこともあり、ロシア語も広く通用している。近代以降、旧ソ連の一部として運命を共にしつつ、一九九一年のソ連崩壊後は、それぞれが独立を果たし、独自の国家を形成している。

また、中央アジアの歴史、文化、芸術、産業、自然、生活などを語る際、しばしば「シルクロード」という言葉が枕詞のように使われ、衆目を集めている。この「シルクロード」について、一般的には、東洋と西洋を結ぶ歴史的な交易路として知られているが、いわゆる一本の決められた道を指すのではなく、交易の人々や遊牧民が往来した東西貿易路の総称である。大別して、中国から中央アジアを経て欧州へと至る「オアシスの道」（オアシスルート）と、ユーラシア大陸北部のステップ地帯を通る「草原の道」（ステップルート）にそれぞれ分かれる。一説には、シルクロードの東の終着点は日本ともいわれており、日本人が「シルクロード」と聞くと、「絹の道」「遊牧騎馬民族」「金具」「楽器」などを連想し、歴史ロマンを感じるのはきわめて自然な流れといえよう。

他方、この「シルクロード」に対する認識に些か「誤

図6−1　中央アジア

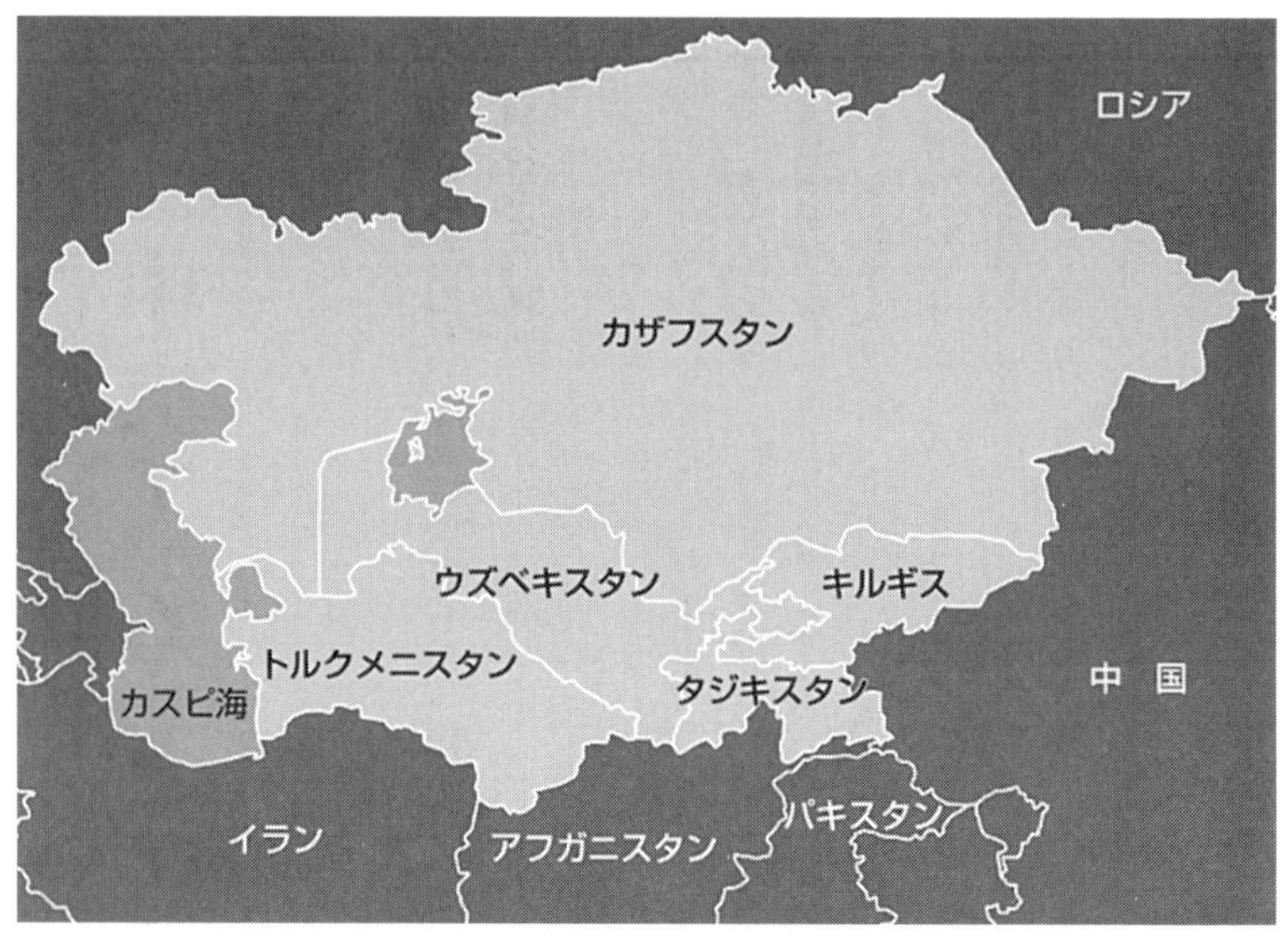

筆者作成。

り」の気味があることは、すでに識者によって指摘されている。例えばしばしば使われる「シルクロード」という言葉は、中央アジアに対してそもそも中央アジアに「シルクロード」という概念が古くから存在したわけではなく、この言葉で中央アジアを語ろうとしても、偏った像しか得られないと指摘する（宇山、二〇一七年、二五頁、二八頁）。

そもそも中央アジアは一九世紀まで地図上の空白地帯であった。かつて英国の地政学の祖ハルフォード・マッキンダーが「ユーラシアの心臓部を制するものは世界を制する」と述べたように、一九世紀からロシア帝国はインド洋への南下を策し、植民地インドを持つ大英帝国とこの地域で覇を争って、いわゆる「グレートゲーム」が起きた。

また、元来この地域が、アジア—欧州—ロシア—中東を結ぶ地政学上の要衝に位置したため、中央アジアをめぐる国際関係は、ロシア、中国、トルコ、イランといった関係諸国間で語られることが多かった。しかし、9・11以後、米国の軍事的プレゼンスの拡大に加えて、中央アジアが、アフガニスタンを舞台とする「対テロ戦争」

の重要拠点となったことで、同地域を取り巻く国際情勢は急変した。

一方、近年、中央アジア内部においても、大きな動きが相次いで起きている。いわゆる「カラー革命」（別名「色の革命」、「花の革命」）と呼ばれる、イデオロギーと非暴力による一連の政権交代運動である。事の発端は、二〇〇三年にグルジア（現ジョージア）で起こった「バラ革命」とされており、議会選挙での不正に反発した市民らが、バラの花を持って議会を占領し、その結果、エドアルド・シェワルナゼ大統領は辞任に追い込まれ、再選挙が行われることになった。この「バラ革命」以後、ウクライナでの「オレンジ革命」（二〇〇四年）やキルギスでの「チューリップ革命」（二〇〇五年）など、各国で非暴力の象徴として花や色の名前を掲げた民主化運動が広がっていった。

こうした動きは、当時、旧ソ連諸国の「独立国家共同体」（ＣＩＳ）で「民主化ドミノ」が生じつつあるとメディアで注目されたが、同時に「民主化ドミノ」を起こさせたい米国務省や米国中央情報局（ＣＩＡ）の存在も繰り返し囁かれた。まさにこうした「カラー革命」の背景には、米欧など外部勢力が権威主義体制に対してカラー革命を起こすことで、自分たちの利益に合う民主主義体制に変質しようと試みたともいえよう。

また、最近では、二〇一三年秋には、中国の習近平国家主席が提唱した「一帯一路」構想に中央アジアが含まれたことで、同地域における中国の存在感も年々大きくなっている。習は、この年、トルクメニスタン、カザフスタン、ウズベキスタン、キルギスを歴訪し、このうちカザフスタンでの演説において「シルクロード経済ベルト構想」なる経済圏を提唱した。さらに、中国はシルクロード基金やアジアインフラ投資銀行（ＡＩＩＢ）を創設し、糸目をつけない融資の構えを内外に見せつけた。こうした中国の動きは、エネルギー資源の海外依存度の極めて高い日本にとって、中央アジアとの関係をさらに深化・拡大させるきっかけになった。

2 日本の「シルクロード地域外交」

日本は一九九〇年代後半、当時の橋本龍太郎首相が提唱した「ユーラシア外交」の下、ソ連独立後の中央アジアの国造りを支えてきた。今日、日本の対中央アジア外交は「シルクロード地域外交」と称されるが、その始まりは、一九九七年七月二十四日、経済同友会会員懇談会での橋本の次の演説において端的に示された。

「『シルクロード地域』とも呼ぶべき広大な空間に生まれた中央アジア及びコーカサス諸国は、新しい政治経済制度の下に豊かで繁栄した国内体制を確立し、近隣諸国との間で平和で安定した対外関係を創り出すべく多大な努力を傾けています。（中略）我が国がこれら諸国の国づくりに積極的なお手伝いをすることは、新独立国家自身のみならず、ロシア、中国、イスラーム諸国の平和と繁栄に対し必ずや建設的な意義を有することとなり、二一世紀に向けての日本外交のフロンティアをユーラシア地域に拡大することとなる」（外務省、一九九八年）。

これは、まさに冷戦後に誕生した、中央アジアやコーカサスといったユーラシア大陸の国々との関係を、政治、経済協力、人的交流など多面的に構築していこうという政策方針であった。

橋本演説以降、「シルクロード地域外交」は「信頼と相互理解の強化のための政治対話」、「繁栄に協力するための経済協力や資源開発協力」、「核不拡散や民主化、安定化による平和のための協力」という三本柱を軸に、中央アジアとのより強力な二国間関係が構築されていく（外務省ホームページ）。

その後、二〇〇四年には、新たな政府ベースの地域協力促進の枠組みとして、川口順子外相のイニシアティブにより「中央アジア＋日本」対話が始動した。本対話では、主に経済、観光、農業といった中央アジアの開発課題について、双方の識者や実務家などが一堂に会して議論を深めた。なにより、外交の多様化を求める中央アジアにとって、自国に対して領土的野心を持たない日本は、有望な選択肢の一つであった。

着実に成果を重ねてきた「シルクロード地域外交」だが、その後、タジキスタンにおいて、「国際連合タジキスタン監視団」の秋野豊が殉職した影響などもあり、その行方が危ぶまれた。しかし、一九九九年には、関係者によって民間基金「秋野豊ユーラシア基金」が創設され、日本における中央アジアの若手研究者の育成が行われるなど、その歩みは現在も止まることなく成長と展開を続けている。

3 新たな日本・中央アジア関係をめざして

しばしば中央アジアを語る際、ひとまとまりとして捉えることが多いが、ここは少し注意が必要である。なぜなら、中央アジアはあくまで個別の国の集合体であり、一枚岩的な存在ではない。国ごとにリーダーの考え方や政治状況などが異なる点をわれわれは見失ってはならない。

例えば、ロシアのウクライナ侵攻後、カザフスタンのトカエフ大統領は、ウクライナ東部二州の「独立宣言」を認めない意思を示し、タジキスタンのラフモン大統領も、「小国であっても敬意を払うべき」との発言がなされたとの報道もある。ただし、一方で、制裁中のロシアは、中央アジアを欧州からの輸入の迂回路に使用している事実もある。

各国の思惑が複雑に交差する中央アジアとの関係構築において、日本の外交アプローチの強みは何なのか。それは、中ロとは異なり、中央アジアの現地の声に耳を傾けつつ、雇用をもたらす産業の育成といった、あくまで現地の人が主体になれる方策を実行できる点にある。

言うまでもなく、日本は中央アジア五カ国に対して、人的支援をメインにした積極的なODAやシルクロード外交などを通じて、信頼関係を築いてきた。とりわけ、「中央アジア+日本」対話という枠組みは、日本と中央アジアがともに歩み、ともに成長できる場として内外の注目を集めていることは疑いない。ちなみに、二〇二二年は、日本と中央アジアの外交関係樹立三〇周年の節目の年でもあった。

現在、中央アジアは独立から三〇年以上が経過し、各国とも共通の基盤と課題を抱えつつも、それぞれ特色のある国家として「発展の道」を歩み続けている。もちろん、時間の経過とともに、中央アジアを取り巻く内外環境の変化のなかで、日本の支援のあり方も当然変革を求められている。その意味において、日本は今後も、中央アジアの安定と発展を支える、いわば「公共財」の役割を一層果たすべく、日本と中央アジア関係のあるべき姿を追求し続けることが肝要であろう。

4 9・11同時多発テロから二〇年——アフガニスタンの今

振り返ってみると、二〇〇一年九月十一日、世界を震撼させた米同時多発テロ（以下、同時テロ）は大きな歴史の転換点であった。四機の国内線ジェット機が同時にハイジャックされ、多数の乗客を乗せたままニューヨークの世界貿易センタービルをはじめ、米国の経済、軍事を象徴する建物などに次々と突っ込んだ。その犠牲者数は約三〇〇〇人と言われ、テロ事件としては史上最悪のものとなった。米国はこの同時テロへの報復のため、アフガニスタンに侵攻し、米国史上最も長い戦争に突入した。日本もまた、同時テロを受けて成立した、「テロ対策特別措置法（テロ特措法）」により、インド洋で海上自衛隊による米補給艦への給油という後方支援活動を展開した。今日、日本外交が掲げる「インド太平洋」が内外から注目されるなか、このインド洋上での補給活動は、海上自衛隊艦艇がインド洋に日常的に展開するきっかけとなった。

同時テロ以降、米軍は一旦、イスラーム原理主義者組織「タリバーン」（イスラーム神学生の意）を打倒することに成功したものの、この間、長く兵士や税金などを投入し続けたこともあり、ジョー・バイデン米大統領は、アフガニスタンからの駐留米軍撤退を「（二〇二一年）八月三十一日に完了させる」と表明するに至った。これにより、この長きにわたる戦争が混沌のさなかで終わりを告げるはずだった。しかし、待ち受けていた現実は、アフガニスタン政府の崩壊とともに、再びタリバーンが首都カブールを制圧し政権を掌握するという現実であった。そして、アフガニスタンを去った米国に代わって、中国やロシアなどが当該地域の主導権を握るべく、様々な思惑や駆け引きが始まった瞬間でもあった。

そこにもはやこれまでの米国の圧倒的優位性はなく、残されたのは、①「イスラーム教＝テロリスト」という言説、②そもそも米国の「テロとの戦い」とは何だったのかという疑念、そして、③この戦争の犠牲となったアフガニスタンの人々の無念であったといえよう。

アフガニスタンは、日本から地理的にも歴史的にも遠く、インターネットやSNSなどの普及により当該地域の報道に触れる機会が増えたとはいえ、まだまだわれわれにとって遠い存在であることは疑いない。

5　アフガニスタンの苦難の歴史——建国からソ連の撤退まで

アフガニスタンは、インド亜大陸、中央アジアと中東の三つの地域を結ぶ国で、国土は日本の約一・七倍、人口は約三四〇〇万人である。この「アフガニスタン」とは、ペルシア語で「アフガン人の国」を、「アフガン」は、ペルシア語で「パシュトゥーン人」の意をそれぞれ指す。アフガニスタンは古来「文明の十字路」として栄え、多民族国家を形成している。大部族だけでもパキスタン近くのパシュトゥーン人（大別すると、ドゥッラーニーとギルザイという二つの部族に分けられる）、北部のタジク人、中央のシーア派のハザラ人、ウズベク人がおり、その長や険しい地理的条件下に散在する地域ごとのリーダーが独自にコミュニティを運営している。なお、山本忠通によると、アフガニスタンを考える場合、民族ではなく部族として考えるべきであるとも指摘する。（山本、内藤、二〇二一年、一四七頁、一五六頁）。

近代アフガニスタンの建国は、一七四七年、ドゥッラーニー族がイランのアフシャール朝に属していたパシュトゥーン部族とともに、ドゥッラーニー朝（アフマド・シャー・ドゥッラーニーが即位）を興して始まったとされる。このドゥッラーニー朝は現在のアフガニスタンの原型と考えられており、ドゥッラーニーはアフガニスタン国民の父と称される。このドゥッラーニー朝はその後、ドゥッラーニーの子ティームール・シャーなど三人の息子の王位継承問題をめぐる三勢力の鼎立状態の合間に、他のアフガニスタン勢力によって新たな王朝、「バーラクザイ朝」（「ムハンマドザイ朝」とも呼ばれる）が創始された。

一方、この当時、アフガニスタンの地は、ロシア帝国と大英帝国による「グレートゲーム」の覇権争いに巻き込まれていた。ロシアと英国領インドの間に位置していた同国は、戦略上の重要な拠点と見なされていた。ロシアの南下を警戒する英国は、自らの影響力を強めようとバーラクザイ朝との間で、第一次アフガン戦争（一八三九―一八四二年）、第二次アフガン戦争（一八七八―一八八〇年）および第三次アフガン戦争（一九一九年）と三度にわたって戦争を繰り広げた。

英国は第二次アフガン戦争でアフガニスタンを「保護国」としたものの、山岳地帯における攻略は難しく敗退を重ねる結果となった。その後、アフガニスタンは、第一次世界大戦後の一九一九年に英国からの独立を達成した。一九二〇年代に入ると、アマーヌッラー・ハーン国王の下で、急激な近代化が推し進められた。具体的には、はじめて成文化された憲法が立案されたほか、女性の権利の推進や洋服着用の推奨などが行われた。

また、アフガニスタンの統治機構において、名士、長老、部族長などが集まり、国の方針を話し合う場として「ロヤ・ジルガ」（国民大会議）も設置された。

一九六四年十月には、ムハンマド・ザーヒル・シャー国王の下で、アフガニスタン史上初の近代法の立憲君主制憲法が制定された。一九七三年まではザーヒル・シャー国王の下で近代化が進められたが、同年七月、ザーヒル・シャー国王のいとこにあたる旧王族のムハンマド・ダーウードの無血クーデタにより、立憲君主制が廃止され、共和制へと移行した。アフガニスタン大統領となったダーウードは、「アフガニスタン国民革命党」による独裁を掲げて国家統治を行った。

一九七三年にバーラクザイ朝が崩壊した後、アフガニスタン国内では混乱が続いた。すでに国内では一九六五年に、一部教師や学生などの中産知識階級らによって、民主主義、土地改革、女性や労働者の社会的権利の確保などを目指す「アフガン人民民主党」（ＰＤＰＡ）が結成された。ＰＤＰＡは、「ハルク」（人民）、「パルチャム」（旗）という二つの派閥に分かれて権力闘争を展開した。ハルク派を率いたのは、ヌール・ムハンマド・タラキーで、そのメンバーの多くは、地方からやってきたパシュトゥーン人を中心に構成していたのに対し、バブラク・カルマン率いるパルチャム派は、カブールに居住する特権階級らにより構成された。

ダーウードはその後、ＰＤＰＡを排除する動きに転じたため、ＰＤＰＡ側の不満を高め、一九七八年四月、「サウル（四月）革命」により暗殺され、ＰＤＰＡのタラキーが政権の座に就いた。同時に、国名も「アフガニスタン共和国」から「アフガニスタン民主共和国」に変更された。

ただし、タラキー政権、そしてその後、政権の座を継いだハフィズッラー・アミン政権もすぐに崩壊してしまう。アミンについては、ソ連と距離をおいた人物でもあり、一九七九年十二月に始まった、ソ連によるアフガニスタン侵攻によって殺害され、新たにソ連に亡命していたパルチャム派のカルマルが政権の座に就いた。カルマル政権下のアフガニスタンは、ソ連型の統治形態により国家形成が進められた。

一九八六年五月、カルマルの後を継いだのが、ムハンマド・ナジーブッラーであった。ナジーブッラーはソ連の支援を得て政権運営を行ったが、厳格な「反体制派」の取り締まりなどにより、アフガニスタン国民の不安を助長させてしまった。

翌年一月には、国名が「アフガニスタン民主共和国」から「アフガニスタン共和国」へと再び変更された。

この間、各地では反政府・反ソ連軍による内戦が相次いだ。とりわけ、米国の支援を受けたムスリムの義勇軍、「ムジャヒディーン（異教徒からの攻撃を守るイスラーム戦士）」がソ連への攻撃を激化させた。ちなみに、このムジャヒディーンには、ウサーマ・ビン・ラーディンやアイマン・ザワーヒリーなど、後に「アル・カーイダ」を立ち上げる主要メンバーも参加していた。

また、いわゆる「反政府勢力」の台頭をパキスタン、米国、イランなどが支援したため、ソ連のアフガニスタン侵攻は長期化の様相を呈した。一九八〇年代後半、米国やパキスタンなどの支援により、ムジャヒディーンにスティンガー・ミサイルをはじめとする個人用武器が普及し、ソ連軍への攻撃に効果をもたらした。同時に、ソ連からもアフガニスタン政府勢力への武器譲渡が継続され、この時期のアフガニスタンは世界最大の武器受入国となった（湯浅、二〇一五年、五〇頁、五三頁）。ムジャヒディーンはソ連の侵攻によって結集したと思われがちだが、それ以前から地方の反乱に加担するため、アフガニスタンに入っていた（今井、二〇二二年、二三頁、三五頁）。その結果、当時のソ連大統領ミハイル・ゴルバチョフはアフガニスタンからソ連軍の撤退を決断した。一九八八年、駐留ソ連軍の撤退を定めた「ジュネーブ和平合意」が成立し、翌年二月、駐留ソ連軍の撤退が完了した。その後、一九七九年十二月から始まったソ連の侵攻によって、アフガニスタン国内での民間人の死者は一〇〇万人を超え、五五〇万人以上が難民となった。ソ連撤退後、一九九二年には、ムジャヒディーンの軍事攻勢により、ナジーブッラー政権が崩壊し、カブールでムジャヒディーン各派による不安定ながらの連立政権が誕生した。

6 アフガニスタンにおける平和構築と日本

一九九六年九月、「イスラームへの回帰」を訴えるタリバーンが南部から勢力を伸ばし、首都カブールを制圧した。一九九八年八月には、ケニアなどの米国大使館がテロの標的になったことを受けて、国連安全保障理事会は、アフガニスタンが依然としてテロの温床であると指摘した。しかし、その後もタリバーンの勢力は衰えず、一九九九年頃にはアフガニスタン国土の九割を支配するに至った。

冷戦以降、国際秩序が大きく変動していく中で、この時期、世界大に及んだ民主化の流れから、アフガニスタンは取り残された。こうした流れを増幅するかのように、二〇〇一年、米国で同時テロが起こった。米国は直ちに対テロ戦争を最重要課題と位置づけ、国民の支持を背景に長きにわたる戦争に突入した。

米国はこの同時テロがウサーマ・ビン・ラーディンを指導者とするアル・カーイダによるものと判断し、タリバーンに対して同人の引渡しを求めた。しかし、タリバーンがこれを拒否したために、同年九月十二日、安保理において、「国連安保理決議 第１３６８号」が採択されアフガニスタンに対して国際的介入を行うことを決定した。

翌十月七日には、米国などによって、アフガニスタンに潜伏するアル・カーイダ勢力およびその協力者に対する軍事行動「不朽の自由作戦」も始まった。同時に、首都カブールに限定して治安維持任務を行う「国際治安支援部隊」（ＩＳＡＦ）も展開されたが、もはや混迷極めるアフガニスタンの政治情勢の抜本的な改善には至らなかった。

アフガニスタン国内では、二〇〇一年十一月にタリバーン政権が崩壊し、翌十二月の「ボン会合」以降のプロセスの中で、アフガニスタン暫定行政機構（反タリバーン運動の活動家であったハーメド・カルザイ元外務次官が選出）が成立した。同年十二月五日には、アフガニスタン各派の代表が今後の和平プロセスに関する合意を達成し（ボン合意）、十二月二十二日には暫定政権を発足させた。

　また、翌年六月には、「ボン合意」に基づき緊急「ロヤ・ジルガ」が開催され、ハーミド・カルザイ暫定政権議長を正式に大統領として承認した。二〇〇四年十月には、「タリバーン」政権崩壊後初となる大統領選挙でカルザイ大統領が当選し、「アフガニスタン・イスラーム共和国」が発足した。

　カルザイ政権の主要課題の一つが、一九九二年のムジャヒディーン政権以降、何十年にもわたってアフガニスタン国内各地に割拠する軍閥に武器を捨てさせ、市民社会への復帰と復興に向けた態勢を整えることであった。アフガニスタンの元兵士の武装解除・動員解除・社会復帰（Disarmament, Demobilization and Reintegration：DDR）などを通じて、紛争後 国家における持続的な平和構築は喫緊の課題であった。

　ただし、肝心のカルザイ政権は、そもそも米国の傀儡政権の側面が強かったほか、カルザイ政権後のアシュラフ・ガニー政権も、結局は無惨な醜態をさらして崩壊してしまう。

　こうした中、当時の日本では、二〇〇二年一月に東京で「アフガニスタン復興支援国際会議」が開催されたことは意義深い。この頃から、日本は、アフガニスタンの人々に寄り添う支援を行うべく、人道復興支援とテロ治安対策を「車の両輪」として、人道支援、民主化支援、治安改善など幅広い分野において可能性を探求した。

　今日、アフガニスタンでは、タリバーンが復権し、同国が再びテロの温床となる可能性が指摘されている。今こそ日本含め国際社会は、同国に対して、団結して協力や支援といった前向きなメッセージを発信するべきだ。日本は、米国やＮＡＴＯ諸国といったタリバーンと戦った国でなければ、ロシアや英国といったアフガニスタンを占領した国でもない。その意味では、日本こそが「多国間外交」のトップランナーとして、関係各国の対話の架け橋の役割を担えるのではないだろうか。　**（高畑洋平）**

7　弱い国家と非国家主体が織りなす中東

1　「中東」という枠組みとそこに属する国々

現在、中東として理解されているのはアラブ諸国（アラブ連盟加盟国）にイスラエル、イラン、トルコを核とする地域である。もう少し広い解釈をすると、北アフリカ地域、アフリカの角、南コーカサス地域（アゼルバイジャン、ジョージア、アルメニア）、アフガニスタンも中東に含まれるだろう。中東という概念は固定されておらず、時代ごと、または使用する政治家や思想家でその範囲が異なっている。

そもそも中東とは、中東地域の政治家、思想家、一般市民が自発的に用いた地理的概念ではない。それでは誰がこの地理的概念を発明したのか。それは、この地域への進出を試みていた西欧諸国である。西欧において、この地域は長らく「東洋」や「東方」を意味する「オリエント」（Orient）と呼ばれる地域に含まれていたが、時代の変化のなかで次第に「近東」や「中東」という概念が支配的になった。この概念の変遷は一九世紀以降、西欧列強が非西欧諸国を支配すべく、東方に進出し始めたことが背景にあった。中国、朝鮮半島、日本といったユーラシア大陸の最も遠い地域を「極東」、そしてオスマン帝国の領土を「近東」、その間に位置する地域が「中東」とされた。しかし、読者の皆さんは納得しないだろう。なぜなら、この考えに沿うと中東はイラン、アフガニスタン、パキスタン、インド、東南アジアといった地域ということになり、現在の中東と地理的区分が大きく異なっているからである。特に中東の中核であるアラブ地域が全く入っていないことになる。現在使用されている中東の概念が普及し始めたのは、一八五三年から五六年にかけてのクリミア戦争においてであった。その後、一九〇二年に地政学の大家の一人であり、『海上権力史論』で有名なアルフレッド・タイラー・マハンが、湾岸地域を中東と定義した（Mahan, 1902）。さらに、英国、フランス、ロシアという列強のオスマン帝国分割案であるサイクス・ピコ協定で有名な英国のマーク・サイクスは、第一次世界大戦期のオスマン帝国（バルカン半島やギリシャなど、南東欧を除いた地域）の領土を中東と呼んだ。オスマン帝国が崩壊すると、近東が使用されなくなり、近東と中東を合わせた「中近東」もしくは中東がサイクスが定義した地域を捉える概念として定着し、その後中東に一本化された。このように、中東とは常に時代によってその範囲が伸び縮みしてきた。

2　戦争とテロという中東イメージ

中東と聞くと、まず戦争やテロを思い浮かべる読者が多いのではないだろうか。確かに二〇一〇年代以降だけを見ても、チュニジアの民主化要求運動に端を発し、エジプト、リビア、シリア、バハレーンなどに飛び火したいわゆる「アラブの春（Arab Spring）」の結果、泥沼の内戦に陥ったリビアやシリア、そしてサウジアラビアとイランの間の対立の代理戦争（proxy war）の結果、終わりの見えない内戦が続くイエメンの例が挙げられる。また、主にシリアとイラクで活動し、その無慈悲な殺害方法で世界に衝撃を与えた「イスラーム国」（ＩＳ）の蛮行は記憶に新しい。もちろん、第二次世界大戦後の時代から続くイスラエルとパレスチナの間の対立も、ガザ攻撃に代表されるように現在も解決されていない。

中東で動乱が多い理由は何だろうか。原因の一つは中東の多くの国が「弱い国家（weak state）」であるからである。一九三三年のモンテヴィデオ条約では主権国家に関して、国民、領域、対内的に至高の権力・対外的に独立している主権（統治権）、国際的な承認という四点が必要とされた。中東における国家はこの四つの要件を満たしているものの、対内的に至高の権力という点に問題を抱えており、そのために「弱い国家」と定義される国が多い。シリア、イエメン、リビアといった国々はその典型である。

「弱い国」が多いのは、域外大国である欧米列強、そして中東の域内大国の中東諸国への関与の在り方にその原因が求められる。欧米列強は、中東地域の国家や社会を破壊するのではなく、既存の政治構造や国家を使用してその中に西洋の影響力の埋め込みを図った。この欧米諸国の宗教間、宗派間、民族間の相違を利用し、影響力を行使するやり方は狡猾だったが、そのことが中東の地域秩序を不安定化させるという側面も有していた。例えば、シリアにおいて、フランスは多数派のスンニー派ではなく、少数派のアラウィー派に軍の管理を任せたが、これにより、シリアでは一九八二年にアラウィー派によるスンニー派の虐殺である「ハマーの虐殺」が起こった。この宗派間の対立は、二〇一一年三月に起きたシリア内戦の遠因でもある。中東域内大国も、近隣の「弱い国家」に介入したり、「弱い国家」を利用して勢力を拡大したりしてきた。先ほどのイエメンの代理戦争の事例や、シリア内戦において、トルコが反体制派を支援したり、イランがアサド政権を支援するといった事例がすぐに想起される。

3 中東の理解が困難である理由

「中東の理解は難しい」と言われることもたびたびある。この理由として、先に挙げたように中東は戦争やテロなどの動乱が多いことに加え、国際関係論の諸概念が欧米の事象を中心に練り上げられたものであり、中東の諸事例に上手くフィットしないということも挙げられる。中東の国際政治の特徴とは何だろうか。トランスナショナリズムと非国家主体がその特徴として指摘できる。

まず、トランスナショナリズムについて考えてみたい。中東の中核を担っているのがアラブ諸国であり、アラブ諸国がアラビア語という共通言語でコミュニケーションが可能な点がトランスナショナリズムの一環として指摘できよう。また、中東諸国の大部分が約一〇〇年前まではオスマン帝国の版図であった影響も大きい。その後、英国、フランスの委任統治を経るなどして、主権国家体系に組み込まれていくが主権国家となった際の国境は英国やフランスの統治のために便宜的に決定されたものであり、方言や民族といったつながりを重視したものではなかった。そのため、欧米ではハードシェル（固い殻）とされる国境は中東においてはソフトシェル（柔らかい殻）といえる。例えば、シリア北部のアレッポ地域とトルコ南部のハタイ、ガズィアンテプ、カフラマンマラシュといった県は非常に類似性が高く、国境を跨いで親族が住んでおり、トルコ南部でもある程度アラビア語が通じ、シリア内戦が勃発する前はその往来も多かった。二〇一一年三月のシリア内戦が勃発して以降、トルコに三五〇万人を越えるシリア難民が流入したが、大都市で労働に従事できる可能性が高いイスタンブルに次いで、民族的なつながりが強い南部に居住するシリア人が多かった（トルコの移民管理局の統計によると、二〇二二年八月二十五日の段階で、一時的な保護として滞在しているシリア難民の数は、イスタンブルが五五万四六六人、ガズィアンテプが四六万五五一五人、シャンルウルファ三八万三八四四人、ハタイ三六万八八二〇人、アダナ二五万七八六七人、メルシィン二四万三九七六人と続いている）。

加えて、イスラームという宗教が持ち合わせる越境性が挙げられる。イスラームを信仰する人々をムスリムと呼び、世界最大のムスリム人口を抱える国はインドネシアであるが、中東ではイスラームを国教としている国、もしくは国民の大多数がムスリムの国がほとんどである。西洋起源の国家、言い換えればウェストファリア体制を基盤とする国家は、政教分離（政治と宗教は別のものとして扱う）を前提としているが、イスラームでは宗教が政治に大きな影響を及ぼす。これは国際政治の主要概念である主権で最も顕著である。西洋起源の国家において、主権は国内的には至高の権力で対外的には平等であり、それぞれの国家に住む国民に主権の源泉がある（人民主権）と考えられてきた。これに対してイスラームの主権は、「アッラー」という神に由来しており、ムスリムたちの「想像の共同体」としての「ウンマ」がアッラーによって主権の行使を許されているという論理で説明される。ウンマとは「全世界に住む全てのムスリムが国家や民族に関係なく、帰属することができる単一の共同体」であり、同士としてのムスリム囲い込みとムスリム以外の人々の排除を特徴とする。このムスリムを包摂するという特徴が、主権国家の枠組みを乗り越える機能を果たしている。中東の諸国家は、ウェストファリア体制に参画しているため、西洋起源の主権国家の概念と、イスラームに基づく主権国家の概念が重複している。

次に非国家主体について考えていきたい。非国家主体というと、真っ先に思い浮かぶのはどのような主体だろうか。一般的に国際関係論で想定される非国家主体は、主権国家より上位の地域機構、そして主権国家より下位のNGOもしくは多国籍企業である。中東の非国家主体として有名なのはやはりISや「アルカーイダ」といったテロ組織だろう。それ以外にも中東諸国でトランスナショナルに活動してきたムスリム同胞団、国を持たないもののイラク、イラン、シリア、トルコに跨って住んでいるクルド人の民族主義組織などがある。

ムスリム同胞団は、一九二八年にハサン・バンナーによってエジプトで旗揚げされた「イスラームのために奉仕するムスリムの同胞たち」(横田、二〇〇九年、二四頁)を意味する組織である。同胞団はその後シリア、レバノン、パレスチナ、ヨルダン、スーダンなどに拡大した(横田、同書、二五頁)。「アラブの春」の後、エジプトで同胞団のムハンマド・ムルシーが大統領に就任した。その後、エジプトでは軍のクーデタが起き、ムルシーは失脚し、同胞団の主要メンバーもエジプトを追われた。現状、同胞団の中で最も存在感を発揮しているのが、パレスチナのハマースである。各地に広がったムスリム同胞団は、それぞれの地域や国家での活動を基本としながら、緩やかなネットワークでつながったトランスナショナルな組織である。クルド人の民族主義組織として最も有名なのが、トルコ政府と一九八四年から抗争を繰り広げているクルディスタン労働者党(PKK)である。PKKはクルド人国家設立のために武装闘争を中心に活動し、トルコをはじめ欧米の国々でテロ組織として認定されている。その一方で、九〇年代後半以降は政治闘争も展開し、また、ヨーロッパに渡ったクルド人の移民たちの一部もその活動を支援した。シリア内戦以降、存在感を高め、IS掃討のために米国が支援を行った民主統一党(PYD)もPKKに通じる組織と見られている。

もう一つ例を出しておきたい。レバノンのスンニー派の組織であるヒズブッラーはイスラエルに対する武装闘争を実施するとともに、戦闘行為で負傷者および遺族への支援、障害者や低所得者層に対するサーヴィスの提供、農村開発や土木整備といった社会活動を展開している(末近、二〇一三年、二〇六頁)。

4 人々の保護と難民

先ほど触れたシリア内戦やイエメン内戦では多くの避難民が発生した。シリアでは内戦によって全人口の約半分に当たる一〇〇〇万人以上が国外または国内の他地域に難民／国内避難民として逃れた。また、イエメンでは二〇二二年八月時点で人口の七〇％に当たる二四五〇万人が人道援助を必要としており、四三〇万人が国内避難民となっている（UNHCR, 2022）。死者は二〇二〇年末の時点で二三万三〇〇〇人に上っており、その内一三万人は食料不足、医療不足、インフラ不足が原因で亡くなったとされる（United Nations, 2020）。

前述したようにシリアの隣国トルコには三五〇万人以上のシリア難民が流入した。また、二〇一五年夏には多くのシリア難民がトルコを経由して欧州を目指した。欧州では混乱が起き、難民の管理を経由地であるトルコにアウトソーシングするようになった。

アフリカ地域でアフリカ連合が積極的に難民の保護などを展開しているのに対し、中東地域は包括的な地域機構がないことが難民問題が深刻になっている要因の一つである。

5 石油と結びついた富

中東の中で最も裕福な地域は湾岸産油国である。サウジアラビア、カタル、アラブ首長国連邦（UAE）などが想起されよう。その名の通り、石油という天然資源に過度に依存する「レンティア国家」であり、莫大な富を築いている。一般的に経済的に豊かな国は民主化が進展すると考えられているが、湾岸産油国はその例にあてはまらない数少ない事例とされる。また、湾岸産油国にはインド、東南アジアなどから多くの外国人労働者がやってきて労働に従事している。二〇二二年秋に開催されたカタル・ワールドカップは莫大な資金を投じた素晴らしいスタジアムで試合が行われたが、その一方で外国人労働者の労働環境やLGBTQに関する問題が大きく取り上げられた。

（今井宏平）

8　インドと南アジア

1　インドの外交政策

一九九〇年代までのインドの外交政策

　南アジアの国際関係について理解するためには、南アジアの地域大国であるインドの外交政策を知ることが不可欠である。インドの外交政策は、独立後から一九八〇年代までと二〇〇〇年代以降の二つの時期に大きく分けられる。これら二つの時期に挟まれた一九九〇年代は、インドの外交政策の「模索期」であったと見なすことができる（堀本、二〇二一年、六七頁）。

　独立後のインドは、初代首相ジャワハルラル・ネルーのもとで、「非同盟（non-alignment）」と呼ばれる外交を推進した。この「非同盟」は、以下の二つの意味合いを持ったものであった。第一に、第二次世界大戦後の米国とソ連の対立の中で、米ソどちらの陣営にも所属せず、東西の緊張緩和や南北問題の克服を目指したというものである。第二に、非同盟を主張する国同士が緊密な協力関係を構築することによって、外交目的の実現をはかったというものである（堀本、二〇一五年、四頁）。インドは、ユーゴスラビア、エジプト、インドネシアなどの国々と協力し、非同盟諸国のリーダーとして活動した。

　しかし、一九六〇年代から七〇年代にかけて、インドを取り巻く国際環境は大きく変化した。具体的には、一九六二年十月に軍事衝突に至ったインドと中国の国境紛争（中印国境紛争）、一九五〇年代後半から六〇年代にかけての中国とソ連の対立、一九七〇年代前半の米国と中国の関係改善などである。このような国際環境の変化の中で、インドがそれまで進めてきた非同盟外交の重要性は失われていった。そのためインドは、外交路線をソ連との同盟に切り替え、一九七一年八月に、相互安全保障の性格を持った「印ソ平和友好協力条約」を締結した。一九七〇年代以降、インドは表向きは非同盟の看板を掲げ続けてはいたが、実際には、ソ連との同盟関係がインドの外交政策の中心となった。

その後、インドを取り巻く国際環境は、東西冷戦の終結（一九八九年）、ソ連の崩壊（一九九一年）、中国の台頭などによって、再び大きく変化した。さらに、湾岸危機および湾岸戦争（一九九〇―一九九一年）によってインドは国際収支危機に陥り、その結果、それまでの社会主義的な経済政策を転換せざるを得なくなった。前述のとおり、一九九〇年代はインドの外交政策の模索期であったと見なすことができる。国内外の大きな変化を受けて、インドは経済自由化を進めるとともに、ソ連との同盟に代わる新たな外交政策を進めることとなった。

大国志向と自主独立外交

前項で見たように、独立後のインドの外交政策は、その時々の国際環境に応じて変化してきた。しかしその一方で、インドの外交政策にはある種の一貫性を見出すこともできる。このことについて伊藤融は、「インド外交のDNA」として、「大国志向」「自主独立外交へのこだわり」「現実主義」の三点を指摘している（伊藤、二〇二〇年、二五頁―七一頁）。

大国とは、「広大な面積と大規模な人口を持ち、経済・政治・軍事などの諸能力によって、国際政治において自律的な政策決定と遂行能力を持つ国家」と定義される（堀本、二〇二一年、六七―六八頁）。独立後のインドは、南アジアにおいては、経済力や軍事力などの面で他国を圧倒する大国であった。一方、世界全体の中で見れば、インドは大国とはとても言い難い存在であったが、それでもインドは独立直後から、自らが大国だという自己認識を有していた。ネルーが進めた非同盟外交は、大国であるインドが米ソの冷戦構造の中に飲み込まれてしまうことを防ぐための方策でもあった。このようなインドの「大国志向」は、自らの経済力と軍事力の強化が進んだ二一世紀に入って、ようやく実体を伴うものとなった。二〇〇〇年代のインドは、富国強兵の実現によって世界的な大国となることを目指すようになっている。

また、大国志向とともに、インドの外交の根底にあると考えられるのは、自主性の確保に対する強いこだわりである。ネルーが進めた非同盟外交は、大国としての自尊心の表れであるのと同時に、冷戦構造の中で、インドの外交の対外的な自由度が制限されることへの危機感にもとづくものであった。しかし現実には、インドは一九七一年にソ連との間で同盟関係を結び、このことは、インドの外交の自主性を著しく損なうものとなった。このことへの反省から、冷戦終結後のインドは、緊密な関係を有する国や機関との間で「戦略的パートナーシップ（strategic partnership）」を締結するというやり方で外交を進めている。これは、同盟関係と友好関係の中間の形態であり、外交の自由度を制限する可能性のある同盟関係を構築することなく、各国への関与を深めていくというものである。

伊藤融は、「大国志向」と「自主独立外交」をめぐるこうしたインドの動きについて、その時々の実利を優先し、プラグマティックに行動することを求めるという、インドの戦略文化によるものであるとの見方を示している。伊藤によれば、このような「現実主義」はインドの伝統に根差したものであり、古代インド・マウリヤ朝の宰相であったカウティリヤが著した『アルタシャーストラ（実利論）』にその源流が見られるという（伊藤、二〇二〇年、五二－六九頁）。

現在のインド外交の枠組み

大国化を目指して自主独立外交を進めようとしているインドは、現在の世界の国際関係をどのように見ているのだろうか。このことについて溜和敏は、現在のインドの世界秩序認識においては、自らを中心として世界を三つの同心円に分けるという見方が存在していると指摘している。その上で溜は、同心円によって分けられた三つの地域を、インドに近い順に「地域」「拡大近隣」「世界」と名付けている（溜、二〇二〇年、二〇一一－二〇二頁）。一方、堀本武功は、インドの外交枠組みとして、この三つの地域を、やはりインドに近い順に「ローカル・レベル」「リージョナル・レベル」「グローバル・レベル」と名付けている（堀本、二〇一八年、三九頁）。インドは、これらのレベルごとに外交目的と外交政策を使い分けていると考えられる。

グローバル（世界）レベルに相当する地域は、その名のとおり世界全体である。このレベルにおいてインドは、世界の大国となり、新しい国際秩序を形成する能力を獲得することを目標としている。すなわちインドは、現行の国際秩序の修正を志向して行動しているのである。しかしそれはあくまで将来的な目標であるため、その前段階として、米国・欧州・日本が主導する国際秩序の多極化を目指している。具体的には、中国やロシアなどとの協力（ＢＲＩＣＳ〈新興五カ国〉首脳会議、ＳＣＯ〈上海協力機構〉など）、国連安全保障理事会の常任理事国入りを目指すこと、核能力の保持、外交インフラの整備・強化などである。各国・機関との間で戦略的パートナーシップの締結を進めているのも、外交インフラの整備・強化の一環であると考えられる。

一方、インドにとって地理的にもっとも近い、ローカル（地域）レベルに相当するのは南アジアである。このレベルでは、インドは既に大国としての地位にある。インドは、経済力や軍事力などの面で南アジアの他の国々を圧倒しており、地理的にも南アジアの中央に位置している。したがって、そのような大国としての地位を維持していくことが、インドにとっての目標となる。すなわち、自らの優位性を確実なものにしたいという、現状維持を志向した行動となる。他方、南アジアの他の国々にとっては、インドとの外交関係がそれぞれの外交政策において重要な位置を占め、インドに対する警戒心を基調とした外交政策になりやすい。そのため、インドと他の国々との間で友好関係を構築することは難しい。

現在のところ、インドの外交にとっての主戦場となっているのは、リージョナル（拡大近隣）レベル、具体的にはインド太平洋地域である。このレベルにおいてインドは、相対的なプレゼンスを確立し、海洋大国となることを将来的な目標としている。したがって、グローバル（世界）レベルと同様に、インドの行動は現行の秩序の修正を志向したものとなる。その際、インドが脅威として想定しているのは中国である。このリージョナル（拡大近隣）レベルでは、インドは中国に対する警戒心を抱いており、中国に対抗することの必要性をふまえた外交政策・安全保障政策を行っている。具体的には、日本、米国、オーストラリア、インドの四カ国の連携による対中牽制、東南アジア諸国との関係強化、インド洋沿岸地域における協力の推進などである。

2 南アジア地域とインド太平洋地域の国際関係

前節で述べたように、インドは、自らを中心に同心円状に広がる3つの地域／レベルにおいて、それぞれ外交目的と外交政策を使い分けている。本節ではこのうち、ローカル（地域）レベルに相当する南アジアと、リージョナル（拡大近隣）レベルに相当するインド太平洋地域に着目して、これらの地域の国際関係について検討する。

インドとパキスタン

前述のとおり、南アジアにおいてインドは既に大国としての地位を有しており、その地位を維持していくことがインドにとっての目標となる。しかし、そのようなインドの思惑にとって障害となり得るのが、パキスタンとの関係である。一九四七年の分離独立以来、インドとパキスタンは現在に至るまで対立を続けている。南アジアにおける地域協力が進展しない理由の一つが、このインドとパキスタンの対立である。

印パ両国の対立の原因は独立前後の時期にまで遡る。マハトマ・ガンディーらが率いたインド国民会議派は、多宗教が平和的に共存できる社会を目指す「政教分離主義（セキュラリズム）」を主張した。これに対して、ジンナーらが率いたムスリム連盟は、ヒンドゥー教徒とイスラム教徒は別の民族であるとする「二民族論」を主張し、イスラム教徒の国であるパキスタンを建国した。すなわち、インドとパキスタンは国民統合の理念がまったく異なっているのである。独立後の印パ両国は、カシミール地方の領有権や東パキスタン（現在のバングラデシュ）の独立をめぐって三回にわたって戦争を繰り広げた。カシミール地方の領有権をめぐる争いもまた、両国の国民統合の理念の争いでもあった。

インドとパキスタンの対立が国民統合の理念をめぐるものである以上、両国が歩み寄ることはほぼ不可能である。しかし、パキスタンが経済力や軍事力などの面でインドに対抗することは難しい。そのため、パキスタンはこれまで、南アジアの域外国との関係を強化することでインドに対抗しようとしてきた。当初は米国との関係強化、続いて中国との関係強化であった。最近では、パキスタンと中国との間で関係の緊密化が進んでいる。台湾のシンクタンク「Doublethink Lab」が行った中国の影響度に関する調査では、調査対象となった八二カ国のうち、中国の影響度がもっとも大きい国はパキスタンであるとの結果が示されている（Doublethink Lab, 2022）。

さらにパキスタンは、三回の印パ戦争を通じてインドとの通常戦争では勝ち目がないことを認識すると、インドの国内紛争に介入するという策をとるようにもなった。一九八〇年代後半、インド側のカシミール地方でイスラム武装勢力の活動が活発になると、パキスタンは自国の諜報機関を通じてこれらの武装勢力に支援を与えたり、パキスタン側からインド側への越境テロを支援・黙認したりしてきた。このような越境テロは現在に至るまで続いており、印パ間で関係改善に向けた動きが強まると、そのたびにテロ事件が発生して再び関係が悪化するというパターンが続いている。

パキスタンとの関係改善の取り組みが成果を上げられない中、近年ではインド自身の大国化が進んだことにより、インドの外交全体に占めるパキスタンの重要性が低下傾向にあるとの指摘もなされるようになっている。しかしその一方で、パキスタンと中国の関係緊密化は、インドにとって無視できるものではない。パキスタンと中国の連携に対抗していくことは、南アジアでのインドの戦略において引き続き重要な位置を占めている。

インドと中国

インドと中国の関係には、協調できる部分と対立する部分の両方が存在する。協調できる部分としては、前述したグローバル（世界）レベルでの外交における協力や、両国の経済関係の緊密化が挙げられる。一方、対立する部分としては、両国間の領土問題や、中国の南アジア・インド洋政策が挙げられる。

前節で述べたように、インドはグローバル（世界）レベルにおいて国際秩序の多極化を目指しており、その目的のために、中国やロシアなどと協力することが可能である。また、インドと中国それぞれの経済成長を背景として、印中両国間の貿易関係も拡大している。インド商工省のまとめによれば、二〇二〇―二〇二一年度のインドと中国との間の貿易総額（輸出額と輸入額の合計）は約八六四億ドルで、米国（八〇五億ドル）を上回る一位であった。二〇二一―二〇二二年には、米国に次ぐ二位（米国：約一一九五億ドル、中国：約一一五八億ドル）となっている（インド商工省のウェブサイト）。インドにとって、中国は今や米国と並ぶ重要な貿易相手国なのである。しかしその一方で、印中間の貿易ではインド側の大幅な輸入超過となっており、このことがインドにとっては大きな課題となっている。

一方、インドと中国との間の領土問題は、両国の間で長らく懸案事項となっている。インドが実効支配している北東部アルナーチャル・プラデーシュ州と、中国が実効支配しているカシミール地域のアクサイチンが主な係争地域である。一九九〇年代以降、印中両国は、関係改善の妨げとなる領土問題をいったん棚上げし、経済関係の改善などを進めていくという枠組みを維持してきた。しかし、二〇二〇年代に入って、係争地域における両国の対立が激化しているという印象を受ける。二〇二〇年六月には、アクサイチンに続くインド・ラダック地方のガルワン渓谷で印中両国軍の衝突が発生し、一九七五年以来四五年ぶりに死者を出す事態となった。二〇二二年十二月には、アルナーチャル・プラデーシュ州でも印中両国軍の衝突が発生し、双方に負傷者が出ている。

インドはまた、中国の南アジア・インド洋政策に対しても神経を尖らせている。二〇一〇年代以降、中国は「一帯一路」と呼ばれる経済圏構想を進めている。同時に、中東やアフリカから中国南部までのシーレーン沿いでは、「真珠の首飾り」と呼ばれる外交的・軍事的戦略を進めている。こうした中で、南アジア各国と中国との関係強化も進んでいる。前述のとおり、パキスタンにとって中国は最重要国家の一つとなっている。また、スリランカやモルディブも、中国に対して経済的に依存する状態となっている。こうした状況は、南アジアにおける自らの優位性を確実なものとし、インド太平洋地域におけるプレゼンスを確立したいと考えているインドにとっては、極めて憂慮すべき事態なのである。

このようにインドは、グローバル（世界）レベルの外交では中国と協力できるが、南アジアというローカル（地域）レベルと、インド太平洋地域というリージョナル（拡大近隣）レベルでは、中国に対して警戒心を抱いている。堀本武功は、このような両国の関係について、協調と警戒を続ける「アンビバレント」な関係であると評している（堀本、二〇一五年、六八－六九頁、九七頁）。

インド太平洋地域

一九八〇年代末頃まで、インドと米国および日本との関係は低調であった。独立後のインドが非同盟外交を推進していたこと、一九七〇年代以降はソ連との同盟関係を外交政策の中心としていたことが、そうした低調な関係の背景にあった。しかし一九九〇年代に入って、東西冷戦の終結、ソ連の崩壊、中国の台頭などに伴う国際秩序の変化の中で、インドと米国や日本との関係も改善・強化されていった。一九九八年に行われたインドの核実験は一時的な関係悪化を招いたが、二〇〇〇年三月のクリントン米大統領の訪印、同年八月の森喜朗首相の訪印などを経て、関係は再び改善された。

現在、特にインド太平洋地域の国際関係において注目されているのは、日本・米国・オーストラリア・インドの四カ国の連携によって中国を牽制するという「日米豪印四カ国枠組み（Quadrilateral Framework、クアッド）」である。このクアッドの枠組みは、二〇〇六年に日本の安倍晋三首相によって提唱されたものである。クアッドをめぐる動きは、いったんは自然消滅のような形で頓挫してしまったが、二〇一七年十一月に四カ国の局長級会合が行われて以降、再び活発なものとなっている。二〇二一年三月には四カ国の首脳によるテレビ会議が、同年九月には対面形式での首脳会談がそれぞれ行われた。二〇二二年五月には、対面形式での二回目の首脳会談が東京で行われた。

インドは当初、このクアッドの枠組みに対しては消極的な姿勢であった。グローバル（世界）レベルの外交においてインドと中国が協力できること、印中両国が緊密な経済関係を有していることなどが、そうした消極的な姿勢の理由であった。しかし、二〇一七年から活発化している現在のクアッドの枠組みにおいては、インドの姿勢は以前に比べて積極的なものとなっているように思われる。

前述のように、最近では領土問題をめぐって印中両国の関係が悪化している。中国に対する脅威認識が高まり、インド政府の中でも中国に対する配慮が薄まりつつある。また、中国との貿易においてインド側の大幅な輸入超過となっていることも大きな課題であり、インドにとっては、経済政策の観点からもクアッドやインド太平洋地域での協力が必要となっている。印中関係をめぐるこのような状況が、クアッドに対してインドが積極的な姿勢を示すようになった理由の一つであると考えられる（溜、二〇二二年）。また溜和敏は、二〇二二年五月に東京で行われた四カ国の首脳会談について、非軍事分野でのオープンな協力関係が具体化されているとし、これはインド政府がインド太平洋政策において従来から望んできたことであるため、インドにとっては参加しやすい形になったと評価している（溜、二〇二二年）。

米国と中国との間の「新冷戦」が激化する中、インド太平洋地域の国際関係や安全保障は、今後さらに重要なものとなっていく可能性が高い。そのような中で、インドと中国の二国間関係がどうなっていくのか、インド太平洋地域やクアッドに対してインドがどのように対応していくのかが注目される。

（三輪博樹）

●インドのガンジス川のメインガート（沐浴場）

9 中南米——大国との攻防と左右両派の対立

1 一五世紀から欧州の侵略

中南米は、米州大陸のうち、メキシコ以南の中部・南部地域を指す。カリブ海諸国も含め、総面積は約二〇〇〇万平方キロで、世界の陸地面積の一五％を占める。世界最大の熱帯雨林アマゾンのほか、銀や銅といった鉱物資源が豊富である。この地域には古代から中世にかけて、モンゴロイド系の民族（インディオ）が住み、一五世紀にはメキシコ高地にアステカ帝国が盛え、一三―一六世紀には中央アンデス地域でインカ帝国が繁栄した。

しかし、一四九二年に、スペイン王の支援を受けた航海者クリストファ・コロンブスが、現在のバハマ諸島に到着すると、この地域の未来は一変することになる。その後、スペインやポルトガルの王権が、「新大陸」の制服に興味を抱き、両国は一四九四年、トルデシリャス条約を結び、西アフリカの先端ベルデ岬の西方にある大西洋上の子午線を境界に、その東方をポルトガル、西方をスペインの勢力範囲とすることを決めた。これにより、ポルトガルはブラジルに、スペインはカリブ海から中部以南の米州大陸にそれぞれ進出する。

カリブ海に始まったスペインの侵略は、一五八〇年にはブエノスアイレスまで到達した、ポルトガルからは、航海者ペドロ・アルバレス・カブラルが一五〇〇年、ブラジルに到着し、北東部から植民を開始した。両国ともキリスト教を普及させるとともに、抵抗するインディオを殺害し、代替労働力として、アフリカから黒人を移住させた。中南米の人種構成が多様化する契機となった。

ポルトガルが支配するブラジルでは、一五四八年に総督が設置され、ポルトガル王室による植民地経営が始まった。スペイン領では、インディオのキリスト教化を条件に、植民者に統治を委託するエンコミエンダ制が敷かれた。一七世紀以降は、白人が大土地を所有し、黒人らを奴隷として働かせるアシエンダ制が普及した。こうして本国生まれの白人（ペニンスラール）、植民地生まれの白人（クリオーリョ）、混血（メスティーソ）、先住民（インディオ）、黒人（ネグロ）からなる階層社会が成立し、今日の中南米社会の底流を形成した。

2 クリオーリョが独立の動き

一八世紀に入ると、植民地では商人が台頭し貿易が活発となり、クリオーリョは民兵組織を拡大し、独自の軍事力を強化した。欧州ではスペイン、ポルトガルが衰える一方で、一八世紀末になると、フランスで革命が起こった。国王や王妃を処刑し、自由や国民主権を掲げた革命は、中南米地域で独立の動きを刺激した。南米大陸の北部ではシモン・ボリバル、南部ではホセ・デ・サン・マルティンがそれぞれ、クリオーリョを束ねて反乱を率い、一八一〇―一八二四年にベネズエラ、コロンビア、アルゼンチン、チリ、ペルーがスペインからの独立を達成した。

独立国の多くは、共和制下で大統領制を採用し、フランスの人権宣言や米国の独立宣言を参考に、主権在民や三権分立などを盛り込んだ憲法を制定した。民主主義の定着を目指し、「第一期の民主化」と呼ばれる時代だが、内実は植民地時代の階層社会を存続させ、その利益を保障する存在として、軍事力を持った統領（カウディージョ）に権限を与えるものだった。ボリバル自身が中南米の統治体制として「独裁または無政府状態しかない」と述べていたように、終身の大統領や上院議員、世襲制が憲法に盛り込まれることが多く、結果として、アルゼンチンのフアン・マヌエル・デ・ロサスら強い権力を握るカウディージョを出現させた。個人が絶大な権力をふるう中南米政治の原型である。

一方、ポルトガル王室は、フランスの皇帝ナポレオン・ボナパルトの進出を恐れ、ブラジルに逃れた。父ジョアンⅥ世がポルトガルに帰国した後、皇太子が一八二二年にブラジルの独立を宣言し、ペドロⅠ世として即位した。皇帝は一八二四年に憲法を制定し、立法、行政、司法の三権の調和を図る調整権が皇帝に与えられ、いわゆる四権が明記された。この調整権は後に軍が自らの行動を正当化する根拠となり、軍人が政治に関与する一因となった。

3 米国の「裏庭」化

二〇世紀に入り、中南米諸国に影響を与え始めたのが米国である。セオドア・ルーズベルト大統領（任期：一九〇一―一九〇九年）は、西半球における米国の介入を正当化し（ルーズベルト・コロラリー）、「棒を持ちながら穏やかに交渉する」こん棒外交で、中米・カリブ海諸国に介入した。キューバではスペインからの独立に際し、内政干渉を認めさせ、パナマからは運河地帯の永久租借権を獲得した。

一九二九年の世界大恐慌は、米国の影響下に入りつつあった中南米諸国を直撃した。第一次産品の輸出は激減し、経済不況が深刻となった。この中で、国家主義や民族主義を掲げ、輸入品を自国で生産する輸入代替工業化を進める指導者が出現し、ポピュリストと呼ばれた。ブラジルのジェトリオ・バルガス大統領（任期：一九三〇―一九四五年、一九五一―一九五四年）がその代表格で、労働者の保護や人種差別の撤廃などを掲げ、「第二期の民主化」の時代と呼ばれる。

米国のフランクリン・ルーズベルト大統領（任期：一九三三―一九四五年）は、民族主義の広がりを恐れ、善隣外交を展開し、内政不干渉を掲げた。キューバの完全独立を認め、ハイチから海兵隊を撤兵させた。この外交方針は、メキシコとブラジルが第二次世界大戦で連合国側に参戦する効果をもたらした。

第二次世界大戦後も、国家主義や民族主義の流れは続き、アルゼンチンでは、フアン・ペロン大統領（任期：一九四六―一九五五年、一九七三―一九七四年）が権力を握り、ブラジルではバルガスが再登板した。米国は、ソ連との冷戦が深刻化すると、一九五一年に米州機構（OAS）を創設し、中南米諸国と反共のための結束を試みた。左派政権の転覆にも乗り出し、グアテマラのアルベンス・グスマン政権の崩壊（一九五四年）、ブラジルのジョアン・ゴラール政権への軍事クーデター（一九六四年）、チリのサルバドール・アジェンデ政権への軍事クーデター（一九七三年）は、いずれも米中央情報局（ＣＩＡ）が反米政権を倒すために関与したと言われている。一方、キューバでは、弁護士出身のフィデル・カストロが、親米のフルヘンシオ・バチスタ政権に対してゲリラ戦を展開し、一九五九年に革命政権を樹立した。米国はその後、ＣＩＡの主導で、反革命勢力を支援し、ソ連に接近するカストロ政権の転覆を図るが、成功しなかった。

4 軍政とハイパー・インフレ

一九六四年のクーデターでブラジルが軍政化すると、その波はペルー、ボリビア、チリ、アルゼンチンの他の南米諸国に波及した。輸入代替工業が成果を挙げず、国民の不満が高まっていたことに加え、キューバ革命の波及を恐れる軍部が米国の後ろ盾を得て政権奪取に乗り出したのである。一九七三年の第一次石油危機で資源ナショナリズムが台頭したことから、軍事政権は非軍人のテクノクラートを登用し、外資による資源開発を進めるとともに、緊縮財政など堅実な経済運営を図った。

一方、中米諸国では、キューバ革命の影響を受け、左派勢力がゲリラ活動を展開した。ニカラグアでは一九七九年、労働者や農民が主体のサンディニスタ民族解放戦線（ＦＳＬＮ）が、親子で大統領を継承した親米のソモサ政権から武力で政権を奪取した。この革命は、エルサルバドルやグアテマラにも波及し、内戦の勃発につながった。一方、欧州の植民地が多かったカリブ海諸国は一九六〇―一九七〇年代に独立を果たした。このうち、英領の多くは英国王を元首とする立憲君主制を採った。米国は、この地域を安全保障上の要衝とみており、グレナダで人民革命政権が成立し、キューバとの関係を強めると、一九八三年に侵攻し、親米政権を樹立した。

一九八〇年代に入ると、開発優先と外資による工業化は行き詰まり、債務は累積し、ハイパー・インフレが起こった。失業率は上昇し、貧富の格差は拡大し、軍事政権への不満は高まった。軍政に反対する左派活動家を弾圧したことも、軍政への評価を低めた。こうして反軍政と民主化の民意を追い風に、政党は新憲法制定に乗り出し、一九七九年にエクアドル、一九八〇年にペルーでそれぞれ大統領選が行われ、文民大統領が誕生した。民政移管の波は、債務危機にあえいでいたアルゼンチン（一九八三年）、ブラジル（一九八五年）、チリ（一九九〇年）の主要国にも及んだ。「第三期の民主化」と呼ばれる時期であり、冷戦終結でソ連が衰退する中、米国が民衆の支持を失った軍政を支援することもなかった。

5 民主化とネオ・リベラリズム

冷戦後の中南米諸国を覆ったのは、民主化と自由化だった。選挙による政権交代が重視され、政党の指導者や有力政治家が有期の大統領となり、行政権を行使する政体となった。冷戦終結で左派の脅威を感じなくなった米国は、民主化を通じて、自らの影響力を温存しようとした。民主体制を擁護する国際組織としてOASを機能させ、一九九一年の総会では決議1080号（サンティアゴ合意）を採択し、民主主義を集団で防衛する方針を確認した。ハイチで一九九一年、軍事クーデターが起こり、ジャン＝ベルトラン・アリスティド大統領が米国に亡命した際には、OASは経済制裁を実施し、国連にも働きかけて、制裁の国際包囲網を広げた。最終的に米国は一九九四年、軍政に圧力をかけて退陣させ、アリスティッドを復帰させた。ペルーの日系二世、アルベルト・フジモリ大統領が一九九二年四月、軍の支持を得て、憲法を停止させ、議会と司法の機能を停止した「自主クーデター（アウト・ゴルペ）」を起こした際には、米国はこの措置を非民主的として援助を停止した。最終的にフジモリは妥協し、同年十二月にOASの監視下で制憲議会選が行われ、立憲体制に回帰した。

経済面では、債務危機とハイパー・インフレの再燃を抑えるため、国際通貨基金（IMF）の監督の下、緊縮財政や規制緩和を軸にした新自由主義（ネオ・リベラリズム）的な政策が採られた。自由貿易を活発化させるため、地域統合が推奨され、一九九四年に米マイアミで初の米州首脳会議が開催された際には、南北米州大陸に自由貿易圏を創設する米州自由貿易地域（FTAA）構想が提唱された。また、ブラジル、アルゼンチン、パラグアイ、ウルグアイの四カ国は一九九五年、域内で自由貿易を実現するための関税同盟として、南米南部共同市場（メルコスル）を発足させた。旧宗主国のスペイン、ポルトガルも経済的メリットに関心を示し、一九九一年以降、中南米諸国の首脳が集まるイベロ・アメリカ首脳会議を開催し、自由貿易や経済統合を目指した。

6 第一次「ピンクの潮流」

しかし、緊縮財政下での自由貿易は、この波に乗れる者と乗れない者の間の格差拡大をもたらし、民衆の政権批判が高まった。さらに、一九九二年にブラジルのフェルナンド・コロル大統領、一九九三年にベネズエラのカルロス・アンドレス・ペレス大統領がそれぞれ汚職疑惑により辞職に追い込まれ、軍政後の文民政権に対する信頼も低下した。非営利の調査団体ラティノバロメトロ（本部：チリ）が一九九六年に実施した各組織への信頼度調査によると、政府は三一%、政党は二三%に過ぎず、教会（七四%）、テレビ（五一%）、軍（四九%）よりも低かった。

一九九〇年代末から二〇〇〇年代にかけて、こうした政権不信への受け皿となったのが左派勢力である。ベネズエラでは一九九九年、元軍人のウゴ・チャベスが「二一世紀の社会主義」を掲げ、貧困層の支持を得て大統領選に当選した。二〇〇二年のブラジル大統領選では、左派・労働者党に所属するルイス・イナシオ・ルラ・ダ・シルバが当選した。アルゼンチンでは二〇〇三年、新自由主義政策に批判的な州知事のネストル・キルチネルが大統領選に当選した。ボリビアでは二〇〇五年、社会主義運動家のエボ・モラレスが大統領選で勝利し、先住民系で初の大統領となった。

相次ぐ左派政権の誕生は、中道色が強く、共産主義ほど赤色ではないという意味で、「ピンクの潮流（Pink Tide）」と呼ばれた。二〇〇〇年代半ばには、カリブ海諸国を除く中南米の人口の約七割が、左派または左派寄りの政権下になったという統計もあった。

左派政権の特徴は、新自由主義を批判し、積極的な財政出動で、支持基盤である貧困層の生活・教育・医療の改善を目指した点にある。例えば、ベネズエラのチャベスは、憲法を改正して大統領権限を強化し、食料の無償配布、成人の識字教育、医療機関の新設、低所得者層向けの住宅建設を手掛けた。ブラジルのルラも、貧困家庭に現金を支給し、食糧の配給を実施した。資源価格の上昇による歳入増が、この政策を可能にした。結果として、貧困層は減少し、米ブルッキングス研究所の調査によると、一日四ドル以下で暮らす貧困層は二〇一四年には二五％で、二〇〇〇年比で二〇ポイントも減少した。

左派政権は外交面で、反米を共通目標に掲げた。ルラやチャベスは、南米大陸一二カ国による首脳会議など域内の会合が開催されるたびに米国の中南米政策を批判したほか、キューバを訪問してカストロ政権との連携を確認した。また、ＯＡＳはカナダ・ケベックで二〇〇一年に開いた首脳会議で、二〇〇五年までのＦＴＡＡ発効を確認していたが、左派政権は米国の市場支配が強まるとして反発し、結果的に交渉は中断となった。

一方、メキシコでは二〇〇〇年、親米保守政党・国民行動党に所属していたビセンテ・フォックスが大統領選に当選し、七一年間にわたり、一党支配を続けた制度的革命党から政権を奪還した。メキシコにとって、隣国・米国は最大の貿易相手国であり、フォックスは、一九九四年に発足した北米自由貿易協定（ＮＡＦＴＡ）の一角として、ジョージ・ブッシュ米政権との連携を維持した。南米諸国とは異なり、米国との関係が深い中米諸国は、対米関係に配慮した外交を続けた。

7　資源立国の行き詰まり

二〇一〇年代に入ると、「ピンクの潮流」は退潮に向かう。最大の理由は、経済の低迷である。二〇〇八年に米大手証券・銀行リーマン・ブラザーズの破綻をきっかけに、世界同時不況（リーマン・ショック）が起こると、資源価格が下落し、中南米諸国で財政収支が悪化した。

また、経済失政が目立ち始め、ベネズエラでは、チャベスが二〇一三年に病死したことを受け、副大統領から継承したニコラス・マドゥロ大統領が、原油価格の下落によるハイパー・インフレに対処できず、企業倒産と高失業率を招いた。アルゼンチンでも、キルチネルの妻、クリスティナ・フェルナンデス大統領が、財政悪化から高インフレを招き、国民生活を圧迫した。さらに、左派政権は権力の独裁化を強め、ボリビアのモラレスは新憲法を制定し、大統領任期を事実上延長させた。また、左派政権下でも汚職やスキャンダルは後を絶たず、ブラジルのルラは退任後、石油会社ペトロブラスから不正資金を受け取ったとの捜査を受け、収監された。

こうして、民衆の支持は左派から右派に流れる。アルゼンチンでは二〇一五年、ブエノスアイレス市長だった中道右派、マウリシオ・マクリが大統領に就任し、左派政権は一四年間で幕を閉じた。二〇一八年になると、コロンビアで、銀行家出身の上院議員、イバン・ドゥケが大統領選に当選し、ブラジルでは、黒人や女性への差別発言で知られた右翼の下院議員、ジャイル・ボルソナロが大統領となった。このほか、チリ、ペルー、エクアドルで右派が政権を握った。右派政権は内政では、左派政権のポピュリズム的な積極財政を修正し、財政規律を重視して支出を削減し、規制緩和を進めた。外交では、対米関係を重視し、自由貿易を支持した。ところが、こうした新自由主義的な政策は、格差拡大には有効に機能せず、民衆の不満は解消されなかった。

メキシコでは、二〇一二年に政権を奪還した制度的革命党のペニャ・ニエト大統領によるガソリン価格の引き上げが抗議デモを招き、二〇一八年の大統領選では、左派政党・国家再生運動（MORENA）の元メキシコ市長、アンドレス・ロペス・オブラドールが当選した。アルゼンチンでは二〇一九年の大統領選で、緊縮財政路線を採ったマクリ大統領の得票が伸びず、減税や住宅建設を掲げた元首相の左派、アルベルト・フェルナンデスが当選した。

8 再び「ピンクの潮流」

こうした政権交代は、「ピンクの潮流」の復活として、中南米に広がっていく。拍車をかけたのが、二〇二〇年に起こった新型コロナ・ウイルスの感染拡大だった。国連によると、中南米で一日一・九ドル以下で暮らす貧困層は二〇二一年、前年比六％増の八六〇〇万人に達した。コロナ対応で有効策を示せない政権への不満が、左派勢力に勢いを与える。

チリでは二〇一九年、中道右派、パブロ・ピニェラ政権が財政再建のため、地下鉄運賃を四〇ペソ（当時のレートで約四〇円）値上げしたことに対する抗議デモが拡大し、チリで開催予定だったアジア太平洋経済協力（APEC）首脳会議や、国連気候変動枠組条約第二五回締約国会議（COP25）の開催が中止に追い込まれた。二〇二一年の大統領選では、左派の学生運動指導者ガブリエル・ボリッチが当選し、三六歳の史上最年少で大統領となった。ペルーでは、二〇二一年の大統領選で、富裕層への増税など富の再分配を主張して貧困層の支持を獲得した左派、ペドロ・カスティジョが、フジモリの娘で中道右派のケイコ・フジモリを破った。ホンジュラスでは二〇二一年、マヌエル・セラヤ元大統領の妻で、左派、リブレ党のシオマラ・カストロが大統領選に当選した。

さらに、二〇二二年になると、コロンビアでは、学生時代に左翼ゲリラ「M19」に在籍し、元ボゴタ市長のグスタボ・ペトロが大統領選に出馬し、格差是正や米国との自由貿易協定（ＦＴＡ）の見直しを掲げて当選した。同国初の左派政権となった。ブラジルの大統領選では、ボルソナロが、財政再建のための年金の見直しや、新型コロナ対策の軽視が痛手となり、ルラ元大統領に敗れ左派政権が復活した。

中南米一帯に広がる左派政権は外交的に再び連帯を強める。二〇二二年六月、米ロサンゼルスで行われた米州首脳会議では、主催国の米国が反米のキューバ、ベネズエラ、ニカラグアの首脳を招かなかったことに反発し、メキシコ、ホンジュラス、ボリビアなど八カ国首脳が会議を欠席した。ニカラグアの反米左派、ダニエル・オルテガ大統領はこの月、緊急時にロシア軍の航空機、艦艇、兵士の駐留を認める大統領令を出した。アルゼンチンは、ロシア、中国、ブラジル、インド、南アフリカの五カ国による協力の枠組み・ブリックス（ＢＲＩＣＳ）に加盟する意欲を示した。

しかし、左派政権は、国民から盤石の支持を得ているわけではない。チリでは二〇二二年九月、ボリッチ政権が提案した新憲法案が国民投票で否決された。チリを「多民族国家」とし、先住民や女性の権利を大幅に拡大する内容だったため、右派や保守層がこれに反対した。ペルーでは二〇二二年十二月、カスティージョ大統領が汚職疑惑で国会を罷免（ひめん）された。左派政権は、経済再建や社会改革で成果を上げなければ、再び国民に見放されることになりかねない。

⑨ 根強い階級社会と貧困層の苦難

中南米では、植民地時代の遺制として、大土地所有制が温存され、独立後のカウディージョ政治の伝統から、個人への権力集中が一般化した。軍も高い自律性を維持するようになった。これが支配者と大衆の間に保護と忠誠の関係を生み、行政府の権限が突出して強くなり、三権分立が十分に機能しない背景となった。このため、社会階層は固定されがちで、汚職を生みやすい環境が醸成された。大土地所有者、軍、エリートは右派の政府を樹立し、外交も親米色が強くなる。

二〇世紀に入り、これまで被支配層に甘んじてきた大衆や貧困層が政治的な主張を強めたことで、これまで野党状態が続いていた左派が政権を樹立し、反米外交を展開する結果となった。しかし、貧困、格差、腐敗は解消されないため、政権は振り子のように左右両派の間を往復することになる。社会の構造改革が進み、大衆や貧困層の不満が解消されない限り、中南米政治は常に不安定な動きを示すことになる。

（本間圭一）

●ブラジル・サンパウロで数百万人もの貧しい人々が暮らすスラム街

第Ⅲ部　地域・各国編

10　暗黒の大陸からの脱却をめざすアフリカ

ここでは、国際政治の力学におけるアフリカの過去の困苦を踏まえ、国際関係論の文脈でアフリカを正しく捉えなおしていくことを目的とする。

一般の日本人にとって、アフリカは極めて遠い存在である。それは、距離的に遠いだけでなく、心理的にも遠い。

アフリカについて考察する際に、最も重要なことは、その自然、風土、民族、言語、文化の多様性に留意することである。アフリカの抱える諸問題は、その歴史に起因する。欧州社会と遭遇して以降、アフリカは、苦難の歴史を辿った。「暗黒大陸」という偏見で見られ、「啓蒙」(enlightenment) 或いは「文明化」(civilization) という欧州側の建前の下に、常に支配や搾取の対象とされてきた。近代以降のアフリカは、奴隷貿易、植民地化といった辛辣な経験のもと、常に「客体」として位置付けられ、近代世界システムの周辺として認識されてきた。

1　アフリカ概況

アフリカ大陸の面積は、三〇三七万平方キロで、日本の八〇倍で、世界全体の約二二%を占める。人口は、一四億人（二〇二二年現在）で、日本の約一一倍で、世界人口の約一八%を既に占め、二〇五〇年には、アフリカの総人口は二五億人超となり、世界人口の四分の一をアフリカが占め、さらに二一〇〇年には、世界人口の半数近くがアフリカで占められる可能性がある。アフリカ大陸には、五四カ国（AUが認める西サハラを含めると五五カ国）が存在し、全国連加盟国の二八%を占める。経済指数は、アフリカ全体のGNPは、二・三兆ドル（二〇二〇年）程度で、イタリアと同じくらいであるが、二〇〇一年からの二〇年の年平均実質経済成長率は四・四%（世界平均は三・五%、先進国平均は一・六%）を記録する成長大陸である。しかし、貧困層は約三億八〇〇〇万（アフリカ域内人口の約四割）と依然として堆積しており、全世界の貧困者数の約三分の一である。アフリカは広大で、地形、気候、人種、宗教、歴史、文化、社会経済等も多種多様である。アフリカは、多様性に富んだ大陸であるということである。その多様性をよく認識し、アフリカを地域単位、各国単位でも見ていく必要性があるのである。また、アフリカは、人口が今後とも大きく増大する世界唯一の大陸でもある。

2 「アフリカ争奪戦」とベルリン会議

アフリカが抱える最大の負の遺産が、一九世紀に行われた欧州列強による植民地化である。英語では、「The Scramble for Africa」（アフリカ争奪戦）、日本語では「アフリカ分割」と言われている。「アフリカ分割」は、一九世紀後半（主に一八八〇年から第一次世界大戦の間）の欧州列強の帝国主義的植民地化運動である。ヨーロッパ列強間のアフリカにおける領土獲得競争のプロセスを指す。西ヨーロッパの七つの大国によるアフリカへの侵略である。この争奪戦において最も大陸に入り込んだ宗主国が、英国とフランスであった。ドイツ、イタリア、ポルトガル、ベルギー、スペインも参戦した。一八七〇年に正式なヨーロッパの支配下にあったアフリカは一〇%に過ぎなかったが、一九一四年までにほぼ九〇%に増加した。

このアフリカ争奪戦にかろうじて免れた国が二つある。エチオピアとリベリアである。しかし、エチオピアは後に一九三六年にムッソリーニ率いるイタリアに侵略され、一九四一年までの五年間、イタリアの植民地として占領された。リベリアは、米国の解放された奴隷によって、一八四七年に建国された。解放奴隷は、アメリカ系アフリカ人（アメリコ・ライベリアン）と呼ばれ、土着の先住民を武力で支配した。リベリアも米国の解放奴隷による形を変えた植民地支配であった。したがって、この二国も結局は事実上植民地化されたのである。

この欧州のアフリカ争奪戦の過程で、ドイツのビスマルク首相の主導で一八八四年に開催されたベルリン会議

図10−1　アフリカにおける植民地

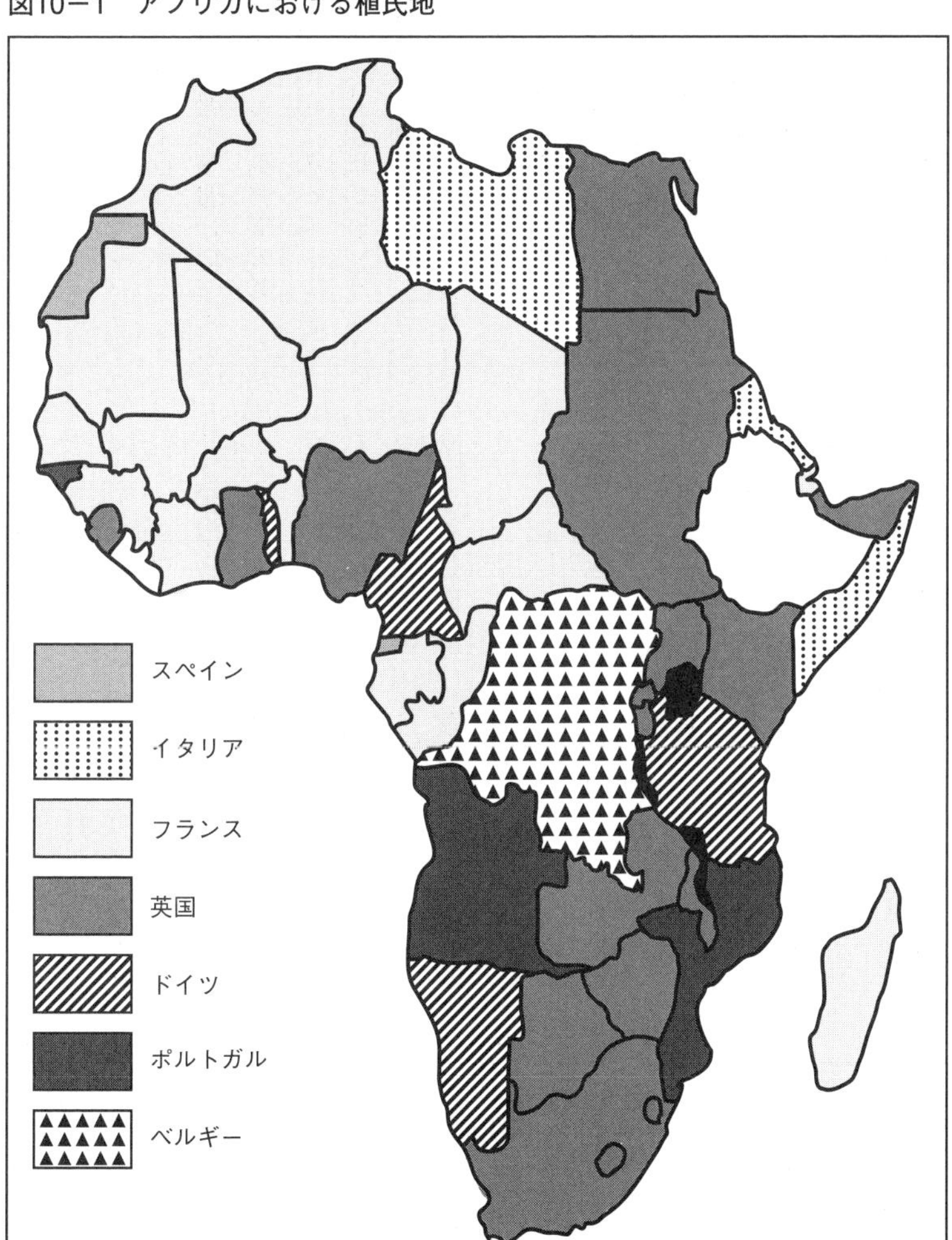

（出典）wikipedia 2005などから作成。

では、植民地支配の原則が決められた。ドイツ、オーストリア・ハンガリー、ベルギー、デンマーク、オスマン・トルコ、スペイン、フランス、英国、イタリア、オランダ、ポルトガル、ロシア、スウェーデン＝ノルウェー、米国の一四カ国が参加した。元々は、コンゴの取扱いについて議論し、列強間の対立を解決する為のものであった。結果的にこのベルリン会議は、アフリカにおける植民地化の公式規則の制定をもたらした。アフリカ不在の下、植民地分割の二つの原則が確認された。他の欧州諸国の諸活動を保障できる実効支配の原則、そして任意のアフリカ地域を最初に占領した国がその地域の領有権をもつという先占権の原則である。先占権も欧州の視点で作られた、身勝手なものであり、沿岸部を最初に占領した国が内陸部を併合する権利も認められた。

なお、このアフリカ争奪戦でドイツが獲得した独領東アフリカ（タンガニカ、ルワンダ、ブルンディ）、独領カメルーン（カメルーン、ナイジェリアの一部）、独領トーゴランド（トーゴ、ガーナの東部）、独領南西アフリカ（ナミビア）は、ドイツの敗戦の結果、ヴェルサイユ条約により、すべて戦勝国である欧州列強（英国、フランス、ベルギー）の手に移ることとなった。独領東アフリカは、英国とベルギーで分割され、タンガニカは英国、ルワンダとブルンディはベルギーの委任統治領となる。ドイツ領カメルーン（カメルーン、ナイジェリアの一部）とドイツ領トーゴランドは英国とフランスで分割された。ドイツ領南西アフリカ（ナミビア）は南アフリカ連邦の委任統治領とされた。

欧州の視点からみれば、「アフリカ争奪戦」であり、「アフリカ分割」であるが、アフリカからは、紛れもなく欧州のアフリカ侵略であり、略奪であった。アフリカ大陸は、欧州諸国の力による分捕り合戦の犠牲者であったのである。

アフリカ分割が終わると、欧州諸国は、本格的に植民地運営に乗り出す。統治形態は、宗主国によって、違いがあった。概括的に単純化すると、英国は、「間接統治」（indirect rule）を採用し、フランスは「直接統治」（direct rule）と「同化政策」（assimilation policy）を推進し、ベルギーやポルトガルも「直接統治」を採用した。間接統治は、植民地の有力者（伝統的な首長や王）や支配機構を通じて住民を統治する方法である。直接統治は本国から直接行政官を送り込んで植民地と住民を支配させる方法である。

3 アフリカ諸国の独立

アフリカ大陸の中で、第二次世界大戦終了時（一九四五年）に独立を維持していたのは、エチオピア、リベリア、エジプト（一九二二年、英国から独立）、南アフリカ連邦（英連邦の自治領として一九一〇年に成立）の四カ国だけであった。

アフリカの脱植民地化のプロセスは、第二次世界大戦の直接的な結果として始まった。白人入植者が多い地域では　脱植民地化プロセスは血で血を洗う紛争を伴った。フランス領アルジェリア、ベルギー領コンゴ、英国領ケニア、英国領南ローデシアなどである。暴力、政治的混乱、広範な政治不安、組織化された反乱と弾圧などで特徴付けられた。アンゴラやモザンビークでは、植民地独立闘争が冷戦によって歪められ、長期化した。白人入植者が少ない地域では、独立は比較的スムーズに達成された。

二つの大戦で、多くのアフリカの兵士が、宗主国の軍に徴兵された。志願したアフリカ兵もいた。英国では、一三〇万人以上のアフリカのベテラン兵士が第二次世界大戦に参加し、ヨーロッパとアジアの両方の戦場で戦った。

フランスのアフリカ領土の内、フランス領北アフリカ（フランス領アルジェリアと保護領のモロッコとチュニジア）とフランス領西アフリカ（ＡＯＦ）は、一九四三年までナチスの傀儡政権であるヴィシー政権への忠誠心を示していた。フランス領赤道アフリカ（ＡＥＦ）は、一九四〇年からドゴールの「自由フランス」（対独レジスタンス）に与していた。

一九四一年二月十二日、ルーズベルト大統領とチャーチル首相は、戦後の世界について議論する会合をもった。その結果が八月の大西洋憲章である。憲章第3項は、人々が望む政府形態を決定する権利、民族自決権に言及した。すべての人々が自決権を持ち、英国の一切の植民地に希望を鼓舞するものであった。

チャーチルは英国議会で、この憲章は「現在ナチスのくびきの下にあるヨーロッパ諸国」に言及していると主張、ルーズベルトは、それを世界中で適用可能であると考えた。反植民地主義の政治家たちはすぐにそれを植民地帝国に関連していると見なした。第二次世界大戦の終結から三年後の一九四八年の国連世界人権宣言は、すべての人々が自由で平等に生まれていると認めた。

第二次世界大戦後、米国は、大西洋憲章の条項に従うよう英国に圧力をかけた。戦後、英国政府の一部はアフリカの植民地は独立には未熟であると考えた。英国の植民地入植者は植民地の地方レベルで民主的な政府を導入した。チャーチルは対象国に対する自決の普遍的適用を拒否した。結果的に、大西洋憲章はアフリカのナショナリストに大きな影響を与えた。

一方、一九三〇年代、宗主国は、西洋の大学で教育を受けた地元のアフリカ指導者の小さなエリートを育て、そこで彼らは民族自決などの思想に触れ、感化され、精通するようになった。ケニヤッタ、エンクルマ、ニエレレ、サンゴール、アジキウェ、ボワニなどの人物がアフリカのナショナリズムのための闘争を率いるようになった。

欧州の新たな思想に影響されながら、現実の植民地支配を批判していった。彼らの思想的なバックボーンが、ナショナリズムであり、大陸全体の統合を考える汎アフリカ主義であった。しかし、汎アフリカ主義に対する考え方には、指導者により温度差があった。

近代化論者は、宗主国がアフリカを世界経済に統合するためのインフラを建設したと仮定しているが、当時のインフラは主に搾取目的で建設された。アフリカの経済は宗主国の人々に利益をもたらすように構成されており、その余剰は「枯渇」する可能性があり、それによって資本蓄積を抑制した。従属理論者は、ほとんどのアフリカ経済が独立後も世界経済において従属的な地位を占め続け、ザンビアの銅やケニアの紅茶、コートジボワールやガーナのカカオなどの様に、一次産品に依存していたことを示唆している。

戦争で疲弊し、更に戦後の負債で消費されたヨーロッパ列強は、もはやアフリカの植民地支配を維持するために必要な資源を投入する余裕はなかった。これにより、アフリカのナショナリストは、非常に迅速に、最小限の犠牲者で脱植民地化を交渉することができたとも言える。しかし、白人入植者が多い地域では、独立のための戦いの結果として多くの犠牲者をもたらした（ケニア、コンゴ、ジンバブエなど）。

まずリビア（一九五一年に王国として独立）、スーダン、モロッコ、チュニジア（三国とも一九五六年独立）が、五〇年代末までに独立を達成した。

英国は、ナチスとの戦いに勝利した戦勝国であったが、戦争の傷跡は重くのしかかり、国力の疲弊は著しく、世界中に有する植民地を維持していく余力はもはや残されていなかった。戦後に成立したアトリー労働党政権は、アジアの英領植民地に独立を認めた。

一方、アフリカでは、ナショナリズムの高揚を受け、一定の政治参加を認めたことが、逆説的に独立運動の盛り上がりに繋がっていった。ただ、英国のアフリカにおける植民地帝国の脱植民地化プロセスは、地域や白人入植者の有無によって大きな違いがあった。英領西アフリカは、独立前に若干の暴動があったガーナ（一九五七年）を除いて、ナイジェリア（一九六〇年）、シエラレオーネ（一九六一年）、ガンビア（一九六五年）、スムーズに独立を達成していった。東部アフリカでは、ニエレレのイニシアティブでタンガニカが一九六一年に独立、ザンジバル革命の後、一九六四年にザンジバルと統合し、タンザニアになる。ウガンダは部族間の対立が著しかったオボテが首相に就任し、一九六二年に独立する。白人入植者の多かったケニアでは独立は困難を極めた。一〇年に亘る武力闘争を経て一九六三年十二月にケニアは独立する。

英領の南部アフリカも、白人入植者の多かった南ローデシアを除いて、比較的にスムーズに独立する。一九五三年に南北ローデシアとニヤサランドが合併し、内部の自治権が認められるローデシア・ニヤサランド連邦が成立する。しかし、この合併は、白人入植者の主張を受け入れて英国が行ったものであった。連邦議会の議員は、殆ど白人で占められ、連邦の諸政策は白人入植者の多い南ローデシアが有利になるように行われていた。それ故、程なく、ナショナリストに率いられた黒人住民の反発が大きくなり、北ローデシアとニヤサランドが、それぞれ、ザンビア（一九六四年）、マラウイ（一九六四年）として独立する。他の南部アフリカもボツワナ（一九六六年）、レソト（一九六六年）、モーリシャス（一九六八年）、スワジランド（現在のエスワティニ：一九六八年）が独立を獲得した。一方、南ローデシアでは、一九六五年に白人入植者のリーダーのイアン・スミス首相が一方的に独立を宣言した（ＵＤＩ）。英国政府は、この一方的な独立を認めず、経済制裁を課す。以後、南ローデシア問題は、英国政府にとって最大の懸案事項の一つとなる。南ローデシアでは、七〇年代からムガベやエンコモに率いられた黒人ナショナリストによる独立闘争が激化し、結果、英国政府の調停の下、一九八〇年にジンバブウェとして正式に独立した。一方、南アフリカは、一九六一年に英連邦から脱退し、アパルトヘイト国家、南アフリカ共和国として成立する。一九九四年にマンデラ政権が誕生し、アパルトヘイトは完全撤廃された。

一九六〇年は「アフリカの年」と言われる。というのも、それは、フランス領アフリカを中心に、アフリカの一七カ国が一挙に独立を達成した象徴的な年だからである。フランス領アフリカは、第二次世界大戦後の一九四六年に成立した第四共和制憲法によって創設された「フランス連合」に組み入れられた。憲法上「植民地」ではなくなり、アフリカの住民はフランスの市民権を享受することとなった。しかし、制度上には様々な差別が残っており、事実上の植民地同化政策の継続であった。アルジェリア問題を収拾するために政権に復帰したドゴールは、第五共和制憲法草案を策定する。一二年間続いた「フランス連合」に変わって「共同体」が創設される。この「共同体」はフランスの庇護の下で民族自決権が認められるものであった。一九五八年九月にこの憲法の是非を問う国民投票が行われたが、ドゴールの思惑に反して、ギニアが九五％の得票率で反対票を投じ、翌月に独立を果たした。他の領土は「共同体」に参加したものの、一九六〇年には「共同体」に所属しながらも独立は認められると条文が修正され、独立の機運が高まった。結果、一九六〇年にセネガル、モーリタニア、マリ、コートジボワール、ブルキナファソ、トーゴ、ベナン、ニジェール、チャド、中央アフリカ、カメルーン、ガボン、コンゴ、マダガスカルの旧フランス領が独立を果たした。なお、マリとセネガルは当初マリ連邦として独立したが、同年中に分離した。同年にナイジェリア、ソマリア（旧英国領）、コンゴ（旧ベルギー領コンゴ。後にザイール、現在のコンゴ民主共和国）も独立を果たす。

ベルギーのコンゴ支配は、ベルギー政府と軍、教会関係者、民間会社による徹底的な搾取と人種差別に特徴付けられていた。ベルギーは、英国やフランスとは異なり、アフリカ人に対して教育機会を殆ど与えず、一切の政治参加も認めていなかった。そのベルギー領コンゴにも、五〇年代には他のアフリカ諸国の独立の影響からナショナリスト運動が高まり、主要都市で暴動が起こるようになる。憂慮したベルギー政府は、一九六〇年一月に主要な政治グループを一堂に会する円卓会議を開催した。コンゴ側の要求に押され、ベルギーは準備期間もないまま、同年六月三十日に独立させる決定を行った。一切の準備もない独立であり、白人入植者も多く、困難を極めた。独立直後に起こった下級兵士の反乱から、騒擾状態になり、コンゴ動乱に発展し、五年に亘り内戦状態となった。コンゴのケースは、アフリカの悲劇の象徴として認識されている。

4　独立後の国家建設の苦難

OAUの成立

アフリカ諸国の黎明期の指導者の間では、汎アフリカ主義に対する考え方が異なっていた。しかし、一九六三年五月二十五日、アフリカ大陸の三二カ国の指導者は、エチオピアのアディスアベバにアフリカ統一機構（OAU）を設立した。目的は、アフリカの政治的・経済的統合を奨励し、アフリカ大陸から植民地主義と新植民地主義を根絶させ、アフリカ大陸の連帯性を高め、共同して大陸内の問題を解決することにあった。アフリカ各国の国家元首の間では、その組織に関して意見が異なっていた。

ガーナのクワメ・ンクルマが率いるカサブランカ・ブロックは、すべてのアフリカ諸国の連邦と統一を望んでいた。アルジェリア、ギニア、モロッコ、エジプト、マリ、リビアなどの進歩的な諸国によって構成されていた。一方、セネガルのサンゴールが率いるモンロヴィア・ブロックは、経済協力を通じて統一が徐々に達成されるべきであると考え、エンクルマの政治統合の概念を支持しなかった。その他のメンバーはナイジェリア、リベリア、エチオピア、そして旧フランス領の植民地のほとんどであった。OAUは両陣営の対立の中での政治的な妥協との産物として創設された。

ＯＡＵ憲章の最も重要なものは、内政不干渉と国境の不可侵性の原則であった。それは、植民地時代に欧州列強が人為的に引いた境界線を不可侵なものと認めたことに他ならなかった。

アフリカ諸国は、旧宗主国の植民地という地位から政治的に独立を果たし、植民地支配から脱した。しかし、独立後、二つの大きな問題に直面する。アフリカ諸国の独立は、国民国家として独立したわけではなく、欧州列強に人為的に策定された境界線を残しながら、多民族国家として独立しており、ここに近代的な国民的に統合された国家の建設に独立後も苦慮する。また、政治的な独立は、経済的な独立を伴ったものではなかった。独立後も、天然資源や農作物などの一次産品に依存する経済は続いた。政治的、経済的、且つ軍事的にも旧宗主国に依存する状態は続いた。また、それは、石油や天然ガスなどの天然資源に恵まれた諸国と農作物に依存する国との経済格差にも繋がった。

冷戦構造と冷戦後の民主化

独立後のアフリカ諸国を特徴付けたのは、一党独裁制であった。独立間もない国家にとっては、国民統合を効果的に推進していくためには、権力を集中させる支配構造が必要であった。それ故、多くのアフリカ諸国が強権的な一党独裁体制か軍政を敷いた。経済的にも開発の為には、政治的独裁は正当化されるとして、経済への国家介入を強めていった。国際的には、アフリカ諸国は「第三世界」を形成し、非同盟諸国を謳いながらも、東西対立という冷戦構造の枠組みに組み入れられ、アンゴラやエチオピアなどでは、米ソの代理戦争の舞台ともなっていった。

冷戦構造崩壊後の欧米諸国の民主化への圧力とそのうねりの雪崩現象の中で、アフリカ諸国は、複数政党制に移行していく。しかし、その民主化は形の上だけのものが多く、民主主義の定着には至らなかった。

経済停滞の要因

一九六〇年代に独立したアフリカ諸国の指導者たちは、貧困や疾病等をアフリカから撲滅することを誓った。一九七〇年代のオイルショック以降、主要な所得の源であった一次産品の価格が長期的に下落し、構造的な経済問題に直面し、停滞し、膨大な対外債務を抱えつつ深刻な経済危機に喘いでいく。一九九〇年代には、一人当たりのGNPは多くの国で独立時より低下してしまった。アフリカ大陸の困窮の原因は、植民地政策の負の遺産、冷戦、国際経済システムのルール、独立に多くの国が策定した政策の欠陥に帰する。植民地化は、伝統的な社会構造や経済を破壊し、宗主国のニーズに合わせざるを得なかった。企業家と技術とマネジメント能力を有する中産階級の育成を阻害した。独立後のアフリカ諸国の努力不足、資源などの一次産品に依存し続けたミスマネジメントにもあった。

紛争

　独立以来、アフリカ諸国は夥しい数の紛争を経験してきた。アフリカ人の四人に一人は紛争を経験しているというデータもある。多くの紛争が国家権力を巡る闘争、即ち、政治的且つ経済的利権を巡る争いによって引き起こされたものであった。アフリカでは権力一極集中型の支配構造が多く、「Winner takes all」（勝者一人勝ち）という政治文化が蔓延していた。それ故、健全な野党勢力が育ちにくい環境にあった。為政者や支配者層が独占的に支配するパイから排除された反政府勢力が武器を取って挑むというパターンである。アフリカの権力構造や政治ガバナンスに起因する紛争は特に、冷戦構造終結後の九〇年代に多発する。一時は、一四の紛争が同時的に繰り広げられている時もあった。

　二一世紀になると多くの紛争が、一旦収束に向かうが、二〇一〇年以降、再び増加し始めた。二〇二二年十月現在も紛争が継続している地域は以下の通りである。リビア、西アフリカのサヘル地域（マリ、ブルキナファソ、ベナン、ニジェール）、中央アフリカ、ナイジェリア（ボコ・ハラム）、コンゴ（民）東部、エチオピア（ティグライ州）、ソマリア、モザンビーク北部（カーボ・デルガド州）などである。

5　二一世紀のアフリカのチャレンジ

　二〇世紀末のアフリカは、正に「希望のない大陸」であった。頻発する紛争、終わらない内戦、大量虐殺、難民の流出、政治不安、貧困、経済破綻、債務問題、感染症の蔓延などに直面し、正に国際社会の底辺として、そしてグローバリゼーションの「負け組」として位置づけられることを余儀なくされ、「問題」として認識される存在であった。

しかし、二一世紀に入ると、多くの紛争が収束に向かっていく一方で、世界的な天然資源価格の高騰を背景に、金や石油、天然ガスなどの資源大国を中心に、鉱物性燃料や一次産品が牽引する形でアフリカ全体の輸出が底上げされ、経済指標は好転していく。二〇〇〇年代は世界平均を上回る五％台の高成長を持続するまでになった。アフリカはもはや、「問題」や「負け組」としてではなく、「投資」の対象となった。豊富な天然資源や若年層の存在を念頭に「希望の大陸」として語られるようになったのである。

アフリカ側も、変貌を遂げている。ＯＡＵからアフリカ連合（ＡＵ）への改組発展（二〇〇二年）、アフリカ独自の開発戦略である「アフリカ開発のための新たなパートナーシップ」（ＮＥＰＡＤ）を採択（二〇〇一年）する。二〇一三年には、ＯＡＵ設立五〇周年を記念し、包摂的成長と持続的開発に基づくアフリカの発展と繁栄を目指した、二〇六三年年までのアフリカの長期的ビジョン「アジェンダ２０６３」を採択する。二〇一八年には、アフリカ大陸自由貿易圏協定（ＡｆＣＦＴＡ）が署名された。エリトリア以外の五三カ国が署名する。アフリカのすべての国が参加すれば、域内人口一四億、ＧＤＰ三兆ドルの世界最大のＦＴＡとなる。

アフリカ大陸五四カ国は、一四億人を超える人口を擁し、高い潜在性と豊富な天然資源により国際社会の関心を集めている。今日、政治、安全保障、経済、保健のいずれのレベルにおいても、アフリカ大陸は国際関係の中心にあると言える。しかし、未だに夥しい数の貧困層は堆積しており、紛争や政治的混乱、テロにも直面し、深刻な貧困を含む開発課題をも抱えている。アフリカにおけるこれらの課題の克服は、国際社会全体の平和と繁栄にとっても重要である。

日本の対アフリカ政策とＴＩＣＡＤプロセス

冷戦が終結し、また、財政逼迫によりドナー諸国が「援助疲れ」を訴え始めた頃、国際社会はアフリカ問題に対する戦略的な関心を低下させていた。こうした流れに抗う形で日本が、アフリカ問題に対する世界の関心を再び高める為に、独自の外交イニシアティブを発揮し、一九九三年にアフリカ諸国を招き、開催したのが「東京アフリカ開発会議（TICAD）」（ティカッド）である。TICADは、日本が主導し、国連、UNDP（国連開発計画）、世銀、AUC（アフリカ連合委員会）と共同で開催するアフリカ開発をテーマとする国際会議である。日本によるアフリカへの総合的な貢献の集大成でもある。一九九三年に第一回が東京で開催され、以降五年毎に行われてきた。国際的な環境による適切なアジェンダが設定される。二〇一六年年から、三年ごとに日本とアフリカで交互に開催されることになった。二〇一六年のTICADⅥは初めてアフリカ（ケニア）で開催された。二〇二二年年八月、TICAD8がチュニジアで開催された。

（片岡貞治）

●アフリカ・ベナンで頭に載せた荷物を運ぶ女性たち

●引用・参考文献（推奨図書）

1 **現代の国際秩序をどう理解するか**
重層的多極化に向かう世界

2 **ウクライナ危機とプーチン**

3 **アメリカ・ファースト**

●第Ⅰ部 トピック編

アミタ・アチャリア（芦澤久仁子訳）『アメリカ世界秩序の終焉——マルチプレックス世界のはじまり』ミネルヴァ書房、二〇二二年。

ジョン・L・ギャディス（五味俊樹ほか訳）『ロング・ピース——冷戦史の証言「核・緊張・平和」』芦書房、二〇〇二年。

グローバルガバナンス学会編『グローバル・カバナンス学Ⅰ・Ⅱ』法律文化社、二〇一八年。

大矢根聡『コンストラクティヴィズムの国際関係論』有斐閣ブックス、二〇一三年。

佐藤誠、池田丈佑ほか『英国学派の国際関係論』日本経済評論社、二〇一三年。

黒川祐次『物語 ウクライナの歴史——ヨーロッパ最後の大国』中公新書、二〇〇二年。

井上達夫『ウクライナ戦争と向き合う——プーチンという「悪夢」の実相と教訓』（法と哲学新書）信山社、二〇二二年。

マーク・ガレオッティ（竹内規矩夫訳）『プーチンの戦争——チェチェンからウクライナへ』（HJ軍事選書）ホビージャパン、二〇二三年。

キャサリン・ベルトン（藤井清美訳）『プーチン　ロシアを乗っ取ったKGBたち』（上・下）日本経済新聞出版、二〇二二年。

フィオナ・ヒル、クリフォード・G・ガディ（濱野大道、千葉敏生訳、畔蒜泰助監修）『プーチンの世界——「皇帝」になった工作員』新潮社、二〇一六年。

会田弘継『トランプ現象とアメリカ保守思想——崩れ落ちる理想国家』左右社、二〇一六年。

佐々木卓也「『トランプ革命』とアメリカ外交へのインプリケーション」『国際問題』第663号、二〇一七年、七・八月号。

東京財団政策研究所監修・久保文明編『トランプ政権の分析――分極化と政策的収斂との間で』日本評論社、二〇二一年。

ボブ・ウッドワード（伏見威蕃訳）『FEAR恐怖の男――トランプ政権の真実』日本経済新聞出版、二〇一八年。


高畑洋平「『ユーラシア外交』という日本の選択」渡邊啓貴監修、日本国際フォーラム編『ユーラシア・ダイナミズムと日本』中央公論新社、二〇二二年。

「外交」編集委員会『外交』Vol.65、外務省、二〇二一年、一・二月。

The ASEAN Secretariat, ASEAN Outlook on the Indo-Pacific, (June 23, 2019), 〈https://asean.org/speechandstatement/asean-outlook-on-the-indo-pacific/〉。


川島真、遠藤貢、高原明生、松田康博編『中国の外交戦略と世界秩序――理念・政策・現地の視線』昭和堂、二〇一九年。

川島真、小嶋華津子編『よくわかる現代中国政治』ミネルヴァ書房、二〇二〇年。

末廣昭、田島俊雄、丸川知雄編『中国・新興国ネクサス――新たな世界経済循環』東京大学出版会、二〇一八年。

東大社研現代中国研究拠点編『現代中国ゼミナール――東大駒場連続講義』東京大学出版会、二〇二〇年。

平川均、町田一兵、真家陽一、石川幸一編『一帯一路の政治経済学――中国は新たなフロンティアを創出するか』文眞堂、二〇一九年。

益尾知佐子、青山瑠妙、三船恵美、趙宏偉『中国外交史』東京大学出版会、二〇一七年。

三船恵美「中国にとっての『一帯一路』と『インド太平洋』『アジア太平洋』」戦略研究学会編『戦略研究（特集・戦略と思考）』三〇号、二〇二二年三月。

三船恵美「中国外交のユーラシア的展開」日本国際フォーラム『*JFIR WORLD REVIEW*（創刊号特集：今ユーラシアで何が起こっているのか）』二〇一八年。

三船恵美『中国外交戦略』講談社選書メチエ、二〇一六年。

持永大『デジタルシルクロード——情報通信の地政学』日本経済新聞出版、二〇二二年。

渡邊啓貴監修、日本国際フォーラム編『ユーラシア・ダイナミズムと日本』中央公論新社、二〇二二年。

6 日本の領土問題
北方領土・竹島・尖閣諸島

太壽堂鼎『領土帰属の国際法』東信堂、一九九八年。

芹田健太郎『日本の領土』中央公論新社、二〇〇二年。

国際法学会編『国際関係法辞典［第2版］』三省堂、二〇〇五年。

外務省ホームページ〈http://www.mofa.go.jp〉

7 台湾をめぐる国際関係

若林正丈『台湾の政治——中華民国台湾化の戦後史［増補新装版］』東京大学出版会、二〇二一年。

松田康博、清水麗編著『現代台湾の政治経済と中台関係』晃洋書房、二〇一八年。

川上桃子・松本はる香編『中台関係のダイナミズムと台湾——馬英九政権期の展開』アジア経済研究所、二〇一九年。

松本はる香編著『〈米中新冷戦〉と中国外交——北東アジアのパワーポリティクス』白水社、二〇二〇年。

川上桃子編・監訳、呉介民編（津村あおい訳）『中国ファクターの政治経済学——台湾への影響力の浸透』白水社、二〇二一年。

8 ブレグジット後の英国とEU

佐々木雄太、木畑洋一編『イギリス外交史』有斐閣、二〇〇五年。
川勝平太、三好陽編『イギリスの政治』早稲田大学出版部、一九九九年。
ポール・スノードン、大竹正次著『イギリスの社会』早稲田大学出版部、一九九七年。
河合秀和『現代イギリス政治史研究』岩波書店、一九七四年。
田中素香「イギリスのEU離脱（Brexit）にみるグローバル化とローカル化　BrexitがEUおよび世界経済に及ぼす影響をも含めて」『季刊経済理論』54巻3号、二〇一七年。
渡邊敬「第二次世界大戦後の英国の欧州に対する外交方針の変遷とEU離脱に関する一考察」運輸総合研究所、二〇二一年。
Chris Wrigley, *Churchill*, London: Hans Publishing, 2006.
Margaret Thatcher, The path to power, London: HarperCollins, 1995.
Tony Blair, *A Journey, My political life*, New York: Alfred A Knopf, 2010.
Christopher Hill, The future of British foreign policy: Security and diplomacy in a world after BREXIT, Cambridge : Polity, 2019.
庄司克宏『ブレグジット・パラドクス――欧州統合のゆくえ』岩波書店、二〇一九年。
須網隆夫『EUと新しい国際秩序』日本評論社、二〇二一年。
スティーブン・デイ、力久昌幸『「ブレグジット」という激震――混迷するイギリス政治』ミネルヴァ書房、二〇二一年。

9 ドイツ（独仏枢軸）と欧州統合

池本大輔ほか『EU政治論』有斐閣、二〇二〇年。

中村登志哉「メルケル外交の16年――ドイツに繁栄と安定をもたらしたプラグマティズム」「外交」編集委員会『外交』Vol.70、外務省、二〇二一年、11・12月号。

中村登志哉「ドイツのインド太平洋戦略――米中対立と対中経済連携の狭間で」国際安全保障学会編『国際安全保障』第48巻、第4号、内外出版、二〇二一年三月。

ハンス・クンドナニ（中村登志哉訳）『ドイツ・パワーの逆説――〈地経学〉時代の欧州統合』一藝社、二〇一九年。

中村登志哉編『戦後70年を越えて――ドイツの選択・日本の関与』一藝社、二〇一六年。

中村登志哉『ドイツの安全保障政策――平和主義と武力行使』一藝社、二〇〇六年。

ゲルトヨアヒム・グレースナー（中村登志哉ほか訳）『ドイツ統一過程の研究』青木書店、一九九三年。

マーガレット・サッサャー（石塚雅彦訳）『サッチャー回顧録――ダウニング街の日々』（下）、日本経済新聞出版、一九九三年。

森井裕一編『ヨーロッパの政治経済・入門』〔新版〕有斐閣、二〇二二年。

Carsten Volkery, "The Germans Are Back!", *Spiegel International*, 二〇〇九年九月十一日、〈https://www.spiegel.de/international/europe/the-iron-lady-s-views-on-german-reunification-the-germ ans-are-back-a-648364.html〉

Simon Bulmer eds., *Germany and the European Union: Europe's Reluctant Hegemon?*, Red Globe Press, London, 2019.

10 「東アジア共同体」と東アジア

石川幸一「ＡＳＥＡＮ中心性とＡＳＥＡＮのインド太平洋構想」『創設50周年を迎えたＡＳＥＡＮの課題と展望』亜細亜大学アジア研究所、二〇二〇年三月。

石川幸一、清水一史、助川成也『ＲＣＥＰと東アジア』文眞堂、二〇二二年。

伊藤憲一「日本外交と東アジア共同体構想」『外交』外務省、Vol.1 二〇一〇年。

伊藤憲一「加速する東アジアの地域統合構想」『産経新聞「正論」』二〇〇四年四月十五日。

大庭三枝『重層的地域としてのアジア――対立と共存の構図』有斐閣、二〇一四年。

大庭三枝、高原明生「冷戦後期から世紀末の国際関係」『20世紀の東アジア史Ⅰ　国際関係史概論』東京大学出版会、二〇二〇年。

大庭三枝「逆風の中でRCEP始動：東アジア経済秩序の将来に与える意味」〈nippon.com 2022.1.24 https://www.nippon.com/ja/in-depth/d00782/〉

小原雅博『東アジア共同体――強大化する中国と日本の戦略』日本経済新聞社、二〇〇五年。

古賀慶「日本の東アジア地域秩序構想」『冷戦後の東アジア秩序』勁草書房、二〇二〇年。

佐橋亮「東アジア秩序はいかに形成されてきたのか」『冷戦後の東アジア秩序』勁草書房、二〇二〇年。

佐橋亮「鳩山由紀夫政権におけるアジア外交『東アジア共同体』構想の変容を手掛かりに」『問題と研究』二〇一一年四月。

田中明彦「『東アジア共同体』論の背景と方向性」、「東アジア共同体の課題と日本の針路」『東アジア共同体と日本の針路』ＮＨＫ出版、二〇〇五年。

東アジア共同体評議会『東アジア共同体白書２０１０』たちばな出版、二〇一〇年。

宮城太蔵『戦後日本のアジア外交』ミネルヴァ書房、二〇一五年。

外務省『外交青書（平成17～20年度）』第48～51号、二〇〇五～二〇〇八年。

"Final Report of the East Asia Study Group" ASEAN+3 summit, 4 Nov. 2002.

11 軍縮 大量破壊兵器・通常兵器の険しい道のり

日本軍縮学会編『軍縮問題入門（第5版）』東信堂、二〇二三年近刊。

日本軍縮学会編『軍縮辞典』信山社、二〇一五年。

宮坂直史「軍備管理・軍縮」防衛大学校安全保障学研究会編『安全保障学入門［新訂第5版］』亜紀書房、二〇一八年。

宮坂直史「軍備管理・軍縮・不拡散問題の展開」長谷川雄一・金子芳樹編『現代の国際政治［第4版］』ミネルヴァ書房、二〇一九年。

山本武彦・庄司真理子編『軍縮・軍備管理［現代国際関係学叢書第2巻］』志學社、二〇一七年。

12 核抑止力と核の規制

核戦争をいかに防ぐか

小川伸一『「核」軍備管理・軍縮のゆくえ』芦書房、一九九六年。

秋山信将・高橋杉雄編『「核の忘却」の終わり——核兵器復権の時代』勁草書房、二〇一九年。

山田克哉『原子爆弾—その理論と歴史』講談社ブルーバックス新書、一九九六年。

市川浩『ソ連核開発全史』ちくま新書、二〇二二年。

内野克彦『核攻撃から身を守ろう!』東京図書出版、二〇一八年。

会川晴之『核に魅入られた国家——知られざる拡散の実態』毎日新聞出版、二〇一六年。

13 ハイブリッド戦による作戦領域の変化

喬良、王湘穂(劉琦訳)『超限戦——21世紀の「新しい戦争」』角川新書、二〇二〇年。

クラウゼヴィッツ(篠田英雄訳)『戦争論(上・中・下)』岩波文庫、一九六八年。

小泉悠『現代ロシアの軍事戦略』ちくま新書、二〇二一年。

佐々木孝博『近未来戦の核心サイバー戦——情報大国ロシアの全貌』扶桑社、二〇二一年。

孫子『新訂 孫子』(金谷治訳)岩波文庫、二〇〇〇年。

廣瀬陽子『ハイブリッド戦争——ロシアの新しい国家戦略』講談社現代新書、二〇二一年。

B・H・リデルハート(市川良一訳)『リデルハート戦略論——間接的アプローチ(上・下)』原書房、二〇一〇年。

14 国境を越える脅威と人間の安全保障

NPO法人「人間の安全保障」フォーラム編、高須幸雄編著『全国データ SDGsと日本——誰も取り残されないための人間の安全保障指標』明石書店、二〇一九年。

吉川元『国際平和とは何か——人間の安全を脅かす平和秩序の逆説』中央公論新社、二〇一五年。

国連開発計画(UNDP)(星野俊也監訳)『2022年特別報告書 人新世の脅威と人間の安全保障——さらなる連帯で立ち向かうとき』日経BP、二〇二二年。

人間の安全保障委員会『安全保障の今日的課題——人間の安全保障委員会報告書』朝日新聞社、

二〇〇三年。

宮下大夢「人間の安全保障――21世紀世界の連帯と協力に向けて」山田満、堀江正伸編著『新しい国際協力論〔第3版〕――グローバル・イシューに立ち向かう』明石書店、二〇二三年。

R. J. Rummel, Democide Since World War II, 1998. 〈https://www.hawaii.edu/powerkills/POSTWWII.HTM〉

UN Doc. A/RES/66/290, 2012.

UNDP, Human Development Report 1994, New York: Oxford University Press, 1994.

15 SDGs

二〇三〇年に向けた世界の経済・社会・環境の目標

高柳彰夫・大橋正明編『SDGsを学ぶ――国際開発・国際協力入門』法律文化社、二〇一八年。

The United Nations, Sustainable Development Goals Report, annual.

南博、稲場雅紀『SDGs――危機の時代の羅針盤』岩波新書、二〇二〇年。

蟹江憲史『SDGs（持続可能な開発目標）』中公新書、二〇二〇年。

デイビッド・ヒューム（佐藤寛監訳）『貧しい人を助ける理由――遠くのあの子とあなたのつながり』日本評論社、二〇一七年。

紀谷昌彦、山形辰史『私たちが国際協力する理由――人道と国益の向こう側』日本評論社、二〇一九年。

16 地球環境問題

気候危機を中心に

小坂真理「気候変動とパリ協定――SDG 13」高柳彰夫、大橋正明編『SDGsを学ぶ――国際開発・国際協力入門』法律文化社、二〇一八年。

Intergovernmental Panel on Climate Change, *Sixth Assessment Report, Climate Change 2021: The Physical Science Basis: Summary for Policy Makers.*

17 エネルギー資源と地政学

Barry R. Posen, Command of the Commons: The Military Foundation of U.S. Hegemony, *International Security*, Vol.28, No.1, 2003, pp. 5-46.

Robert D. Blackwill and Jennifer M. Harris, *War by Other Means: Geoeconomics and Statecraft*, The Belknap Press of Harvard University Press, 2016.

稲垣文昭、玉井良尚、宮脇昇編著『資源地政学』法律文化社、二〇二〇年。

クラウス・ドッズ（町田敦夫訳）『新しい国境　新しい地政学』東洋経済新報社、二〇二一年。

ケント・E・カルダー（杉田弘毅監訳）『新大陸主義――21世紀のエネルギーパワーゲーム』潮出版社、二〇一三年。

胡波（濱口城訳）『中国はなぜ「海洋大国」を目指すのか――〝新常態〟時代の海洋戦略』富士山出版社、二〇一六年。

ダニエル・ヤーギン（日高義樹、持田直武共訳）『石油の世紀――支配者たちの興亡』（上・下）日本放送出版協会、一九九一年。

ダニエル・ヤーギン（伏見威蕃訳）『探求：エネルギーの世紀』（上・下）日本経済新聞出版社、二〇一二年。

野田公夫編『日本帝国圏の農林資源開発――「資源化」と総力戦体制の東アジア』京都大学学術出版会、二〇一三年。

パラグ・カンナ（尼丁千津子、木村高子訳）『「接続性」の地政学――グローバリズムの先にある世界』（上・下）原書房、二〇一七年。

宮田律『中央アジア資源戦略――石油・天然ガスをめぐる「地経学」』時事通信社、一九九九年。

18 感染症とパンデミック

新垣修『時を漂う感染症――国際法とグローバル・イシューの系譜』慶應義塾大学出版会、二〇二一年。

城山英明編著『グローバル保健ガバナンス』東信堂、二〇二〇年。

詫摩佳代『人類と病――国際政治から見る感染症と健康格差』中央公論新社、二〇二〇年。

西平等『グローバル・ヘルス法――理念と歴史』名古屋大学出版会、二〇二二年。

ピーター・ホッテズ著、詫摩佳代訳『次なるパンデミックを防ぐ――反科学の時代におけるワクチン外交』白水社、二〇二二年。

安田佳代『国際政治の中の国際保健事業――国際連盟保健機関から世界保健機関、ユニセフへ』ミネルヴァ書房、二〇一四年。

Acharya, Amitav, *The End of American World Order*, Polity, 2018.

Clinton, Chelsea & Sridhar, Devi, *Governing Global Health: Who Runs the World and Why?*, Oxford University Press, 2017.

McInnes, Colin & Lee, Kelley, *Global Health and International Relations*, Polity, 2012.

19 移民・難民に対する国際社会の役割

ステファン・カースルズ、マーク・ミラー（関根政美、関根薫監訳）『国際移民の時代〔第4版〕』名古屋大学出版会、二〇一一年。

滝澤三郎、山田満編著『難民を知るための基礎知識――政治と人権の葛藤を超えて』明石書店、二〇一七年。

田所昌幸『越境の国際政治――国境を越える人々と国家間関係』有斐閣、二〇一八年。

Betts, Alexander & Collier, Paul, *Refuge: Transforming a Broken Refugee System*, Allen Lane, 2017.

IOM, World Migration Report 2022, Geneva: IOM, 2021.

UNDESA, International Migrant Stock 2020, 2020. 〈https://www.un.org/development/desa/pd/content/international-migrant-stock〉

UNHCR, Global Trends : Forced Displacement in 2021, 2022. 〈https://www.unhcr.org/62a9d1494/global-trends-report-2021〉

20 国際テロリズム
途絶えることなき連鎖

21 国家間競争と地政学

法務省公安調査庁『国際テロリズム要覧［各年版］』同省ホームページ〈www.moj.go.jp〉よりPDF版閲覧可。

米メリーランド大学管理 Global Terrorism Database〈https://www.start.umd.edu/gtd/〉一般向けに公開されている世界最大級のテロリズムデータベース。

宮坂直史「9・11テロと炭疽菌郵送事件――その影響を再考する」自衛隊を活かす会編『9・11から20年　人類は教訓を手に入れたのか』かもがわ出版、二〇二一年。

宮坂直史「国際テロ組織の進化形態を探る」『外交』都市出版、Vol.169、二〇二一年十月／十一月号。

事態対処研究会編『実戦CBRNeテロ・災害対処』東京法令出版、二〇一八年。


アルフレッド・T・マハン（北村謙一訳）『マハン海上権力史論』原書房、二〇〇八年。

浦野起夫『地政学と国際戦略――新しい安全保障の枠組みに向けて』三和書籍、二〇〇六年。

クラウス・ドッズ（野田牧人訳）『地政学とは何か』NTT出版、二〇一二年。

コリン・S・グレイ（小島康男訳）『核時代の地政学』紀尾井書房、一九八二年。

コリン・S・グレイ、ジェフリー・スローン編著（奥山真司訳）『地政学：地理と戦略』五月書房、二〇二一年。

コーリン・フリント（高木彰彦編訳）『現代地政学――グローバル時代の新しいアプローチ』原書房、二〇一四年。

ジョセフ・C・ワイリー（奥山真司訳）『戦略論の原点：軍事戦略入門』芙蓉書房出版、二〇一〇年。

ジョン・ベイリス、ジェームズ・ウィルツ、コリン・グレイ編（石津朋之監訳）『戦略論：現代世界の軍事と戦争』勁草書房、二〇一二年。

ジュリアン・スタフォード・コーベット（矢吹啓訳）『コーベット海洋戦略の諸原則』原書房、

二〇一六年。

曽村保信『地政学入門――外交戦略の政治学（改版）』中公新書、二〇一七年。

ニコラス・スパイクマン（奥山真司訳）『平和の地政学――アメリカ世界戦略の原点』芙蓉書房出版、二〇〇八年。

ニコラス・スパイクマン（渡邉公太訳）『スパイクマン地政学：世界政治と米国の戦略』芙蓉書房出版、二〇一七年。

ハルフォード・J・マッキンダー（曽村保信訳）『マッキンダーの地政学――デモクラシーの理想と現実』原書房、二〇〇八年。

フリードリッヒ・ラッツェル（由比濱省吾訳）『人類地理学』古今書院、二〇〇六年。

ベイジル・H・リデルハート（市川良一訳）『リデルハート戦略論――間接的アプローチ』（上・下）原書房、二〇一〇年。

22

経済安全保障

「総合安全保障の教訓」を活かせるか

北村滋『経済安全保障――異形の大国、中国を直視せよ』中央公論新社、二〇二二年。

國分俊史『エコノミック・ステイトクラフト――経済安全保障の戦い』日本経済新聞出版、二〇二〇年。

総合安全保障研究グループ『総合安全保障戦略 大平総理の政策研究会報告書五』大蔵省印刷局、一九八〇年。

長谷川将規『経済安全保障――経済は安全保障にどのように利用されているのか』日本経済評論社、二〇一三年。

船橋洋一『経済安全保障論――地球経済時代のパワー・エコノミックス』東洋経済新報社、一九七八年。

防衛大学校安全保障学研究会編『安全保障学入門［新訂第五版］』亜紀書房、二〇一八年。

宮岡勲『入門講義 安全保障論』慶應義塾大学出版会、二〇二〇年。

村山裕三『アメリカの経済安全保障戦略――軍事偏重からの転換と日米摩擦』PHP研究所、一九九六年。

村山裕三編『米中の経済安全保障戦略――新興技術をめぐる新たな競争』芙蓉書房出版、二〇二一年。

山口航『冷戦終焉期の日米関係――分化する総合安全保障』吉川弘文館、二〇二三年。

23 日本の国際協力と平和構築

草野厚『ODAの現場で考えたこと――日本外交の現在と未来』NHKブックス、二〇一〇年。

草野厚『ODAの正しい見方』筑摩書房、一九九七年。

白鳥潤一郎、高橋和夫『世界の中の日本外交』放送大学教育振興会、二〇二一年。

山田満編『新しい国際協力論』明石書店、二〇一八年。

宮城大蔵『戦後日本のアジア外交』ミネルヴァ書房、二〇一五年。

村井吉敬『エビと日本人』岩波新書、一九八八年。

荒木光弥『国際協力の戦後史』東洋経済新報社、二〇二〇年。

下村恭民『最大ドナー日本の登場とその後――政策史2・1990年代以降（シリーズ「日本の開発協力史を問いなおす」）』東京大学出版会、二〇二二年。

24 日本の「ユーラシア外交」

高畑洋平「『ユーラシア外交』という日本の選択」渡邊啓貴監修、日本国際フォーラム編『ユーラシア・ダイナミズムと日本』中央公論新社、二〇二二年。

五百旗頭真・宮城大蔵編『橋本龍太郎外交回顧録』岩波書店、二〇一三年。

麻生太郎『とてつもない日本』新潮新書、二〇〇七年。

谷口智彦『誰も書かなかった安倍晋三』飛鳥新社、二〇二〇年。

安倍晋三『美しい国へ』文藝春秋、二〇〇六年。

25 深化する日米同盟

「日米首脳共同声明『自由で開かれた国際秩序の強化』」二〇二二年五月二十三日〈https://www.mofa.go.jp/mofaj/files/100347254.pdf〉二〇二二年七月十二日アクセス。

佐藤史郎、川名晋史、上野友也、齊藤孝祐編『日本外交の論点』法律文化社、二〇一八年。

遠藤誠治編『日米安保と自衛隊』岩波書店、二〇一五年。

ケント・E・カルダー（渡辺将人訳）『日米同盟の静かなる危機』ウェッジ、二〇〇八年。

グリーン、マイケル、パトリック・クローニン編（川上高司監訳）『日米同盟——米国の戦略』勁草書房、一九九九年。

公益財団法人世界平和研究所編『希望の日米同盟——アジア太平洋の海洋安全保障』中央公論新社、二〇一六年。

竹内俊隆編『日米同盟論』ミネルヴァ書房、二〇一一年。

武田康裕『日米同盟のコスト——自主防衛と自律の追求』亜紀書房、二〇一九年。

田中明彦、日本経済研究センター編『提言日米同盟を組み直す——東アジアリスクと安全保障改革』日本経済新聞出版、二〇一七年。

千々和泰明『戦後日本の安全保障——日米同盟、憲法九条からＮＳＣまで』中公新書、二〇二二年。

平和・安全保障研究所編、西原正、土山實男監修『日米同盟再考——知っておきたい一〇〇の論点』亜紀書房、二〇一〇年。

室山義正『日米安保体制』（上・下）有斐閣、一九九二年。

26 日中関係
国交正常化五〇年の軌跡にみる期待と不安

国分良成、添谷芳秀、高原明生、川島真著『日中関係史』有斐閣アルマ、二〇一三年。

高原明生、服部龍二編『日中関係史 １９７２―２０１２ Ⅰ 政治』東京大学出版会、二〇一二年。

服部健治、丸川知雄編『日中関係史 １９７２―２０１２ Ⅱ 経済』東京大学出版会、二〇一二年。

園田茂人編『日中関係史 １９７２―２０１２ Ⅲ 社会・文化』東京大学出版会、二〇一二年。

27 米中関係
大国間における覇権競争

園田茂人編『日中関係史　1972―2012　Ⅳ　民間』東京大学出版会、二〇一四年。

グレアム・アリソン『米中戦争前夜――新旧大国を衝突させる歴史の法則と回避のシナリオ』ダイヤモンド社、二〇一七年。

猪口孝・G・ジョン・アイケンベリー編『日本・アメリカ・中国――錯綜するトライアングル』原書房、二〇一四年。

梅本哲也『米中戦略関係』千倉書房、二〇一八年。

緒方貞子『戦後日中・米中関係』東京大学出版会、一九九二年。

五味俊樹、滝田賢治編『九・一一以後のアメリカと世界』南窓社、二〇〇四年。

佐橋亮『米中対立――アメリカの戦略転換と分断される世界』中央公論新社。

益尾知佐子、青山瑠妙、三船恵美、趙宏偉『中国外交史』東京大学出版会、二〇一七年。

ジェームズ・マン（一九九九）『米中奔流』共同通信社。

三船恵美『中国外交戦略　その根底にあるもの』講談社選書メチエ、二〇一六年。

三船恵美『米中覇権競争と日本』勁草書房、二〇二一年。

28 日ロ関係　ウクライナ侵略と日本の対ロ認識

内閣官房領土・主権対策企画調整室『北方領土』二〇二二年。

外務省『外交青書　2022』二〇二二年。

長谷川雄之「ロシアと『アジア太平洋』／『インド太平洋』」NIDSコメンタリー第147号（防衛省防衛研究所）、二〇二〇年。

29 日韓関係
対立と協力の系譜

奥薗秀樹「文在寅政権による『正統性』の追求と日韓関係」『アジア研究』第66巻第4号、二〇二〇年。

木村幹『歴史認識はどう語られてきたか』千倉書房、二〇二〇年。

30 北朝鮮の拉致・核・ミサイル問題と日朝関係

木宮正史『日韓関係史』岩波書店、二〇二一年。

小黒一正「人口減少と経済成長に関する一考察――日本を主な事例として」『国際問題』No.708、二〇二二年。

西野純也編著『激動の朝鮮半島を読みとく』慶應義塾大学出版会、二〇二三年。

趙世瑛『日韓外交史――対立と協力の50年』平凡社、二〇一五年。

鄭在貞『主題と争点で読む20世紀日韓関係史』柘植書房新社、二〇二二年。

奥野昌宏、中江桂子編『メディアと文化の日韓関係――相互理解の深化のために』新曜社、二〇一六年。

石井健一、小針進、渡邉聡『日中韓の相互イメージとポピュラー文化――国家ブランディング政策の展開』明石書店、二〇一九年。

「朝鮮半島の動向」『東亜』霞山会、各号。


小此木政夫編著『北朝鮮ハンドブック』講談社、一九九七年。

伊豆見元『北朝鮮で何が起きているのか――金正恩体制の実相』筑摩書房、二〇一三年。

平岩俊司『北朝鮮――変貌を続ける独裁国家』中央公論新社、二〇一三年。

鐸木昌之『北朝鮮　首領制の形成と変容――金日成、金正日から金正恩へ』明石書店、二〇一四年。

礒﨑敦仁、澤田克己『新版　北朝鮮入門』東洋経済新報社、二〇一七年。

坂井隆、平岩俊司『独裁国家・北朝鮮の実像――核・ミサイル・金正恩体制』朝日新聞出版、二〇一七年。

和田春樹『日朝交渉30年史』筑摩書房、二〇二二年。

増田剛『日朝極秘交渉――田中均と「ミスターX」』論創社、二〇二三年。

『北朝鮮の現況　２００４』ラヂオプレス、二〇〇四年。

31 南北朝鮮関係

「朝鮮半島の動向」『東亜』霞山会、各号。

ドン・オーバードーファー、ロバート・カーリン（菱木一美訳）『二つのコリア〔第三版〕』共同通信社、二〇一五年。

李成市、宮嶋博史、糟谷憲一編『朝鮮史2　近現代（世界歴史大系）』山川出版社、二〇一七年。

小此木政夫『朝鮮分断の起源——独立と統一の相克』慶應義塾大学出版会、二〇一八年。

伊集院敦・日本経済研究センター編著『金正恩時代の北朝鮮経済』文眞堂、二〇二一年。

伊集院敦・日本経済研究センター編著『朝鮮半島の地経学——「新冷戦」下の模索』文眞堂、二〇二二年。

●第Ⅱ部　国際関係の理論と歴史

1 国際関係理論

E・H・カー（原彬久訳）『危機の二十年——理想と現実』岩波書店、二〇一一年。

ハンス・J・モーゲンソー（原彬久訳）『国際政治——権力と平和（上・中・下）』岩波書店、二〇一三年。

トーマス・シェリング（河野勝訳）『紛争の戦略——ゲーム理論のエッセンス』勁草書房、二〇〇八年。

ロバート・O・コヘイン、ジョセフ・S・ナイ（滝田賢治監訳）『パワーと相互依存』勁草書房、二〇一二年

ロバート・O・コヘイン（石黒薫、小林誠訳）『覇権後の国際政治経済学』晃洋書房、一九九八年。

ケネス・N・ウォルツ（河野勝、岡垣知子訳）『国際政治の理論』勁草書房、二〇一〇年。

Alexander Wendt, *Social Theory of International Relations*, Cambridge University Press, 1999.
Georg Sørense, Jøegen Møller, and Robert Jackson, *Introduction to International Relations: Theories and Approaches*, Oxford University Press, 8th Edition, 2022.
山田高敬、大矢根聡『グローバル社会の国際関係論』有斐閣、二〇一一年。
大矢根聡編『コンストラクティヴィズムの国際関係論』有斐閣、二〇一三年。
鈴木基史、飯田敬輔編『国際関係研究の方法——解説と実践』東京大学出版会、二〇二一年。

2 国際平和機構の理論と歴史

イマヌエル・カント、（丘沢静也訳）『永遠の平和のために』講談社、二〇二二年。

香西茂『国連の平和維持活動』有斐閣、一九九一年。

佐藤哲夫『国連安全保障理事会と憲章第7章』有斐閣、二〇一五年。

望月康恵・吉村祥子編著『国際機構論（機能編）』国際書院、二〇二〇年。

横田洋三編著『国連による平和と安全の維持——解説と資料』国際書院、二〇〇〇年。

横田洋三編著『国連による平和と安全の維持——解説と資料［第2巻］』国際書院、二〇〇七年。

渡辺茂己『国際機構の機能と組織［第2版］』国際書院、一九九七年。

渡部茂己・望月康恵編著『国際機構論（総合編）』国際書院、二〇一五年。

3 日米関係史
ペリー来航から百七〇年

五百旗頭真編『日米関係史』有斐閣、二〇〇八年。

入江昭、ロバート・A・ワンプラー編（細谷千博、有賀貞監訳）『日米戦後関係史』講談社、二〇〇一年。

高坂正尭『不思議の日米関係史』PHP研究所、一九九六年。

外岡秀俊、三浦俊章、本田優『日米同盟半世紀——安保と密約』朝日新聞社、二〇〇一年。

4　日本の東南アジア外交とアジア太平洋地域主義

5　欧州統合の歴史

野添文彬『沖縄米軍基地全史』吉川弘文館、二〇二〇年。

畠山圭一編『テキスト日米関係論』ミネルヴァ書房、二〇二二年。

細谷千博、本間長世『日米関係史――摩擦と協調の一四〇年［新版］』有斐閣、一九九一年。

山口航『冷戦終焉期の日米関係――分化する総合安全保障』吉川弘文館、二〇二三年。

山本章子『日米地位協定――在日米軍と「同盟」の七〇年』中公新書、二〇一九年。

吉次公介『日米安保体制史』岩波新書、二〇一八年。


波多野澄雄、佐藤晋『現代日本の東南アジア政策』早稲田大学出版部、二〇〇七年。

寺田貴『東アジアとアジア太平洋――競合する地域統合』東京大学出版会、二〇一三年。

大庭三枝『重層的地域としてのアジア――対立と共存の構図』有斐閣、二〇一四年。


庄司克宏『欧州連合――統治の論理とゆくえ』岩波新書、二〇〇七年
中村民雄『EUとはなにか――国家ではない未来の形（現代選書27）』信山社、二〇一五年。

安江則子『欧州公共圏――EUデモクラシーの制度デザイン』慶應義塾大学出版会、二〇〇七年。

福田耕治『EU・欧州統合研究［改訂版］』成文堂、二〇一六年。

渡邊啓貴、上原涼子編著『フランスと世界』法律文化社、二〇一九年。

渡邊啓貴『現代フランス外交史（仮）』有斐閣、二〇二三年。

デレック・ヒーター（田中俊郎監訳）『統一ヨーロッパへの道』岩波書店、一九九四年。

児玉昌己『欧州統合の政治史――EU誕生の成功と苦悩』芦書房、二〇一五年。

鷲江義勝編著『EU［第4版］――欧州統合の現在』創元社、二〇二二年。

益田実、山本健編著『欧州統合史――二つの世界大戦からブレグジットまで』ミネルヴァ書房、二〇一九年。

6 日本の防衛安全保障政策の歴史

楠綾子『吉田茂と安全保障政策の形成――日米の構想とその相互作用 1943～1952年』ミネルヴァ書房、二〇〇九年。

佐道明広『自衛隊史論――政官軍民の60年』吉川弘文館、二〇一四年。

佐道明広『自衛隊史』筑摩書房、二〇一五年。

田中明彦『安全保障――戦後五〇年の模索』読売新聞社、一九九七年。

千々和泰明『戦後日本の安全保障』中央公論新社、二〇二二年。

読売新聞戦後史班編『昭和戦後史「再軍備」の軌跡』中公文庫、二〇一五年。

7 パブリック・ディプロマシーとソフト・パワー

Jan Melissen, "The New Public Diplomacy Between Theory and Practice" in ed. Jan Melissen, The New Public Diplomacy Soft Power in Internationl Relations, Palgrave, 2007, p. 3.
Types of Diplomacy, including: Appeasement, Ping Pong Diplomacy, Public Diplomacy, Gunboat Diplomacy, Cultural Diplomacy etc, Hephaestus Book, p. 17.
星山隆「日本外交とパブリック・ディプロマシー――ソフト・パワーの活用と対外発信の強化に向けて」財団法人世界平和研究所『*IIPS Policy Paper*』二〇〇八年六月。
平林博『フランスに学ぶ国家ブランド』朝日新書、朝日新聞出版、二〇〇八年。
渡邊啓貴『フランス文化外交戦略に学ぶ』大修館書店、二〇一三年。
渡辺靖『文化と外交』中央公論新書、二〇一二年。
渡邊啓貴「日本のソフトパワー戦略試論」日本国際フォーラム、HPサイト〈jfir, or.jp/study gnarl/sg4/〉

8 情報・科学技術と国際政治

薬師寺泰蔵『テクノヘゲモニー』中公新書、一九八九年。

城山英明『科学技術と政治』ミネルヴァ書房、二〇一八年。

塩野誠『デジタルテクノロジーと国際政治の力学』ニューズピックス、二〇二〇年。

ユージンB・スコルニコフ（薬師寺泰蔵、中馬清福監訳）『国際政治と科学技術』NTT出版、一九九五年。

アンガス・マディソン（政治経済研究所監訳）『世界経済史概観』岩波書店、二〇一五年。

ジョージ・モデルスキー（浦野起央、信夫隆司訳）『世界システムの動態——世界政治の長期サイクル』晃洋書房、一九九一年。

ポール・ケネディ（鈴木主税訳）『大国の興亡』（上・下）草思社、一九八八年。

アルビン・トフラー（徳山二郎監修）『第三の波』日本放送出版協会、一九八三年。

Robert Gilpin, War and Change in World Politics, Cambridge : Cambridge University Press, 1981.

今井隆吉『科学と外交』中央公論新書、一九九四年。

●第Ⅲ部　地域・各国編

1　岐路に立つアメリカ外交

青野利彦、倉科一希、宮田伊知郎編著『現代アメリカ政治外交史——「アメリカの世紀」から「アメリカ第一主義」まで』ミネルヴァ書房、二〇二〇年。

J・L・ガディス（河合秀和、鈴木健人訳）『冷戦——その歴史と問題点』彩流社、二〇〇七年。

ジョン・ルイス・ギャディス（赤木完爾、齊藤祐介訳）『歴史としての冷戦——力と平和の追求』慶應義塾大学出版会、二〇〇四年。

ヘンリー・A・キッシンジャー（岡崎久彦監訳）『外交』（上・下）日本経済新聞社、一九九六年。

久保文明『アメリカ政治史』有斐閣、二〇一八年。

ジョージ・F・ケナン（近藤晋一、飯田藤次、有賀貞訳）『アメリカ外交50年』岩波現代文庫、二〇〇〇年。

斎藤眞、古矢旬『アメリカ政治外交史〔第2版〕』東京大学出版会、二〇一二年。

佐々木卓也編『戦後アメリカ外交史〔第3版〕』有斐閣、二〇一七年。

佐々木卓也編著『ハンドブック アメリカ外交史――建国から冷戦後まで』ミネルヴァ書房、二〇一一年。

信田智人編著『アメリカの外交政策――歴史・アクター・メカニズム』ミネルヴァ書房、二〇一〇年。

西崎文子『アメリカ外交史』東京大学出版会、二〇二二年。

村田晃嗣『アメリカ外交――苦悩と希望』講談社現代新書、二〇〇五年。

ウォルター・ラフィーバー（平田雅己、伊藤裕子監訳）『アメリカVSロシア――冷戦時代とその遺産』芦書房、二〇一二年。

森聡・福田円編『入門講義 戦後国際政治史』慶應義塾大学出版会、二〇二二年。

2 中国外交
地域大国からグローバル大国へ台頭した中国の世界戦略

岡部達味『中国の対外戦略』東京大学出版会、二〇〇二年。

中国研究所『中国年鑑』各年版、明石書店。

東大社研現代中国研究拠点編『現代中国ゼミナール――東大駒場連続講義』東京大学出版会、二〇二〇年。

中園和仁編『中国がつくる国際秩序』ミネルヴァ書房、二〇一三年。

長谷川雄一、金子芳樹編『現代の国際政治〔第4版〕――変容するグローバル化と新たなパワーの台頭』ミネルヴァ書房、二〇一九年。

益尾知佐子、青山瑠妙、三船恵美、趙宏偉『中国外交史』東京大学出版会、二〇一七年。

三船恵美『中国外交戦略』講談社選書メチエ、二〇一六年。

三船恵美「新中国の世界認識と外交」「独立自主外交」中園和仁編『中国がつくる国際秩序』ミネルヴァ書房、二〇一三年。

毛里和子『現代中国内政と外交』名古屋大学出版会、二〇二一年。

渡邊啓貴監修・日本国際フォーラム編『ユーラシア・ダイナミズムと日本』中欧公論新社、二〇二二年。

3　大西洋同盟の中の欧州外交

渡邊啓貴、上原良子編『フランスと世界』法律文化社、二〇一九年。

日本国際フォーラム『*JFIR world Review*』特集「欧州政治」のリアル』Vol.4、二〇二一年六月。

斉藤孝『戦間期国際政治史』（岩波書店、一九七八年）岩波現代文庫、二〇一五年。

E・H・カー（斉藤孝、衛藤藩吉訳）『両大戦における国際関係史』清水弘文堂、一九七一年。

モーリス・ヴァイス（細谷雄一、宮下雄一郎監訳）『戦後国際関係史』慶應義塾大学出版会、二〇一八年。

渡邊啓貴編著『ヨーロッパ国際関係史』有斐閣、二〇〇二年。

広瀬佳一編著『現代ヨーロッパの安全保障』ミネルヴァ書房、二〇一九年。

広瀬佳一、吉崎知典編著『冷戦後のNATO』ミネルヴァ書房、二〇一七年。

4　ロシア外交
強いソ連、強いロシアの追求

横手慎二『放送大学教材　ロシアの政治と外交』放送大学教育振興会、二〇一五年。

廣瀬陽子『未承認国家と覇権なき世界』NHKブックス、日本放送協会、二〇一四年。

廣瀬陽子『ハイブリッド戦争――ロシアの新しい国家戦略』講談社新書、二〇二一年。

廣瀬陽子『ロシアと中国――反米の戦略』ちくま新書、二〇一八年。

岩下明裕『北方領土問題――4でも0でも、2でもなく』中公新書、二〇〇五年。

小泉悠『現代ロシアの軍事戦略』ちくま新書、二〇二一年。

5 ASEAN
大国政治の狭間でめざす
独自の存在感

金子芳樹、山田満、吉野文雄編著『「一帯一路」時代のASEAN――中国傾斜の中で分裂・分断に向かうのか』明石書店、二〇二〇年。
黒柳米司、金子芳樹、吉野文雄編著『ASEANを知るための50章』明石書店、二〇一五年
黒柳米司編『「米中対峙」時代のASEAN――共同体への深化と対外関与の拡大』明石書店、二〇一四年。
キショール・マブバニ、ジェフリー・スン（黒柳米司訳）『ASEANの奇跡――平和の生態系』新日本出版社、二〇一八年。

6 中央アジアとアフガニスタンの歴史と現在

渡邊啓貴監修、日本国際フォーラム編『ユーラシア・ダイナミズと日本』中央公論新社、二〇二二年。

山本忠通、内藤正典編『アフガニスタンの教訓――挑戦される国際秩序』集英社、二〇二二年。

クレイグ・ウィットロック（河野純治訳）『アフガニスタン・ペーパーズ』岩波書店、二〇二二年。

今井宏平編『教養としての中東政治』ミネルヴァ書房、二〇二二年。

髙橋博史『破綻の戦略』白水社、二〇二一年。

福富満久『戦火の欧州・中東関係史』東洋経済新報社、二〇一八年。

池内恵『イスラーム世界の論じ方』中央公論新社、二〇一六年。

湯浅剛『現代中央アジアの国際政治』明石書店、二〇一五年。

Thomas Barfield, *Afghanistan: A Cultural and Political History*, Princeton University Press, 2012.

宇山智彦編『日本の中央アジア外交』北海道大学出版会、二〇〇九年。

宇山智彦編『中央アジアを知るための60章』明石書店、二〇一七年。

宇山智彦、樋渡椎人編著『現代中央アジア――政治・社会・経済』日本評論社、二〇一八年。

山崎一郎、小松久男編著『現代中央アジア論』日本評論社、二〇〇四年。

外務省『外交青書 １９９８』一九九八年。

外務省ホームページ〈https://www.mofa.go.jp/mofaj/kaidan/yojin/arc_02/silkroad_a.html〉

7 弱い国家と非国家主体が織りなす中東

Alfred Thayer Mahan, "The Persian Gulf and International Relations", *National Review*, September, 1902.
Göç İdaresi Baskanliği, "Gesici Koruma Kapsamindaki Suriyeleinin İllere göre Dağilmi"〈https://www.goc.gov.tr/gecici-koruma 5638〉（二〇二二年八月三十一日閲覧）。
横田貴之『原理主義の潮流――ムスリム同胞団』山川出版社、二〇〇九年。
末近浩太『イスラーム主義と中東政治――レバノン・ヒズブッラーの抵抗と革命』名古屋大学出版会、二〇一三年。
"Yemen", UNHCR, website 2022.〈unhcr. org/yemen. html〉（二〇二二年八月三十一日閲覧）。
United Nations UN News "UN humanitarian office puts Yemer war dead a+ 233,000, mostly from 'irdirect cavses'", 1, December, 2020〈news. un. org/en/story/2020/12/1078972〉（二〇二二年八月三十一日閲覧）。

8 インドと南アジア

伊藤融『新興大国インドの行動原理――独自リアリズム外交のゆくえ』慶應義塾大学出版会、二〇二〇年。

溜和敏「インドの複層的秩序認識と対外戦略」佐橋亮編『冷戦後の東アジア秩序――秩序形成をめぐる各国の構想』勁草書房、二〇二〇年。

溜和敏「インドにとってのクアッド：日本からの視点」nippon.com、二〇二一年七月二十七日、〈https://www.nippon.com/ja/in-depth/d00824/〉（二〇二二年十二月二十二日閲覧）。

堀本武功『インド 第三の大国へ――〈戦略的自律〉外交の追求』岩波書店、二〇一五年。

堀本武功「大国を指向するモディ外交」堀本武功、村山真弓、三輪博樹編『これからのインド――変貌する現代世界とモディ政権』東京大学出版会、二〇二一年。

堀本武功「『インド太平洋』時代の日印関係――日米豪印枠組みを超えて」『国際問題』No.669、二〇一八年。

Doublethink Lab,"China Index 2022,"〈https://china-index.io/〉(二〇二二年十二月二十二日閲覧)。

インド商工省（Ministry of Commerce and Industry, Government of India）のウェブサイト〈https://tradestat.commerce.gov.in/eidb/default.asp〉(二〇二二年十二月二十二日閲覧)。

9 中南米 大国との攻防と左右両派の対立

国本伊代『概説ラテンアメリカ史』新評論、二〇〇三年。

松下洋、乗浩子編『ラテンアメリカ――政治と社会』新評論、一九九七年。

加茂雄三ほか『ラテンアメリカ――ニュースを現代史から理解する』(国際情勢ベーシックシリーズ）自由国民社、一九九九年。

国際協力総合研究所『民主的な国づくりへの支援に向けて』国際協力事業団、二〇〇二年。

上谷直克「多層的な政治問題に苛まれるラテンアメリカ政治」『ラテンアメリカ・レポート』38巻2号、二〇二二年。

10 暗黒の時代からの脱却をめざすアフリカ

川田順造編『アフリカ入門』新書館、一九九九年。

川田順造『アフリカの歴史』角川ソフィア文庫、二〇二二年。

宮本正興、松田素二編『新書アフリカ史［改訂新版］』講談社新書、二〇一八年。

略語一覧（索引）

宮下大夢（みやした・ひろむ）
名城大学外国語学部准教授

宮田智之（みやた・ともゆき）
帝京大学法学部准教授

宮本　悟（みやもと・さとる）
聖学院大学政治経済学部教授

三輪博樹（みわ・ひろき）
帝京大学法学部准教授

山口　航（やまぐち・わたる）
帝京大学法学部専任講師

渡辺　繭（わたなべ・まゆ）
日本国際フォーラム理事長

中村登志哉（なかむら・としや）
名古屋大学大学院情報学研究科教授、附属グローバルメディア研究センター長

則武輝幸（のりたけ・てるゆき）
帝京大学法学部特任教授

長谷川雄之（はせがわ・たけゆき）
防衛省防衛研究所地域研究部研究員

平川幸子（ひらかわ・さちこ）
早稲田大学地域・地域間研究機構客員主任研究員

廣瀬陽子（ひろせ・ようこ）
慶應義塾大学総合政策学部教授

本多倫彬（ほんだ・ともあき）
中京大学教養教育研究院准教授

本間圭一（ほんま・けいいち）
北見工業大学工学部教授、兼国際交流センター長

松本はる香（まつもと・はるか）
アジア経済研究所地域研究センター東アジア研究グループ長・主任研究員

三船恵美（みふね・えみ）
駒澤大学法学部教授

宮坂直史（みやさか・なおふみ）
防衛大学校総合安全保障研究科教授

○著者紹介（※50音順）

今井宏平（いまい・こうへい）
アジア経済研究所海外研究員

大矢根　聡（おおやね・さとし）
同志社大学法学部教授

片岡貞治（かたおか・さだはる）
早稲田大学国際学術院国際教養学部教授

佐道明広（さどう・あきひろ）
中京大学国際学部教授

高畑洋平（たかはた・ようへい）
日本国際フォーラム上席研究員

高柳彰夫（たかやなぎ・あきお）
フェリス女学院大学国際交流学部教授

詫摩佳代（たくま・かよ）
東京都立大学法学部教授

玉井良尚（たまい・よしなお）
立命館大学立命館グローバル・イノベーション研究機構助教

塚本壮一（つかもと・そういち）
桜美林大学リベラルアーツ学群教授

土屋大洋（つちや・もとひろ）
慶應義塾大学大学院政策・メディア研究科教授

○編者紹介

渡邊啓貴（わたなべ・ひろたか）

帝京大学法学部教授、東京外国語大学名誉教授、国際歴史学委員会（CISH）理事。
東京外国語大学大学院地域研究科修士課程修了、慶應義塾大学大学院法学研究科博士課程修了、パリ第一大学パンテオン・ソルボンヌ現代国際関係史研究科博士課程修了（DEA）、京都外国語大学助教授、東京外国語大学大学院教授、同大学国際研究所長、在フランス日本国大使館広報文化担当公使、専門誌『外交』編集委員長、グローバルガバナンス学会会長などを経て現在に至る。
主著に『ミッテラン時代のフランス』（渋沢クローデル賞受賞）芦書房、『フランス現代史』、『アメリカとヨーロッパ』（中公新書）、『米欧同盟の協調と対立』有斐閣、『ユーラシア・ダイナミズムと日本』（監修）中央公論新社ほか編著書など多数。

トピックからわかる国際政治の基礎知識
――理論・歴史・地域

■発　行――2023年5月15日

■編　者――渡邊啓貴

■発行者――中山元春

■発行所――株式会社 芦書房　〒101-0048 東京都千代田区神田司町2-5
電話 03-3293-0556／FAX 03-3293-0557
http://www.ashi.co.jp

■組　版――ニッタプリントサービス

■印　刷――モリモト印刷

■製　本――モリモト印刷

© 2023 Hirotaka Watanabe

本書の一部あるいは全部の無断複写、複製（コピー）は法律で認められた場合を除き、著作者・出版社の権利の侵害になります。

ISBN978-4-7556-1326-5　C0031